HISTOIRE

DE LA

TROISIÈME RÉPUBLIQUE

★

DU MÊME AUTEUR

LA SUISSE A L'EXPOSITION DE 1878. Paris, Ch. Delagrave, 1878.

HISTOIRE DE LOUIS-PHILIPPE (*Bibliothèque utile*). Paris, Félix Alcan.

LE MARQUIS D'ARGENSON. Paris, Germer Baillière et Cie, 1880 (*épuisé*).

HISTOIRE DES TEMPS MODERNES (2 vol. in-18). Paris, Alph. Lemerre, 1881.

HISTOIRE DE FRANCE DEPUIS 1328 JUSQU'A NOS JOURS. Paris, Picard, Bernheim et Cie, 1882.

HISTOIRE DE FRANCE DEPUIS LES GAULOIS JUSQU'A NOS JOURS. Paris, Picard, Bernheim et Cie, 1882.

RÉCITS ET ENTRETIENS FAMILIERS SUR LES PLUS GRANDS PERSONNAGES ET LES PRINCIPAUX FAITS DE NOTRE HISTOIRE NATIONALE. Paris, Picard, Bernheim et Cie, 1882.

HISTOIRE SOMMAIRE DE LA FRANCE JUSQU'A LA MORT DE LOUIS XI Paris, Picard, Bernheim et Cie, 1883.

HISTOIRE SOMMAIRE DE LA FRANCE DEPUIS LA MORT DE LOUIS XI JUSQU'A 1815. Paris, Picard, Bernheim et Cie, 1883.

NOTIONS D'HISTOIRE GÉNÉRALE ET REVISION MÉTHODIQUE DE L'HISTOIRE DE FRANCE. Paris, Picard, Bernheim et Cie, 1884.

HISTOIRE DE NOTRE-PATRIE. Paris, Picard, Bernheim et Cie, 1884.

L'HISTOIRE NATIONALE RACONTÉE AUX ENFANTS (en collaboration avec M. BURLE). Paris, Picard, Bernheim et Cie, 1885.

PETITE HISTOIRE UNIVERSELLE. Paris, Picard, Bernheim et Cie, 1885.

BIOGRAPHIES D'HOMMES ILLUSTRES DES TEMPS ANCIENS ET MODERNES. Paris, Picard, Bernheim et Cie, 1886.

MONTESQUIEU (*Collection des classiques populaires*). Paris, Lecène et Oudin, 1887.

L'ENSEIGNEMENT SECONDAIRE DE 1880 A 1890. Paris, Paul Dupont, 1890.

THIERS (*Collection des classiques populaires*). Paris, Lecène et Oudin, 1892.

LA FRANCE SOUS LE RÉGIME DU SUFFRAGE UNIVERSEL (*Bibliothèque d'histoire illustrée*). Paris, May et Motteroz, 1894.

ÉVREUX, IMPRIMERIE DE CHARLES HÉRISSEY

HISTOIRE

DE LA

TROISIÈME RÉPUBLIQUE

*

La Présidence de M. THIERS

PAR

E. ZEVORT

RECTEUR DE L'ACADÉMIE DE CAEN

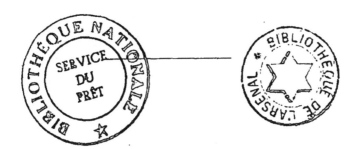

PARIS

ANCIENNE LIBRAIRIE GERMER BAILLIÈRE ET Cⁱᵉ

FÉLIX ALCAN, ÉDITEUR

108, BOULEVARD SAINT-GERMAIN, 108

1896

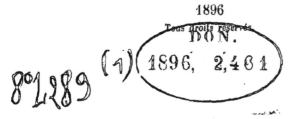

PRÉFACE

Est-il possible de raconter impartialement l'histoire
contemporaine, de juger froidement les événements
auxquels nous avons assisté et dont les conséquences
ne sont pas encore épuisées, de parler sans haine et
sans crainte des hommes et des choses d'aujourd'hui ?
Si nous ne l'avions pensé, nous n'aurions pas entrepris
ce récit que nous avons l'intention de poursuivre jusqu'à
nos jours, presque jusqu'au moment où nous écrivons.
La période qu'embrasse ce premier volume, du 4 Septembre 1870 au 24 Mai 1873, de la proclamation de la République à la chute de son premier Président, nous met
en présence de graves et de dramatiques événements, de
grandes et d'intéressantes individualités. Sur les événements l'opinion est si bien faite qu'on peut les apprécier en toute indépendance d'esprit. Parmi les grandes
figures que nous rencontrerons, celles de Thiers, de
Trochu, de Gambetta dominent toutes les autres. Thiers
est mort chargé d'ans et de gloire. Gambetta, notre

EDG. ZEVORT. — Troisième République   I. — a

réserve d'avenir, a succombé en pleine maturité, après avoir donné toute sa mesure héroïque dans les cinq mois de l'*Année terrible*. Trochu survit seul à ses deux illustres contemporains. Nous nous flattons que notre jugement, blâme ou éloge, sera aussi libre, aussi dégagé de passion et de parti pris envers le vivant qu'envers les morts. Le silence, chaque jour plus profond, qui s'est fait autour de ceux-ci et de celui-là, l'oubli où semblent tombés aujourd'hui des noms jadis si bruyamment discutés est favorable à la réflexion calme, à la méditation apaisée et, par suite, à la sérénité du jugement définitif. Quand les partis se taisent, quand les préventions ont disparu, quand les clameurs du dehors ont cessé de retentir, l'historien peut demander aux acteurs du drame le secret de leurs actes et la raison de leur conduite ; il peut scruter leurs intentions, les rechercher sous le voile de leurs paroles ou de leurs écrits et, cette enquête faite, donner ses motifs et rendre une sentence impartiale en toute sécurité de conscience. Sans doute il doit rentrer lui-même dans la fournaise, il doit revivre la vie d'autrefois, il doit se replacer dans le même milieu que ses personnages et se demander quelles vues, quels sentiments, quels intérêts les dirigèrent alors ; il doit se reporter à un quart de siècle en arrière et redevenir le témoin qu'il était il y a vingt-cinq ans.

Ce retour vers le passé n'est pas toujours facile : il est toujours fructueux, quand on le fait avec sincérité, quand on corrige ses impressions de jeunesse par ses impressions d'âge mûr, quand l'éloignement nous permet de remettre dans la vraie perspective des événements que le rapprochement avait démesurément grossis, des hommes que nous avons coudoyés et, du premier coup, avec une hâte téméraire, trop grandis ou trop rapetissés.

Ainsi entendue, l'histoire contemporaine n'est pas la rédaction impersonnelle d'un greffier qui reproduit un sec et froid procès-verbal, elle est la déposition d'un témoin qui a jeté sur tout ce qui s'est passé, lui présent, un regard attentif et curieux, qui a profondément ressenti les joies et les douleurs de son pays, qui a fait du patriotisme l'unique critérium du jugement qu'il a porté sur les hommes publics et qui, devant le tribunal de ses lecteurs, comme devant un autre tribunal, peut jurer qu'il a dit la vérité, toute la vérité et rien que la vérité.

Avec des témoignages ainsi recueillis, avec des souvenirs personnels ainsi rassemblés, on fait des mémoires, on ne fait pas une histoire. Il faut, pour qu'une relation mérite ce titre, que le témoignage produit soit contrôlé par d'autres témoignages, que les souvenirs soient rapprochés d'autres souvenirs et comparés avec eux. Nous l'avons tenté, en recourant à la fois aux documents officiels et aux innombrables écrits que l'on a consacrés à l'*Année terrible*.

En 1886, M. Albert Schulz a fait paraître chez Le Soudier une brochure de 128 pages qui donne la bibliographie encore bien incomplète de la guerre franco-allemande et de la Commune de 1871 ; on y trouve énumérées pêle-mêle des publications importantes, comme l'*Enquête sur les actes du gouvernement de la Défense nationale et sur le 18 mars*, et des plaquettes insignifiantes, comme telle fantaisie sur les tribulations d'un franc-tireur. Tout a été dit sur l'*Enquête* et nous ne. recommencerons pas le procès, depuis longtemps jugé, des commissaires enquêteurs, ni même celui des commissaires rapporteurs qui ont dressé de véritables réquisitoires et cherché à exercer on ne sait quelles vengeances personnelles contre les hommes du 4 Septembre ; ils ont eu, tout au moins, la patience méritoire de réunir une masse considérable de pièces officielles et quelques documents précieux, où nous ne nous sommes pas fait faute de puiser. Quant aux livres, si l'on écarte les ouvrages techniques, les œuvres de parti, les plaidoyers et les recueils d'anecdotes, on a vite fait de compter ceux qui doivent être mis hors de pair. Nous citerons, au hasard, parmi ces derniers : *Paris et les Allemands*, de M. A. du Mesnil ; le *Siège de Paris*, de M. Francisque Sarcey ; les *Notes et souvenirs*, de M. L. Halévy. Même à ces séduisants récits, non exempts de préoccupations littéraires, il faut préférer les renseignements au jour le jour que fournit tel obscur bourgeois de Paris, comme M. E. Chevalet. Il a gardé l'anonyme, ainsi que deux ou trois autres ; il n'a pas écrit pour faire un livre ; il ne nous donne ni impressions ni mots d'auteur ; il nous communique simplement, sans prétentions comme sans réticences, les réflexions que lui ont inspirées les événements quotidiens, les actes du Gouvernement, les menées des partis, les souffrances ou les ennuis du siège. Ces réflexions, ces confessions d'un esprit modéré, écrivain d'occasion, nous intéressent plus et nous renseignent mieux sur la moyenne de l'opinion, sur l'état intellectuel et moral des Parisiens pendant les deux sièges, que les récits toujours un peu arrangés d'écrivains de profession, qui perdent en valeur documentaire et historique ce qu'ils peuvent gagner en valeur artistique et littéraire.

Autant les sources sont abondantes pour la période qui s'étend du 4 Septembre 1870 au 28 Mai 1871, autant elles sont rares pour la période suivante. Pour l'époque qui commence après la défaite de la Commune, le *Journal officiel de la République française* et les comptes rendus parlementaires sont à peu près les seuls documents à consulter. La bibliographie, pour les deux années 1871-1873, se réduit à quelques ouvrages de circonstance, d'une lecture facile, comme les jolis *Portraits de Kel-Kun*, d'Edmond Texier, où les journalistes parlementaires ont réuni leurs impressions de séances. Les biographies des hommes politiques les plus marquants de l'Assemblée nationale ont été écrites; l'histoire de leurs relations, de leurs luttes, de leur rôle dans le mouvement politique contemporain ne l'a pas encore été. Nous avons la très modeste prétention d'en tracer le plan sommaire et d'en marquer les lignes principales.

Notre récit commence au 4 Septembre. La courte introduction qui le précède rappelle au lecteur le rôle que la Gauche républicaine a joué, du 15 Juillet au 4 Septembre, dans les débats parlementaires d'où la guerre est sortie, la courageuse opposition qu'elle a faite aux ministres qui l'ont déclarée, et ensuite, une fois la funeste résolution irrévocablement prise, quand les destinées se furent accomplies et que l'on connut les premières défaites, les efforts persévérants qu'elle a tentés pour assurer, par tous les moyens, le développement de toutes les énergies, l'armement de tous les citoyens, la protection du sol envahi et ravagé, en un mot la Défense nationale. Ce beau titre de Gouvernement de la Défense nationale, qu'elle prit au 4 Septembre, comme répondant le mieux aux nécessités de la tragique situation, elle l'avait mérité par son attitude patriotique dans la suprême session qui commença le 9 Août, où elle mit tant d'ardente et persévérante obstination à faire conférer le commandement militaire à ceux que l'on considérait comme les plus capables d'arrêter l'invasion, au maréchal Bazaine et au général Trochu ; où elle ne lutta contre la dynastie que parce que, dans sa conviction, la dynastie perdait la France.

Après le 4 Septembre, c'est le patriotisme, beaucoup plus que l'esprit de parti, qui anime, qui guide les députés de Paris que l'acclamation populaire a portés au pouvoir. Le salut de la France, telle est leur première, pour ne pas dire leur unique préoccupation, et, quand la lutte a cessé, quand il faut ratifier les désolants préliminaires, c'est seulement la France qu'ils ont en vue, c'est elle qu'ils ne veulent pas amputer de ses provinces les plus chères et les plus fidèles. Rejetés dans l'opposition par le verdict du 8 Février, bien que le nom de la République ait été provisoirement conservé, les républicains constatent, le 2 Juillet, avec autant de surprise que les monarchistes eux-mêmes, que le pays ne les a pas oubliés, qu'il a su reconnaître et qu'il veut récompenser leurs patriotiques efforts de la Défense nationale, qu'il veut surtout travailler, avec eux et par eux, à la régénération nationale. Forts de la confiance qui leur est témoignée, ils demandent à l'Assemblée nationale de retourner devant les électeurs qui prononceront entre eux et elle, mais ils se heurtent à une résistance d'autant plus énergique que l'expression de la volonté du pays est plus significative. Renonçant à convaincre la majorité, ils mettent toutes leurs espérances dans le suffrage universel, auquel on finira bien par rendre la parole.

En même temps que cette lutte entre la majorité monarchique et les républicains, une autre se poursuit, non moins âpre, entre la majorité et son délégué au pouvoir exécutif, M. Thiers.

Du jour où ils ont constaté que M. Thiers ne consacrerait pas toutes ses forces, toute sa popularité, toute son influence au service de la Monarchie, les mandants ont désavoué leur mandataire et juré sa perte. S'ils attendent avant de lui porter les premiers coups, c'est qu'il faut réduire la Commune, signer la paix et préparer l'évacuation du territoire. Grâce à ce répit, M. Thiers se maintient au pouvoir pendant deux longues années, s'appuyant tour à tour sur la Droite, sur le Centre, sur la Gauche de l'Assemblée. Quand il tente enfin de constituer pour l'avenir le Gouvernement sans analogie dans le passé et sans lendemain, qu'il a fait vivre à force de patience, de concessions et d'autorité personnelle, tous ceux qui ne veulent pas que ce Gouvernement soit la République, se coalisent et le renversent. Qu'importe? Son œuvre est achevée, car en même temps qu'il a su résister aux partis et les dominer, il a pu rétablir l'ordre et la paix et remettre sur pied le « noble blessé ».

Les efforts patriotiques du Gouvernement de la Défense nationale, les douleurs de la défaite, les horreurs de la guerre civile, les péripéties des débats parlementaires, la renaissance de la France telle est l'ample matière qui s'offrait à nous. L'histoire du second Empire montre comment un grand peuple s'abandonne et succombe ; nous tâcherons de montrer, dans ce premier volume de la *Troisième République*, comment un grand peuple se ressaisit et se relève.

E. Z.

Caen, 26 mars 1896.

HISTOIRE

DE LA

TROISIÈME RÉPUBLIQUE

INTRODUCTION

—

LA GAUCHE RÉPUBLICAINE

Du 15 Juillet au 4 Septembre 1870

La Gauche républicaine en 1857, 1863, 1869. — L'exposé de MM. E. Ollivier et de Gramont. — Discours de M. Thiers. — Demande de communication de la dépêche de M. de Bismarck. — Nouveau discours
de M. Thiers. — Séance du soir. — M. de Bismarck au Reichstag. —
Séance du 9 Août 1870. — Le ministère Palikao. — Clément Duvernois, Jules Favre et Thiers. — Les nouvelles de Sedan et de Metz. —
La séance du 3 Septembre. — La première séance du 4 Septembre. —
La seconde séance du 4 Septembre. — La dernière réunion au Corps
Législatif.

Sans qu'il convienne de revenir sur les événements d'où la
guerre est sortie, l'étude rapide du rôle joué par la Gauche
républicaine, du 15 Juillet au 4 Septembre 1870, et surtout dans
les mémorables séances du 15 Juillet, du 9 Août et du 4 Septembre, est l'introduction naturelle à l'histoire de la Troisième
République. L'Opposition républicaine se composait de 5 membres, *les Cinq*, au Corps Législatif de 1857 : MM. Jules Favre,
Picard, Emile Ollivier, Hénon et Darimon. Elle avait été renforcée, aux élections générales de 1863 ou à des élections
complémentaires, de MM. Dorian, Glais-Bizoin, Havin, Javal,
de Marmier, Jules Simon, Guéroult, Marie, Malezieux, Pierron-

Leroy, Planat, Pelletan, Magnin, Carnot et Garnier-Pagès.
Sans appartenir à la Gauche républicaine, MM. Thiers,
Berryer, Lanjuinais faisaient partie de l'Opposition anti-
dynastique et augmentaient sa force agressive. Les élections
générales de 1869 avaient doublé l'effectif de la Gauche; le
Corps Législatif avait vu ses rangs forcés par deux députés
intransigeants : MM. Raspail et Rochefort, et par vingt et un
nouveaux républicains : MM. Barthélemy Saint-Hilaire, Bethmont, Crémieux, Desseaux, Esquiros, Jules Ferry, Gagneur,
Gambetta, Girault, Girot-Pouzol, Grévy, Guyot-Montpayroux,
de Jouvencel, de Kératry, Larrieu, Lecesne, Rampont, Rion-
del, Wilson, Arago et Bancel. La division de la Gauche en
deux groupes, qui s'était faite en dehors de la Chambre, la
Gauche fermée avec M. Jules Favre et son journal, *la Tribune*, la Gauche ouverte avec M. E. Picard et *l'Electeur libre*,
n'avait pas affaibli la minorité, elle comptait désormais une
cinquantaine de membres et pouvait devenir majorité en faisant cause commune avec une centaine de membres du Cen-
tre-Gauche : MM. Estancelin, Latour du Moulin, de Cham-
brun, de Guiraud, Keller, Ant. Lefèvre-Pontalis, de la
Monneraye, etc. C'était donc une Opposition très forte par
le talent, très unie, très décidée à empêcher les aventures
que le Cabinet Ollivier trouva devant lui, le 15 Juillet,
quand il donna lecture de l'*exposé* qui mit le feu aux poudres.

MM. Ollivier et de Gramont avaient laissé ignorer à la
Chambre les conditions de la négociation pendante entre la
Prusse et la France. On ne savait pas que, quelques jours
après la renonciation du prince de Hohenzollern, le Cabinet
français avait cherché à peser sur le roi de Prusse, pour qu'il
s'engageât à interdire, à l'avenir, à un prince de sa maison,
toute nouvelle candidature au trône d'Espagne. La déclaration ministérielle, lue au Sénat et à la Chambre, le 15 Juillet,
laissait prudemment ce point dans l'ombre, ou, pour mieux

dire, elle laissait entendre, grâce à de savantes réticences, que la garantie exigée l'avait été dès le principe. Elle se terminait par ces mots : « Nous n'avons rien négligé pour éviter une guerre ; nous allons nous préparer à soutenir celle qu'on nous offre, en laissant à chacun la part de responsabilité qui lui revient. » Après ces graves paroles, qui lui interdisaient tout retour en arrière, le Garde des Sceaux concluait en demandant un crédit de 50 millions pour le ministère de la Guerre et il réclamait la déclaration d'urgence. Le Président met l'urgence aux voix ; toute la Droite se lève ; la Gauche refuse d'en faire autant, malgré les adjurations de la majorité et M. Girault, le député du Cher, s'écrie : « Nous serons les premiers à nous lever pour une guerre nationale défendant la patrie ; nous ne voulons pas nous lever pour une guerre dynastique et agressive. »

C'est après la contre-épreuve que M. Thiers prit la parole et prononça le célèbre discours qui restera peut-être son meilleur titre de gloire. Jamais homme d'Etat n'a mieux pressenti les événements. Jamais orateur n'a dépensé plus de force persuasive, pour faire passer sa conviction dans toutes les âmes. Ni les interruptions, ni les insultes, ni les huées d'une majorité prise de vertige ne l'empêchèrent d'aller jusqu'au bout et de démontrer que nous avions la guerre par la faute du Cabinet, c'est-à-dire par la faute de l'Empereur ; que la Prusse nous avait donné satisfaction sur la première demande qui lui avait été faite et que l'on rompait par pure susceptibilité ; que le principal, le fond était accordé et que l'on se préparait à verser des torrents de sang pour une question de forme. « Soucieux de ma mémoire, ajoutait-il, je ne voudrais pas qu'on puisse dire que j'ai pris la responsabilité d'une guerre fondée sur de tels motifs. » Il demandait au moins, *à la face du pays*, que l'on communiquât les dépêches qui avaient décidé le Cabinet à prendre cette grave résolution, à engager cette guerre, souverainement imprudente, dans une occasion aussi mal choisie.

A la demande de communication de la dépêche qui constituait un prétendu affront pour la France, le Garde des Sceaux répondit que cette dépêche était dans l'*exposé* qu'il venait de lire à la Chambre et que les autres dépêches, ayant un caractère confidentiel, les usages diplomatiques en interdisaient la publication. « Nous ne communiquerons rien de plus, dit-il. » « Cette grave, cette effrayante question, s'écria M. Gambetta, vous la faites reposer sur une dépêche notifiée à votre insu à tous les Cabinets de l'Europe, par laquelle on aurait mis votre ambassadeur hors des portes de la Prusse. Eh bien, je dis que ce n'est pas par extraits, par allusion, mais par une communication directe, authentique, que vous devez en saisir la Chambre. » M. Ollivier répondit à M. Gambetta que deux des agents français à l'étranger avaient eu connaissance d'un télégramme du comte de Bismarck, annonçant le double refus du roi Guillaume de s'engager pour l'avenir et de recevoir de nouveau l'ambassadeur de France.

Nous avons su, le monde entier a su, le 23 Novembre 1892, par un discours du Chancelier de Caprivi au Reichstag, que M. de Bismarck, alors à Berlin, avait appris, en effet, par une dépêche du roi ce qui s'était passé à Ems avec M. Benedetti. Pour surexciter le patriotisme allemand, M. de Bismarck avait tronqué la dépêche royale et donné à l'entrevue du roi et de l'ambassadeur un caractère, non pas de discourtoisie, mais de brusquerie de la part du roi qu'elle n'avait eu à aucun degré et que M. Benedetti n'y avait pas trouvé, tout au contraire. M. E. Ollivier le reconnaissait lui-même et, après qu'il avait donné connaissance au Corps Législatif des deux dépêches de M. Benedetti, en date du 13 Juillet, M. Thiers pouvait dire : « Que tout le monde juge! » et M. Emmanuel Arago : « Ceci connu, le monde vous donnera tort; ceci connu, si vous faites la guerre, c'est que vous la voulez à tout prix. » Hélas! M. Ollivier et M. de Gramont étaient les instruments inconscients de ceux qui la voulaient à tout prix.

.Une nouvelle intervention de M. Thiers n'eut pas plus de succès que la première; il eut beau démontrer, ce qui était l'évidence même, que la Prusse avait subi un échec, constaté par toute l'Europe, qu'elle ne songerait certainement pas à remettre en avant la candidature Hohenzollern, la majorité ne voulut rien entendre et son représentant le plus autorisé, le chef du parti de la Cour, M. Jérôme David, alla jusqu'à dire au patriote qui s'épuisait pour empêcher des catastrophes trop prévues : « Il faudrait beaucoup de bataillons prussiens pour faire à votre pays le mal que vous lui faites involontairement. »

M. Jules Favre déposa, après le discours de M. Thiers, une proposition demandant communication du texte de la dépêche télégraphique envoyée par M. de Bismarck. Sa proposition fut rejetée par 159 voix contre 84. La majorité en faveur de la guerre était faite. Immédiatement après ce vote néfaste l'Assemblée se retira dans ses bureaux, pour examiner les projets de loi déposés par le Gouvernement.

Le soir, à 9 heures et demie, à la reprise de la séance, le rapporteur, M. de Talhouet, mentionna que les déclarations du Garde des Sceaux, du ministre des Affaires Étrangères, du ministre de la Guerre avaient donné toute satisfaction à la Commission et il conclut à l'approbation des projets de loi.

M. Gambetta demanda, comme l'avait fait M. Jules Favre à la séance du jour, que la dépêche officielle de M. de Bismarck fut communiquée à la Chambre. Il voulait savoir si cette dépêche avait été envoyée à tous les Cabinets européens ou simplement aux agents de la Prusse dans l'Allemagne du Sud. M. de Gramont jura que la France avait été insultée, que la guerre était la seule réparation de l'affront subi et qu'il ne resterait pas « cinq minutes » ministre des Affaires Étrangères, s'il se trouvait dans son pays une Chambre pour supporter cet affront.

La majorité vota les crédits demandés, par 245 voix contre 10 et 5 abstentions, avec la conviction que les membres de la Commission avaient lu la dépêche incriminée et que cette dépêche constituait un affront à l'Empereur et à la France. Or, la Commission n'avait pas lu la dépêche et elle trompait l'Assemblée, comme le Gouvernement l'avait trompée elle-même, en affirmant que dès le premier jour il avait exigé la garantie du roi de Prusse contre une nouvelle candidature. La guerre était déclarée, les destinées de la patrie allaient se jouer sur un double mensonge.

La session fut close le 23 Juillet, malgré les protestations de la Gauche, après que le Corps Législatif eut voté un crédit de 4 millions pour les familles des hommes appelés sous les drapeaux et repoussé, à la demande du général Dejean, mi-nistre intérimaire de la Guerre, la formation des corps francs proposée par M. de Jouvencel.

Les députés de la majorité se séparèrent pleins de confiance, après une bruyante explosion d'enthousiasme. S'ils avaient prêté quelque attention à ce qui se passait à Berlin, ils auraient pu lire, dans le compte rendu des séances du Reichstag, ces paroles de M. de Bismarck, prononcées le 20 Juillet : « Ces ministres (MM. Ollivier et de Gramont) se sont bien gardés de céder aux instances des rares membres de l'Opposition qui ont conservé leur lucidité d'esprit et de produire le document en question. L'édifice tout entier et surtout la base de la déclaration de guerre se seraient écroulés, si la représenta-tion nationale avait eu connaissance de ce prétendu docu-ment et surtout de sa forme. »

Sa forme était celle d'un télégramme. Il avait paru dans un supplément de l'officieuse *Gazette de l'Allemagne du Nord* et il était ainsi conçu : « Après que la nouvelle de la renonciation du prince de Hohenzollern a été officiellement communiquée au Gouvernement impérial français par le Gouvernement royal espagnol, l'ambassadeur de France, à Ems, a encore demandé à Sa Majesté le Roi de l'autoriser à télégraphier à Paris que Sa Majesté le Roi s'engageait, pour tout l'avenir, à ne jamais plus donner son approbation, si les Hohenzollern devaient de nouveau revenir sur leur candidature. Sa Majesté le Roi a, sur cela, refusé de recevoir encore une fois l'ambassadeur et lui a fait dire par l'adjudant de service qu'il n'avait plus rien à lui communiquer. »

On voit si les doutes de MM. Thiers, Jules Favre, Gambetta, Arago étaient fondés, si l'Opposition républicaine avait raison de demander au Cabinet Ollivier la production du texte authentique.

Quand la Gauche, dix-sept jours après la séparation des Chambres, se retrouva en présence des ministres coupables, elle n'hésita pas à se rallier à l'ordre du jour présenté par un des membres de la Droite, plus coupable encore, car c'est du parti de la Cour et de la Droite qu'étaient parties les excitations qui avaient triomphé des incertitudes de l'Empereur et eutraîné le Garde des Sceaux lui-même. Le 9 Août, lorsque M. Emile Ollivier déclare, au milieu des applaudissements unanimes du Corps Législatif, que l'armée a été héroïque, Jules Favre crie que cette armée a été compromise par l'impéritie de son chef et aucune voix ne proteste. L'ordre du jour de M. Clément Duvernois était ainsi libellé : « La Chambre, décidée à soutenir un cabinet capable d'organiser la défense du pays, passe à l'ordre du jour. » E. Ollivier repousse cet ordre du jour, la Chambre l'adopte sans scrutin et le ministère de la défaite, le ministère de l'invasion est renversé.

En soutenant d'abord le cabinet Palikao, qui fut constitué

le lendemain, et où se trouvaient réunis tous les hommes du
parti de la Cour, MM. Jérôme David et Clément Duvernois,
Magne et Grandperret, La Tour d'Auvergne et Chevreau, la
Gauche républicaine donna une preuve incontestable d'abnégation et de patriotisme. Elle y avait d'autant plus de mérite
qu'à une proposition déposée par elle et tendant à constituer
un Comité de 15 membres, investis des pleins pouvoirs du Gouvernement, pour repousser l'invasion étrangère, M. de Cassagnac avait répondu par cette menace : « Si j'avais l'honneur
de siéger au banc du Gouvernement, vous seriez ce soir
devant un Conseil de guerre. » Quelques jours après, le
ministre de la Guerre répondait à une demande de renseignements, qui lui était adressée en séance par un député de
la Gauche, en affirmant que si un de ses officiers commettait
l'indiscrétion qu'on voulait lui faire commettre, il le ferait
fusiller. Les Parisiens ne pouvaient pas savoir, avec le mu-
tisme systématique du ministre de la Guerre, à combien de
journées de Paris se trouvaient les Prussiens ! Ils apprenaient
par les journaux que Nancy avait ouvert ses portes à quatre
uhlans et Châlons-sur-Marne à cinq cavaliers prussiens.
Quand le Président du Conseil consentait à donner une nouvelle militaire, elle était toujours tardive, régulièrement
inexacte, ridicule d'exagération et parfois même d'une invraisemblance puérile. Toutes les tentatives faites par la
Gauche pour obtenir l'armement de la garde nationale, la
participation de la Chambre aux efforts tentés pour arrêter
l'ennemi, l'adjonction de députés au Comité de défense se
heurtaient à un mauvais vouloir obstiné, à une sorte d'opti-
misme, inconscient de la gravité de la situation.

Le général Trochu, qui avait refusé le ministère de la
Guerre le 7 Août, possédait la confiance de la Gauche : le
Président du Conseil lui fit l'accueil le plus froid, quand il
arriva de Châlons à Paris, dont l'Empereur l'avait nommé

Gouverneur. L'Impératrice le reçut comme un suspect, en lui disant : « Ne croyez-vous pas qu'il faille rappeler les princes d'Orléans ? » L'Impératrice, le ministre de la Guerre, n'étaient d'accord que sur le malheureux Empereur, qui n'avait plus de pouvoir militaire, puisque Bazaine était commandant en chef de l'armée du Rhin, qui n'avait plus de pouvoir civil, puisque la Régente le remplaçait et dont le nom disparaissait de la proclamation adressée par le général Trochu aux Parisiens. « On ne devait, dans les circonstances, affirmait l'Impératrice, faire aucune mention de l'Empereur. »

Son nom n'était plus prononcé, mais sa personne et son Gouvernement étaient visés chaque jour au Corps Législatif. Jules Favre disait, le 24 Août : « Nos malheurs sont dus à une direction fatale, dont personne n'oserait prendre la défense, et qui peut, sans exagération, se traduire par l'un ou l'autre de ces deux mots : ineptie ou trahison. » M. Thiers répondait à Clément Duvernois, l'ancien adversaire irréconciliable de l'Empire, devenu journaliste subventionné et député des Basses-Alpes, par la vertu de la candidature officielle, qui avait eu le cynisme d'invoquer la Constitution : « De grâce, ne nous parlez pas des institutions : vous ne nous refroidirez pas, vous ne diminuerez pas notre zèle pour la défense du pays, mais, sans nous refroidir, vous nous frapperez au cœur, en nous rappelant ces institutions qui, dans ma conviction à moi, sont la cause principale, plus que les hommes eux-mêmes, des malheurs de la France. »

Le mois d'Août s'achevait ainsi, dans une attente énervante. Les grandes batailles sous Metz avaient eu lieu le 14, le 16, le 18 Août et leur résultat était imparfaitement connu. « Nous ne savions pas, » dit M. Jules Simon, « si nous étions morts ou vivants. » Et M. Keller : « On ne peut plus vivre ainsi, on ne peut plus délibérer. Déclarons-nous en permanence et

attendons ce que les événements feront de nous. » Le ministre répondait, quand il répondait, qu'il ne savait rien,
qu'il ne recevait que des rapports de gendarmerie. La France
avait 200,000 hommes sur la Moselle, 100,000 hommes sur la
Meuse et, du 10 Août au 4 Septembre, elle ignora tout de ces
deux armées, son suprême espoir et sa suprême pensée. On
comprend que cette incertitude, ces angoisses devaient laisser
l'Opposition assez indifférente aux bruits de coup d'État bonapartiste qui couraient avec persistance et que le ministre de
la Guerre se gardait bien de démentir.

Cinglée chaque jour de sanglantes apostrophes par Jules
Favre et par Gambetta, sollicitée de prendre les plus élémentaires mesures de défense par Jules Simon et par Jules Ferry,
la majorité se ressentait de son origine, la candidature officielle et, comme le Ministère, elle se préoccupait du salut de
la dynastie beaucoup plus que du salut de la France. A chaque
résolution virile et franche qu'elle repoussait : « Vous y vien-
drez, » disait Gambetta ; « Il sera trop tard, » reprenait Jules
Favre.

Dès le 1ᵉʳ Septembre de vagues rumeurs, venues de Sedan
et de Metz, s'étaient répandues à Paris, on ne sait par quels
canaux; le 2, ces rumeurs s'étaient précisées ; le 3 au matin
les dépêches de Bruxelles avaient fait connaître la catastrophe,
et, le même jour, dans l'après-midi, l'Impératrice recevait une
dépêche de Napoléon III annonçant qu'il était prisonnier. Le
ministre de la Guerre, parfaitement renseigné dès ce moment, annonce à la Chambre, informée également depuis
quarante-huit heures, que Bazaine a essayé de sortir de
Metz, mais a été forcé d'y revenir ; il parle de « succès et de
revers sous Sedan » qui retarderont la jonction des deux armées et, fidèle à son système de réticence, il ajoute textuellement ceci : « Il y a peut-être des nouvelles un peu plus

graves, telles qu'une blessure de Mac-Mahon et d'autres encore, mais aucune n'a encore un caractère officiel. Je vais faire appel aux forces vives du pays. » « La Chambre a perdu le pays, » s'écrie M. Girault. « Plus de complaisance ! dit Jules Favre ; envisageons froidement la situation. Où est l'Empereur ? Donne-t-il des ordres à ses ministres ? » « Non, » répond Palikao. « Cette réponse me suffit, continue Jules Favre ; le Gouvernement ayant cessé d'exister... » A ces mots le Président Schneider, la Droite et le Centre protestent. « Protestez tant que vous voudrez. Ce qu'il faut, en ce moment, c'est que tous les partis s'effacent devant un nom militaire qui représente la Chambre et Paris. Ce nom est connu ; devant lui doivent s'effacer tous les fantômes de Gouvernement. »

Jules Favre et tous ses collègues de la Gauche, bien loin de songer en ce moment à une proclamation de la République, voulaient seulement constituer un Comité de Gouvernement, pris dans le Corps Législatif, avec M. Thiers comme Président, et qui aurait confié au général Trochu, avec tout le pouvoir militaire, le soin d'arrêter l'invasion. La Chambre de la candidature officielle, la Chambre du 15 Juillet et du 9 Août, par ses retards, bien plus que par ses répugnances, fit encore échouer ce projet et causa un nouveau mal au pays. Elle s'ajourna, le 3 Septembre au soir, sans avoir pris de résolutions. Le Conseil des ministres qui s'était tenu aux Tuileries, immédiatement après la séance, n'en avait pas pris plus qu'elle et le champ était resté libre aux manifestations de la rue.

Les députés de la Gauche, étrangers à ces manifestations, que seul le parti révolutionnaire avait provoquées et redoutant, plus qu'ils ne l'espéraient, une Révolution qui allait faire peser sur eux le lourd héritage de l'Empire, essayèrent de donner au mouvement une forme légale et prièrent le Président de convoquer la Chambre dans la soirée. La foule entourait déjà le Corps Législatif, aux cris de « Vive la République. » « C'est le Gouvernement que j'appelle de tous mes vœux, lui dit Gambetta, mais il ne faut pas qu'il soit responsable, ni qu'il hérite des malheurs qui viennent de fondre sur notre patrie. Il faut s'unir et ne pas faire de Révolution. »

La séance s'ouvrit à une heure du matin, le 4 Septembre. Le comte de Palikao avait hésité à s'y rendre. Il annonça que l'armée avait capitulé à Sedan et que l'Empereur était prisonnier. C'était la première communication sincère qu'il faisait, depuis le 10 Août. Puis il demanda l'ajournement à une heure de l'après-midi. « Il sera trop tard! » lui répliqua-t-on. Jules Favre, avant la levée de la séance, déposa la proposition suivante :

« 1° Louis-Napoléon Bonaparte et sa dynastie sont déclarés déchus des pouvoirs que leur a conférés la Constitution ;

« 2° Il sera nommé par le Corps Législatif une Commission qui sera investie de tous les pouvoirs du Gouvernement et qui aura pour mission de résister à outrance à l'invasion et de chasser l'ennemi du territoire.

« 3° Le général Trochu est maintenu dans les fonctions de Gouverneur de Paris. »

Avec la déchéance en plus, c'était exactement la proposition de M. Thiers et du Centre Gauche. Celle-ci stipulait, en outre, la convocation d'une Constituante, aussitôt que les circonstances le permettraient.

Aux deux propositions de la Gauche et du Centre Gauche, de M. Jules Favre et de M. Thiers, l'Impératrice et le Conseil des ministres, dans leur réunion du 4 Septembre au matin, opposèrent la rédaction suivante :

1° Un Conseil de régence et de défense nationale est institué. Ce Conseil est composé de cinq membres. Chaque membre de ce Conseil est nommé, à la majorité absolue, par le Corps Législatif;

« 2° Les ministres sont nommés sous le contreseing des membres du Conseil ;

« 3° Le général comte de Palikao est nommé lieutenant général de ce Conseil. »

Cet étrange projet avait si peu de chances d'être adopté, même par la triste Assemblée à laquelle il était soumis, que le comte de Palikao, après avoir pris l'avis de ses collègues, substitue le mot *Gouvernement* au mot *Régence* et envoie M. Clément Duvernois proposer cette modification à l'Impératrice. Le ministre du Commerce rapporte des Tuileries au Palais-Bourbon le consentement de l'Impératrice au changement proposé, c'est-à-dire, en somme, à l'abdication ; mais le temps s'était écoulé, la foule menaçait le Palais-Bourbon et le ministre de la Guerre avait lu à la tribune le projet non modifié.

Qu'importaient d'ailleurs ces changements *in extremis ?* Le 4 Septembre, à 2 heures, pouvait-il être encore question d'un simple expédient ? L'Empire n'existait plus. On venait d'apprendre que la République avait été proclamée à Lyon ; on savait, on voyait que les troupes ne défendraient pas l'Assemblée contre le Peuple. Le plus populaire des députés de la Gauche, après de vaines tentatives pour assurer le respect du Corps Législatif, dont il espère encore un vote de déchéance et un mouvement de patriotisme, remonte à la tribune déjà occupée par les manifestants, déclare que Louis-Napoléon et sa dynastie ont à jamais cessé de régner sur la France et ajoute, sur les injonctions impérieuses de la foule, au milieu de ses cris assourdissants : « Oui, vive la République, allons la proclamer à l'Hôtel de Ville. »

Pendant ces scènes de tumulte, la Commission chargée d'étudier les trois propositions de MM. Jules Favre, Palikao et Thiers avait adopté la dernière.

« Vu les circonstances, la Chambre nomme une Commission

de gouvernement et de défense nationale. Une Constituante
sera constituée dès que les circonstances le permettront. »

Cette résolution ne put être présentée à la Chambre, dissoute de fait. Adoptée par 200 députés, avec les mots : « Vu la
vacance du trône », elle fut portée à l'Hôtel de Ville par
M. Grévy. MM. Jules Favre et Jules Simon, délégués par leurs
collègues du Gouvernement, vinrent à 8 heures du soir au
Palais-Bourbon ; ils firent connaître aux députés les événements de l'Hôtel de Ville, déclarèrent que le nouveau Gouvernement serait heureux d'obtenir la ratification du Corps
Législatif, mais ne pouvait rien changer à ce qui avait été
fait. « L'histoire seule, répondit M. Thiers, qui présidait la
réunion, peut juger les événements actuels; mes collègues
ne m'ont pas donné mission de vous dire s'ils les ratifient...
nous faisons des vœux pour votre succès, parce qu'il serait
celui de notre patrie. » Tels furent les derniers mots prononcés, dans la grande salle à manger du Palais-Bourbon, au
nom de l'Assemblée élue en 1869. Aucune n'a fait autant de
mal à la France, depuis que le régime parlementaire existe.
Quant aux tentatives qui furent faites après coup par la *Commission d'enquête* pour démontrer la complicité de la Gauche
avec l'émeute, avant le 4 Septembre et le 4 Septembre même,
elles ont misérablement avorté. Les véritables auteurs de
cette Révolution sans larmes, sans coup de fusil, sans désordre furent les Allemands et leurs seuls complices furent
le Gouvernement impérial, M. Emile Ollivier, le comte de
Palikao et la majorité du Corps Législatif.

CHAPITRE PREMIER

LE SIÈGE DE PARIS

Du 4 Septembre 1870 au 28 Janvier 1871.

Pouvait-on, le 4 Septembre, constituer une Commission de gouvernement et de défense tirée du Corps Législatif ? — Le Gouvernement de la Défense nationale et la démagogie à l'Hôtel de Ville. — Trochu, Jules Favre, Jules Ferry, Rochefort, Crémieux. Glais-Bizoin. Garnier-Pagès, E. Arago, Pelletan, E. Picard, Gambetta, Jules Simon, Bancel. Les ministres. — Illusions de la population au lendemain du 4 Septembre. — Paris du 7 au 12 Septembre. — Convocation d'une Constituante. — Les travaux de la défense; le génie civil. — Les actes politiques du Gouvernement en Septembre. — L'investissement et les communications. — L'entrevue de Ferrières. — Ajournement des élections. — Les Comités et la presse révolutionnaires. — Les manifestations d'Octobre. — Rôle des municipalités. — Le 31 Octobre. — Conséquences de cette journée. — Le plébiscite. — L'élection des municipalités. — Paris en Novembre. — Changements produits par les batailles de la Marne : réaction, impopularité du Gouvernement. — Les souffrances du rationnement et du froid.— La nouvelle année. — Le 19 Janvier. — Le 22 Janvier. — Le 23 Janvier. — Rôle de Jules Favre et du Gouvernement.
Marche des Allemands après Sedan. — Leurs positions autour de Paris. — Le système d'attaque. — Les forces en présence. — Trochu et Ducrot. — Le 19 Septembre. — Villejuif, le Moulin Saquet et les Hautes-Bruyères. — Chevilly. — Le plan de Trochu. — La Malmaison. — Le Bourget. — Jules Favre, Ducrot et Thiers au pont de Sèvres. — Réorganisation de l'armée de Paris. — Les batailles de la Marne. — Découragement dans l'armée. — Le bombardement. — Buzenval. — Conditions de la capitulation. — Les enseignements du siège.

Etait-il possible d'éviter la Révolution du 4 Septembre, de se servir du Corps Législatif repentant pour signer un armistice avec l'ennemi et pour convoquer une Assemblée composée de tout ce que le pays renfermait d'hommes capables et dévoués qui eût assumé « la formidable responsabilité » ? M. Thiers l'a cru et l'a dit devant la *Commission d'enquête parlemen-*

taire sur les actes du Gouvernement de la Défense nationale.
Malgré la grande autorité de M. Thiers, en matière de Révolution comme en matière de Gouvernement, il est permis d'en
douter. Le 4 Septembre fut moins une Révolution qu'une
explosion de patriotique et légitime colère contre le Gouvernement qui avait déclaré la guerre, et qui l'avait engagée sans
être prêt, ni militairement, ni diplomatiquement. Si le Corps
Législatif n'avait pas été envahi le 4 Septembre à une heure
et demie, il l'eût été le soir ou le lendemain, et la Commission
de gouvernement et de défense qu'il voulait tirer de son sein
eût été emportée comme un fétu de paille au souffle populaire. Et si cette Commission avait vécu assez de jours pour
demander aux Allemands un armistice, M. de Bismarck n'eût
certainement accordé cet armistice qu'aux conditions qu'il fit
à M. Jules Favre : reddition de Strasbourg et de Toul, abandon
de l'un au moins des forts dominant Paris. C'est alors qu'eût
éclaté la Révolution, quinze jours plus tard, et elle eût été
autrement violente que celle du 4 Septembre, autrement
dangereuse aussi, l'ennemi ayant déjà interrompu toute
communication entre Paris et la Province [1].

Renonçons aux spéculations faciles et vaines sur ce qui
aurait pu arriver, si le Corps Législatif n'avait pas été envahi,
s'il avait pu délibérer tranquillement, comme en pleine paix,
trois jours après Sedan, et regrettons seulement que M. Thiers,
député de Paris, n'ait pas cru pouvoir apporter à ses collègues de la députation parisienne, à la France, le secours de
son expérience, de ses lumières et l'immense autorité de son
nom. Il y avait plus de courage et de patriotisme, le 4 Septembre au soir, à siéger à l'Hôtel de Ville, autour de la table
du nouveau Gouvernement, qu'à protester platoniquement
au Palais-Bourbon, à se retirer navré à l'hôtel de la place

---

(1) Voir à l'Appendice, I. *Commission d'enquête*, séance du 1er Juillet 1871, déposition du général Trochu.

Saint-Georges, et plus tard à parcourir l'Europe, pour y chercher des appuis problématiques.

Ce Gouvernement de la Défense nationale qui fut proclamé à l'Hôtel de Ville, le 4 Septembre, après l'évanouissement silencieux de la Régence impériale, comprenait tous les autres députés de Paris, sous la Présidence du général Trochu. Ces députés étaient l'état-major de l'Opposition ardente qui s'était formée sous l'Empire et contre l'Empire, qui avait fait entendre le 15 Juillet et le 9 Août des avertissements si prophétiques et si dédaignés. Privés de la collaboration du plus habile et du plus expérimenté d'entre eux, ils apportaient aux affaires plus de bonne volonté et de patriotisme que de réelle aptitude. Élevés au pouvoir par l'acclamation populaire ou plutôt par la fatalité des choses, et placés en face de la plus grave situation qui fut jamais, ils allaient se montrer, non pas inférieurs à leur tâche, mais timides et irrésolus ; ils allaient, en réalité, échouer dans leur double lutte contre l'ennemi du dehors qu'ils n'ont pu repousser et contre celui du dedans qu'ils n'ont su contenir que momentanément. D'autres auraient-ils mieux réussi ? Expérience faite, les adversaires les plus passionnés de la République n'oseraient le soutenir. Au lieu de jeter l'injure et la calomnie à la face de ceux qui ont accepté les périls bien plus que l'honneur, le 4 Septembre 1870, il faut avoir un peu de reconnaissance et d'estime pour les citoyens courageux qui ont consenti à se faire les syndics de la faillite impériale. A leur défaut, d'autres ne demandaient qu'à se charger de cette douloureuse liquidation. Et qui peut croire qu'avec MM. Cluseret, Félix Pyat, Flourens, Delescluze et Blanqui la défense eût été plus honorable, la paix moins onéreuse, la catastrophe finale moins désolante ?

Le Gouverneur de Paris, dans le Conseil qu'il présidait,

exerça par son honnêteté, son sang-froid et son éloquence, une véritable séduction sur tous ses collègues. La déférence qu'ils lui témoignèrent, dès le premier jour, s'alliait à une sincère admiration ; tous subirent le charme, même Jules Favre, le Président désigné du nouveau Gouvernement, qui s'effaça modestement devant le général Trochu. Le passé républicain de Jules Favre, les coups terribles qu'il avait portés au pouvoir personnel, son éloquence puissante, son autorité dans le parti et sa popularité, un peu amoindrie pourtant depuis les dernières élections générales, lui avaient fait conférer par tous ses collègues la direction des Affaires Étrangères, direction qu'il allait exercer dans des circonstances les plus anormales, du sein d'une ville étroitement bloquée, sans communications régulières possibles avec son délégué en province, M. de Chaudordy, qui se trouva, de fait, le véritable directeur de nos relations extérieures. A partir du 7 Octobre Jules Favre dirigea en outre le ministère de l'Intérieur, réduit, il est vrai, à l'administration de la Ville de Paris.

M. Jules Ferry, l'heureux contradicteur de M. Haussmann, dont il avait écrit les *Comptes fantastiques*, ne reçut pas de portefeuille, mais il eut la succession de l'ancien Préfet de la Seine et il remplit les fonctions de Maire de Paris, après la démission de M. Etienne Arago, le 16 Novembre. Il s'acquitta de sa double et très lourde tâche avec un courage tranquille, une présence d'esprit toujours prête et un sentiment des nécessités gouvernementales qui furent d'un grand secours au nouveau pouvoir. Député peu connu la veille, M. Jules Ferry devait singulièrement grandir dans son premier passage aux affaires : il devait aussi susciter des haines injustifiées et encourir une impopularité qui l'a suivi presque jusqu'au terme de sa carrière et de sa vie.

M. Jules Ferry était un nouveau venu, comme M. Roche-

fort, dont la *Lanterne* avait fondé la prodigieuse réputation ;
MM. Crémieux, Glais-Bizoin, Garnier-Pagès, Emmanuel
Arago, Pelletan, étaient des vétérans dans la vie politique. Leur réputation d'intégrité, la constance de leurs opinions démocratiques les avaient désignés aux électeurs parisiens ; leur âge les rendait un peu impropres à la tâche
qu'ils avaient acceptée. M. Glais-Bizoin et M. Crémieux, désignés pour faire partie de la Délégation de Tours, quittèrent
Paris avant le milieu de Septembre. Le ministère de la Justice, que s'était attribué M. Crémieux, fut régi, après son
départ, par M. Emmanuel Arago. Quant à M. Garnier-Pagès,
l'ancien ministre de 1848, il n'eut pas le portefeuille des
Finances qui fut donné, comme une sorte de compensation,
à M. Ernest Picard, lorsque M. Gambetta, à la majorité des
voix de ses collègues, eut été désigné pour l'Intérieur.

Le député irréconciliable de 1869, l'adversaire des armées
permanentes, l'ardent tribun qui avait asséné de si rudes
coups au régime impérial, était porté au pouvoir à trente-
deux ans, par une Révolution qu'il n'avait ni faite ni souhai-
tée. Il allait avoir pour tâche, ici de contenir ces conspirateurs,
ces irréconciliables dont il était la veille le compagnon de
lutte ; là-bas, au delà des murs de la ville assiégée, de
reconstituer ces armées dont la suppression était le principal
article de son programme. Ironie de la politique ! le révolutionnaire allait devenir un modérateur et l'adversaire des
« hordes prétoriennes » devait conquérir sa plus solide gloire
en donnant tous ses soins, la paix faite, à la réorganisation
militaire de la France.

Ernest Picard, le plus spirituel des députés parisiens, avait
toute la compétence voulue pour administrer les Finances,
s'il n'avait pas toute la confiance nécessaire dans l'issue de
la lutte engagée. Il a porté sur Trochu le jugement que l'on
connait. Il est douteux qu'il ait eu, à un plus haut degré que

Trochu, la foi dans le succès qui seule pouvait peut-être nous sauver. Ernest Picard était comme M. Jules Simon, ministre de l'Instruction publique, des Beaux-Arts et des Cultes, à la tête de services importants, aux cadres intacts, qui auraient fort bien marché sans eux, par suite de la force acquise, et que ni le siège ni le bombardement ne devaient interrompre à Paris.

Un seul nom, si l'on excepte M. Thiers, manque à cette liste des députés de la Seine : celui de l'honnête et emphatique Bancel, du rival heureux de M. Emile Ollivier aux élections de 1869, que la maladie retenait sur son lit de douleur, dans le Midi de la France, et qui mourut cinq mois après, au moment où se produisaient les derniers et impuissants efforts de la Défense nationale.

C'est Ledru-Rollin qui, pour prévenir toute compétition et toute division, avait suggéré à Gambetta l'idée de ne composer le Gouvernement que d'élus de Paris. Un seul nom de député marquant manquait à la liste : celui de M. Grévy. La démarche qu'il avait faite à l'Hôtel de Ville, pour y porter l'opinion des 200 députés qui auraient voulu qu'on respectât les formes légales, lui interdisait d'accepter, dans le nouveau Gouvernement, une situation qui du reste ne lui fut pas offerte. Il attendit, dans un silence grognon, la fin de la guerre à Tours, à Bordeaux, puis dans le Jura. Son frère, M. Albert Grévy, accepta les fonctions de commissaire de la Défense dans trois départements de l'Est.

Le ministère des Travaux Publics avait été attribué à M. Dorian, celui du Commerce et de l'Agriculture à M. Magnin, celui de la Guerre au général Leflô et celui de la Marine à l'amiral Fourichon. Les importantes fonctions de secrétaires du Gouvernement étaient attribuées à MM. Dréo, qui rédigea les procès-verbaux non officiels des séances du Conseil, Durier, Hérold et Lavertujon. M. de Kératry fut

Préfet de police, malgré son rôle au 15 Juillet, que les formidables événements des derniers mois avaient fait oublier.

La population de Paris, calme et joyeuse, au lendemain du 4 Septembre, semblait comme soulagée d'un grand poids et, malheureusement aussi, comme allégée d'une grande préoccupation. Dès le dimanche 5, à voir les groupes nombreux qui encombraient les boulevards et les promenades, à entendre les propos qui s'échangeaient, on pouvait constater les illusions décevantes qui allaient se perpétuer, en s'augmentant, pendant toute la durée du siège, qui allaient rendre plus douloureuse, parce qu'elle serait plus longtemps méconnue, la triste réalité. Chacun crut que la situation avait radicalement changé, du jour au lendemain, par le fait de la Révolution, que tout devenait facile, parce que la République avait succédé à l'Empire, parce que des escouades d'ouvriers peignaient sur tous les monuments publics les mots sacramentels : *Liberté, Egalité, Fraternité.*

L'aspect même de Paris était à peine changé, en ces derniers et merveilleux jours de l'été de 1870. Personne n'a mieux vu et mieux rendu cette physionomie de Paris, du 7 au 12 Septembre, que M. Marc Dufraisse. Sa déposition devant la *Commission d'enquête*, très longue et très fortement documentée, nous renseigne aussi exactement sur l'état de la Capitale, à ce moment, que sur la Délégation de Tours ou sur la Ligue du Midi.

Les mobiles qui arrivaient de tous les points de la France étaient lents à la marche, silencieux, tristes et plus résignés que résolus. « Il faut bien faire son devoir, » répondaient-ils à ceux qui les interrogeaient, mais on sentait que la nostalgie les envahissait déjà. Le corps d'armée de Vinoy, campé sur les avenues voisines de l'Arc de Triomphe de l'Etoile, était tout à ses bivouacs et les détachements isolés qui traversaient

Paris inspiraient confiance, par leur aspect rassurant de discipline et de vigueur. On ne rencontrait pas de ces soldats errants dont l'aspect seul ébranle tous les courages et annonce la défaite ou la capitulation.

Les différences politiques semblaient avoir disparu depuis la chute de l'Empire. Les réunions publiques étaient rares; rares aussi les excès de langage dans la presse. Blanqui lui-même prêchait l'union et la trêve des partis, en ces premiers jours de la Défense nationale, dans la *Patrie en danger*.

Paris ne craignait pas le siège; il n'avait ni effroi, ni consternation, mais un peu d'étonnement; la ville, plus grave que d'habitude, moins bruyante, dès le dimanche 12, semblait avoir le sentiment de son impuissance, en présence de quelque grande calamité publique ou d'une fatalité inéluctable. Les Parisiens qui avaient vu le choléra de 1832 durent éprouver la même impression en 1870, à l'approche du siège : l'impression de l'inévitable. On ferait son devoir, on serait dévoué et patient, mais sans confiance dans le résultat; la confiance ne devait venir que plus tard, et peu à peu, au fur et à mesure que le siège se prolongerait, parce que l'on aurait sous les yeux les progrès de la Défense, parce que l'on verrait une nombreuse et vaillante armée comme sortir de terre, parce que l'on s'exalterait les uns les autres, en se communiquant les communes espérances, parce que l'on croirait, en idéalistes obstinés, que la force ne peut primer le droit.

La ville immense, comme le disait la proclamation au peuple français du 8 Septembre, qui convoquait une Constituante pour le 16 Octobre, était résolue à périr plutôt que de se rendre; elle entrevoyait la perspective de la ruine et de la mort pendant que, loin de ses murs, une Assemblée nationale porterait en tous lieux et en dépit de tous les désastres, l'âme vivante de la patrie.

Le 13 Septembre, quand Trochu passa la revue de toutes

les troupes, échelonnées de la Bastille à l'Arc de Triomphe, l'enthousiasme fut indescriptible et l'illusion fut bien permise. Le Gouverneur lui-même, qui avait moins de foi danr son étoile que dans son jugement, dut tressaillir et espéres aux acclamations qui l'accueillirent partout, à l'ovation qui lui fut faite sur cette longue voie triomphale. C'est seulement à son arrivée au Louvre qu'il se ressaisit et rappela lui-même que la Roche Tarpéienne est voisine du Capitole.

Quelques jours après, quand l'ennemi approcha, quand les parcs de bœufs et de moutons furent établis sur les boulevards extérieurs et dans le jardin du Luxembourg, quand par toutes les portes de Paris arrivèrent les interminables files d'habitants de la banlieue, avec leur pauvre mobilier chargé en hâte sur des charrettes, quand les réfugiés s'installèrent sur les places publiques dans de véritables camps, à la façon des bohémiens sur les grandes routes, en attendant les domiciles que les municipalités devaient leur assurer, Paris prit, pour ainsi dire, sa physionomie de ville assiégée.

La Révolution du 4 Septembre avait apporté quelque ralentissement à l'organisation de la Défense, surtout à l'extérieur de Paris. Les 6 ou 8,000 ouvriers qui travaillaient à la redoute de Montretout furent réduits à quelques centaines et il ne fut malheureusement pas possible de regagner le temps perdu. D'ailleurs, étant donné la conviction du Gouverneur et du Gouvernement tout entier de l'impossibilité d'une longue résistance et du danger de l'éparpillement des forces au delà de l'enceinte qui exposerait à une surprise, c'est surtout à l'armement de cette enceinte que se consacra le personnel militaire. Il fut puissamment aidé par le personnel civil, sous l'active impulsion de M. Dorian. C'est au ministre des Travaux Publics que l'on dut la formation d'une Commission générale d'études, d'une Commission d'armement avec Sous-

Commission de pyrotechnie, d'une Commission du génie civil, la plus active et la plus utile de toutes, d'une Commission des barricades composée, avec M. Dorian, de MM. Flourens et Bastide et présidée par un membre du Gouvernement, M. Henri Rochefort, dont les événements de l'année 1870 avaient fait, depuis l'assassinat de Victor Noir, une sorte de *Roi de Paris*.

Les députés de Paris, passant de l'opposition au pouvoir, se devaient à eux-mêmes de proclamer les principes qu'ils avaient toujours professés et d'accorder les libertés qu'ils avaient si vainement réclamées du Gouvernement impérial. Le 5 Septembre ils abolissaient le serment politique et supprimaient le timbre sur les journaux et écrits périodiques. Le 10 Septembre, ils déclaraient libres l'imprimerie et la librairie. Le 12, ils réintégraient dans tous leurs droits les fonctionnaires que le 2 Décembre avait frappés ou qui avaient résigné leurs fonctions plutôt que de prêter serment. Le 19 Septembre, était abrogé l'article 75 de la constitution de l'an VIII qui assurait aux fonctionnaires de l'Etat une protection abusive. La Commission d'examen des ouvrages dramatiques ou Censure fut également supprimée, par un décret du 30 Septembre. Une mesure plus critiquable fut prise contre le Premier Président de la Cour de cassation, M. Devienne. A la suite des révélations apportées par les papiers des Tuileries, M. Devienne fut cité disciplinairement devant la Cour « pour avoir compromis la dignité du magistrat dans une négociation d'un caractère scandaleux ». La Cour ne put se prononcer, un grand nombre de conseillers, comme M. Devienne lui-même d'ailleurs, ayant été empêchés par le blocus de rejoindre leur poste. Une brutale révocation eût été plus franche que cette mesquine vengeance contre un adversaire politique, succédant à une indiscrète perquisition et à une publicité inconvenante.

C'est le dimanche 19 Septembre, à une heure, que fut
coupé le réseau télégraphique de l'Ouest, dernier lien entre
Paris et la France. Le câble immergé dans la Seine permit
encore la communication pendant quelques jours pour les
dépêches officielles, puis le ballon fut le seul mode de transmission de la pensée, de la vie de Paris à la Province.

Le *Neptune* qui s'éleva au-dessus des lignes prussiennes le
23 Septembre, fit connaître à la France quelle patriotique
émotion le rapport de Jules Favre sur les entrevues de la
Haute-Maison et de Ferrières avait produite dans la ville
assiégée. Tout Paris, et après Paris toute la France, applaudit
à la fière parole de Jules Favre, affirmant que nous ne céde-
rions « ni un pouce de notre territoire, ni une pierre de nos
forteresses ». La confiance était si grande, à ce moment, que
l'on ajoutait même, avec Blanqui : « ni un sou de notre épargne. » Ernest Picard, plus avisé, eût consenti à céder beaucoup de millions et beaucoup de pierres, pour voir les Allemands loin de Paris. La démarche de Jules Favre n'en eut pas
moins pour résultat de préciser la situation, aux yeux de
l'Europe comme aux yeux de la France, de démontrer aux
plus prévenus contre nous « que la justice avait changé de
côté ». La justice seule, hélas ! non la force qui assure ses
triomphes.

La prétention émise par la Prusse d'obtenir, avant toute
négociation d'armistice, qu'on lui livrât Strasbourg et un
fort de Paris, ouvrit tous les yeux. Autant eût valu nous
demander de livrer Paris lui-même.

La réponse faite par le Chancelier aux ouvertures de notre
ministre des Affaires Étrangères ne fut pas sans influence sur
l'ajournement des élections législatives et des élections municipales. Un décret du 15 Septembre avait réglé les conditions
de l'électorat et de l'éligibilité pour l'Assemblée nationale
constituante qui devait être nommée non plus le 16, mais

le 9 Octobre. Un second décret, du 16 Septembre, était relatif aux élections municipales, fixées au 28 du même mois, et accordait enfin l'élection des maires par les conseils municipaux.

Autant le Gouvernement fut bien inspiré en se déclarant prêt à marcher résolument dans la voie indiquée par Jules Favre, autant il surprit l'opinion et méconnut les véritables intérêts nationaux en ajournant, le 24 Septembre, les élections municipales et législatives. Celles-ci pouvaient seules légitimer les actes accomplis le 4 Septembre et elles étaient possibles, puisqu'elles le furent au commencement de Février, dans une situation bien pire. Celles-là auraient enlevé tout prétexte aux réclamations des partis avancés. Il est toujours dangereux de laisser ouverte aux exaltés la porte des revendications légitimes, et Paris, maintenu si longtemps en dehors du droit commun, pouvait et devait légitimement prétendre à la possession d'un Conseil municipal. Si ce Conseil avait été élu au mois de Septembre 1870, il eût été composé de membres aussi modérés que les maires et les adjoints qui furent nommés le 5 Novembre et un Conseil élu ce n'était pas seulement la Commune légale, celle du 18 Mars, rendue impossible, c'étaient les plus graves difficultés épargnées au Gouvernement de la Défense nationale. C'était probablement aussi la désorganisation des forces révolutionnaires qui s'étaient constituées le 4 Septembre au soir.

Au numéro 6 de la place de la Corderie-du-Temple, l'Internationale et les Fédérations ouvrières avaient décidé la formation d'un Comité central, composé de délégués de chaque arrondissement. Avrial, Beslay, Briosne, Camélinat, E. Duval, Dereure, Franckel, Ferré, Flourens, Lefrançais, Longuet, B. Malon, Ranvier, Régère, Rigault, Tridon, Vaillant, Varlin, J. Vallès, tous les révolutionnaires, tous les futurs chefs de la Commune font partie du Comité. Leurs noms se retrouvent au bas de toutes les affiches, leurs personnes dans tous les clubs et dans toutes les manifestations, leurs mains dans toutes les conspirations. Ils sont à la grande réunion de l'Alcazar le 20 Septembre, ils sont à l'Hôtel de Ville le 22 et le 27 Septembre, obligeant le Gouverneur de Paris et tous les membres du Gouvernement à répondre à leurs demandes de rationnement, de levée en masse et surtout de Commune. Ils sont soutenus par le *Combat* que rédige Pyat, par la *Patrie en danger*, journal de Blanqui, par le *Réveil* de Delescluze et toutes les réclamations de cette presse enfiévrée ne sont pas sans fondement. Il est certain que le Gouvernement aurait pu, sinon imprimer plus d'activité à la Défense nationale, au moins empêcher pendant le premier mois le gaspillage des provisions et, par suite, prolonger d'autant la durée du siège. C'est seulement à partir du 28 Septembre que le ministre de l'Agriculture et du Commerce, acquéreur des bœufs et des moutons pour le compte de l'Etat, les revendit aux bouchers, à raison de 500 bœufs et de 4,000 moutons par jour; et c'est seulement à partir du 7 Octobre que l'on réglementa la vente de la viande : chaque bouche eut droit à 100 grammes. Le 29 Septembre tous les grains et farines avaient été réquisitionnés.

Le mois de Septembre s'achevait donc, sans que l'on eût encore ressenti les rigueurs matérielles du siège. La population emplit toujours les rues de la cité, applaudissant les bataillons de la garde nationale qui vont prendre le service aux remparts, les sociétés patriotiques ou les délégations armées qui se rendent en pèlerinage sur la place de la Concorde, à la statue de Strasbourg et, les jours de combat, accueillant avidement les nouvelles apportées par le premier venu et donnant créance aux inventions les moins vraisemblables. Le soir, tous ceux que n'ont pas attirés les clubs, s'empressent autour des affiches, où le chef d'état-major général mentionne, en formules trop stéréotypées, les résultats militaires de la journée.

Le mois d'Octobre fut encore le mois des manifestations tour à tour imposantes, grotesques ou tragiques. Le 1ᵉʳ Octobre, aux funérailles du général Guilhem, célébrées aux Invalides, le général Trochu prononçait ces paroles, bien faites pour exalter tous les courages : « Messieurs, à l'heure présente, l'appareil de la mort n'a rien qui doive nous effrayer. Notre devoir, pour la plupart, notre avenir, pour tous, est là. Les phrases de convention et de convenance seraient déplacées ; je ne dirai qu'un mot devant ce cercueil : le général Guilhem a bien vécu, il s'est bien battu et il est mort en brave. Messieurs, je le recommande à votre souvenir. »

Le lendemain de cette émouvante cérémonie, une proclamation du Gouvernement annonçait la douloureuse nouvelle de la chute de Strasbourg et de Toul. Le patriotisme blessé des Parisiens se répandait en inquiétudes sans fondement, en craintes chimériques des espions et des traîtres. Qu'un linge à sécher fût suspendu à une fenêtre, qu'une lampe s'allumât dans un appartement un peu élevé et l'on croyait voir des signaux faits à l'ennemi. Ces vaines terreurs n'auraient été que risibles, si elles n'avaient attesté un état d'esprit troublé et si elles n'avaient entraîné de regrettables violations des domiciles privés.

Les manifestations comme celles du 5 et du 8 Octobre n'étaient pas faites, d'ailleurs, pour calmer les nerfs des assiégés. Le 5 Octobre, Flourens, à la tête de cinq bataillons armés, descendait à l'Hôtel de Ville. Le Gouverneur, avec beaucoup de présence d'esprit et de sang-froid, donnait « à M. le major » quelques indications techniques sur la défense des places et lui reprochait, avec une malicieuse bonhomie, l'abandon de son poste. Le major, renvoyé à ses remparts, avait été accueilli, sur la place de l'Hôtel de Ville, par les acclama-

tions de ses cinq bataillons et cet enthousiasme avait paru
si exagéré à Millière qu'il s'était écrié : « Allons, foule,
applaudis, fais un roi de Paris, donne-toi un Dictateur. » Le
lendemain, un ordre du jour du général Tamisier avait interdit à la garde nationale les manifestations armées. Mais les
chefs de bataillons élus tenaient aussi peu de compte des
ordres du jour de leur général en chef que des conseils du
Gouverneur, et le 8 Octobre, à la nouvelle que les élections
municipales de Paris étaient ajournées, le commandant
Sapia, du 146°, essayait, lui aussi, d'entraîner son bataillon
contre l'Hôtel de Ville : désarmé par ses hommes et livré au
Gouvernement, il était cité devant un Conseil de guerre qui
l'acquittait à la minorité de faveur. La théorie, professée par
le général Trochu, du gouvernement par la force morale,
avait d'avance énervé la répression et désarmé même la justice militaire.

S'il ajournait l'élection d'un Conseil municipal, le Gouvernement avait organisé par décret les mairies d'arrondissement et, en général, confié l'écharpe aux citoyens les plus
recommandables. Les maires nommés dans les vingt arrondissements furent MM. Tenaille-Saligny, Tirard, Bonvalet,
Greppo, Bocquet, Hérisson, Ribeaucourt, Carnot, Chaudey,
O. Reilly, Mottu, Grivot, Pernolet, Ducoudray, Corbon,
Henri Martin, F. Favre, Clémenceau, Richard et Braleret.
C'est à peine si l'on peut contester un ou deux de ces
choix. Tous les maires firent preuve d'une grande activité,
quelques-uns d'un réel courage et ils acquirent de telles
sympathies dans leurs arrondissements que presque tous
virent leurs pouvoirs confirmés par l'élection, le mois suivant. On leur a reproché de n'avoir pas assuré une distribution assez rapide de la viande et du pain; on les a rendus
responsables de la durée du stationnement dans les rues, à la
porte des bouchers et des boulangers; par la pluie, par le

froid rigoureux, des femmes, des enfants piétinaient dans la boue ou dans la neige glacée. Certes c'était un spectacle affligeant que de voir, dès la première heure, les queues interminables qui s'allongeaient dans chaque rue, mais la distribution pouvait-elle se faire ailleurs qu'à la porte des bouchers et des boulangers ? Et ne faut-il pas savoir gré aux maires, d'avoir su prendre des mesures d'ordre si bien comprises, que cette attente pour la vie s'est faite régulièrement, pacifiquement et ne s'est pas transformée, comme on pouvait le craindre, en une lutte pour la vie ? Ils ont pu, avec non moins de succès, organiser les cantines municipales qui ont assuré l'existence de 470,000 indigents. Les ouvriers sans travail, les petits boutiquiers et les petits bourgeois, ceux-ci sans commerce, ceux-là sans ressources procurées par l'industrie, ont plus souffert que les pauvres qu'assistaient les municipalités, de la prolongation imprévue du siège.

Malgré les souffrances, malgré l'impuissance de la Préfecture de police dont le premier titulaire, M. de Kératry, démissionnaire et parti pour la Province en ballon, avait été remplacé par M. E. Adam, malgré l'obscurité où se trouvèrent plongés de nombreux quartiers de Paris, quand le pétrole eut remplacé le gaz, les crimes pendant le siège furent rares, plus rares qu'en pleine paix. Toutes les classes de la population avaient été comme rapprochées par le péril commun et les excitations perfides ne parvenaient pas à désunir le faisceau serré des défenseurs de Paris. Riches ou pauvres, instruits ou ignorants tous comptaient fermement sur la délivrance et, pour la patrie, supportaient allègrement toutes les misères d'une existence si nouvelle, moins une seule : l'absence de renseignements précis sur le sort de la Province, sur les êtres chers dont il avait fallu se séparer avant le blocus. L'envoi des corps flottants par la Seine était resté sans résultats. Le transport des pigeons pouvait bien faire parvenir à la France des nouvelles de Paris, mais le retour des pigeons, menacés par les oiseaux de proie, par les balles prussiennes, par le froid n'était jamais assuré. Combien de ces gracieux messagers, devenus d'héroïques messagers, qui emportaient jusqu'à 10,000 dépêches microscopiquement réduites, ne revirent jamais le colombier du départ ! Et que Louis Blanc était bien inspiré, de demander que l'on mit un pigeon aux ailes déployées, au-dessus du navire aux voiles blanches de la ville de Paris ! Les prisonniers allemands fournissaient encore à l'impatience des assiégés quelques renseignements, mais combien rares et suspects ! On trouvait sur eux des journaux et parfois le *Moniteur prussien de Versailles*, rédigé en français, qui nous arrivait trop souvent porteur de quelque mauvaise nouvelle et, déception plus cruelle, de fausses bonnes nouvelles. Enfin les conversations des avant-postes laissaient quelquefois parvenir à nous les bruits du dehors et c'est certainement par cette source que Félix Pyat connut le « fait vrai, sûr et certain » de la capitulation et de la trahison de Bazaine, dénoncé le 27 Octobre par le *Combat*.

Le fait vrai, sûr et certain, qui tombait en pleine fièvre patriotique, le jour même où le Dr Bertillon présidait sur la place du Panthéon aux enrôlements volontaires pour la garde nationale mobilisée, fut démenti par le Gouvernement avec indignation. Le lendemain, la foule, aussi irritée que le Gouvernement, allait casser les vitres des bureaux de rédaction du *Combat*.

Le hardi coup de main des Eclaireurs de la Seine, des Volontaires de la Presse et des mobiles qui nous donna le Bourget augmentait encore l'exaltation patriotique des Parisiens et surexcitait leurs espérances. Aussi la déception fut-elle immense lorsque, le 30, on apprit à la fois la perte du Bourget et la capitulation de Metz. Le Gouvernement, enfin

renseigné par l'arrivée à Paris de M. Thiers, porteur de propositions d'armistice, avait annoncé la fatale nouvelle. Les
plus calmes perdirent la tête; la colère emplit tous les cœurs.
On accusait à la fois le Gouvernement d'incapacité pour avoir
laissé reprendre le Bourget, de duplicité pour avoir nié la capitulation de Metz, de lâcheté pour avoir accueilli des propositions d'armistice considérées comme déshonorantes. Tous ces
sentiments très généreux furent habilement exploités par les
violents et Paris se trouva menacé d'une nouvelle Révolution,
en présence de l'ennemi. La proclamation qui fut affichée sur
tous les murs du VI° arrondissement par un maire, M. Robinet,
par son adjoint, M. André Rousselle, donnera une idée de
l'exaspération générale.

« Nous sommons le Gouvernement de la Défense nationale, disait l'affiche :

1° De déclarer hors la loi Bonaparte, les hommes qui sou-
tiennent son système et les agents des prétentions dynastiques
de toutes sortes.

2° De destituer ou d'emprisonner les généraux qui, par
incapacité ou trahison, ont causé nos derniers désastres et de
prendre les mêmes mesures dans toutes les administrations.

3° De repousser absolument toute proposition d'armistice
et de lever en deux bans toute la population mâle de Paris.
Que si le Gouvernement refuse de prendre les mesures révolutionnaires que réclame la situation, il donne en masse sa
démission pour jeudi 3 Novembre prochain.

Dans cet intervalle le Peuple de Paris avisera à le remplacer.

La victoire ou la mort ! Vive la République ! »

Dans la matinée du 31 Octobre, pendant que cette affiche
était placardée, de nombreux bataillons se dirigeaient vers
l'Hôtel de Ville, la crosse en l'air, accompagnés d'une foule
compacte d'où émergeaient d'innombrables écriteaux portant
ces mots : « Pas d'armistice » — « Levée en masse. »

Nous ne raconterons pas dans le détail, la déplorable journée du 31 Octobre. Trente témoins en ont déposé devant la *Commission d'enquête* et n'ont laissé dans l'ombre aucun point essentiel.

Le parti de la Commune fut pendant plusieurs heures maître du Gouvernement. Pendant que Blanqui, toujours caché, du fond d'une des salles de l'Hôtel de Ville, dictait des ordres et rédigeait des décrets qui ont été retrouvés, Flourens, monté sur une table, écrasait les encriers de ses bottes molles, et leurs partisans, se pressant aux fenêtres, inondaient la place de Grève de petits papiers où étaient inscrits soit les noms des membres du Gouvernement révolutionnaire, soit les mots : *Vive la Commune ! La levée en masse dans 48 heures ! Dorian, Président du Gouvernement !* La situation paraissait si compromise, vers le milieu de la journée, que MM. Dorian, Schœlcher, Etienne Arago, Maire de Paris, et ses adjoints, MM. Floquet, Brisson, Clamageran et Hérisson, convoquaient les électeurs pour le lendemain à Midi, à l'effet de procéder aux élections municipales. Les membres de la Défense nationale, alors prisonniers de l'émeute, retenus dans un coin de leur salle des délibérations, sous les fusils des gardes nationaux de Flourens, ne jouissaient évidemment pas de la liberté nécessaire pour approuver ou pour improuver cette convocation ; ils devaient, le lendemain, rendus à eux-mêmes, désavouer l'affiche du Maire de Paris.

La délivrance de Trochu, due au hasard d'un dévouement personnel, et qui se produisit vers huit heures du soir, n'aurait peut-être pas suffi pour assurer celle de ses collègues, le général ne voulant pas faire agir l'armée contre l'émeute, et ayant repoussé la proposition qui lui en était faite par son ami Ducrot, lequel n'avait pas de ces scrupules. Ernest Picard, qui rallia les bataillons de l'ordre contre les bataillons insurgés, Jules Ferry, qui les fit pénétrer dans l'Hôtel de Ville, furent les véritables artisans de la délivrance. Dès que Flourens et ses partisans eurent reconnu qu'ils n'étaient plus en force, ils ne songèrent qu'à évacuer l'Hôtel de Ville. Cette évacuation se fit d'un commun accord, sans condition écrite, bien entendu, peut-être avec une mutuelle promesse d'oubli, et, après dix-huit heures de séjour dans la Maison du Peuple, où ils avaient tenu leur dernière et orageuse réunion, les membres du Gouvernement de la Défense nationale, MM. Jules Favre et Jules Simon en tête, regagnèrent leur domicile sans être inquiétés.

La victoire de l'ordre sur l'émeute, des modérés sur les violents, de MM. Trochu et Jules Favre sur MM. Flourens et Blanqui avait été obtenue sans qu'un coup de fusil fût tiré. Ses conséquences, au point de vue politique et militaire, furent importantes.

Il y eut d'abord des changements de personnes. M. Dorian resta ministre, mais M. Rochefort se retira du Gouvernement. Sans donner sa démission, il cessa de paraître aux séances du Conseil, et se réserva pour la Commission des barricades, qu'il présidait. M. E. Adam, démissionnaire, fut remplacé par M. Cresson à la Préfecture de police. M. Jules Ferry fut le successeur de M. Etienne Arago, à la Mairie de Paris, tout en conservant la Préfecture de la Seine. Clément Thomas remplaça Tamisier, à la tête de la garde nationale.

Renonçant à se réunir à l'Hôtel de Ville, que de nombreuses masses armées pouvaient facilement entourer, le Gouvernement de la Défense nationale tint ses séances au Louvre, à partir du 1er Novembre. Après une longue délibération, il arrêta des mesures de préservation et de répression qui ne furent pas toutes également heureuses. Quelques-unes étaient ou maladroites ou tardives. Tout bataillon de la garde nationale sortant en armes, en dehors des exercices ordinaires, et sans convocation régulière, dut être dissous et désarmé. Flourens, Razoua, Goupil, Ranvier, de Frémicourt, Jaclard, Cyrille, Levraud, Millière, Gromier, Barberet, Dietsch, Longuet, Chassin, chefs de bataillon, furent destitués. Tibaldi, Vésinier, Vermorel et Lefrançais furent arrêtés et relâchés après quelques jours d'incarcération.

L'opinion était loin d'être favorable aux révolutionnaires : elle allait le prouver le 3 Novembre; mais elle considéra comme une sorte de manquement à la parole donnée les poursuites exercées contre les émeutiers et leurs complices. Le Gouvernement de la Défense nationale en fut moins considéré, et, tout en conservant une immense majorité, il perdit de son autorité morale et de son prestige. Le fait même de recourir à un plébiscite, pour raffermir cette autorité, fut reproché, et c'était de bonne guerre, aux anciens adversaires des plébiscites impériaux.

Le plébiscite du 3 Novembre, ce fac-similé menteur de l'élection d'une Constituante, au moins pour Paris, donna 557 996 *oui* contre 62 638 *non*. Sur ce total, l'armée compta pour 236 000 *oui* contre 9 000 *non*. Ce demi-million de citoyens, civils ou militaires, qui votait pour le Gouvernement de la Défense nationale, ne se composait évidemment pas d'approbateurs quand même. Dans les 280 000 voix de la population civile, il y avait probablement une majorité de partisans d'un Conseil municipal élu, il y avait certainement une majorité de partisans d'une Défense nationale plus énergique et un très grand nombre d'adversaires très ardents de tout ce qui pouvait ressembler à un armistice. Répondre par *oui*, le 3 Novembre, à la question posée par le Gouvernement, c'était simplement dire que l'on préférait MM. Trochu et Jules Favre aux citoyens Flourens et Blanqui.

La réponse faite, le 5 Novembre, à une question encore plus mal posée, ne fut pas moins significative. Le Gouvernement

avait accordé l'élection des maires et adjoints des vingt
arrondissements; il considérait la constitution élective de ces
municipalités d'arrondissement comme étant « le contraire
de la Commune ». C'était aussi, pour Paris, le contraire du
droit commun et de la liberté municipale accordée à toutes
les autres communes de France. Qu'il fût trop tard, le
5 Novembre 1870, pour accorder cette liberté, on peut le
soutenir. Et pourtant, les électeurs firent un bon usage du
droit restreint qui leur était concédé. Les maires nommés
furent maintenus, moins MM. Greppo, Bocquet, Ribeaucourt,
Chaudey, O'Reilly, Ducoudray, Richard et Braleret, qui
furent remplacés par MM. Vautrain, Vacherot, Arnaud de
l'Ariège, Desmarest, Dubail, Asseline, Delescluze (IXe arrondissement) et Ranvier (XXe arrondissement). On remarqua que,
sauf dans le XIXe et dans le XXe, les choix des électeurs
portèrent sur des républicains moins avancés que ceux que le
Gouvernement avait désignés. Les adjoints furent également
choisis dans l'opinion moyenne, exception faite des deux
arrondissements révolutionnaires. Plus tard, les deux municipalités élues des Buttes-Chaumont et de Ménilmontant
durent être dissoutes et furent remplacées par des commissions municipales dont M. Jules Ferry, le nouveau Maire de
Paris, désigna les membres.

Le mois de Novembre fut une période de calme et de préparation à la lutte, dans l'histoire du siège de Paris. Quand
les négociations pour l'armistice furent rompues, quand Jules
Favre, avec son éloquence hautaine, découragée et un peu
décourageante, eut fait connaître quelles conditions inadmis-
sibles la Prusse avais mises à l'octroi de cet armistice, les
patriotes se félicitèrent d'avoir vu si juste, et l'on ne songea
plus qu'aux combats futurs. Paris prit de plus en plus la
physionomie d'un camp. Dès 7 heures du matin, à toutes

les portes de la ville, la garde prenait les armes, le tambour roulait, et l'on abaissait les ponts-levis. A 8 heures, le rappel battait dans tous les quartiers pour la garde nationale qui allait aux remparts, aux postes ou à l'exercice. A 3 heures, nouveau rappel pour l'exercice du soir. A 5 heures on battait aux champs devant les portes de l'enceinte et les ponts-levis étaient hissés partout. Le 8 Novembre, le Gouvernement se décidait à utiliser les forces vives de la garde nationale, et il appelait, par décret, les enrôlements volontaires ayant donné des résultats insuffisants, tous les célibataires de vingt à quarante-cinq ans à composer 4 compagnies de marche par bataillon. Le 13, il appelait à l'activité dans la mobile les jeunes gens de la Seine et des autres départements, présents à Paris, de la classe 1870. Tous les hommes de vingt-cinq à trente-cinq ans, célibataires ou veufs sans enfants, devaient grossir ce nouveau contingent de mobiles.

En même temps, la construction des canons se poursuivait au Conservatoire des arts et métiers ; chaque fois qu'une pièce nouvelle était livrée par le génie civil, on l'ornait de drapeaux, et on la traînait triomphalement, aux sons de la *Marseillaise*, dans le quartier qui avait souscrit pour sa fabrication. Ces promenades répétées, comme les pèlerinages à la statue de Strasbourg, comme le défilé continuel des troupes ou le galop précipité des officiers d'ordonnance soutenaient l'esprit public et entretenaient l'espoir dans tous les cœurs. C'est à peine si l'on s'apercevait de la substitution de la viande de cheval à la viande de bœuf et de mouton, et de la moindre qualité du pain, qui n'était pas encore le mélange innomé qu'il devint à la fin de Décembre.

M. Cresson a joint à sa déposition, devant la *Commission d'enquête*, les rapports presque quotidiens qu'il adressait au Gouvernement, du 28 Novembre au 6 Février. Il y signale nombre de faits d'indiscipline et d'attentats isolés à la pro-

priété. Le pillage des chantiers, la destruction et le vol des
clôtures et palissades étaient des indices de la misère qui se
généralisait et du froid qui devenait plus rigoureux. Les actes
d'indiscipline : gardes nationaux pris en flagrant délit et
insultant les agents, adressant des menaces grossières aux
frères de la doctrine chrétienne ou envahissant le domicile d'é-
trangers absents, se produisent surtout dans les faubourgs ; la
voie publique reste calme dans les quartiers du Centre. Depuis
le 31 Octobre, les agitateurs politiques se bornent à des conciliabules secrets. La grande majorité de la population proteste
contre les actes de dépravation et d'indiscipline, comme elle
reste sourde aux excitations malsaines : elle ne se passionne que
pour les nouvelles de la guerre, elle n'aspire qu'à la délivrance.

C'était, en vérité, un émouvant spectacle que celui de tous
ces braves gens, supportant stoïquement toutes les privations,
toutes les souffrances du siège, troublés dans leurs habitudes,
atteints dans leurs intérêts, voyant parfois leur fortune irré-
médiablement compromise et ne faisant entendre ni une
plainte, ni une réclamation. Qu'une cérémonie patriotique
les appelle, qu'une bonne œuvre les sollicite, ils s'y précipitent et vident royalement leur bourse. Le 5 Novembre, à
une matinée de la Porte-Saint-Martin, où l'on donnait un
concert suivi de l'audition des *Châtiments*, la recette fut de
8,000 francs ; elle servit à acheter une pièce de 7 que l'on
baptisa : *Le Châteaudun*. Les femmes ne restaient pas en
arrière : elles prodiguaient, dans les ambulances, leurs trésors
de dévouement ; et très rares, dans ce premier siège, furent les
névrosées que l'on devait rencontrer en si grand nombre
dans le second. On aurait peine à croire, si des témoins ocu-
laires ne l'affirmaient, que quelques-unes, réunies en comité,
sous la présidence du citoyen Allix, ont décidé de revêtir
un pantalon de zouave et d'exterminer les Allemands avec la
fameuse aiguille d'acide prussique.

Pendant que l'enthousiasme de la foule était comme chauffé à blanc par tous les spectacles de la rue, que celui des hommes les plus éclairés et les plus froids était maintenu presque au même degré par les Hugo, les Quinet, les Louis Blanc, par M. Vitet, l'auteur des célèbres *Lettres* au directeur de la *Revue des Deux Mondes*, l'heure des grandes luttes et des grandes déceptions hélas ! allait sonner.

Les batailles de la Marne, avec les combats qui les ont précédées, occupent les trois derniers jours de Novembre et les quatre premiers jours de Décembre. Les dépêches échangées, le 2 Décembre au soir, entre le général Trochu et le Gouvernement de la Défense nationale et que l'on fit, comme d'habitude, connaître au public, autorisaient l'enthousiasme de la population. Trochu, si pessimiste d'ordinaire, télégraphiait à 5 heures, du fort de Nogent-sur-Marne, où était son quartier général : « Je reviens à mon logis du fort, à 5 heures, très fatigué et très content. Cette deuxième grande bataille est beaucoup plus décisive que la précédente. L'ennemi nous a attaqués au réveil avec des réserves et des troupes fraîches ; nous ne pouvions lui offrir que les adversaires de l'avant-veille, fatigués, avec un matériel incomplet et glacés par des nuits d'hiver qu'ils ont passées sans couvertures, car, pour nous alléger, nous avions dû les laisser à Paris. Mais l'étonnante ardeur des troupes a suppléé à tout ; nous avons combattu trois heures pour conserver nos positions et cinq heures pour enlever celles de l'ennemi, où nous couchons.

« Voilà le bilan de cette dure et belle journée. Beaucoup ne reverront pas leurs foyers, mais ces morts ont fait à la jeune République de 1870 une page glorieuse dans l'histoire militaire du pays. »

Le Gouvernement, en réponse à cette dépêche, exprima bien la joie et l'enthousiasme général, dans la suivante :

« Général et bien cher Président, Depuis trois jours, nous
sommes avec vous par la pensée, sur ce champ de bataille
glorieux où se décident les destinées de la patrie. Nous vou-
drions partager vos dangers, en vous laissant cette gloire qui
vous appartient bien, d'avoir préparé et d'assurer maintenant par votre noble dévouement le succès de notre vaillante
armée. Nul mieux que vous n'a le droit d'en être fier, nul ne
peut plus dignement en faire l'éloge. Vous n'oubliez que
vous-même.

« Mais vous ne pouvez vous dérober à l'acclamation de
vos compagnons d'armes électrisés par votre exemple. Il
nous eût été doux d'y joindre les nôtres. Permettez-nous au
moins de vous exprimer tout ce que notre cœur contient pour
vous de gratitude et d'affection. Dites au brave général Ducrot, à vos officiers si dévoués, à vos vaillants soldats que
nous les admirons. La France républicaine reconnaît en eux
l'héroïsme noble et pur qui l'a déjà sauvée. Elle sait maintenant qu'elle peut mettre en eux et en vous l'espoir de son
salut.

« Nous, vos collègues, initiés à vos pensées, nous saluons
avec joie ces belles et grandes journées, où vous vous êtes
révélé tout entier et qui, nous en avons la conviction profonde, sont le commencement de notre délivrance. »

Nous avons reproduit ici ces bulletins de victoire, bien
qu'ils se rapportent au récit des opérations militaires, pour
expliquer quel chagrin, quelle surprise, quelle colère éclatèrent à Paris, quand on connut la vérité et quelles diatribes,
quelles attaques furibondes se produisirent contre Trochu,
l'idole de la veille, et contre le Gouvernement de la Défense
nationale.

Les généraux qui ont vu leurs cadres décimés, presque
détruits, rapportent à Paris la conviction « qu'il n'y a plus
rien à faire » ; les officiers de tous grades et de toutes armes

« sont d'un pessimisme désespérant », et la population civile tombée du faîte de ses illusions, s'en prend aux généraux qu'elle accuse d'incapacité. La belle confiance que l'on avait en Novembre a fait place à une sourde irritation. On prête l'oreille à toutes les accusations contre le Gouverneur de Paris et contre ses collègues, on les rend responsables de la qualité du pain, de la durée des distributions, de l'obscurité des rues, de ce qu'ils font et de ce qu'ils ne font pas.

Les membres du Gouvernement ne pouvaient opposer à toutes ces calamités, comme aux accusations, que des proclamations ou des discours. On lisait les unes avec défiance ; on écoutait les autres avec tristesse. Les fausses nouvelles que les Prussiens confiaient à nos propres pigeons, le bruit répandu, le 8 Décembre, que Bourbaki est à Compiègne, puis qu'il a fait sa jonction avec l'armée de la Loire à Fontainebleau, contribuent plus encore que la nouvelle trop vraie de la reprise d'Orléans, transmise par le général de Moltke, à énerver l'esprit public. Les premiers symptômes de la folie obsidionale se manifestent. Quelques boulangeries ont été pillées au commencement de Décembre ; quelques attroupements tumultueux se sont formés devant les boucheries. L'ordre a été assez facilement rétabli, mais l'autorité du Gouvernement a subi une nouvelle atteinte, parce qu'il n'a dit, comme toujours, que la moitié de la vérité. La consommation du pain, déclare-t-il le 12 Décembre, ne sera pas rationnée et il le répète en termes identiques, le 16 Décembre. Sans doute le poids brut du pain fourni resta le même, mais la quantité de farine entrant dans sa composition diminua de moitié. Les membres du Gouvernement pensaient, sans doute, que toute vérité n'est pas bonne à dire. Leur Président pensait autrement, puisque, depuis le 2 Décembre, il laissait apparaître son sentiment intime sur l'issue du siège et faisait connaître les vérités d'ordre militaire, avec une franchise qui semblait destinée à produire un profond découragement et qui avait, en effet, ce résultat.

C'est dans ces tristes conditions matérielles et morales que les Parisiens atteignirent le 31 Décembre 1870, après quatre-vingt-treize jours d'un siège qui, dans l'opinion des plus optimistes, ne devait pas durer deux mois, qui en dura quatre et qui aurait pu en durer six, si les mesures nécessaires pour la défense et le ravitaillement avaient été prises à temps.

Le 4 Janvier, le Gouvernement accorde par décret un nouveau délai de paiement aux locataires habitant le département de la Seine qui déclareront être dans l'impossibilité de payer leur terme. S'il y a contestation entre locataire et propriétaire, celui-ci devra faire la preuve que son locataire est en état de payer et le juge de paix statuera.

Le lendemain du jour où ce décret était rendu, les appartements et les maisons des quartiers de la rive gauche, exposés au feu des batteries de Châtillon et de Montretout, s'étaient vidés. La population s'était réfugiée dans les caves transformées en dortoirs et en réfectoires ; dans certaines rues, de chaque soupirail sortait un tuyau fumant, le tuyau du fourneau de cuisine que l'on avait descendu au sous-sol. Les victimes du bombardement furent peu nombreuses la première semaine ; on en compta, du 5 au 13 Janvier, 189 dont 51 tués : 18 enfants, 12 femmes et 21 hommes. Le général Trochu répondit à cette barbarie gratuite par la proclamation du 6 Janvier, où, après avoir fait appel au courage, à la confiance, au patriotisme de la population, il déclarait formellement que « le Gouverneur de Paris ne capitulerait pas ». Cet engagement solennel devait, à quinze jours de là, l'obliger à un expédient peu digne de son caractère. La protestation adressée par le Gouvernement français à M. de Bismarck, pour e bombardement des hôpitaux et des édifices surmontés de

la croix de Genève, fut transmise par le Chancelier à M. de
Moltke. Celui-ci répondit au général Trochu que le tir des
batteries allemandes serait plus juste, quand elles se seraient
rapprochées des points visés. Le bombardement continua,
aussi peu efficace quant au résultat final, mais faisant des
veuves et des orphelins que le Gouvernement assimila à ceux
du soldat frappé à l'ennemi.

Les événements se précipitent après le 19 Janvier. Le 21,
Vinoy a remplacé Trochu comme général en chef. Le 22,
Flourens, que ses partisans ont fait sortir de Mazas, essaie de
s'emparer de la mairie du XX° et d'enlever l'Hôtel de Ville
par un coup de force. Les deux tentatives échouent et des
mesures rigoureuses sont prises *in extremis* contre les clubs,
contre les journaux révolutionnaires et contre les agitateurs.
Vinoy et Clément Thomas, dans des ordres du jour énergiques
adressés à l'armée et à la garde nationale, se font forts de
mater le parti du désordre. Le lendemain 23 Janvier, la Commission des subsistances annonçait qu'il ne restait plus de
vivres que pour huit jours. Paris, qui avait dévoré 40,000 chevaux, ne comptait plus qu'un tiers des omnibus en circulation, 300 fiacres, 100 voitures de remise et semblait comme
mort. Il mourait, en effet, de langueur et de faim. Il fallait
apporter son pain et quel pain ! dans tous les restaurants.
Les épiciers ne vendaient plus de sucre et leurs devantures
n'offraient plus que quelques fruits secs et quelques boîtes
de conserves. Les jambons, le beurre salé, soigneusement
cachés, ne devaient reparaître qu'à la fin de l'investissement.

La révélation de la Commission des subsistances, la perspective de négociations prolongées qui rendraient le ravitaillement difficile décidèrent le Gouvernement de la Défense
nationale à déposer les armes. Sur le refus du général Trochu, qui ne put prendre sur lui d'apposer son nom au bas de

la capitulation devenue inévitable, Jules Favre se sacrifia. Il
accepta la mission cruelle de reprendre, dans des conditions
bien plus douloureuses, l'œuvre commencée à Ferrières et
de sauver Paris, de le sauver de lui-même, de le sauver de la
famine. On sait quelles erreurs, quels oublis irréparables il
commit, pendant cette négociation qui dura cinq mortelles
journées. La paix signée, quand on fut loin des tragiques
événements du siège, deux reproches de nature bien différente furent adressés au négociateur de l'armistice, par les
monarchistes et par les républicains. Les premiers, pour faire
peser sur lui la responsabilité du 18 Mars, lui ont reproché
de n'avoir pas consenti au désarmement de la garde nationale; les seconds l'ont violemment incriminé, pour n'avoir
pas compris dans la convention l'armée et les départements
de l'Est. La situation de l'armée de l'Est était bien compromise le 28 Janvier, le jour où fut signé l'armistice qui ne
devait avoir son entier effet, dans les départements, que trois
jours plus tard. Quant à la garde nationale, il n'était pas possible de la désarmer; M. de Bismarck et M. de Moltke, l'eus-
sent-ils voulu, n'y seraient pas parvenus, et M. Jules Favre a
eu tort de s'accuser « devant Dieu et devant les hommes » d'une
faute qu'il n'avait pas commise. Sa faute c'est d'avoir, lui prisonnier, traité à la fois pour Paris et pour la France, à l'insu
de la France, d'avoir lié le sort de tout le pays à celui de
Paris que la famine réduisait à capituler et cette faute s'explique, par la conviction où était Jules Favre, que vingt-quatre
heures de retard pouvaient entraîner d'incalculables malheurs.

Le grand orateur, au lendemain du 28 Janvier, allait se
retrouver, comme un autre l'Œdipe, que poursuit l'implaca-
ble Destin, le cœur meurtri, l'âme mortellement triste, le
corps brisé, conservant seulement assez de force pour diriger
les négociations qui aboutirent à la cruelle mais inévitable
paix de Francfort. Il fut la plus illustre victime de la guerre

et vraiment le martyr de ce siège qui avait été, il l'a dit lui-même, « la négation, la violation de toutes les lois du bon sens et de l'économie politique et, jusqu'à un certain point, de toutes les lois de la morale ».

Puissant avocat, incomparable chef d'opposition, écrivain de haut style, penseur plein de noblesse, Jules Favre mérite que la France garde fidèlement et tristement aussi son souvenir. Ses plaidoiries comme ses discours politiques sont des modèles du genre, ses rapports diplomatiques sont empreints d'une fière dignité, l'ouvrage émouvant et impartial qu'il a consacré au *Gouvernement de la Défense nationale* est l'une des sources que devront consulter tous les historiens de cette tragique époque[1]. Quant à ses erreurs, les unes lui furent personnelles et il les a cruellement expiées ; les autres furent communes à tous les membres du Gouvernement du 4 Septembre. Tous pensaient que la résistance de Paris ne pouvait se prolonger et tous se défièrent outre mesure de nos forces militaires et de ce que l'on peut appeler nos forces civiles, nous voulons dire de la réserve de courage, de patriotisme, d'abnégation que renfermait un Peuple prêt à tous les sacrifices pour chasser l'ennemi. Républicains de doctrine, ils craignirent, au point de vue politique, l'application de leurs principes et par-dessus tout la prompte convocation des électeurs qui eût légitimé leur pouvoir ; représentants de la démocratie, ils eurent les mêmes timidités en face des démocrates exaltés et ils ne surent pas faire tourner leur exagération au profit de la Défense nationale. Ils furent hésitants, incertains et faibles. Mais cette constatation faite, on peut se demander qui, à leur place, eût mieux réussi et nous allons voir, dans le récit des opérations militaires, que l'officier général savant et compétent entre tous, le plus capable d'organiser une armée et de porter à

---

(1) Voir à l'Appendice, II, son admirable *Lettre* du 21 janvier, à M. Gambetta.

l'ennemi des coups redoutables, a été comme eux et pour les
mêmes causes qu'eux, dominé par ses préventions et, en
somme, inférieur à la situation. On a prêté ce mot à M. de
Moltke : « Je sais que Trochu pourrait percer la ligne d'investissement, mais il ne le fera pas. » Son éducation militaire
l'empêchait, en effet, de lancer des troupes jeunes, inexpé-
rimentées, contre de vieux soldats fortement retranchés; il
ne les lança jamais qu'en nombre insuffisant et il les ramena
toujours, en arrière, après un demi-succès, comme après une
victoire : là est toute l'histoire militaire du siège.

Le 2 Septembre, une demi-heure après la capitulation de
Sedan, toute l'armée allemande recevait les premiers ordres
de marche et prenait le chemin de Paris. Seuls le 11ᵉ corps
prussien et le 1ᵉʳ corps bavarois étaient réservés pour la garde
des prisonniers, que l'on avait accumulés dans la presqu'île
d'Iges, de sinistre mémoire. L'armée du prince royal de Saxe
suivit la route de Creil, Compiègne et Soissons; celle du
prince royal de Prusse la route de Reims, Epernay, Montmi-
rail, Coulommiers, Créteil et Villeneuve Saint-Georges. Le
15 Septembre, dans un ordre d'une précision mathématique,
le général de Moltke avait assigné l'emplacement des différents corps d'armée autour de Paris. Deux jours après, les
assiégeants, avec leurs 122,000 hommes, leurs 25,000 cavaliers et leurs 622 canons occupaient, en face des 34 kilomètres
de l'enceinte, un front de 80 kilomètres qui passait par les
points suivants : Bezons, Argenteuil, Epinay, Pierrefitte, Stains,
Dugny, le Bourget, Sevran, Livry, Chelles, Noisy-le-Grand,
Villiers, Cœuilly, Champigny, Chennevières, Sucy-en-Brie,
Montmesly, Choisy-le-Roy, Thiais, Chevilly, l'Hay, Bourg-la-
Reine, Bagneux, Châtillon, Clamart, Bellevue, Sèvres, Saint-
Cloud, Garches et Bougival. Le quartier général, placé à Ver-
sailles, fut relié à l'état-major des deux armées et à ceux de

chacun des corps d'armée par la télégraphie militaire. La
cavalerie, laissée un peu en arrière des lignes assiégeantes,
fut chargée de faire, dans un rayon de dix ou douze lieues
autour de Paris, de grandes patrouilles de réquisition. Ces
réquisitions suffirent au début à nourrir l'armée allemande.
Quand l'Ile-de-France, épuisée par l'ennemi, refusa le four-
rage et le blé, les chemins de fer détruits par la Défense
avaient été rétablis et prolongés jusqu'aux lignes allemandes ;
exploités par des employés Allemands, ils y amenèrent les
provisions jusqu'au dernier jour, aussi régulièrement que le
matériel et que les troupés de renfort. L'armée assiégeante
fut, en effet, portée de 122,000 à 250,000 hommes, les cavaliers de 25,000, à 38,000 et le nombre des canons fut plus que
doublé, surtout à la fin de Décembre, à la veille du bombardement du plateau d'Avron, prélude du bombardement de la
rive gauche.

Les travaux de défense établis autour de Paris ne furent
pas accomplis en quelques jours : les Allemands consacrèrent
quatre mois, toute la durée du siège, à fortifier leurs positions, à élever la triple barrière qui sépara Paris du reste de
la France et du monde. Les maisons, les parcs, les murs, les
bouquets de bois leur furent d'un puissant secours pour l'établissement de ces travaux. Autant les villas, les chalets, les
jardins sont rares dans la banlieue urbaine de Paris, autant
ils sont nombreux dans la banlieue rurale ; villas, chalets et
maisons furent fortifiés et transformés en petites citadelles.
Les murs, étayés, au moyen de forts amas de terre, furent
percés de meurtrières et crénelés comme celui du parc de
Villiers ou comme celui de Longboyau. Des tranchées réunirent entre elles les maisons trop éloignées l'une de l'autre.
Des barricades fermèrent l'entrée des villages. Les abatis
d'arbres présentaient des obstacles infranchissables pour
l'infanterie ; à plus forte raison pour la cavalerie et pour

l'artillerie. La première ligne n'était ordinairement pas très
forte, mais en seconde ligne se trouvait toujours un véritable
réduit, le goulot de la bouteille, comme disait Ducrot,
défendu par les corps les plus solides, par les masses les
plus nombreuses et où l'assiégé devait forcément passer et
se briser. En troisième ligne étaient les réserves, toujours
prêtes à compléter une victoire ou à réparer un échec.

Quelles murailles, murailles de pierres et murailles humaines, Paris pouvait-il opposer aux Allemands? Le vieux
général de Chabaud-Latour, le remarquable officier du génie,
que l'Empire avait pris dans le cadre de réserve pour le
mettre à la tête de la défense, n'avait cessé, dans le Comité
de défense, de réclamer le retour sous Paris de l'armée de
Châlons. « Ce fut là, disait-il en 1872, à la *Commission d'enquête*, notre suprême demande, demande faite les larmes aux
yeux et le cœur gonflé ; nous avons fait les instances les plus
vives pour que l'armée du maréchal de Mac-Mahon fût ramenée sous Paris ; nous avons cru alors, et je crois encore aujour-
d'hui, deux ans après, que si l'armée du maréchal était venue
sous Paris, avec des vivres pour un an et une armée de
secours comme celle-là, la résistance eût pu être indéfinie »

Si cette résistance dépassa toutes les prévisions, celles de
l'ennemi comme les nôtres, cela tient beaucoup moins à la
force de l'enceinte et des ouvrages extérieurs qu'au système
d'attaque adopté par les Allemands qui firent non pas le
siège, comme l'armée de Versailles en Avril et en Mai 1871,
mais le blocus de Paris. L'enceinte et les ouvrages extérieurs,
au nombre de 15, dataient, en effet, d'une époque où la portée de l'artillerie ne dépassait pas 1600 mètres. Même avec
cette portée réduite des canons, les fortifications de Paris
étaient dominées par les hauteurs voisines d'Ormesson et de
la Butte-Pinson au Nord, d'Avron à l'Est, de Châtillon au
Sud et de Montretout à l'Ouest. De plus, les fronts Ouest et

Sud de la place étant les plus faibles, le général de Chabaud-Latour avait essayé de remédier à cette infériorité en commençant, dès le 1er Août, des redoutes à Gennevilliers, à Montretout, à Brimborion, à Meudon, à Châtillon et aux Hautes-Bruyères. Sauf sur ce dernier point, les travaux étaient achevés le 19 Septembre : ils furent rendus inutiles par la bataille de Châtillon. Commencés plus tôt et poursuivis plus activement, ils auraient mis Paris à l'abri du bombardement.

Au moment où l'ennemi arrivait sous les murs de Paris l'armement de l'enceinte et des forts était à peu près terminé. Dans les forts de Romainville, Noisy et Rosny placés sous le commandement du contre-amiral Saisset, dans ceux d'Ivry, Bicêtre et Montrouge placés sous le commandement du contre-amiral Pothuau, le service des pièces, assuré par des marins aussi calmes, aussi disciplinés qu'à bord, fit le plus grand mal aux Allemands. Pendant l'entrevue de Ferrières, le prince de Bismarck s'était vanté de pouvoir prendre un des forts de Paris en quatre jours : pas un ne fut pris en quatre mois et onze jours, pas un ne vit son feu éteint.

Nos ressources en hommes et surtout en soldats étaient bien inférieures à nos ressources défensives. Le 13e et le 14e corps, avec leurs trois divisions, sous le commandement de Vinoy et de Renault et les marins ou les soldats d'infanterie de marine, sous le commandement du vice-amiral Là Roncière-Le Noury, étaient à peu près les seules forces régulières, au nombre de 60,000 hommes, très inégalement instruits et expérimentés. En dehors des marins, les plus vieux soldats étaient ceux que Vinoy avait ramenés de Mézières à Paris. Si l'on en excepte les hommes de deux anciens régiments, le 35e et le 42e, ils avaient un mois de service. Il s'en fallait qu'ils fussent « cousus ensemble » : ils le prouveront à Châ-

tillon. Vinoy avait comme chef d'état-major le général de Valdan et comme divisionnaires les généraux d'Exéa, de Maud'huy
et Blanchard. Le chef du 14ᵉ corps, Renault, avait Appert
pour chef d'état-major et les généraux Béchon de Caussade,
d'Hugues et de Maussion pour divisionnaires.

Les 115,000 mobiles se divisaient en mobiles de la Province et mobiles de Paris, ceux-ci moins disciplinés, tous
également inexpérimentés. Le 20 Septembre des mobiles de
la Seine évacuaient de leur plein gré le mont Valérien où ils
tenaient garnison, au risque de laisser l'ennemi s'emparer de
cette clef de Paris et, à la fin du siège, en Janvier, ils déser-
taient au nombre de 500, la grand'garde de la Courneuve.
Plus dociles au début, ceux de la Province, quand ils eurent
été mêlés à la vie de Paris, y contractèrent, sans parler de
tristes maladies, des habitudes d'insoumission et d'ivrognerie;
pourtant, ceux qui eurent la sagesse, lorsque l'élection des
officiers eut été décrétée, de conserver leurs anciens chefs,
valurent ce que valaient ces chefs et parfois firent preuve
d'autant de solidité que de bravoure, dans les grands corps
à corps du siège.

La garde nationale perdit en solidité et en valeur, au fur et
à mesure que le nombre de ses bataillons augmentait. Ce fut
une cohue, quand elle compta 283 bataillons au lieu de 60,
et 344,000 hommes. Il eût fallu, dès le début, en extraire les
bons éléments et les incorporer dans les troupes régulières.
Quand on voulut les organiser en mobilisés volontaires, 7 ou
8,000 seulement répondirent à l'appel et quand on se décida
à former des régiments de guerre, avec les hommes les plus
robustes de vingt à quarante ans, l'heure des efforts décisifs
était passée. Les régiments de garde nationale qui partici-
pèrent à la dernière bataille, furent braves, solides au feu,
mais incapables d'une résistance un peu prolongée et prompts
à la panique. Les lieutenants-colonels placés à la tête de ces

régiments de guerre, les de Brancion, les de Crisenoy, les
Langlois eurent, comme les chefs des bataillons de mobiles,
des soldats à leur image : tant valait le colonel tant valurent
les hommes. Nous en dirons autant des francs-tireurs : quelques-unes des compagnies franches admirablement commandées, comme les Éclaireurs de Franchetti, rendirent de grands
services ; les autres, les plus nombreuses, firent plus de mal
que de bien.

Pour donner à ces multiples et disparates éléments un peu
de cohésion, pour en faire l'armée de la défense, sinon l'armée de la délivrance, deux hommes se rencontrèrent, unis
d'une étroite amitié, qui se complétaient merveilleusement
l'un l'autre. Ducrot et Trochu auraient assuré le salut, si
le salut avait été possible sans les secours du dehors, et
s'ils avaient eu tous deux plus de confiance dans tout ce qui
n'était pas l'armée proprement dite. Or, l'armée proprement
dite, la force militaire régulière était, dans la masse de plus
de 500,000 hommes chargée de la défense de Paris, une in-
fime minorité.

Fait prisonnier à Sedan et conduit en Allemagne, Ducrot
avait réussi à s'échapper, pendant qu'il traversait la gare de
Pont-à-Mousson : le 15 Septembre, il était à Paris. Quatre
jours après il combattait à Châtillon et, si le mouvement avait été
mieux combiné, si la déférence du général Trochu pour le général Vinoy, plus ancien de grade que Ducrot, lui avait permis
de subordonner l'officier plus calme et plus âgé à l'officier
plus ardent et plus jeune, les Prussiens auraient pu recevoir
une sévère leçon[1]. Ducrot avait rapporté de Sedan la rage de
la défaite et la soif de la vengeance. Trop clairvoyant pour
méconnaître la force de l'ennemi dont il avait, comme Tro-

_____

(1) Voir à l'Appendice, III, *Documents relatifs à la bataille de Châtillon.*

chu, signalé les progrès en temps utile et prévu l'attaque[1],
il était plein de foi dans la valeur du soldat français, convaincu que l'on pouvait tout lui demander et tout en obtenir
quand on lui donnait, comme il le faisait à toute heure,
l'exemple de la plus folle bravoure. Et cet homme, si ardent,
si emporté dans le combat, était dans le conseil le plus prudent, le plus réfléchi des généraux. Ducrot ne fut jamais
populaire parce qu'il détestait le peuple, parce qu'il était
opposé comme Trochu, plus que Trochu peut-être, à l'emploi
de la garde nationale comme force offensive, mais il sut
exprimer, avec un singulier bonheur, les sentiments de tous
les assiégés, de tous les Français, dans la fameuse proclamation du 29 Septembre où il s'engageait à ne rentrer dans
Paris que victorieux ou mort. Ceux-là seulement auraient eu
le droit de la lui reprocher qui auraient bravé la mort aussi
souvent que lui. Quant à la victoire, sur un champ de bataille
qu'il n'avait pas choisi, il l'eût peut-être remportée, si la lutte
n'avait pas été retardée d'un jour et, même après ce retard,
si l'un de ses divisionnaires n'avait pas commis une erreur
de direction; il l'eût sûrement remportée, si tous ceux
qu'il commandait avaient été animés de la même haine que
lui contre l'envahisseur et pleins de la même passion patriotique. Ducrot est resté la figure héroïque du siège de Paris :
l'histoire anecdotique de ses exploits semblerait un récit de
légende.

A côté de Ducrot, Trochu a été la figure mélancolique du
siège de Paris. Considéré en Août comme le premier des
généraux d'alors, ce qu'il était, en effet[2], il était regardé,
même par ses collègues de la Défense, comme le plus incapable
en Décembre. Jouissant d'abord d'une popularité immense,

(1) Voir à l'Appendice, IV, *Lettre du 7 septembre* 1866.
(2) Voir à l'Appendice, V, *Lettre du 10 août* 1870.

il était devenu pour ce Peuple, qu'il ne voulait conduire que
par la force morale, l'objet des plus grossiers lazzis : quand
ses collègues se contentaient de l'appeler « un Lamartine en
uniforme », la foule ne le nommait plus que « le colleur d'affiches ou le général Trop lu, » et Victor Hugo allait encore
plus loin que la foule, dans le jeu de mots injurieux. On avait
besoin d'un sauveur : on ne le trouva pas; on prit à la place
une victime expiatoire dans l'armée : Trochu, comme on en
avait pris une dans la population civile : Jules Favre.

Personne n'a mieux mis le doigt sur le défaut de la cuirasse
de Trochu que le très regretté Amédée Le Faure. « Organi-
sateur remarquable, tacticien estimé, orateur incomparable,
le général Trochu manquait de la qualité principale, celle
qui peut quelquefois tenir lieu des autres, mais que toutes les
autres ne peuvent remplacer. Il n'avait pas la foi, cette foi
sincère, absolue, complète, ridicule pour quelques-uns peut-
être, mais qui peut seule sauver un Peuple dans une position
désespérée ; ne croyant pas au résultat, il mesurait, mar-
chandait l'effort, l'arrêtant quand il le jugeait à peu près
suffisant. Il luttait pour l'honneur et ne croyait pas nécessaire de prolonger le combat au delà du premier sang. A
cette population enthousiaste, folle, avide de sacrifices, il
rêvait d'imposer le minimum de privations. De bonne foi, elle
s'offrait tout entière pour l'action et il s'excusait presque de
l'envoyer aux remparts. »

Est-il étonnant que ce sceptique, cet incrédule, militairement parlant, ait dit maintes fois à ses collègues : « Nous
sommes réunis ici pour commettre ensemble une héroïque
folie ? » Trochu n'avait jamais cru que Paris pût réussir, par
ses seules ressources, à rompre la ceinture de fer dont les Allemands l'avait entouré. Il ne croyait même pas que Paris pût
tenir plus de quelques jours. « Si notre défense, disait-il à
M. Victor Duruy, dure huit jours, ce sera une galante défense. »

Trochu pensait, quand il tenait ce propos, que les Allemands
tenteraient une attaque de vive force; il le pensait encore, le
19 Septembre, quand il fit abandonner toutes les redoutes éle-
vées par le général de Chabaud-Latour. Lorsqu'il eut reconnu
son erreur et avec sa netteté d'intelligence, sa promptitude
d'esprit, il dut la reconnaître vite, il aurait fallu concevoir sur
un plan entièrement nouveau la défense et l'attaque. Il fallait
tenir en haleine et les assiégés et les assiégeants, ceux-ci
pour les affaiblir et les lasser, ceux-là pour les former au
calme, à l'endurance, au sang-froid et, en même temps, pour
porter à son maximun leur puissance agressive. Il fallait
suivre les conseils du général Tripier, d'assiégé se faire assié-
geant, pousser des travaux de contre-approche dans la direction des lignes allemandes et les forcer à reporter en arrière
leurs batteries d'attaque. Il fallait enfin multiplier les démonstrations sur tous les points des lignes ennemies, le jour,
la nuit, sans trêve ni repos, au lieu de se borner à quelques
grandes affaires, annoncées d'avance et connues de l'ennemi
que l'on a toujours trouvé en force. En un mot, il fallait croire
à la vertu d'une offensive hardie et continuelle, au lieu de se
renfermer dans une défensive timide, intermittente, énervante et à laquelle la famine assignait un terme fatal.

Et si, après ces réserves, l'on admet la conception que le
général s'était faite de la défense de Paris, il faut reconnaître
qu'il l'a dirigée avec un courage calme et froid que rien n'a
pu briser et qui n'excluait pas, les jours de bataille, une folle
témérité, avec une application de tous les instants et aussi,
étant donné les moyens dont il disposait, avec un succès qui
a dépassé les espérances les plus optimistes. Ce sont les soldats qu'il avait équipés, formés et disciplinés, c'est l'armée
créée par lui de toutes pièces, ce sont les 3,430 canons fabri-
qués sous sa haute direction, avec le concours du général
Guiod et de M. Dorian, c'est ce formidable appareil militaire,

tiré pour ainsi diré du néant, c'est tout cela qui a relevé les
cœurs abattus, qui les a enflés d'un immense espoir si malheureusement déçu. Quand tout cela fut créé, il ne manqua
plus, pour assurer le succès, qu'une armée de secours venant
du dehors. Cette armée, Gambetta sut la réunir ; si elle fut
arrêtée à son premier pas, sur le chemin de Paris, faut-il en
faire retomber la responsabilité sur le seul Gouverneur de
Paris ? Gambetta lui-même, une fois sorti de la fournaise d'où
il écrivait à Jules Favre ses lettres passionnées, si injustes
pour Trochu, si mal renseignées sur les forces allemandes
autour de Paris, mais si vibrantes de patriotisme, Gambetta
ne l'eût pas pensé.

C'est le 19 Septembre qu'eut lieu le premier engagement
sous les murs de Paris. L'idée de surprendre les Allemands
pendant leur marche de flanc, de Choisy-le-Roi à Versailles,
était heureuse et d'une réalisation facile, si Ducrot avait eu
sous la main les forces nécessaires. Il ne disposait que des
deux divisions Béchon de Caussade et d'Hugues, du 14e corps.
Maître du plateau de Châtillon, il s'y maintint jusqu'à 4 heures
du soir, malgré la fuite honteuse du 4e zouaves et la retraite
inexplicable de la division Béchon de Caussade qui découvrit
sa droite, en évacuant Clamart sans motifs et sans ordres
reçus. Ce combat de Châtillon, le premier du siège, eut un
effet moral désastreux et quelques conséquences graves. Les
zouaves, ou plutôt les conscrits, revêtus du costume des
zouaves, rentrèrent à Paris dans un désordre inexprimable,
courant à toutes jambes, comme si les Prussiens étaient à leurs
trousses, et répandant sur toute la rive gauche, avec cette
conviction, la terreur qu'ils éprouvaient. Ces mêmes soldats
que l'on dut promener dans Paris la capote retournée, avec un
écriteau infamant, quand ils furent revenus au sentiment du
devoir, se montrèrent les plus intrépides, dans toutes les ren-

contres, jusqu'à la fin du siège. On s'est demandé pourquoi
les Prussiens n'étaient pas entrés dans Paris, le 19 Septembre,
après Châtillon, pourquoi ils n'avaient pas tenté une surprise qui aurait pu réussir. Les Prussiens, qui voulaient
bloquer Paris et non l'assiéger, se gardèrent bien de compromettre leurs succès antérieurs par un échec possible,
probable même, au début de la grande opération qu'ils ten-
taient. Il leur eût fallu d'ailleurs, avant de se précipiter à la
suite du régiment de zouaves et de la division de Caussade,
déloger du plateau de Châtillon les troupes qui l'occupaient
et l'intrépide Ducrot qui ne partageait pas l'affolement général.

C'est sous l'empire de cet effarement momentané que Trochu ordonna l'abandon de toutes les défenses extérieures et
la destruction des ponts de Billancourt, Sèvres, Saint-Cloud,
Asnières, Clichy et Saint-Ouen. Il ne conserva, pour faire
communiquer les deux rives en dehors de l'enceinte, que le
pont de Neuilly et le pont du chemin de fer d'Asnières. L'enceinte elle-même, sous la protection de laquelle on revenait
sans y être contraints par l'ennemi, fut divisée en 9 secteurs,
6 sur la rive droite : Passy, les Ternes, Montmartre, La Villette, Belleville, Bercy et 3 sur la rive gauche : les Gobelins,
Montparnasse et Vaugirard, divisions assez artificielles et qui
n'aidèrent pas à la défense.

Les positions de l'armée furent modifiées après Châtillon.
La division d'Exea, du 13e corps, fut placée autour de Vincennes; le 13e corps, avec Vinoy, au front Sud de Paris;
Ducrot au front Ouest, de Billancourt à Saint-Ouen, avec des
avant-postes à Puteaux, Suresnes, Courbevoie et Asnières ;
le général Carrey de Bellemare à Saint-Denis et le contre-
amiral Saisset au Nord-Est de l'enceinte, se reliant à d'Exea.

A peine Vinoy était-il établi dans ses nouvelles positions,
qu'il recevait l'ordre, le 23 Septembre, de reprendre le pla-

teau de Villejuif, le Moulin-Saquet et la redoute des Hautes-Bruyères ; il s'en acquittait avec un plein succès.

Le 30 Septembre, pendant que d'Exea livrait sur la rive droite le combat de Notre-Dame-des-Mèches, Vinoy, avec les brigades Blaise et Guilhem, soutenait le meurtrier combat de Chevilly, où périt le général Guilhem et où nous eûmes près de 2,000 hommes tués ou blessés. Le combat de Chevilly fut, d'après les Allemands, la première grande sortie des Parisiens et, d'après le général Schmitz, chef d'état-major de Trochu, la première de ces grandes reconnaissances offensives, que l'on entreprenait avec trop peu de monde pour obtenir un résultat sérieux, où l'on versait, sans profit appréciable, un sang précieux et d'où l'on revenait régulièrement « en se repliant en bon ordre ».

Les Parisiens de toutes les classes, civils ou militaires, attendaient anxieux et recevaient d'heure en heure les nouvelles, toujours les mêmes, de ces grandes reconnaissances, dont la répétition fastidieuse les mettait dans un déplorable état d'énervement. Ils sentaient confusément que chaque jour de retard rendait plus difficile la grande sortie dont l'on attendait la délivrance et que la foule n'était pas la seule à escompter puisque Ducrot, dès le commencement d'Octobre, avait conçu, d'accord avec le général en chef, un plan qui pouvait réussir. L'Ouest de Paris est le seul côté par où l'on n'ait pas essayé de forcer la ligne d'investissement. De Chatou à Argenteuil, cette ligne suivait la Seine et, sur le fleuve, le seul point occupé solidement par l'ennemi, était Bezons. Se jugeant, non sans raison, suffisamment protégés par la Seine et par la presqu'île de Gennevilliers, les Allemands avaient certainement accumulé moins d'obstacles, de défenses et de troupes sur cette partie de leur front que sur les autres. Si l'on réussissait à passer le fleuve à Bezons, avec 50,000 hommes, l'on pouvait espérer, gagner l'Oise, franchir cette rivière au-

dessus de Conflans, donner la main aux forces françaises
réunies en avant de Rouen et organiser, avec le concours de
ces forces et de celles qui viendraient les rejoindre, la défense
de la Normandie. Tel était le plan conçu par Ducrot, dès le
début d'Octobre, accepté par Trochu, étudié par eux dans les
moindres détails et qui aurait certainement changé la face
des événements, s'il avait réussi. Il ne reçut un commencement d'exécution que le 21 Octobre, dans les engagements
qui portent le nom de combat de la Malmaison.

Le combat de la Malmaison, cette ébauche de Buzenval,
n'est que la seconde des grandes reconnaissances offensives
qui marquèrent le mois d'Octobre. La première avait eu lieu
le 13, sous la direction de Vinoy; c'est le combat de Bagneux,
où fut tué le commandant de Dampierre, où le capitaine Jean
Casimir-Perier figura avec honneur, où les Allemands perdirent 424 hommes et nous 400.

A la Malmaison, la reconnaissance conduite par Ducrot,
avec les généraux Berthaut et Noël et le colonel Cholleton,
nous coûta 541 hommes et 414 aux Allemands. Le mois d'Octobre n'était pas terminé que nous avions repris presque
toutes les positions que l'on avait abandonnées après le 19 Septembre : Vitry, Villejuif, Arcueil, Cachan, Suresnes, Puteaux,
Gennevilliers, Pierrefitte, La Courneuve, Fontenay-sous-
Bois, Nogent-sur-Marne et la tête du pont de Joinville. La fin
du mois vit le plus important et le plus inattendu de ces succès : le long village du Bourget, qui formait comme un saillant
des positions ennemies sur notre front Nord, fut brillamment
enlevé, le 28, par les francs-tireurs de la Presse et par les
mobiles de la Seine que soutint le général de Bellemare, sans
avoir pris les ordres du quartier général. En même temps le
contre-amiral Saisset, pour appuyer l'attaque sur le Bourget,
faisait contre Drancy une démonstration qui aboutissait à la
conquête de cette position.

Informé de cet incident, le général Trochu devait ordonner l'évacuation immédiate du Bourget ou y envoyer des forces suffisantes pour le conserver. Il ne fit ni l'un ni l'autre; il n'osa pas blâmer le général de Bellemare de son heureuse désobéissance et il n'employa pas la journée du 29 Octobre à mettre le Bourget en état de défense. Le 30 Octobre au matin, la garde prussienne attaquait le Bourget, y perdait 477 hommes, nous en tuait ou nous en prenait 1,200, malgré l'admirable résistance des mobiles et du commandant Baroche, et s'emparait du village dont cette sanglante lutte avait fait un véritable charnier.

Aucun des événements du siège n'eut un aussi douloureux retentissement dans l'opinion publique. La perte du Bourget, que l'état-major considéra comme un incident sans importance au point de vue de la défense, contribua peut-être plus que la nouvelle des négociations d'armistice et que l'annonce de la capitulation de Metz à la journée du 31 Octobre; la popularité de Trochu, intacte jusqu'alors, son autorité comme commandant en chef, en reçurent un coup mortel.

Nous ne mentionnons ici la rupture des négociations d'armistice que pour rappeler les belles paroles du général Ducrot à M. Thiers, dans l'entrevue du 5 Novembre. Le général repoussait l'armistice sans ravitaillement et opinait pour la lutte à outrance. « Si les ruines matérielles en sont augmentées, disait-il, les ruines morales diminueront dans la proportion inverse. Nous sommes aujourd'hui sous le coup des honteux désastres de Sedan et de Metz ; eh bien ! la défense de Paris peut nous relever de ces hontes... Dans tous les cas nous aurons fait notre devoir. » — « Vous parlez en soldat, lui dit M. Thiers, vous ne parlez pas en homme politique. » Il parlait en patriote et M. Thiers en ambitieux, que la prolongation de la guerre écartait du premier rôle.

Les forces parisiennes furent réorganisées au commencement de Novembre et réparties en trois armées. La première armée, comprenant les 283 bataillons de la garde nationale, fut commandée par Clément-Thomas qui avait succédé à Tamisier. Le nouveau général prit pour chef d'état-major le colonel Montagut. La seconde armée, ou armée de Ducrot, avec le général Appert pour chef d'état-major, eut trois divisions d'infanterie, les divisions Blanchard, Renault et d'Exéa et la division de cavalerie de Champeron : elle compta 100,000 hommes. La troisième armée, ou armée de Vinoy, forte de 70,000 hommes, avait six divisions d'infanterie commandées par les généraux Soumain, de Liniers, de Beaufort-d'Hautpoul, Correard, d'Hugues, contre-amiral Pothuau et une division de cavalerie commandée par le général Bertin de Vaux. Le corps dit de Saint-Denis, fort de 30,000 hommes, était aux ordres du vice-amiral La Roncière-le Noury et comprenait les brigades Lavoignet, Hanrion et Lamothe-Tenet.

Immédiatement après la reconstitution de l'armée, Ducrot et Trochu étaient d'accord pour tenter la sortie par l'Ouest : elle devait s'accomplir le 15 novembre. Le 14, on apprit à Paris la nouvelle de la bataille de Coulmiers ; le 18, la nouvelle était confirmée et le plan de sortie par l'Ouest fut abandonné, non sans regret.

Si l'armée de secours arrivait par le Sud ou par l'Est, il fallait tenter la sortie dans cette direction et le commandant en chef étudia les positions ennemies à ce point de vue tout nouveau. Les forces allemandes occupaient le pourtour de Paris dans l'ordre suivant : à l'Ouest le 11e et le 5e corps se reliaient au 4e qui occupait le Nord avec la garde royale et le 12e corps Saxon ; celui-ci s'étendait au Sud jusqu'à la Marne et les Wurtembergeois tenaient la région entre Marne et Seine ; au delà de la Seine étaient le 6e et le 2e corps bavarois, ce dernier se ralliant au 11e corps à Versailles.

Des fractions du 11e corps prussien étaient répandues au Nord, à l'Est et au Sud, plus nombreuses au Sud. Il suffit de jeter les yeux sur une carte pour constater que, sauf à l'Ouest, entre la Malmaison et Argenteuil, le réseau des assiégeants est moins serré qu'ailleurs entre la Marne et la Seine. La Marne sépare les Wurtembergeois du 12e corps Saxon et la Seine les sépare du 6e corps. C'est là qu'il faut frapper, d'autant plus, qu'en cas de succès, on touchera Melun et que de Melun à Orléans, par Fontainebleau, Malesherbes et Pithiviers, on rencontrera une région boisée, sans doute occupée par l'armée de la Loire. On raisonnait dans l'hypothèse d'une marche victorieuse de l'armée de la Loire après Coulmiers et dans l'ignorance des mouvements de Frédéric-Charles qui venait justement d'atteindre et de franchir la Seine, puis l'Essonne et qui se dirigeait sur Pithiviers.

Son parti pris, Trochu fit transporter de l'Ouest à l'Est l'immense matériel qu'il avait accumulé dans la presqu'île de Gennevilliers, vivres, munitions, équipages de pont, en vue d'une sortie par Bezons. L'armée de Ducrot suivit et, en moins de dix jours, tout fut prêt. Lagny, sur la Marne, était l'objectif de Ducrot pour la première journée ; Nogent-sur-Seine pour la seconde. Cette première journée avait été fixée au 29 : dans la nuit du 28 au 29, Saisset avait été chargé d'occuper le plateau d'Avron et d'y établir 60 pièces de canon qui devaient, sous la direction du colonel Stoffel, bombarder l'extrême droite des Wurtembergeois. En même temps qu'aurait lieu l'attaque principale, des diversions devaient être faites : au Sud, par Vinoy contre Thiais et Choisy-le-Roi; au Nord, par la La Roncière-le Noury, à Epinay; à l'Ouest par les divisions de Liniers et de Beaufort-d'Hautpoul. L'impossibilité où se trouvèrent les ingénieurs Krantz et Ducros d'établir les ponts sur la Marne, par suite non pas d'une crue mais de la rapidité du courant, dans la soirée du 28 Novembre, fit contremander la grande opération; elle fut différée de vingt-quatre heures et, quand elle eut lieu, les Wurtembergeois étaient renforcés. Il est facile de gagner des victoires après coup. Nous ne voulons pas dire que l'issue des batailles de la Marne eût été différente, si ces batailles avaient été livrées l'une le 29 Novembre et l'autre le 1er Décembre, nous pouvons affirmer que, sans ces contretemps, le résultat restant le même, nous aurions perdu moins de monde et fait plus de mal à l'ennemi.

La diversion prescrite à Vinoy, considérée comme utile, malgré le retard imposé à l'opération principale, eut lieu quand même, le 29 Novembre : les combats de l'Hay et de la Gare-aux-Bœufs nous coûtèrent 990 hommes contre 142 seulement à l'ennemi : c'était payer bien cher une simple démonstration. Les très sérieux combats de Montmesly et d'Epinay, qui furent livrés en même temps que la bataille de Villiers, le 30 Novembre, étaient aussi des démonstrations accessoires dans la pensée de l'état-major. A Montmesly, Susbielle eut 1,236 hommes hors de combat dont Ladreit de la Charrière; Hanrion en perdit 308 à la prise d'Epinay.

Les Français, au nombre de 55,200, luttèrent à Villiers contre 45,600 Allemands fortement retranchés ; après nombre d'actes d'héroïsme individuel, leurs efforts vinrent échouer contre le parc du château de Villiers, entouré de murs et transformé en une véritable forteresse. Ils restaient pourtant maitres du champ de bataille, couvert de 4,000 des leurs, morts ou blessés. Le vieux et brave général Renault, celui que les soldats appelaient familièrement *Renault l'arrière-garde*, était au nombre des morts. Les Allemands n'avaient perdu que 1,715 hommes.

Plusieurs fois Ducrot, suivi de quelques officiers, se précipita, l'épée à la main, dans l'espace découvert de 100 mètres qui séparait le sommet du talus gravi pas nos troupes des murs défendus par l'ennemi : chaque fois une pluie de feu arrêta son élan, abattit ses officiers, ses aides de camp et ramena les assaillants en contre-bas du fatal talus. La mort, qu'il bravait avec une témérité sans pareille, ne voulut pas de lui. La victoire ne tint qu'à un fil : elle eût été certaine avec des soldats un peu solides, qui se seraient précipités, à la suite des Allemands, dans l'étroit passage qui permettait l'accès de leur ligne. Il fut un moment, nous disait un officier présent à l'affaire, le capitaine aujourd'hui général Chambert, où 20 hommes pouvaient décider du sort de la journée : ces 20 hommes ne se trouvèrent pas et ne pouvaient pas se trouver, dans une armée où ne manquaient ni le courage individuel, ni l'audace, mais le sang-froid, la fermeté et la constance dans l'effort, toutes ces vertus que les chefs, à la tête de leurs régiments, de leurs bataillons ou de leurs compagnies, et qui furent admirables, en cette meurtrière et héroïque journée, ne pouvaient communiquer à leurs trop jeunes troupes [1].

La journée du 1er Décembre fut consacrée, d'un commun accord, au repos et à l'enlèvement des morts. Dans la nuit du 1er au 2 Décembre, le thermomètre descendit à 10° au-dessous de zéro et les Français qui, dans la prévision d'une marche forcée, n'avaient emporté ni tentes ni couvertures, souffrirent cruellement du froid.

Réchauffés difficilement par de maigres fagots, mal soutenus par le biscuit gelé, nos soldats avaient fini par céder au sommeil, dans cette nuit glaciale : ils furent brusquement attaqués au lever du jour. Les Allemands, dont les forces avaient été portées de 45,000 à 62,000 hommes, nous délogèrent d'abord d'une partie des maisons de Champigny. La seconde bataille de la Marne a conservé le nom de ce

(1) Voir à l'Appendice, VI, *l'Ordre du jour de Ducrot.*

village. Ramenés au combat par leurs officiers, les Français se remettent peu à peu, reprennent les positions qu'ils ont perdues, les conservent et restent, encore une fois, maîtres du champ de bataille. Renforcés eux aussi, depuis l'avant-veille, ils avaient combattu au nombre de 72,000, avec autant d'ardeur que de vieilles troupes et ils avaient perdu près de 6,000 hommes. Les officiers. qui se battaient comme les soldats, avaient été frappés dans la proportion de 10 p. 100 : 429 avaient été mis hors de combat dont 34 officiers supérieurs.

Ducrot après avoir passé en revue ses divisions, ses brigades et ses régiments décimés, après avoir constaté partout la fatigue des hommes et l'impossibilité de recommencer la lutte, prit. sur lui d'ordonner la retraite : le 2 Décembre, à 5 heures et demie du soir, l'armée se retira derrière la Marne, sans que l'ennemi, qui avait perdu 6,172 hommes dans ces deux grandes batailles, soupçonnât d'abord son départ et songeât ensuite à l'inquiéter.

Certes, après Villiers et après Champigny, l'honneur était sauf et l'on pouvait traiter, sans encourir la honte de Sedan et de Metz. Ducrot, après l'immense effort du 30 Novembre et du 2 Décembre, trop prompt au découragement, estimant, que les soldats « en avaient assez » et ne pourraient retrouver l'entrain de ces deux journées, si stériles par leurs résultats, était d'avis de prêter l'oreille aux propositions de l'ennemi. Ces propositions s'étaient produites sous la forme assez inattendue d'une lettre du général de Moltke au général Trochu annonçant, le 5 Décembre, la reprise d'Orléans par les Allemands et offrant à Trochu un sauf-conduit pour un de ses officiers qui pourrait constater cette réoccupation.

Trochu refusa parce que l'échec d'Orléans, en l'admettant pour vrai, ne changeait pas les conditions de la défense de Paris. Sa lettre, courte et digne, fut affichée dans tout

Paris et y fit grand effet. Malheureusement elle était plutôt
de nature à augmenter qu'à diminuer les tenaces illusions de
la Capitale.

Il fallait tout le parti pris politique de la *Commission
d'enquête* et toutes les rancunes personnelles du comte Daru,
pour reprocher au général Trochu d'avoir obéi ce jour-là,
comme le 5 Novembre précédent, à un sentiment d'honneur
militaire plutôt qu'à un sentiment politique. « Comment,
répondait avec une éloquente indignation le général Trochu
à son adversaire, comment, dans ce procès que vous faites à
la Défense, choisissez-vous le chef militaire pour montrer
votre étonnement de ce qu'il ait eu plutôt des sentiments
militaires que politiques ? Quant à moi, j'estime, en dehors
de toute politique, que si la France, tombée sous d'immenses
désastres, est tombée sans déshonneur devant l'Europe, c'est
parce que quelques hommes, luttant contre tout espoir, ont
tenu le drapeau haut jusqu'à la dernière heure, après les
désastres accomplis. Vous dites que puisque nous n'avons pas
combattu en Novembre, nous aurions pu mieux employer le
temps. Quoi, vous parlez ainsi de ce mois de Novembre, marqué par les efforts inouïs qui ont préparé les combats du 29,
l'Hay, Montmesly, Epinay, et cette glorieuse bataille du 30,
Brie-sur-Marne et Villiers, où périt l'élite de mes officiers !...
Nous combattions pour le devoir et pour l'honneur et si la
France d'aujourd'hui ne s'en inquiète guère, les étrangers,
nous le voyons tous les jours, le savent et le disent. » L'histoire, au bout de vingt-cinq ans, ne porte pas, elle ne portera jamais un autre jugement que celui que Trochu a formulé dans cette vive et décisive riposte.

Les conditions de la lutte furent désormais modifiées, en ce
sens que la rigueur de la température les rendit plus péni-
bles et que les deux combats livrés le 21 Décembre, au Sud et
au Nord de Paris, à la Ville-Evrard et au Bourget, attestèrent

même l'épuisement de la défense militaire. L'affaire de la Ville-
Evrard, où le général Blaise fut tué, n'était qu'une diversion
destinée à faciliter le mouvement tenté au Nord-Est. Les trois
brigades Hanrion, Lamothe-Tenet et Lavoignet furent engagées
au Bourget, elles perdirent tout près d'un millier d'hommes
pendant le combat et plus de 900 dans la nuit qui suivit. Le
général Trochu avait cru pouvoir maintenir les troupes dans
leurs cantonnements extérieurs, du 21 au 24 Décembre;
l'abaissement de la température, plus marqué encore que dans
la nuit du 1er au 2 Décembre, fit dire tristement, par M. Jules
Simon à M. Jules Favre : « C'est Moscou aux portes de Paris. »
C'était Moscou, en effet, que nos soldats trouvaient dans ce
Camp du froid, où les piquets de leurs tentes ne pouvaient
s'enfoncer dans la terre durcie, où l'eau, si difficilement puisée
sous une couche épaisse de glace, se congelait presque instan-
tanément, où les hommes étaient foudroyés plus sûrement
que par le feu de l'ennemi : 20,000 Français rentrèrent dans
Paris, sans blessure, mais frappés d'anémie et à jamais perdus
de santé. Est-il étonnant que le grand état-major, quand il traversait les lignes françaises, ait été accueilli par ce cri de
désespoir et de supplication : « La paix, la paix, nous voulons la paix. »

La population civile se rendait si peu compte de la réalité
des choses, elle partageait si peu le sentiment de lassitude
qui s'était emparé des soldats, qu'elle accueillit la nouvelle de
l'évacuation du plateau d'Avron comme elle avait accueilli
celle de la perte du Bourget.

Les Prussiens avaient établi, sur toutes les positions dominant le Mont-Avron, 76 canons à longue portée dont les feux
convergents avaient rendu intenable la situation des batteries
françaises. Au lieu d'exposer les pièces françaises à une destruction fatale et leurs servants à une mort certaine, autant
qu'inutile à la défense, le général Trochu avait donné l'ordre

d'évacuer le plateau d'Avron. Cette évacuation s'accomplit dans la nuit du 28 au 29 Décembre, sous les ordres du colonel Stoffel, et sans qu'il nous en coûtât un canon.

L'établissement de nouvelles batteries prussiennes qui avait amené l'évacuation du plateau, annonçait l'arrivée du matériel nécessaire au bombardement. Il commença, en effet, le 5 Janvier, pour se poursuivre jusqu'au 26 : ses résultats furent médiocres et sans influence aucune sur l'issue du siège. Quelques monuments publics furent atteints; des femmes, des enfants, des passants inoffensifs succombèrent; mais l'immensité des espaces vides rendit peu meurtrière, en somme, une opération que l'Allemagne entière réclamait avec passion et dont les chefs de l'armée ennemie eux-mêmes escomptaient d'avance les conséquences décisives. La capitulation n'en fut pas avancée d'une heure. Ce n'est pas au dernier coup de canon, c'est au dernier morceau de pain que devait cesser la résistance.

Après les batailles de la Marne, les trois armées parisiennes avaient été fondues en deux, par la réunion aux armées 2 et 3, de la formation du 8 Novembre, des régiments mobilisés de garde nationale. Ces régiments, au nombre de soixante, auraient dû être employés plus tôt : sous la direction de chefs comme MM. de Crisenoy, Ibos, Langlois, Chaper, Roche-brune, de Brancion, ils auraient rendu d'excellents services.

Le 31 Décembre les membres du Gouvernement de la Défense nationale avaient tenu en présence des généraux ou amiraux Ducrot, Vinoy, Frébault, de Chabaud-Latour, La Roncière-le-Noury, Pothuau, Guiod, de Bellemare, Noël, Clément-Thomas, Schmitz, etc., une sorte de grand Conseil non pas militaire, mais politique, non pas de guerre, mais de Gouvernement, dans lequel avait été proclamée la nécessité d'une nouvelle action militaire. L'épuisement des vivres ne permettait plus aux assiégés que quelques semaines ou, pour mieux dire, quelques jours de résistance : il fut décidé, en principe, que l'on jouerait la dernière carte dans le courant de Janvier.

Dans les premiers jours de Janvier, plusieurs Conseils de guerre furent tenus, où l'on discuta la direction à prendre pour aborder l'ennemi dans ce suprême engagement. Trochu, qui voyait très nettement la situation [1], opinait pour l'attaque du plateau de Châtillon; Ducrot, qui ne croyait plus à la possibilité du succès, se déclarait prêt à suivre les indications de la majorité de ses compagnons d'armes : ils se prononcèrent pour une attaque à l'Ouest, non pas à Bezons, mais à Buzenval, où les Allemands, pour couvrir Versailles, avaient entrepris, depuis le combat de la Malmaison, des travaux formidables. L'action projetée fut fixée au 19 Janvier. Dix-neuf régiments d'infanterie, trente-deux bataillons de mobiles, dix-neuf régiments de garde nationale mobilisée devaient y prendre part, en tout 84,000 hommes, dont 42,000 de garde nationale, répartis en trois corps, la gauche sous le commandement de Vinoy, le centre sous le commandement de Bellemare, la droite sous le commandement de Ducrot. Le commandement suprême appartenait au général Trochu qui devait diriger les opérations du Mont-Valérien.

Les ordres de marche avaient été si mal donnés que le corps de Vinoy arriva seul sur le lieu du combat à l'heure fixée, 7 heures du matin; le corps de de Bellemare n'arrivait qu'à 9 heures et celui de Ducrot à 11 heures et demie. Comme toujours, la première attaque nous fut favorable : nos colonnes enlevèrent vivement Saint-Cloud et arrivèrent jusqu'à Garches; mais il leur fut impossible d'emporter les défenses qui protégeaient l'enclos de la Bergerie. L'ennemi avait concentré là le gros de ses forces : les nôtres ne purent en appro-

(1) Voir à l'Appendice VII, *Lettre de Trochu à Gambetta*, 10 janvier 1871.

cher. Après vingt tentatives, toutes repoussées, nos soldats épuisés se trouvaient impuissants au pied de murs crénelés, consolidés par des talus de terre et que les boulets traversaient sans les ébranler. La nuit venue, on pouvait coucher sur les positions occupées, comme à Villiers; mais ce qui avait été possible à Villiers ne l'était plus à Buzenval; les troupes régulières, épuisées par les fatigues de Décembre, valaient moins et la garde nationale, mêlée à la troupe, ne lui avait pas donné plus de force ni de consistance. Quelques régiments s'étaient bien battus, d'autres, dans le brouillard du matin, avaient commis de redoutables méprises et tiré sur les Français; tous étaient à bout de forces. Il était imprudent d'attendre l'attaque sur les hauteurs que l'on avait occupées : un désastre était possible. Pour l'éviter, Trochu ordonna la retraite à 5 heures et demie du soir : elle s'accomplit avec désordre et, sur quelques points, se transforma en débandade. Les Français laissaient 4,000 morts sur ce dernier champ de bataille du siège : les balles allemandes avaient troué la poitrine de l'explorateur Gustave Lambert et du peintre Henri Regnault.

La question était tranchée à Buzenval ; l'impossibilité d'un nouvel effort fut démontrée le 22 Janvier, dans la réunion du ministère de l'Instruction Publique[1]. Le lendemain, Jules Favre se rendait à Versailles, pour traiter de la capitulation [2] et, dans le désarroi où l'on était tombé, ne songeait pas à s'adjoindre, dès le début, un officier général pour discuter avec l'état-major allemand les questions militaires. Le général de Beaufort-d'Hautpoul, qu'il emmena, au bout de quatre jours, montra tant

(1) Voir à l'Appendice VIII, *Réunion du ministère de l'Instruction Publique*.

(2) Voir à l'Appendice IX, *Conversation de Jules Favre et de M. de Bismarck*.

de raideur en face de l'ennemi qu'il fallut le remplacer par
le général de Valdan. Excellent officier, mais n'ayant pas
commandé en chef, le général de Valdan n'avait pas l'autorité qui aurait appartenu à Ducrot ou à Trochu, surtout à
Trochu, auquel revenait cette pénible mission. S'il l'eût
remplie, les grosses fautes militaires de Jules Favre auraient
peut-être été évitées[1].

Les conditions faites à Paris, à Paris place forte réduite à
capituler, auraient pu être plus dures. Le désarmement de
l'armée régulière, la prise de possession des forts étaient
inévitables. Si les officiers ne furent pas faits prisonniers de
guerre, si la garde nationale conserva ses armes, si la
question de l'entrée des vainqueurs à Paris fut ajournée, si
enfin l'indemnité de guerre de Paris ne fut fixée qu'à
200 millions, cela tient à ce que M. de Bismarck voulait à la
fois conclure pour Paris et pour la Province. Un armistice
s'appliquant à Paris et au reste de la France et surtout un
armistice devant avoir son effet seulement le 31 janvier,
3 jours après la signature de l'acte diplomatique, permettait
aux Allemands d'écraser l'armée de l'Est et leur assurait la
paix, cette paix que l'Allemagne victorieuse souhaitait plus
impatiemment que la France vaincue et réduite à merci.

Les enseignements que comporte le siège de Paris ressor-
tent du récit des événements. Emporter Paris de haute lutte
et dès le début, était une entreprise si chanceuse et si difficile
que les Allemands ne la tentèrent pas. M. de Bismarck
n'avait certainement pas consulté M. de Moltke, quand il
parlait, à Ferrières, de s'emparer de l'un des forts en quatre
jours. Ce qui était impossible aux Allemands, avec tous les
moyens d'action dont ils disposaient, les Français pouvaient-

_____

(1) Voir à l'Appendice X, *Note du général Trochu,* du 13 Février.

ils le tenter? Etant donné que des assiégés, occupant le
centre de la position, se mouvant par conséquent sur un
moindre espace que les assiégeants, peuvent concentrer plus
rapidement un plus grand nombre d'hommes sur un point
déterminé, les Français ont réussi deux ou trois fois, à
Villiers, à Champigny, à Buzenval à masser plus d'hommes
que les Allemands sur ces champs de bataille; mais, outre
que ces hommes étaient de qualité inférieure, ils abordaient
l'ennemi dans les conditions les plus défavorables, l'ennemi
fortement abrité et retranché, s'attendant à l'attaque, l'acceptant s'il était en nombre, résistant assez, s'il ne l'était
pas, pour donner aux renforts le temps d'arriver. Aux premiers jours du siège, le blocus pouvait être forcé; le 29 Novembre la tentative était plus hasardée; le 19 Janvier elle
était fatalement condamnée à l'insuccès. Il faut, en effet,
deux conditions, pour percer une ligne d'investissement : il
faut d'abord que cette ligne soit faible; il faut ensuite
que l'armée d'attaque soit solide. Or, tant que la ligne
d'investissement a été faible, l'armée d'attaque a été faible
aussi; le jour où cette armée, à peu près solide, a voulu
sortir du cercle de fer et de feu, elle s'est heurtée à une
ligne de défense que l'ennemi avait eu plus de deux mois
pour fortifier et elle s'est épuisée en efforts stériles. Dans
ces conditions, rester quatre jours en présence de l'ennemi,
conserver toutes ses positions, coucher sur le champ de
bataille, l'abandonner quand et comme on veut, ce n'est
évidemment pas remporter une victoire, puisque le but
que l'on s'était proposé n'est pas atteint; c'est faire mieux,
c'est montrer quel ressort possèdent des soldats presque
improvisés, quelles ressources ils offrent à des chefs vaillants et habiles, sur quelles revanches la patrie peut
compter, avec des hommes doués de cet admirable tempérament militaire. Villiers et Champigny, de quelque nom

qu'on les appelle, victoires, demi-succès ou défaites, demeu-
rent, à ce point de vue, les deux grandes journées du siège
de Paris, des journées qui autorisent toutes les espérances
d'avenir.

Le dernier enseignement à tirer du siège de Paris, comme
de tous les événements militaires de la campagne, c'est M. de
Bismarck qui nous l'a fourni. « S'il suffisait, disait-il rudement
à Jules Favre, d'armer un citoyen pour le transformer en
soldat, ce serait une duperie que de consacrer le plus clair
de la richesse publique à l'entretien des armées permanentes :
là est la véritable supériorité et vous êtes vaincus parce que
vous l'avez méconnue. » Que cette sévère leçon ne soit pas
perdue ! Elle le serait, si le service militaire imposé à tous et
réduit à sa durée minima, ne réunissait pas sous les drapeaux
des hommes aussi exercés que ceux de l'ennemi héréditaire.
Une milice innombrable, une garde nationale universelle ne
vaudrait pas, pour la défense du sol et pour le salut de la
patrie, une très petite armée de vrais soldats.

Après les enseignements militaires, les enseignements
politiques et sociaux ressortiront d'eux-mêmes du récit de
nos troubles civils, dernière et inévitable conséquence de la
faiblesse et des illusions du Gouvernement de la Défense
nationale, des déceptions d'un Peuple dont le patriotisme
avait été exalté jusqu'au délire et qui se trouva brusquement
en présence de la catastrophe, quand il croyait toucher au
triomphe, de tous les incidents du formidable événement que
fut le siège de Paris, auquel rien n'est comparable dans
notre histoire, ni dans aucune autre.

CHAPITRE II

LA DÉLÉGATION

Du 13 Septembre 1870 au 28 Janvier 1871.

Après coup, tout le monde a reconnu la faute irréparable que le Gouvernement de la Défense nationale avait commise en s'enfermant dans Paris. Il suffisait de laisser dans Paris, soumis au régime de l'état de siège, outre le Gouverneur, le

Préfet de la Seine et le Préfet de police, un délégué dans chaque ministère : le Gouvernement en corps et tous les ministres devaient se transporter à Tours. Des raisons de sentiment firent renoncer à ce projet si logique et si sensé. M. Crémieux d'abord, M. Glais-Bizoin ensuite furent envoyés hors de Paris, parce que leurs collègues voulurent leur épargner les souffrances du siège. L'amiral Fourichon leur fut adjoint, parce qu'il eût été par trop étrange de laisser le ministre de la marine dans Paris bloqué.

Que valaient les trois hommes qui constituèrent la première Délégation ? M. Crémieux avait été un grand avocat. On voudrait être indulgent, partial même, envers celui qui, après la guerre, apporta 100,000 francs pour la libération du territoire ; mais il faut reconnaître que M. Crémieux a fléchi sous le fardeau que les circonstances avaient fait peser sur ses débiles épaules. Ses dépêches, que la *Commission d'enquête* a publiées, sont d'un homme excellent et d'un homme effaré ; des détails insignifiants le préoccupent autant que les plus graves questions ; il change fréquemment d'avis sur les points les plus importants ; dans l'administration de la Justice comme dans l'administration générale, il est manifestement inférieur à sa tâche.

M. Glais-Bizoin avait remporté des succès électoraux dans les Côtes-du-Nord et à Paris et un demi-succès dramatique, à Genève, avec le *Vrai courage*. Le 4 Septembre, à la nuit, il était revenu de l'Hôtel de Ville au Palais-Bourbon, pour en fermer les portes. A Tours, son rôle fut indéterminé et sa personnalité très effacée. Ce vieux et honnête républicain, sans compétence spéciale, rendit peu de services à la Délégation et à la Défense nationale. M. Steenackers l'a traité irrévérencieusement de « mouche du coche ». Par sa perpétuelle agitation, il avait mérité cette qualification.

L'amiral Fourichon fait un parfait contraste avec M. Glais-

Bizoin : officier de marine très brave et administrateur très
routinier, « il ne fait rien et nuit à qui veut faire » ; il croit
que l'on peut sauver la France, dans cette épouvantable crise,
avec les procédés ordinaires; correct et méthodique, il a la
tenue qui fait un peu défaut à ses collègues, mais il n'a de
volonté et de fermeté que dans l'inertie ; il diffère toujours
d'avis avec MM. Crémieux et Glais-Bizoin et répond à toutes
leurs propositions par l'offre de sa démission.

Tel est le triumvirat, aussi honnête qu'insuffisant, que l'imprévoyance du Gouvernement de Paris avait placé à la tête
de la France provinciale, sans pouvoir exercer sur lui une
action sérieuse et suivie, puisque la ligne de l'Ouest fut coupée
le 17, la Capitale enveloppée par l'ennemi le 19 et que la
transmission régulière des dépêches, par le câble noyé, cessa
de s'effectuer à partir du 29 Septembre.

Sauf à Lyon, où la proclamation de la République avait
devancé les événements de Paris, à Bordeaux et à Marseille, où
elle avait été faite en même temps qu'à Paris, la Province avait
appris à la fois la catastrophe de Sedan et la chute de l'Empire.
Sedan, trop attendu, avait produit une sorte de douloureuse
stupeur; la proclamation de la République, que l'on ne connut
que le lendemain, et par les journaux de Paris, fut accueillie
avec quelque incrédulité dans les villes, avec une indifférence
à peu près complète dans les campagnes. Dans une grande ville
du centre de la France, dans le pays de Michel de Bourges,
que la terreur bonapartiste avait décimé en 1851, le Préfet de
l'Empire s'était décidé, le 5 Septembre seulement, vers 2 heures
de l'après-midi, à faire afficher la liste des membres du Gouvernement de la Défense nationale. Celui qui écrit ces lignes,
après avoir donné lecture de la liste, poussa le cri de « Vive
la République ! » qui n'eut aucun écho, parmi les cent personnes réunies sur la place de la Préfecture. On ne blâmait ni
n'approuvait ; on était plutôt surpris et inquiet. C'est dans ce

milieu, non pas hostile ni même malveillant, mais indifférent, qu'arrivait, dix jours après, la Délégation du Gouvernement, au sortir de la chaude atmosphère de Paris.

M. Crémieux réunissait sous sa direction, outre le ministère
de la Justice, dont il était personnellement titulaire, ceux de
l'Intérieur, des Affaires Étrangères, des Finances, du Commerce et de l'Agriculture, des Travaux Publics, de l'Instruction Publique, des Cultes et des Beaux-Arts. M. Fourichon
avait le double portefeuille de la Marine et de la Guerre.
M. Glais-Bizoin n'avait aucun portefeuille. Des nombreux
ministères que dirigeait M. Crémieux, deux lui échappaient
absolument, celui de l'Intérieur et celui des Affaires Étrangères, parce que ces deux importants services avaient à leur
tête MM. Clément Laurier et de Chaudordy qui inspiraient
une confiance justifiée à leurs ministres restés à Paris, à
MM. Gambetta et Jules Favre. Il suffira de citer les autres
chefs de services dont l'influence fut restreinte, du moins
dans cette période : M. Silvy était délégué à l'Instruction
Publique, M. de Roussy aux Finances, avec M. Roy, directeur
des Domaines et M. Cuvier, sous-directeur de la Banque de
France, M. Dumoustier de Frédilly au Commerce. MM. Silvy,
de Roussy et Dumoustier de Frédilly n'étaient que des chefs
de bureau ou de division « frappés d'interdit », c'est Gambetta qui l'a dit, par les chefs des ministères restés à Paris.
Le premier d'entre eux prenait aisément son parti de
cette interdiction dont son insouciance s'accommodait fort.
M. Steenackers, entre les mains duquel furent réunis les Postes
et les Télégraphes, fut plus écouté et méritait mieux de
l'être, quand il se renfermait dans ses attributions. Il existe
de lui une dépêche adressée au ministre de l'Intérieur, où il
propose de transporter 30,000 Kabyles à Hambourg, pour
mettre l'Allemagne à feu et à sang, de réquisitionner tous

les fusils de chasse, de les déposer dans les mairies et de
faire aux Allemands une guerre *au couteau*. La Délégation
fut effrayée de « l'atrocité » des moyens proposés par
M. Steenackers. M. Gambetta, avec beaucoup de sens, en fit
surtout ressortir la puérilité dans une dépêche très sèche.

Toutes les personnes que nous avons nommées et quelques
autres assistaient aux Conseils de la Délégation qui comprenaient souvent jusqu'à quinze membres. M. Marc Dufraisse,
les généraux Véronique, de la Motterouge et Borel, le
colonel Thoumas, les directeurs des chemins de fer, MM. de
Boureuille et de Franqueville, y avaient, en effet, voix consultative. On devine ce que pouvaient être ces Conseils présidés
par M. Crémieux, qu'assistait M. Glais-Bizoin. Il n'y avait pas
de souffle, pas de vie, a dit M. Marc Dufraisse, dans ce Gouvernement à tant de têtes. L'état moral de ce pouvoir se
trahissait même par le désordre matériel de la table. C'était
un amas, un fouillis de papiers mêlés, confondus, dépêches
télégraphiques, dossiers d'affaires, lettres, enveloppes, projets et minutes de décrets.

Et les discussions étaient telles que, le 25 Septembre,
MM. Crémieux et Laurier télégraphiaient confidentiellement
à M. Gambetta : « Vous avez besoin qu'on agisse. Nous ne
pouvons agir qu'à la condition de ne pas nous épuiser dans
le Conseil en stupides querelles intestines. Pour cela, il faudrait que nous ayons majorité certaine. Donc nous vous proposons de donner voix délibérative à Steenackers et à Laurier. » La solution proposée n'en était pas une et Gambetta
répondit à MM. Crémieux et Laurier : « Les Délégués du Gouvernement ne peuvent s'adjoindre de nouveaux membres pris
en dehors du Gouvernement. » Mais il fit son profit du renseignement et se décida, sans doute ce jour-là, à *renforcer*
la Délégation, en lui adjoignant un membre du Gouvernement de Paris.

La plus grave question que la Délégation ait eue à traiter,
du 13 Septembre au 9 Octobre, est celle des élections pour les
Conseils municipaux et pour la Constituante. Les premières
devaient avoir lieu le 25 Septembre, les autres le 9 Octobre ;
ainsi en avait décidé le Gouvernement de Paris, avant les
premiers combats ; l'entrevue de Ferrières et les résistances
de la Délégation le firent changer d'avis.

Du 4 Septembre 1870 au 8 Février 1871, de la dissolution
du Corps Législatif par la Révolution à la constitution de
l'Assemblée nationale par le suffrage universel, les élections
furent la constante préoccupation du Gouvernement de la
Défense nationale à Paris, à Tours, à Bordeaux et l'on ne
saurait trop regretter, qu'en fin de compte, la question ait été
résolue par la négative. Nous ne parlons pas seulement des
élections politiques, mais aussi des élections municipales et
départementales. Ces dernières ne furent en question qu'au
mois de Décembre, mais les Conseils municipaux, qui dataient
de six semaines à peine, furent dissous le 20 Septembre et les
élections politiques pour la formation d'une Constituante,
fixées d'abord au 9 Octobre, furent ajournées au 16 par le
décret de Paris en date du 24 Septembre. La dissolution des
Conseils municipaux fut une faute, parce que, dans l'immense
majorité des communes, il n'existe pas deux personnels municipaux, l'un de Droite et l'autre de Gauche, l'un monarchiste
et l'autre républicain ; parce que le choix du maire par le
Gouvernement suffisait à assurer l'action gouvernementale.
L'ajournement des élections municipales au 25 Septembre et
celui des élections politiques au 9 Octobre fut une autre faute
dont les conséquences ont été graves : elle a changé les conditions d'existence de la Défense nationale, contribué à son insuccès et préparé les circonstances défavorables dans lesquelles
furent signés l'armistice et les préliminaires. La Délégation
eut sa responsabilité, sinon dans l'ajournement définitif et

dans la non-convocation des électeurs, au moins dans l'ajournement primitif, celui du 24 Septembre. Les préfets, désignés
le 4 Septembre et les jours suivants par M. Gambetta, rensei-
gnèrent assez inexactement leur ministre d'abord, la Délégation ensuite, sur les dispositions du pays. Ils ne comprirent
pas que la déclaration de guerre et les retentissantes défaites
d'Août et de Septembre avaient aliéné la masse électorale à
l'Empire ; ils crurent que les bonapartistes avaient conservé
leur influence et leur prestige dans les campagnes ; ils se
figurèrent que des pouvoirs électifs, viciés par la candidature
officielle, seraient écoutés des électeurs, comme ils l'étaient
aux beaux temps de cette candidature et ils firent partager
ces craintes, absolument chimériques, aux membres de la
Délégation. Leur plus grosse erreur fut de méconnaître l'autorité que le Gouvernement, issu d'une insurrection, pouvait
et devait recevoir du suffrage universel. Cette erreur, les
hommes avisés qui siégeaient autour de la table du Conseil,
avec simple voix consultative, MM. Laurier et Marc Dufraisse,
ne la commirent pas. M. Laurier, quand il ne croyait encore
qu'à un ajournement provisoire, télégraphiait au préfet de
Marseille, M. Delpech : « Les élections sont pour nous le
principal élément de la Défense nationale ; par elles nous
acquerrons l'autorité qui nous manque. En dehors d'une
Constituante, nous ne pourrons jamais inspirer à la France
l'énergie dont elle a besoin. »

C'était parler d'or. M. Laurier parlait mieux encore et plus
librement, dans une dépêche confidentielle adressée à un ami
et destinée au journal *le Siècle*, qui s'était transporté en Province avant l'investissement. « Les élections ont pour cause
nécessaire la débilité du Gouvernement de Tours... Comment
veux-tu, avec de tels outils, monter l'esprit public au degré
d'énergie qu'exigent les circonstances ? Nous sommes trop
petits et trop vieux. » Oui, certes, ils étaient trop vieux, les

triumvirs ! Trop vieux, celui de l'archevêché qui considérait comme une déchéance pour lui l'arrivée à Tours de l'honnête, loyal et inoffensif Glais-Bizoin. Trop vieux, celui du lycée qui n'ayant pas d'attributions fixes allait de porte en porte et de ministère en ministère pour diminuer « les lenteurs habituelles de la paperasserie administrative ». Trop vieux aussi celui de l'hôtel du maréchalat, « esprit étroit..., entiché de la hiérarchie et des règles ordinaires ». M. Laurier ajoutait, pour rassurer son ami, qui craignait l'élection d'une Assemblée réactionnaire : « N'aie pas peur des réactionnaires : la Convention en était pleine et cela ne l'a pas empêchée de donner aux hommes qui ont sauvé le pays le point d'appui nécessaire. » Et quelques jours plus tard, lorsque Gambetta est arrivé sur son *fatal ballon*, comme disait M. Glais-Bizoin, M. Laurier ayant résumé en ces termes son sentiment sur la situation : « On traite au nom d'un Gouvernement, on ne traite pas au nom d'une Révolution, » M. Gambetta, trop intelligent pour ne pas comprendre la vérité profonde de cet aphorisme politique, répondit à son ami : « Je ne puis pourtant pas faire faire les élections, moi qui suis venu pour les empêcher. » Le Gouvernement de Paris lui avait, en effet, donné la double mission de mettre fin à l'anarchie gouvernementale de Tours et de suspendre toute élection jusqu'à la fin de la guerre. A partir de ce jour, la question des élections devint une arme et une arme très dangereuse, très redoutable, très habilement maniée par les adversaires de la République.

Marc Dufraisse, comme Laurier, aurait voulu des élections sous n'importe quelle forme, même sous la forme plébiscitaire, à laquelle le Gouvernement de Paris dut se résoudre après le 31 Octobre. Il aurait voulu, avec quelques républicains non moins clairvoyants que lui, que l'on rétablît la Constitution de 1848 et que l'on appelât Léon Gambetta à la

Présidence de la République. L'arrivée du ministre de l'Intérieur en ballon avait vivement frappé l'imagination populaire. Homme nouveau, homme d'origine révolutionnaire,
« Gambetta l'audacieux », comme l'appelait un préfet méridional, avait fixé sur lui les regards de la France entière.
Pourquoi son arrivée ne serait-elle pas un retour d'Égypte ?
Pourquoi n'aboutirait-elle pas à un 18 brumaire renversé ?
Pourquoi ne pas convoquer les comices, ne pas charger le
suffrage universel de légitimer le jeune Dictateur ?

Dictateur il le fut, mais sans consécration populaire, et un
rapide coup d'œil jeté sur l'état de la France nous montrera
que jamais concentration du pouvoir ne fut plus nécessaire. On
pouvait craindre une sécession de l'Ouest, du Sud-Ouest et du
Sud-Est de la France, où s'étaient formées des *Ligues* qui
échappaient entièrement à l'action du pouvoir débile sié-
geant à Tours. Le désordre moral était partout et s'était
révélé par les empiétements des préfets de la Défense nationale, par des destitutions et des incarcérations arbitraires. Le
désordre matériel s'était concentré plus particulièrement à
Lyon et à Marseille.

A Lyon, travaillé depuis longtemps par les sociétés secrètes,
Franc-maçonnerie, Charbonnerie, Voraces, Nouvelle-mon-
tagne, Trois-sept, l'énergie et l'habileté de M. Challemel-
Lacour l'avaient à peu près contenu. A Marseille, toléré par
M. Esquiros, il s'était donné libre carrière. Dès le lendemain
du 4 Septembre, un Comité de salut public s'était substitué à
la Commission municipale, que le dernier préfet de l'empire
avait chargée d'administrer Marseille et le Comité lui-même,
s'était vu dominé par une garde civique qui s'était installée à
la Préfecture. M. Esquiros, envoyé à Marseille comme administrateur supérieur, s'était appuyé d'abord sur les membres
du Comité de salut public MM. Labadié, Rouvier, Naquet, Del-

pech, Baume, mais sans parvenir à reprendre la Préfecture
aux gardes civiques, que dirigeaient les chefs de l'Internationale : Matheron, Etienne et Gavard. Ce dernier, cyniquement ironique, avait pris le titre de « commandant de l'ordre
et de la paix ». Esquiros, cédant à la pression des exaltés,
contresigna toutes les atteintes à la propriété, à la liberté individuelle, à la liberté de la presse que lui imposèrent les gardes
civiques et fut l'un des plus actifs propagandistes de la *Ligue du
Midi*. Le 18 Septembre cette Ligue avait été fondée à Marseille,
avec le concours des délégués révolutionnaires de Lyon ; elle
avait compris treize départements du Sud-Est et elle avait pour
but apparent la défense de la République. En réalité, les
Ligueurs devaient préparer les élections municipales et républicaines et désigner à Esquiros les fonctionnaires suspects
dans les treize départements fédérés. La Délégation de Tours
ne sut opposer à cette situation si troublée et à l'organisation
anarchique du Midi que les dépêches désolées du ministre
de la Justice : « Oh ! mes Marseillais, mes Marseillais ! mes
républicains modèles, comment donc comprenez-vous les
destinées que nous voulons faire à la République? »

Ils les comprenaient comme Cluseret et Bakounine à Lyon
qui se mettaient à la tête des bataillons insurgés contre les
bataillons de l'ordre; comme Duportal à Toulouse qui répondait à une demande de démission partie de Tours, par cette
dépêche : « Ma démission, que celui d'entre vous qui a fait
un seul jour de prison pour la République vienne la chercher »; comme Pierre Baragnon, à Nice, qui rassurait le
Gouvernement central en ces termes, sur la sécurité de la
frontière italienne : « Soyez tranquilles, si l'on viole la frontière, je prends comme gage l'enclave de Monaco. » Cette
conception des devoirs d'un préfet n'était pas beaucoup plus
étrange que celle que le Garde des Sceaux avait de ses
devoirs, comme ministre chargé des Affaires Étrangères.

Il avait dit, dans sa première proclamation aux Français :
« L'union, la concorde entre tous les citoyens, voilà le premier point contre l'ennemi commun, contre l'Europe ! »

C'est dans ce singulier milieu gouvernemental, dans cette
ville de Tours, si bruyante d'une population cosmopolite, où
les civils coudoyaient les soldats, les aventuriers les fonctionnaires, où les compagnies franches, aux costumes pitto-
resques ou ridicules, avaient fait le jour même un accueil
enthousiaste à Garibaldi, que Gambetta arrivait, le 9 Octobre
au soir.

Dès le lendemain du 4 Septembre, Gambetta, dans une circulaire aux préfets, leur disait : « La défense du pays avant
tout... ajournez d'autorité tout ce qui n'a pas trait à la Défense nationale ou pourrait l'entraver. » A Tours et plus tard
à Bordeaux, comme à Paris, il s'est montré fidèle à ce programme et, c'est à cause de cette fidélité, qu'il est resté, pour
la postérité, comme l'incarnation vivante de la patrie. Avec
quelle indignation il s'élève contre ceux de ses préfets qui
oublient que c'est là leur principale, leur unique tâche ! Ses
plus chers amis n'échappent pas à ses boutades. De leurs
services, il n'apprécie que ceux qui servent la Défense nationale, qui hâtent l'heure bénie où l'ennemi ne foulera plus le
sol sacré de la France.

Le 7 Octobre, au matin, il est monté en ballon avec M. Spuller. Ce ballon porte un nom d'heureux augure : l'*Armand
Barbès.* « C'est peut-être mon avant-dernier panier, » dit
gaîment Gambetta. L'*Armand Barbès* passe au-dessus des
lignes prussiennes, est atteint par les balles ennemies et va
tomber près de Montdidier. Le soir même, Gambetta partait
pour Amiens, le lendemain pour Rouen et, le 9, il était à Tours.
Il n'a qu'un mot pour la foule encore frémissante de la réception qu'elle vient de faire à Garibaldi : « L'heure n'est plus aux

manifestations. Travaillons et combattons ! » Il prêchait
d'exemple, il lançait la première de ces belles proclamations
qui allaient électriser la France et, le 10 Octobre, après une
réunion avec ses collègues, où il se faisait confirmer le double
titre de ministre de la Guerre et de ministre de l'Intérieur, il
entreprenait son œuvre propre, la délivrance de la patrie,
beaucoup plus préoccupé, Dieu merci, de sa délivrance que
de son administration, de l'ennemi du dehors, le Prussien,
que de l'ennemi du dedans, le révolutionnaire.

Contre ce dernier son action, tour à tour habile et brusque,
ne tarde pas à donner d'heureux résultats. Marc-Dufraisse
répare, dans les Alpes-Maritimes, le mal causé par Pierre
Baragnon et qui n'avait pas été guéri par l'administration
provisoire de M. Blache. A vouloir débarrasser la préfecture
de Marseille de ses prétendus gardes civiques, un vieux républicain de 1848, M. Gent, risque sa vie, mais réussit où l'administrateur supérieur, M. Esquiros, n'avait pas pu ou pas
voulu réussir.

Et ces succès étaient remportés sans complaisances coupables, sans faiblesse, même pour les vieux amis et pour
les serviteurs les plus goûtés. L'ordre était envoyé, dès le
12 Octobre, à M. Challemel-Lacour, de mettre en liberté le
général Mazure, prisonnier de l'émeute. Le même jour la
dissolution des civiques de Marseille était prononcée par
décret. Le 14 le ministre de l'Intérieur télégraphiait à Esquiros, son ancien collègue de la députation marseillaise : « La
fermeté n'a rien de commun avec l'arbitraire. » Le 22 Octobre
il recommande au préfet de Chaumont, frère de son ami le
plus cher, M. Spuller, de bien se garder d'attenter à la liberté
des personnes. Le 3 Novembre il refuse, au nom du Gouvernement, de reconnaître les prétendus groupes politiques,
comme la *Ligue du Midi*, qui ne visent qu'à exercer le pouvoir exécutif.

Sa conduite et celle de ses collègues, envers la presse, se résume en un mot : liberté entière ; il n'excepte de cette tolérance que ceux des journaux dont la polémique lui est représentée comme compromettant la Défense nationale. L'arrêté de suspension de l'*Union de l'Ouest*, le journal de M. de Cumont, à Angers, déjà frappé sous l'Empire pour une publication délictueuse du *Syllabus*, disait que les articles séditieux de cette feuille constituaient une véritable connivence avec l'ennemi.

Les mesures prises contre les prétendants ou contre les notabilités du parti bonapartiste, la révocation de quelques fonctionnaires, surtout la dissolution des Conseils généraux, ont été amèrement reprochés au jeune ministre et représentés comme des actes dictatoriaux. Mais l'état de guerre, à défaut de l'état de siège, ne les justifie-t-il pas ? S'il faut s'étonner d'une chose, c'est que Gambetta ait pu faire ce qu'il a fait, dans la désorganisation, dans l'anarchie, dans l'atonie où il a trouvé la France, sans recourir plus souvent à des mesures exceptionnelles.

Il n'y a guère qu'envers ses collègues de la Délégation, *les trois Parques*, comme disaient ses familiers, qu'il ait manqué de bienveillance et d'indulgence, parce qu'il a constaté dès le premier jour « le discrédit profond dans lequel ils étaient tombés ». Quand la translation du siège de la Délégation de Tours à Bordeaux a été décidée, le 8 Décembre, M. Crémieux s'est rendu docilement à Bordeaux. M. Glais-Bizoin, au contraire, est parti de Tours pour le Mans, et l'on peut craindre qu'il ne rejoigne pas son poste assez vite. M. Ranc, directeur de la sûreté, lui fait signifier par M. Crémieux, en l'absence de Gambetta, l'ordre de rallier la Délégation et M. Glais-Bizoin se soumet : il arrive repentant, comme un lycéen qui a fait l'école buissonnière.

Fréquentes étaient ces absences du ministre de la Guerre

et, en comptant bien, l'on trouverait qu'il a passé autant de journées à Besançon, au Mans, à Bourges, à Lyon, à Laval, à Lille qu'à Tours ou à Bordeaux : c'est qu'il tenait à se trouver à proximité des champs de bataille et qu'il laissait derrière lui deux lieutenants qui possédaient toute sa pensée, tous ses secrets et qu'il avait animés de toute son ardeur, sinon de toutes ses espérances : M. Laurier et M. de Freycinet.

Les jours, puis les mois s'écoulaient, au milieu de ces visites aux armées, de ces travaux surhumains, de ces angoisses patriotiques si souvent renouvelées et le 1er Janvier 1871 trouvait M. Gambetta à Bordeaux. En réponse aux hommages, aux acclamations de tout un Peuple, qui s'était transporté à la Préfecture pour lui apporter ses souhaits patriotiques, pour lui demander des raisons d'espérer, il prononça une harangue qui fit encore une fois renaître la confiance dans tous les cœurs et le lendemain, le soir même, il reprit sa tâche. Sa politique n'a pas changé, en ces derniers jours, si remplis et si sombres, de la Délégation. Le 2 Janvier il télégraphie au préfet de l'Hérault : « Rien ne me serait plus insupportable que d'être soupçonné de népotisme. » Le 4 il fait offrir la préfecture du Nord à Lanfrey, qui l'avait attaqué personnellement et qui avait qualifié son administration de *dictature de l'incapacité.* Lanfrey refusa, parce qu'il estimait que des élections générales pouvaient seules assurer le salut de la France, et Paul Bert reçut la préfecture du Nord. Deux jours auparavant, le petit-fils du grand Carnot avait été nommé commissaire extraordinaire dans la Seine-Inférieure, l'Eure et le Calvados (13 Janvier). Jusqu'au bout le ministre de l'Intérieur fit son devoir et remplit sa tâche; jusqu'au bout il dit à tout le monde : « Courage, énergie pour la République et pour la France (dépêche à MM. Testelin et P. Legrand, du 15 Janvier 1871). » Quant au ministre de la Guerre, nous verrons qu'il fit plus et mieux que son devoir : si la France avait pu être sauvée, elle l'eût été par cet avocat de trente-deux ans.

Les jugements que Gambetta a portés sur ses collaborateurs, sur les auxiliaires de la Défense nationale sont tous marqués au coin de la plus clairvoyante perspicacité et en même temps d'une impartialité qui n'épargne pas les amis les plus fidèles, quand ils se trompent, qui les ramène au droit chemin quand ils font fausse route, avec une brusque et affectueuse franchise. La confiance témoignée à M. de Freycinet fut entière, malgré les répugnances des républicains purs. Son dévouement, disait Gambetta, s'est trouvé à la hauteur de toutes les difficultés pour les résoudre, comme de tous les obstacles pour les vaincre. M. Steenackers s'est appliqué au service des transmissions de correspondance, avec une ardeur passionnée, que Gambetta signale comme un grand acte de patriotisme, mais qu'il refuse de récompenser par la croix de la Légion d'honneur, parce que la Légion d'honneur a été abolie pour les services civils et surtout parce que M. Steenackers est son ami. Chanzy est un homme de cœur, aussi grand citoyen que bon capitaine. A Laurier, qui fut le véritable ministre de l'Intérieur, Gambetta écrit de Bourges, très familièrement et très sagement aussi : « J'ai dit qu'il fallait être gai ; cela ne signifie pas qu'il soit prescrit de rire hors de propos, mais simplement qu'il faut être maître de soi-même dans les circonstances difficiles. » — « Je ne me sens dans l'âme, répondit Laurier, rien qui me porte à rire, même à propos. » Le ciel s'éclaircissait, après ces ombres de dissentiment et Gambetta, abandonnant toute l'administration à son alter ego, revenait à sa tâche particulière : l'organisation des armées, leur recrutement, leur équipement, leur armement, leur concentration. « Je croirais voler la patrie, disait-il noblement, si je dérobais une heure, une minute, aux soins

de la Défense nationale, pour la consacrer à la politique intérieure. » S'il apparaît un peu nerveux, dans les derniers jours,
et s'il traite avec quelque rudesse d'excellents préfets, comme
M. Girerd dans la Nièvre ou M. Delorme dans le Calvados,
c'est seulement parce qu'ils n'ont pas comme lui cette exclusive passion de la Défense nationale et, toujours présente, la
pensée de chasser l'ennemi, de sauver la France.

Les partis sont imprévoyants et aveugles. La *Commission
d'enquête* sur les actes de la Défense nationale avait cru rui-
ner à jamais Gambetta dans l'opinion, en publiant toutes les
dépêches qu'il a échangées avec les préfets, avec les généraux, avec le Gouvernement de Paris : elle n'a réussi qu'à
lui donner une popularité immense et une influence durable.
Si Gambetta eût vécu, il serait certainement arrivé à la
suprême magistrature républicaine et il l'aurait dû, en grande
partie, à M. Daru, à ses collègues, à une Assemblée qui avait
été surtout élue contre lui.

Nous ne saurions mieux faire, pour compléter le portrait
que nous avons tracé de Gambetta, que de demander à sa correspondance avec Jules Favre, correspondance non destinée
à la publicité, son sentiment sur les grands événements
qui se sont déroulés du 10 Octobre 1870 au 28 Janvier 1871.
Dans sa première dépêche, Gambetta constate l'excellent effet
produit sur tous les partis, sauf sur le parti légitimiste,
par l'ajournement des élections. Il expose en ces termes la
triste situation de la France, à ce moment : « Les campagnes
sont inertes, la bourgeoisie des petites villes est lâche, l'administration perfide ou passive ou d'une désespérante lenteur.
Les généraux de division, sortis du cadre de réserve, sont
l'objet d'une exaspération publique invincible, qu'ils ne
méritent que trop par leur faiblesse et leur impuissance. Je
m'applique à leur trouver des remplaçants. »

La dépêche du 15 ou du 16 annonce des nouvelles exactes, comme celle du prochain retour de M. Thiers, ou controuvées, comme celles de la maladie de Frédéric-Charles et de la mort de de Moltke : la Délégation n'échappait pas plus que le public à la fièvre des nouvelles, à la tendance à accueillir comme authentiques les moins vraisemblables. Dès cette époque, Gambetta envisage la possibilité de l'évacuation de Tours qui ne s'effectuera que le 9 et le 10 Décembre. Il signale pour la seconde fois la passivité des campagnes, qui fait contraste avec l'animation des villes, et montre la difficulté, en Province, « de lutter à la fois contre les exaltés et les réactionnaires ». Si les prétendants sont assez audacieux pour mettre le pied sur le sol de la France, il fera exécuter les lois. Il les fit, en effet, exécuter avec le prince de Joinville. Le duc de Chartres put faire campagne en Normandie, sous le pseudonyme, heureusement choisi, de Robert Le Fort.

Le 19 Octobre, après la perte d'Orléans par de Polhès et La Motterouge, l'évacuation des Vosges par Cambriels, « la colère publique contre les généraux va croissant, » et quelques têtes chaudes voudraient Garibaldi à la tête de toutes les forces françaises dans l'Est ; mais Gambetta lui maintient avec énergie son caractère de chef des volontaires.

« Il n'y a qu'à se féliciter de l'attitude générale des départements » depuis que le retrait des élections a fait cesser toute cause de divisions. Les divisions, ou plutôt les dissentiments, n'existent que dans la Délégation elle-même. Le 25 Octobre, M. Gambetta signale avec raison à Jules Favre l'action isolée de M. de Chaudordy qui ne soumet jamais à personne les dépêches qu'il adresse à Paris ; quelques jours plus tard, autre dissentiment, plus grave, à propos de la proclamation sur la capitulation de Bazaine, que l'amiral Fourichon refuse de signer.

La dépêche du 31 Octobre, l'une des plus importantes que

Gambetta ait rédigée, expose la politique qu'il entend suivre, après la trahison de Bazaine et la chute de Metz.

« L'explosion de rage et de vengeance qu'a provoquée cet attentat crée véritablement une nouvelle situation politique, tant au point de vue intérieur qu'à celui des affaires extérieures. Le parti de la guerre à outrance a pris décidément le dessus et se manifeste sous un double aspect : d'une part défiance et colère contre les anciens généraux de l'Empire qui presque partout sont l'objet de démonstrations hostiles, principalement dans le Midi et dans l'Est ; d'autre part un immense besoin de concentration du pouvoir et des mesures de la dernière énergie... A la suite d'un pareil crime la population se croit enveloppée dans le réseau d'une vaste conspiration bonapartiste... »

Aussi Gambetta a-t-il engagé certaines personnalités très compromises sous l'Empire à vider le terrain et elles se sont exécutées sans résistance ; mais le maintien du personnel bonapartiste dans les Finances, l'Instruction Publique et les Consulats « excite partout les plus violentes et les plus légitimes réclamations ». Il est urgent de révoquer les plus compromis et de dissoudre les Conseils généraux, foyers de réaction napoléonienne. Leur maintien « paraît inexplicable à la majorité des bons esprits ». Le système de tolérance, suivi depuis le 4 Septembre, doit faire place à une méthode plus énergique et, si Paris pense et agit comme la Province, « il résultera de cette coïncidence, en même temps qu'une nouvelle preuve de l'unité du pouvoir, une confirmation et une consécration des institutions républicaines ». Hélas ! Paris, à ce moment (31 Octobre), ne songeait guère à une « méthode plus énergique ». Il avait reçu, la veille, la visite de M. Thiers et il échappait difficilement à un coup de main que cette visite même et les propositions d'armistice dont on disait M. Thiers porteur avaient précipité. Gambetta, avec

une intuition de l'esprit de Paris, une intelligence de ses aspirations, que ses collègues restés à Paris furent loin d'avoir au
même degré, écrivait ce jour même : « De tout ceci vous
pouvez induire que l'esprit de paix et les propositions d'armistice ont singulièrement perdu du terrain et, si M. Thiers
était encore parmi nous, il pourrait s'assurer par lui-même
que nous touchons à la guerre du désespoir. » Ce n'étaient
pas seulement les auteurs du coup de main du 31 Octobre
qui pensaient comme Gambetta,- c'étaient les hommes les
plus modérés et les plus éclairés, ceux dont M. Vitet était
le fidèle interprète, dans ses remarquables *Lettres* au directeur de la *Revue des Deux Mondes*.

Gambetta indique ensuite les propositions qui lui ont été
faites, pour la création d'une magistrature exceptionnelle et
temporaire, dont le titulaire aurait la charge comme aussi la
responsabilité de sauver le pays : à ces propositions il a
refusé de prêter l'oreille, parce qu'il tient à conserver à Paris
et à son Gouvernement « la suprématie et le commandement ».
Il termine en énumérant les trois grands embarras de la
Délégation : l'argent, les armes et les généraux, et en affirmant que jamais la résolution de lutter à outrance ne fut
plus manifeste.

Le 4 Novembre, Gambetta donne son avis sur le « plébiscite singulier » auquel le Gouvernement de Paris s'est laissé
acculer et principalement sur la négociation d'armistice alors
en cours. L'armistice était destiné à faciliter les élections générales et, ces élections, Gambetta ne les admettait qu'avec les
réserves antérieurement signalées par lui, c'est-à-dire avec
l'inéligibilité des anciens candidats officiels de l'Empire.
Aussi, donne-t-il sans hésiter sa démission à ses collègues.
« Vous pouvez, leur écrit-il, disposer du portefeuille. »
L'échec de la négociation conduite par M. Thiers à Versailles,
en supprimant les élections, maintint Gambetta dans ses deux

ministères et valut à la France le seul vrai succès militaire
qu'elle ait remporté, en dehors de Paris, celui du 9 Novembre.
Quant au plébiciste, Gambetta lui reprochait surtout « de
frapper de nullité la représentation du Gouvernement en
Province, à laquelle de tout côté on allait demander le même
baptème ».

Gambetta ne persista pas dans cette opposition au plébiscite, puisque trois jours après, le 7 Novembre, quand il connut
le résultat du vote de Paris, il écrivait à Jules Favre :
« Approuvez-vous que nous posions à la France entière, dans
les quarante-huit heures, la question que vous avez posée à
Paris? J'ose affirmer qu'elle serait résolue avec le même ensemble. » Il ajoutait « Nous voilà de nouveau d'accord, je
reste. » Ce qui avait mis d'accord le Gouvernement et la
Délégation ce n'était pas le succès du plébiscite, c'était l'échec
de l'armistice et l'ajournement forcé des élections. Sur ces
deux points, l'entente eût été impossible : Gambetta avait
exprimé avec trop de force sa divergence de vues, le 4 Novembre d'abord, ensuite le 6, dans une dépêche où il prit à
tâche de fixer les points qui le séparaient du Gouvernement
de Paris et où il posait à ses collègues cette demande qui les
eût cruellement embarrassés, si la dépêche leur fût parvenue
à temps : « Je n'ai pas pu découvrir dans les diverses proclamations qui ont précédé et suivi votre plébiscite, non plus
que dans vos lettres, ce que Paris pense de l'armistice. Cette
question est cependant capitale. Je vous prie de m'en dire
sans retard votre opinion. »

Le jour même où Gambetta traçait ces lignes, M. Thiers,
après la rupture des négociations avec M. de Bismarck, rapportait le Mémoire dont le Gouvernement de Paris l'avait
chargé pour la Délégation. Écrit d'après les renseignements
fournis par M. Thiers lui-même, sur l'état de l'opinion, la
situation des armées, les chances de la lutte, ce Mémoire

était un véritable acte d'accusation contre la Délégation et contre Gambetta. La réponse de Gambetta est du 9 Novembre, le jour de Coulmiers : c'est la justification victorieuse des actes du ministre de l'Intérieur et de la Guerre. Quant à l'exposé des grandes choses qu'il a faites en un mois, il le réservera pour sa dépêche du 26 Novembre et jamais l'orateur puissant qu'était Gambetta ne sera plus persuasif, jamais plaidoyer ne sera plus convaincant. De la dépêche du 9 nous citerons, malgré son étendue, la partie relative à la situation intérieure de la France.

« Enfin, vous tracez le tableau de l'anarchie déchaînée sur la France. J'ignore si le témoin oculaire, ou prétendu tel, qui vient de parcourir la France et de vous renseigner, a des droits sérieux à jouir de votre confiance. Je n'ai qu'une réponse à faire : cette confiance a été surprise. Vous parlez d'actes arbitraires, violents, que commettent nos agents. Vous parlez de dissolution sociale. Ce sont là de pures exagérations de langage, bonnes tout au plus à satisfaire la rancune des partis hostiles. Rien de vrai au fond. L'ordre le plus complet règne à Lyon, à Marseille, à Toulouse, à Limoges, à Bordeaux. Les effervescences qui se produisent, à la suite du désastre de Metz, ne sont et n'ont jamais été que la protestation véhémente de la conscience française contre un crime odieux. Quand il a été pris des mesures excessives par nos agents, sous la pression des populations, il m'a suffi de rappeler la règle et la loi, l'intérêt de la République, pour être obéi, même des plus ardents. Tout le monde peut-il aujourd'hui en dire autant ? Cessez donc de prêter l'oreille aux personnes étrangères au parti républicain et reconnaissez avez moi la magnanimité de ce parti même, qui, après avoir subi vingt ans de proscription et de misère, ne se laisse aller à aucun mouvement de colère ni de représailles contre ceux qui cependant jouissent encore de positions créées par

l'Empire, de ce parti qui n'a d'autre passion, pour le moment, que de prouver au monde que la patrie est incarnée
dans la République. C'est à ce point de vue qu'il s'est placé
pour juger la journée du 31 Octobre et la trouver détestable
et coupable au dernier chef; c'est de ce dernier point de vue
qu'il part pour refuser la paix, qu'il sent devoir être désho-
norante aujourd'hui, pour rejeter des élections qui ne pourraient donner qu'une Chambre réactionnaire ; il résume
aujourd'hui ses aspirations vers le Gouvernement en disant :
la République ne doit pas être seulement le Gouvernement
de la Défense nationale, elle doit devenir le Gouvernement de
la Revanche nationale. »

Et Gambetta, avec un admirable bon sens, une clairvoyance
que personne, dans le parti républicain, n'eut au même
degré, exposait ensuite que, dans la situation respective de
Paris et de Tours, les contradictions et les divergences
étaient fatales. Il faisait ressortir la faute commise, le jour
où on avait isolé et divisé le pouvoir et indiquait le seul
remède possible : la translation de la majorité du Gouvernement hors des murs de Paris. Que MM. Jules Favre, Jules
Simon, Picard et un quatrième membre du Gouvernement
viennent à Tours : les conflits cesseront et les Affaires Étrangères, l'Instruction Publique, les Finances seront dirigées
par les chefs de ces grands services, au lieu de l'être par des
délégués sans pouvoir et sans responsabilité. Cette solution
était réclamée de toutes parts ; elle était logique, nécessaire
et elle eût sinon empêché (*Hoc erat in fatis!*) du moins
diminué l'étendue de la catastrophe finale.

Le 13 Novembre Gambetta signale la persistance des cote-
ries orléaniste et légitimiste à réclamer les élections sans
armistice et montre M. Thiers à la tête de ce mouvement
qu'il dirigeait en effet. M. Thiers, dans l'Opposition, a été
encore moins scrupuleux qu'au Gouvernement sur le choix

des moyens : toutes les armes lui étaient bonnes contre ceux
qui obstruaient les avenues du pouvoir qu'il a toujours regretté et toujours ambitionné. Gambetta avait raison de dire,
le 13 Novembre, que M. Thiers voulait faire renaître des
questions intérieures, parce que son double échec, à Saint-
Pétersbourg et à Versailles, éclatait à tous les yeux. Et dans
la dépêche suivante, du 16 Novembre, le jeune ministre,
annonçait que M. Glais-Bizoin s'était laissé gagner au projet
d'armistice sans ravitaillement et avait résolu de se rendre
à Paris. Le « vieil ami » de Gambetta ne donna pas suite à
ce dessein. Quant à Gambetta, il repousse plus que jamais
l'armistice sans ravitaillement et l'élection sans catégories
d'inéligibles. Au contraire, si l'armistice comportait le ravitaillement et l'élection certaines exclusions, il se ferait fort,
en dix jours, de réunir une Assemblée nationale républicaine,
dont la France verrait sortir son salut.

Dans la dépêche du 26 Novembre, Gambetta s'efforce d'établir entre lui et Jules Favre « une communion parfaite de
vues, de sentiments et de conduite ». Après un long exposé
de la situation militaire, un éloge très juste des nouveaux
généraux et de M. de Freycinet, il reproche amicalement à
Jules Favre la crédulité avec laquelle il a accueilli les
bruits du dehors, les articles de la presse étrangère ou les
récits de personnes indignes de sa confiance. « En effet, et
c'est malheureusement là une conséquence inévitable de
votre blocus, il vous a toujours été difficile de démêler dans
les rapports qui vous étaient faits le vrai du faux, le possible
de l'impossible. L'anxiété des assiégés les rend à la fois impa-
tients et injustes, leur isolement les rend oublieux. L'esprit
de rivalité se réveille, les plus vieilles amitiés mollissent, et,
au milieu de ce désarroi et de cette ingratitude qui gagnent
tout le monde, il ne reste que quelques rares et grands
cœurs, comme le vôtre, mon cher Favre, assez fiers pour ne

se laisser jamais abattre, assez droits pour ne jamais dévier, assez généreux pour rester fidèles aux absents. »

Après ce souvenir si tendre donné à l'amitié, l'homme politique proteste contre la publication tronquée et défigurée, au *Journal Officiel*, de son appréciation sur l'odieuse trahison de Bazaine. « Nul aujourd'hui, dit-il, parmi les plus effrontés de nos adversaires, n'ose défendre ce criminel, » et il se félicite d'avoir devancé de quelques heures le jugement de la conscience française et celui de l'histoire.

Le crime de Bazaine a aidé la France à se ressaisir : la Défense nationale, la lutte à outrance, telle est l'unique . préoccupation, en dehors de la coterie des journaux et des candidats qui subissent la direction de M. Thiers, et Gambetta cite avec fierté la belle lettre que M. Guizot vient d'adresser au *Times*, pour recommander la résistance.

A la fin de cette mémorable dépêche, Gambetta insiste sur les changements nécessaires dans les trois grands services publics : les Finances, l'Instruction Publique et la Diplomatie. C'est le seul point où nous retrouvions l'homme de parti ; quelques changements de percepteurs, de receveurs ou même de trésoriers généraux n'auraient pas augmenté les ressources de la Défense nationale ; quelques changements d'instituteurs, d'inspecteurs d'académie ou même de recteurs auraient été sans influence sur l'esprit public ; quelques changements de chargés d'affaires ou même d'ambassadeurs n'auraient pas modifié les dispositions de l'Europe à l'égard de la France.

Le 14 Décembre, de Bourges, où il est venu réorganiser la première armée de la Loire, Gambetta, toujours tout entier à la résistance, constate que le Gouvernement de la Défense nationale est partout aimé, respecté et obéi, *parce qu'il est le Gouvernement de la Défense nationale*. Il signale aussi la persistance de la tactique de l'Opposition, parlant sans cesse

de l'impuissance des efforts des patriotes, de la stérilité de la
lutte, de la nécessité de la paix. A Bordeaux, l'Opposition a
semblé se rallier autour d'Emile de Girardin ; mais, à Bordeaux comme à Tours, le nom de M. Thiers est mêlé à toutes
les critiques ; sa même action dissolvante s'exerce partout,
elle atteint après M. Glais-Bizoin, M. de Kératry, et même
les délégués des ministres enfermés à Paris, M. de Roussy,
M. Silvy et les autres : « Le Gouvernement n'est entravé que
par ses fonctionnaires. » Cette Opposition taquine, irrite
Gambetta et le porte, le 20 Décembre, à demander à ses collègues « de tailler dans le vif, de balayer impitoyablement
toutes les créatures de la Monarchie déchue qui sont restées
à leur poste et qui conspirent ouvertement contre la République et le salut de la France. » Il est rempli d'amertume, à la
pensée que les calomnies dirigées contre lui et ses collaborateurs ont trouvé de l'écho à Paris. Mais « une aussi misérable
conduite n'est pas faite pour l'arrêter dans la voie de la lutte
à outrance », car il a un guide sûr, infaillible, « c'est l'esprit
de Paris, dont il est resté le représentant scrupuleux et fidèle
et qui demeurera, jusqu'au bout de cette crise effroyable,
son inspirateur ».

Le 24 Décembre, de Lyon, où il est venu assister aux funérailles du commandant Arnaud, cette lamentable victime des
troubles civils, c'est à Trochu qu'écrit Gambetta : il répète
que le ministre des Finances, qui a eu le grand tort de ne pas
sortir de Paris, devrait bien expédier des ordres formels
à son délégué en Province : « La France ne peut périr faute
d'argent. »

Le 31 Décembre, Gambetta, de retour à Bordeaux, adressait à Jules Favre la fameuse dépêche qui ne fut achevée que
le 3 Janvier, et qui parvint à Paris le 4, par pigeon. C'était,
en même temps qu'une réponse à la dépêche de Jules Favre,
du 16 Décembre, un exposé complet de la situation et des

projets de la Délégation. A Jules Favre, lui annonçant l'épuisement prochain des vivres à Paris, et lui déclarant que, *même après la chute de Paris, il donnera à la France le conseil de résister*, Gambetta répond : « Le pays tout entier comprend et veut la guerre sans merci même après la chute de Paris, si cet horrible malheur doit nous arriver. » Il apprécie ensuite, avec une vigueur de langage sans pareille, le rôle de M. Thiers, depuis le 31 Octobre. « La persistance avec laquelle M. Thiers et ses amis ont, depuis lors, traité notre Gouvernement d'usurpateur, la guerre d'insensée, la prolongation de la résistance de criminelle, l'héroïsme de Paris de batailleries sans résultat; l'adhésion hautement donnée aux propositions de M. de Bismarck, offrant de garantir la liberté des élections sans armistice ; l'exagération de tous nos revers ; l'apologie timide, mais sans cesse reprise en sous-œuvre de l'abominable Bazaine ; le dénigrement systématique de toutes les mesures politiques, financières et militaires de votre Gouvernement ; la défiance et l'inertie partout encouragées ; les prédictions les plus sinistres sur l'avenir de la France, et l'impuissance du régime républicain, telles sont les pratiques et les manœuvres familières aux serviteurs de la branche cadette. » Gambetta se déclare pour les audacieux, les entreprenants, les résolus, les républicains inébranlables qui, après avoir fait dans Paris leur devoir jusqu'au bout, voudraient en sortir et gagner la campagne, dussent-ils couvrir la route de leurs cadavres. « C'est une sorte de vote que je vous envoie, dit-il à Jules Favre, pour vous adjurer de changer de système, et de vous confier résolument à notre parti. » Et très politiquement, Gambetta conseille au ministre des Affaires Étrangères de se rendre à la Conférence de Londres. Ce second vote, on le sait, n'eut pas plus d'effet que le premier.

La dépêche du 12 Janvier, annonçant la bataille du Mans,

envoyée à Paris par un émissaire, n'y parvint que le 27 Janvier. Celle du 16, où Gambetta disait au Gouvernement de Paris : « Je sens que vous vous perdez, que vous allez à l'abîme », y arriva le 19, le jour de la dernière bataille, et celle du 27, le 2 Février, quand tout était fini depuis six jours.

C'est dans cette dernière dépêche que Gambetta expose la politique qu'il suivra, après que Paris aura capitulé. Il devait si peu s'attendre à ce que la France entière fût comprise dans cette capitulation, que Trochu lui avait télégraphié, quelques heures auparavant : « *Je pense avec vous que Paris succombant sous l'étreinte de la faim, la France et la République n'en doivent continuer que plus énergiquement la lutte à mort, où elles sont glorieusement engagées, contre les Césars de l'Allemagne.* » C'est donc d'accord avec l'opinion exprimée par Jules Favre le 16 et le 23 Décembre, d'accord aussi avec l'opinion de Trochu, nettement formulée le 10 Janvier, que Gambetta, pensant que ses collègues ne pouvaient traiter que de la reddition même de la place, traçait en ces termes le plan de la résistance de la France : « Délégation du Gouvernement central, devenue le Gouvernement lui-même à partir de la capitulation, notre route est clairement tracée : poursuivre la guerre jusqu'à l'affranchissement, par la continuation pure et simple du régime actuel. »

Au moment où Gambetta allait clore sa dépêche, un télégramme de Londres lui annonçait que Jules Favre avait quitté Versailles pour Paris, où il rapportait les conditions de la capitulation. Il conclut par ces mots la dépêche du 27, qui est comme son testament politique et patriotique. « L'expiation est dure, le châtiment démesuré. Seul, le souffle de la Révolution française peut encore nous sauver. C'est lui que j'appelle et que j'invoque. C'est par lui seul que je compte vivifier ce qui reste encore dans ce pays de vitalité et d'énergie. »

Si l'on songe que les 25 ou 30 dépêches que nous avons résumées ou textuellement citées, pour les montrer telles qu'elles sont sorties de ce cœur et de ce cerveau de patriote, ont été écrites au courant de la plume, parmi d'autres et plus graves et innombrables occupations, on éprouve une admiration profonde pour l'homme qui traçait ces lignes enfiévrées, et une reconnaissance émue pour celui qui a si bien interprété et si bien rendu les pensées et les aspirations de la France républicaine. Il se disait fidèle à l'esprit de Paris : fidèle aussi à l'esprit de la France qui voulait se battre pour sauver l'honneur, beaucoup plus fidèle, sans contredit, que la petite coterie opposante, et que son chef, M. Thiers. Et pendant qu'il exprimait ainsi nos espoirs, nos craintes trop fondées, il indiquait à Paris la seule voie à suivre, il lui signalait l'abîme entr'ouvert, il conseillait à Trochu comme à Jules Favre la seule politique qui pût empêcher ou atténuer la catastrophe. Il a tout fait pour prévenir « le châtiment démesuré » et ce châtiment n'a frappé aucune âme française, aussi douloureusement que la sienne.

C'est surtout le ministre de l'Intérieur que nous avons vu à l'œuvre dans ses actes et dans sa correspondance : la tâche du ministre de la Guerre, nous le verrons, fut encore plus lourde, puisqu'il eut à créer de toutes pièces, sans parler des corps moins importants, trois grandes armées : la première armée de la Loire, la seconde armée de la Loire et l'armée de l'Est. Ses efforts furent récompensés, on sait comment. Ses collègues de Paris reconnurent bien son « infatigable activité », mais ils lui reprochèrent de tout compromettre ; ses adversaires, répétant la parole malheureuse de M. Thiers, l'accusèrent de folie furieuse. Fou de douleur, il le fut, en effet, en constatant le néant de ses efforts ; plein d'une fureur patriotique, il le fut aussi, mais contre l'ennemi qui préparait depuis soixante ans la ruine de la France. Certes,

dans l'Opposition, il n'avait pas été plus clairvoyant que
ses collègues, trop portés à voir dans l'armée nationale une
horde de prétoriens ; il n'avait pas soupçonné, comme
Ducrot, comme Trochu, comme Stoffel, quelle prodigieuse
machine de guerre était devenue la Prusse; mais, du jour où
le territoire fut envahi, où la sinistre vérité apparut, quel
changement s'opéra en lui, quel frémissement dans tout son
être, quelle rage dans son cœur, quelle indomptable volonté
de chasser les barbares et quels efforts surhumains pour
réaliser ce beau rêve : la France perdue par l'Empire et
sauvée par la République !

L'histoire de la Délégation serait incomplète, si l'on ne rappelait le rôle indépendant mais réellement patriotique du
représentant de M. Jules Favre en province, M. de Chaudordy,
un diplomate de carrière, très habilement choisi par son ministre, et qui sut, sinon donner à nos agents à l'extérieur des
instructions et des règles de conduite, au moins opposer aux
prétentions de M. de Bismarck, à ses violations réitérées du
Droit des gens, un langage plein de noblesse et de fermeté.
Les circulaires de M. de Chaudordy resteront, avec celles de
M. Jules Favre, comme les plus éloquentes protestations que
le droit vaincu ait opposées à la force triomphante.

C'est le 8 Octobre que M. de Chaudordy répondit aux circulaires du 13 et du 16 Septembre, par lesquelles M. de Bismarck
avait cherché à justifier, aux yeux de l'Europe, les exigences
de la Prusse et déclarait, comme il devait le déclarer à la
Haute-Maison et à Ferrières, que l'Allemagne ne cherchait
qu'à se prémunir contre les attaques ultérieures de la France.
M. de Chaudordy montre fort bien que la paix étant une
condition nécessaire de la liberté, la France, nation démocratique, ne saurait être une nation belliqueuse. Depuis la
Révolution, assez forte pour être indépendante, elle cherche

moins à dominer les peuples qu'à les éclairer de son exemple.
Ce n'est pas elle qui attaqua en 1792 : Iéna ne fut qu'une
revanche. Du jour où elle s'est appartenue, en 1815, quelle
guerre a-t-elle provoquée? Elle a pris les armes plusieurs
fois. Etait-ce pour dominer et s'agrandir ? Non pas, mais
pour délivrer un Peuple, pour défendre des libertés, pour
conquérir une grandeur morale. Sa politique extérieure, généreuse jusqu'à la duperie, a été le contraire de « la politique de
fer et de sang » que l'Allemagne a déchaînée sur l'Europe
en 1814. La meilleure preuve que la France ne songeait pas
à la guerre en 1870, c'est son défaut même de préparation :
ni son armement n'était complet, ni ses alliances n'étaient
conclues; les populations, consultées à deux reprises, en 1869
et en 1870, avaient affirmé de la façon la plus énergique leur
amour de la paix; elles subissaient la guerre, elles ne l'avaient
pas appelée.

Ce ne sont pas de meilleures lignes de défense, ce sont des
facilités offensives que recherche le Gouvernement prussien.
Quant à l'Allemagne, ses ambitions d'unité nationale et de
liberté politique sont trop légitimes pour que la France songe
à les combattre : elle ne le pourrait sans renier tout son
passé, sans démentir toute son histoire.

Le 10 Octobre, dans une nouvelle circulaire, M. de Chaudordy réfutait un article du *Times*, organe habituel de la
politique de M. de Bismarck. Le journal anglais avait publié
une dépêche de Ferrières, datée du 1ᵉʳ Octobre, par laquelle
le Chancelier se défendait de vouloir rabaisser la France au
rang d'une puissance de second ordre. M. de Chaudordy
montre sans peine que la France, avec une frontière ouverte,
en face d'une Allemagne agrandie, perdrait à la fois son prestige moral, sa force matérielle et son repos. Il montre, avec
non moins de bonheur, quelle différence existe entre une
annexion voulue par les populations, consentie par un voisin

devenu puissant, comme celle de la Savoie et de Nice et une annexion repoussée par les populations, exigée par un ennemi victorieux, comme le serait celle de l'Alsace et de la Lorraine.

Le 8 Novembre, M. de Chaudordy fait connaître aux agents diplomatiques de la France à l'étranger les raisons qui ne nous permettaient pas d'accepter l'armistice sans ravitaillement ou les élections sans armistice. L'armistice devant être purement militaire et ne préjuger en rien les conditions de la paix future, puisqu'il n'était destiné qu'à faciliter la réunion d'une Assemblée nationale, impliquait forcément le ravitaillement. Chaque belligérant doit se trouver, à la fin des hostilités, dans l'état où il se trouvait au commencement. Paris, au bout de vingt-cinq jours d'armistice, se trouverait-il dans le même état, quant à la quantité de vivres ? C'était là une question de bon sens et de bonne foi. La Prusse l'a tranchée par l'affirmative, parce qu'elle use d'un droit des gens qui lui est particulier, qui n'a rien de commun avec celui des autres nations, et que les puissances neutres, qui ont pris l'initiative de l'armistice, ne sauraient certainement pas admettre.

Quant aux élections sans armistice, le Gouvernement de la Défense nationale s'y refuse, parce qu'elles ne seraient ni libres, ni vraiment sérieuses. Tous les hommes valides ayant été appelés sous les drapeaux, les électeurs sont engagés dans la lutte, dispersés, loin de leur foyer ou même de leur département. Un armistice est nécessaire pour permettre aux éléments du suffrage universel de se reconnaître. Le Gouvernement souhaite sincèrement les élections, quoi qu'en dise M. de Bismarck, mais il les veut régulières et libres.

Le 29 Novembre, M. de Chaudordy, après avoir rappelé quel refus la Prusse a opposé à la double demande d'armistice avec ravitaillement et d'élections avec armistice, recherche quel but elle poursuit, en présence de citoyens en armes que

le roi Guillaume a déclaré ne point vouloir attaquer et d'un Gouvernement dont tous les membres ont voté contre la déclaration de guerre. C'est au nom de la justice, du droit et de la civilisation outrageusement violés que la France en appelle à la
conscience de l'humanité, afin de sauver au moins la morale
internationale. M. de Chaudordy démontre que les Allemands,
non contents d'exercer des réquisitions démesurées, d'écraser
les villes et les villages, ont fait main basse sur les propriétés
privées des citoyens. La vie humaine n'a pas été plus respec-
tée que la propriété : des soldats, pourvus de commissions
régulières, revêtus d'uniformes légalisés, ont été fusillés; des
villes ouvertes ont été bombardées, fait unique dans l'histoire,
comme si l'on avait voulu paralyser la résistance par la terreur. Le rétablissement de la pratique des otages, du système des responsabilités indirectes, reste, parmi tant de faits
iniques, le fait caractéristique de la conduite de la Prusse à
l'égard de la France. Quarante otages pris parmi les notables
de Gray, de Dijon, de Vesoul ont été entraînés en Allemagne,
parce que la France ne mettait pas en liberté quarante capitaines
de navires marchands, faits prisonniers selon les lois de la
guerre. Les paysans, obligés de fortifier les ouvrages ennemis,
les magistrats, exposés sur les locomotives aux rigueurs de la
saison et aux insultes des soldats, les sanctuaires des églises
profanés, les prêtres frappés, les femmes maltraitées, tels sont
les faits que M. de Chaudordy signale à l'indignation des
honnêtes gens de tous les pays. Ils sont, dit-il, le résultat d'un
système réfléchi, dont les états-majors allemands ont poursuivi l'application avec une rigueur scientifique. Tout a été
voulu et prémédité et M. de Chaudordy a raison d'affirmer
que de pareils actes font de la guerre engagée la honte de
notre siècle [1].

(1) Voir à l'Appendice, pièces XI et XII, la confirmation des alléga-
gations de M. de Chaudordy.

Le 19 Décembre le délégué aux Affaires Etrangères faisait savoir à tous nos agents que le Gouvernement de la Défense nationale avait résolu de se faire représenter à Londres et il les informait que nous aurions recours à l'obligeante intervention des puissances, pour obtenir du quartier général prussien les sauf-conduits nécessaires au plénipotentiaire français. Le 15 Janvier suivant M. de Chaudordy prit acte, avec beaucoup d'opportunité, de la demande de concours que ces mêmes puissances avaient implicitement adressée à la France, en accueillant les propositions de la Prusse pour une revision partielle du traité de 1856. Elles comprenaient enfin que, malgré nos malheurs, nous devions prendre part au concert européen et que rien de stable ne saurait être fondé sans nous. M. de Chaudordy leur répète que la Conférence de Londres ne saurait se borner à l'examen du traité de Paris, qu'elle offrira la plus favorable occasion pour rechercher la solution des redoutables problèmes qui se trouvent posés devant l'Europe. On sait comment la duplicité de M. de Bismarck, qui retint plusieurs jours les sauf-conduits destinés, sur la demande de l'Angleterre, au plénipotentiaire français empêcha la participation de la France à la Conférence de Londres. Le Gouvernement de la Défense nationale eût pu recueillir les bons effets qu'il attendait de notre participation à la Conférence s'il avait désigné, au lieu du ministre enfermé dans Paris, son délégué libre à Bordeaux.

M. de Chaudory, dans une dernière circulaire, en date du 24 Janvier, réfute toutes les allégations que M. de Bismarck a produites dans la pièce diplomatique du 9 Janvier. Si des Français ont tiré sur les parlementaires allemands, bien plus nombreux ont été les actes semblables, imputables aux sentinelles prussiennes. Les Allemands, non contents d'enfreindre la Convention de Genève, ont l'habitude de s'en faire une arme : ils couvrent de la croix rouge leurs convois de munitions. Les balles explosibles, s'il s'en est rencontré sur le champ de bataille, ne peuvent provenir que des rangs ennemis. Au reproche de maltraiter les prisonniers allemands, M. de Chaudordy répond en produisant le témoignage de ces prisonniers eux-mêmes ; au reproche d'attenter à toutes les libertés, il répond en citant un journal allemand qui commente, à propos de M. de Bismarck, le *Quis tulerit Gracchos ?*

De cette dépêche, comme de toutes les autres, comme de tous les incidents de la guerre, ressort une vérité éclatante comme le jour : l'Allemagne n'a pas seulement méconnu les notions les plus élémentaires d'humanité, elle a biffé tous les articles du code du Droit des gens et leur a substitué cet article unique : « Tout ce qui est utile à la Prusse est permis, tout ce qui lui est nuisible est défendu. » M. de Chaudordy, plus encore que M. Jules Favre, en a fait l'inattaquable démonstration. Il était bon de le redire, avant d'entreprendre le récit des opérations militaires, récit dont la rapidité ne permettra pas d'insister sur ces détails caractéristiques.

Ce que l'on peut appeler le premier ban de l'armée française était renfermé à Metz ; le second avait été fait prisonnier à Sedan. Quand la Délégation se transporta, vers le milieu de Septembre, à Tours, il restait en France, dans les dépôts 50,000 hommes et en Algérie quatre régiments : le 16e le 38e, le 39e et la légion étrangère. Le ministre de la Marine avait été chargé de l'administration de la guerre. Vieux et brave soldat, l'amiral Fourichon aurait pu suffire à sa double tâche, si, de Paris, l'on avait eu soin d'envoyer à Tours tout le personnel administratif nécessaire à la reconstitution des armées. Il n'en avait rien été et l'amiral qui, du reste, renonçait à la signature avant la fin de Septembre, n'aurait rien pu faire, sans le secours et la compétence du général Lefort, directeur de l'infanterie. Les 100,000 hommes rassemblés avant le 10 Octobre et provenant des dépôts, des troupes de la marine et des régiments algériens, le 15° corps français, formé au Sud et au Nord d'Orléans, et placé sous le commandement du général de La Motterouge, telle fut l'œuvre propre du général Lefort.

Cette œuvre ne reçut de Gambetta et de ses auxiliaires, MM. de Freycinet, de Serres, Loverdo, Hacca, Thoumas, Véronique une impulsion décisive et continue, qu'à partir du 10 Octobre. Dès le 14, un décret déclarait en état de siège tout département se trouvant à moins de 100 kilomètres de l'ennemi. Un comité militaire devait diriger la défense, disposer de la garde nationale, soustraire les approvisionnements à l'ennemi. Vinrent ensuite, coup sur coup, l'appel sous les drapeaux de tous les hommes valides de vingt et un à quarante ans ; l'ordre, à chaque département, de fournir au moins une batterie par 100,000 hommes ; la création de bataillons d'ouvriers ; la réquisition des ingénieurs, agents voyers, entrepreneurs et architectes, etc., etc.

Pendant près de quatre mois, on leva par jour une moyenne de 5,000 hommes. Ces levées, qui furent véritablement une levée en masse, permirent d'organiser 208 bataillons d'infanterie, soit 230,000 hommes ; 31 régiments de garde mobile à 3,600 hommes par régiment, soit 116,000 hommes ; 180,000 hommes de garde nationale mobilisée ; 54 régiments de cavalerie formant 32,400 hommes ; 30,000 francs-tireurs. C'est-à-dire, au total, 584,000 hommes, et plus de 600,000, si l'on y ajoute l'artillerie et le génie.

Avec ces levées, on organisa successivement les onze corps d'armée numérotés de 15 à 26, l'armée des Vosges, la première armée de l'Est, l'armée de Lyon, l'armée de Garibaldi, les agglomérations du Havre, de Carentan et de Nevers.

Il va sans dire que ces formations, dont le noyau solide et résistant étaient les vieux régiments, la légion étrangère,

l'infanterie de marine et la marine furent de valeur très inégale. Dans les régiments de marche qui furent formés des quatrièmes bataillons de la classe 1870, convoquée après la déclaration de guerre et des anciens militaires rappelés, c'est-à-dire
d'éléments trop disparates, régnait un désordre inénarrable.
La garde mobile, où l'on se sentait un peu mieux les coudes,
dont toutes les unités se connaissaient entre elles, était supérieure, mais manquait d'officiers. Les mobilisés étaient des
gardes nationaux au-dessous de quarante ans, célibataires ou
veufs sans enfants, que l'on appelait pour cette raison « les
vieux garçons » et qui n'étaient malheureusement pas de vieux
ni de bons soldats. Quant aux francs-tireurs, ils étaient très
mêlés ; ici braves et dévoués, ailleurs aventuriers et pillards.
Il avait fallu armer ces 600,000 hommes et se procurer, à
grand prix, des fusils de tout calibre et de tout modèle, avant
de pouvoir mettre les manufactures de Tulle, de Saint-
Etienne et de Châtellerault en état de fabriquer 100 fusils
par jour.

L'artillerie fut munie de 1,404 bouches à feu. La Délégation de Tours, après le 4 Septembre, avait trouvé en province
6 batteries d'artillerie. Elle en créa 238 en quatre mois. Et
le 28 Janvier, quand fut signé l'armistice, il en existait
encore 231. Le colonel Verchère de Reffye, l'inventeur d'un
nouveau canon se chargeant par la culasse et d'une nouvelle
mitrailleuse, le directeur des ateliers de Meudon, qui avait
laissé à Paris ses premières pièces et les instructions nécessaires pour en fabriquer de nouvelles, fut placé à la tête de
l'importante fonderie de canons de Tarbes.

Les magasins mobiles établis sur wagons, dans les principales gares, rendirent de grands services et l'on put presque
toujours, grâce à cette disposition, les soustraire en temps
utile à l'ennemi. S'ils retardèrent la concentration de l'armée
de l'Est, cela tient à ce que M. Gambetta, bien loin de se

montrer trop audacieux, s'est montré trop timide dans les ordres donnés aux Compagnies et n'a pas saisi, au nom de l'État, la direction des chemins de fer, comme le voulait son très habile auxiliaire, M. de Serres, qui fut avec M. de Freycinet, sans titre officiel, son conseiller le plus intelligent, le plus écouté, le plus digne de confiance.

Les plans, les cartes, que l'on avait laissés maladroitement à Paris, durent être refaits, tirés à grand nombre et distribués sans compter. Cette improvisation, comme tant d'autres, ne commença qu'après le 10 octobre. Elle est peut-être la seule qui ait échappé aux critiques dirigées contre la Délégation et surtout contre le *Dictateur*. Les plus violentes furent adressées à l'innovation des camps régionaux. Ces camps, au nombre de onze, destinés à l'instruction des mobilisés, furent établis à Saint-Omer, Cherbourg, La Rochelle, les Alpines, Nevers, Bordeaux, Clermont, Toulouse, Montpellier, Sathonay et Conlie. On a surtout formulé les accusations les plus passionnées contre les créateurs et les organisateurs de l'armée de Bretagne et du camp de Conlie, MM. Gambetta, de Kératry et Carré-Kérisouet, parce que les mobilisés bretons qui contribuèrent à la perte de la bataille du Mans, venaient de ce camp et en venaient, disait-on, sans instruction et sans armes. On a oublié que d'autres mobilisés bretons, venus eux aussi de Conlie, firent admirablement leur devoir, avant, pendant et après cette même bataille du Mans, sous la conduite du capitaine de vaisseau Gougeard.

Les reproches adressés à Gambetta pour la violation des règles de la hiérarchie, pour la suspension de celles de l'avancement, pour la substitution du génie civil au génie militaire et des négociants aux intendants ne sont pas plus fondés. Les règlements étroits d'une bureaucratie routinière importaient peu, quand il s'agissait du salut de la patrie et de l'honneur de la France. Quant à l'emploi des ingénieurs, il était commandé par l'absence ou par les défaillances de l'élément militaire. Il n'est pas jusqu'à l'intervention personnelle de M. Gambetta ou de M. de Freycinet, dans la direction des armées, qui ne se puisse justifier. Ni le général Chanzy, ni le général Faidherbe n'ont eu à se plaindre de cette intervention, et le général d'Aurelle ou le général Bourbaki auraient eu, eux aussi, leurs coudées franches, s'ils avaient su concevoir et adopter un plan de campagne qu'ils auraient imposé à Tours et à Bordeaux. Ce sont leurs incertitudes, leurs hésitations et, pour tout dire, leurs défaillances qui ont autorisé les récriminations et les duretés de la direction de la Guerre à leur égard. Jamais le désespoir ne s'est approché de mon âme, disait Gambetta, et il considérait comme de médiocres instruments du salut de la France, ceux dont le désespoir avait envahi l'âme et paralysé les efforts. Ce sont ceux-là et ceux-là seulement qu' « il faisait marcher comme des pions sur un damier ». Ceux-là seulement se sont plaints de lui, dans leur déposition devant la *Commission d'enquête*.

C'est particulièrement la direction donnée à la première armée de la Loire et l'insuccès final de cette armée qui ont été imputés à crime à Gambetta ; on ne lui a tenu compte ni de la constitution si rapide de cette armée, ni de ses premiers succès, que la négociation de M. Thiers à Versailles a retardés de près de quinze jours, ni de l'éclat que l'héroïque résistance de Chanzy, du 1er au 20 Décembre, a jeté sur nos armes. On ne s'est même pas dit que si l'armistice avait été conclu, quand et comme le voulait M. Thiers avant les batailles, de la Marne, avant Coulmiers et avant la retraite de Chanzy, l'honneur n'eût pas été sauf ; les partis du moins ne se le sont pas dit.

Cambriels, dans l'Est, avec quelques mobiles et quelques compagnies franches ; Fiereck, dans l'Ouest, avec quelques bataillons ; La Motterouge en Beauce et en Sologne avec le 15e corps à peine organisé, telle était la situation militaire de la France, à la fin de Septembre, quand le grand état-major allemand envoya de Thann et de Wittich s'assurer, avec 35,000 hommes, de l'existence de l'armée de la Loire. M. de Moltke croyait qu'il suffirait d'une rapide promenade militaire pour délivrer le pays au Nord de la Loire et amener l'évacuation d'Orléans. Le 5 Octobre, Von der Thann et de Wittich rencontraient et battaient à Toury le général Reyau. Cinq jours plus tard un nouveau succès, à Artenay, les rapprochait d'Orléans, où ils entraient, après les engagements de Chevilly, Patay, Cercottes et Sarans. La Motterouge montra peu d'énergie, mais il ne pouvait évidemment pas résister aux forces combinées de Von der Thann et de Wittich. Il fut révoqué et remplacé, à la tête du 15e corps, par d'Aurelle de Paladines, qui prit pour chef d'état-major le général Borel et rassembla ses soldats dispersés à Salbris, derrière la Sauldre, où il les réorganisa lentement.

Maîtres d'Orléans, les généraux allemands s'étaient séparés. De Wittich, avec 12,000 hommes, s'était dirigé vers Châteaudun. Cette ville ouverte, défendue par les 865 francs-tireurs de Lipowski et par les 435 gardes nationaux que commandait M. de Testanière, résista vigoureusement et fut digne d'être citée en exemple à toutes les villes de France : elle avait bien mérité de la patrie.

D'Aurelle de Paladines, placé à la tête du 15e et du 16e corps, commandés par Martin des Pallières et par Chanzy, réussit, à force de patiente fermeté, à rétablir un peu d'ordre et de discipline dans les masses confuses qu'il avait sous la main et, dès le 24 Octobre, il transportait une portion de son armée de Salbris à Blois, par Romorantin. L'autre portion devait gagner la Loire, en amont d'Orléans, la traverser à Gien et se rabattre, par la rive droite, au Nord d'Orléans, où

Martin des Pallières rejoindrait d'Aurelle de Paladines, de manière à couper à Von der Thann la retraite sur Paris. L'exécution de ce plan, très habilement conçu par M. de Freycinet et par le général en chef, fut retardée par le voyage de M. Thiers à Versailles. Le 6 Novembre, on connut l'échec du projet d'armistice et d'Aurelle de Paladines reçut l'ordre de précipiter le mouvement. Le premier combat avait lieu le lendemain, à Vallière, en avant de Marchenoir et l'armée de d'Aurelle se portait rapidement à l'Est, dans la direction de Coulmiers, où elle rencontra, le 9 novembre, toutes les forces de Von der Thann. Le général bavarois, menacé à l'Est et à l'Ouest par Martin des Pallières et par d'Aurelle, aurait eu tout intérêt à se porter sur le corps le moins nombreux, qui était celui de Martin des Pallières. Mais il est à remarquer qu'à Coulmiers, comme dans beaucoup d'autres batailles, les Allemands furent mal renseignés sur les mouvements des troupes françaises : ils ne connurent nos projets qu'à l'exécution. Von der Thann répara cette faute par la décision qu'il montra quand il sut, à n'en pas douter, que des forces considérables le menaçaient à l'Ouest; il accepta le combat le 9 et n'eut affaire qu'aux 70,000 hommes de d'Aurelle. S'il avait attendu le 11, jour fixé pour la réunion du 15e et du 16e corps, il aurait eu à lutter avec 22,000 hommes contre 100,000, avec 112 canons contre 200.

L'importance de la victoire de Coulmiers fut singulièrement réduite par une méprise du général Reyau. Il prit les francs-tireurs de Lipowski pour des forces allemandes et, au lieu de se porter sur la droite de l'ennemi, pour lui couper la retraite vers le Nord, il se retira sur les emplacements qu'il occupait le matin, laissant la route libre à Von der Thann dont la retraite put s'opérer sans encombre. Le soir même les Français reprenaient possession d'Orléans, où Cathelineau était entré dans la journée, avec ses Vendéens.

Bien que le récit des événements qui se sont accomplis à Metz, du 4 Septembre au 29 Octobre, ne rentre pas dans notre plan, puisque la genèse de ces événements est antérieure au 4 Septembre, il convient de dire quelle influence eut la nouvelle de la capitulation et quel formidable changement elle introduisit dans les conditions où s'exerçait la Défense nationale.

Le 7 Septembre, l'armée et la population de Metz avaient appris la catastrophe du 1er et la Révolution du 4. Le maréchal, après être entré en relations avec Frédéric-Charles, qui lui confirma ces nouvelles en les dénaturant, commença l'exécution de son plan et se borna, au lieu de grandes sorties, à entreprendre des opérations de détail qui ne pouvaient mener à rien. Le 22 Septembre eut lieu l'affaire de Lauvallière ; le 23 une tentative sur Vanny et Chieulles ; le 27, la double opération sur Peltre et Ladonchamps ; le 1er Octobre l'occupation du village de Lessy ; le 2, la seconde opération sur Ladonchamps ; le 7, le combat de Saint-Rémy et de Bellevue, le dernier combat sous Metz. En même temps Bazaine recevait, le 23 Septembre, le sieur Regnier qui se donnait pour un envoyé du prince impérial et qui ne pouvait arriver dans nos lignes qu'avec la complicité de l'ennemi. Le 24 Septembre, avec la même complicité, Bazaine envoyait le général Bourbaki en Angleterre, auprès de l'Impératrice. Le 12 Octobre, c'était le général Boyer qu'il envoyait à Versailles, pour traiter de la paix, au nom de l'Empire et, après son retour, le 18, il soumettait à son Conseil de guerre les propositions de Versailles qui étaient repoussées. Le général Boyer repartait pour l'Angleterre le lendemain 19 Octobre : l'Impératrice Eugénie plus patriote, plus Française que Bazaine, capable d'entraînements funestes, mais incapable d'une bassesse, refusa d'accueillir ses propositions, et le 27 la capitulation de l'armée et de la place était signée, au quartier général de Frédéric-Charles.

A la nouvelle de la capitulation de Metz, un long cri de douleur éclate en France, et Gambetta, comme foudroyé, se promène seul, pendant une heure et demie, dans le jardin de la Préfecture, à Tours. Va-t-il désespérer du salut de la France et déposer les armes? Non pas! il se ressaisit et il adresse au peuple français, cette proclamation, où le patriote, blessé dans ses plus chères affections, atteint au cœur, parle encore plus haut que l'homme de parti. Jamais, dans une circonstance plus critique, langage plus viril et plus fier ne fut adressé à un peuple. Jamais non plus trahison plus vile n'a été flétrie en termes plus enflammés :

« Français : Elevez vos âmes et vos résolutions à la hauteur des effroyables périls qui fondent sur la patrie. Il dépend encore de nous de lasser la mauvaise fortune et de montrer à l'univers ce qu'est un grand peuple qui ne veut pas périr et dont le courage s'exalte au sein même des catastrophes.

« Metz a capitulé.

« Un général sur qui la France comptait, même après le Mexique, vient d'enlever à la patrie en danger plus de 100,000 de ses défenseurs.

« Le maréchal Bazaine a trahi.

« Il s'est fait l'agent de l'homme de Sedan, le complice de l'envahisseur et, au mépris de l'honneur de l'armée dont il avait la garde, il a livré, sans même essayer un suprême effort, 120,000 combattants, 20,000 blessés, ses fusils, ses armes, ses drapeaux et la plus forte citadelle de la France, Metz, vierge jusqu'à lui des souillures de l'étranger.

« Un tel crime est au-dessus même des châtiments de la justice.

« Et maintenant, Français, mesurez la profondeur de l'abîme où vous a précipités l'Empire.

« Vingt ans la France a subi ce pouvoir corrupteur qui tarissait en elle toutes les sources de la grandeur et de la vie.

L'armée de la France, dépouillée de son caractère national,
devenue, sans le savoir, un instrument de règne et de servi-
tude est engloutie, malgré l'héroïsme des soldats, par la
trahison des chefs, dans les désastres de la patrie. En moins
de deux mois, 225,000 hommes ont été livrés à l'ennemi,
sinistre épilogue du coup de main militaire de Décembre.

« Il est temps de nous ressaisir, Citoyens, et sous l'égide de la
République, que nous nous sommes décidés à ne laisser capi-.
tuler ni au dedans ni au dehors, de puiser, dans l'extrémité
même de nos malheurs, le rajeunissement de notre moralité
et de notre virilité politique et sociale.

« Oui, quelle que soit l'étendue du désastre, il ne nous
trouve ni consternés ni hésitants.

« Nous sommes prêts aux derniers sacrifices et, en face d'ennemis que tout favorise, nous jurons de ne jamais nous rendre.
Tant qu'il restera un pouce du sol sacré sous nos semelles,
nous tiendrons ferme le glorieux drapeau de la Révolution
française.

« Notre cause est celle de la justice et du droit. L'Europe le
voit ; l'Europe le sent. Devant tant de malheurs immérités,
spontanément, sans avoir reçu de nous ni invitation, ni adhésion, elle s'est émue, elle s'agite. Pas d'illusions ! ne nous laissons ni alanguir ni énerver et prouvons, par des actes, que nous
voulons, que nous pouvons tenir de nous-mêmes, l'honneur,
l'indépendance, l'intégrité et tout ce qui fait la patrie libre
et fière. »

On comprend qu'un rapporteur de la *Commission d'enquête*,
M. Boreau-Lajanadie, ait trouvé cette proclamation « ce qu'on
pouvait imaginer de plus mauvais ». On comprend moins
que le premier écrivain du siècle, dans son *Journal d'un
voyageur pendant la guerre*, ait accusé l'auteur de la proclamation d'être verbeux et obscur, reproché à son enthousiasme d'avoir l'expression vulgaire et prononcé ce jugement

dédaigneux : « C'est la rengaine emphatique dans toute sa platitude. » M. Thiers lui-même a été moins sévère que George Sand ; cette femme au grand esprit aurait dû comprendre le grand cœur de Gambetta [1].

Nous avons vu, dans la correspondance de Gambetta avec Jules Favre, les conséquences politiques de la capitulation de Metz. Les conséquences militaires ne furent pas moins funestes pour la France. Ce n'était pas seulement la perte d'une armée nombreuse et d'un excellent corps d'officiers qui était à déplorer, c'était aussi l'arrivée, sur les champs de bataille du Centre de la France, d'une armée ennemie forte de près de 200,000 hommes, qui allait changer toutes les conditions de la lutte, empêcher l'organisation de nos conscrits, détruire nos nouvelles formations et rendre définitivement impossibles les communications entre Paris et la Province.

Au lendemain de Metz, comme au lendemain de Sedan, les Allemands se dirigent sans hâte, mais avec une régularité mathématique et un ordre parfait, d'abord entre Saône et Loire, puis, après Coulmiers, vers Fontainebleau, en accélérant leur marche sur Toury, où ils doivent rejoindre les troupes de Von der Thann et de Wittich, placées sous le commandement du grand-duc de Mecklembourg. Le 18 Novembre, les coureurs de Frédéric-Charles atteignaient l'Essonne et le Loing ; le 22, le 9ᵉ, le 3ᵉ et le 10ᵉ corps occupaient Toury, Pithiviers et Montargis ; le 27, la jonction était faite à Janville avec le grand-duc. Les Allemands ont alors, devant Orléans, 110,000 hommes et 480 canons, sur la ligne Châteaudun, Orgères, Toury, Pithiviers, Montargis.

Etabli à Orléans, après la bataille de Coulmiers, d'Aurelle de Paladines fut renforcé du 17ᵉ corps, que commandèrent successivement le général Durrieu et le général de Sonis, du

---

(1) Voir à l'Appendice XIII, le jugement du Conseil d'enquête sur la capitulation de Metz.

20ᵉ et du 18ᵉ, sous Crouzat et sous Billot, qui vinrent se placer à l'extrême droite de son armée, du 21ᵉ qui restait à l'extrême gauche sous le commandement de Jaurès. Mais ces 4 corps, de formation récente, recevaient encore les ordres de Tours; seuls le 16ᵉ et le 15ᵉ obéissaient directement au général en chef. D'accord avec la Délégation, d'Aurelle avait établi les troupes de Chanzy et de Martin des Pallières en éventail autour d'Orléans et avait résolu de faire de cette ville le centre d'un vaste camp retranché, que protégerait une enceinte défendue par des pièces de marine et, au delà de cette enceinte, les forêts qui couvrent la ville au Nord-Est et au Nord-Ouest. Ce plan avait le désavantage de placer une armée nombreuse en avant d'un grand fleuve, sans débouchés suffisants. En cas de défaite, les 160,000 hommes qui constituaient l'armée de la Loire ne pourraient évidemment pas s'échapper par les deux uniques ponts d'Orléans; la droite devrait remonter le fleuve, la gauche devrait le redescendre par la rive septentrionale et l'armée serait coupée en trois tronçons.

D'Aurelle de Paladines croyait que ses troupes de nouvelle formation résisteraient mieux aux vétérans des armées allemandes derrière des retranchements et des abris naturels qu'en rase campagne. La Délégation s'était d'abord rendue à ces raisons, malgré l'arrivée à marches forcées de l'armée du prince Frédéric-Charles, que la capitulation de Bazaine avait rendue libre et dont l'avant-garde était à Fontainebleau dès le 13 Novembre. Mais la situation de Paris commandait l'action des armées de Province et, tout en consentant à garder Orléans comme tête de ligne, comme point de départ d'une armée en marche sur la Capitale, MM. Gambetta et de Freycinet, au lieu de concentrer toutes les forces dans le camp retranché, comme le conseillait d'Aurelle de Paladines, éloignaient au contraire les ailes de l'armée de leur point d'appui, afin qu'elles fussent aussi rapprochées que possible de Paris. On opposait ainsi un front de plus de 100 kilomètres à un ennemi qui s'avançait en une masse unique et irrésistible.

De Moltke, après Coulmiers, avait placé Von der Thann et de Wittich sous les ordres du grand-duc de Mecklembourg et ordonné au prince Frédéric-Charles de renoncer à Chalon-sur-Saône et à Bourges, ses deux premiers objectifs, pour se porter sur Fontainebleau et sur Pithiviers. Il ne se trompait que sur l'importance des forces réunies dans l'Ouest, puisqu'il dirigeait d'abord le grand-duc de Mecklembourg sur Nogent-le-Rotrou et sur Connerré. L'erreur reconnue, il rappelait le grand-duc vers l'Est, lui ordonnait le 22 Novembre de rallier l'armée du prince Frédéric-Charles et la réunion des deux armées constituait une force de 110,000 soldats éprouvés, enivrés de leurs récentes victoires.

Le 24 Novembre le 18ᵉ corps, à notre extrême droite, était délogé de Ladon et, le 28, la bataille de Beaune-la-Rolande, où Crouzat et Billot, non soutenus par Martin des Pallières, immobile à Chilleurs-aux-Bois, perdirent 3,000 hommes, obligeait le 18ᵉ et le 20ᵉ corps à se replier sur Bellegarde. Le 17ᵉ corps, à notre extrême-gauche, n'était pas plus heureux. Le général de Sonis, vainqueur dans le petit combat de Brou, avait dû évacuer Châteaudun, dans la nuit du 28 au 29 Novembre, et se replier sur le 16ᵉ corps qu'il rejoignit avec des troupes épuisées.

Il était encore temps de rapprocher le 16ᵉ et le 17ᵉ corps du 15ᵉ et de maintenir les communications avec le 18ᵉ et le 20ᵉ; mais, à ce moment même, la nouvelle arrivait à Tours que Paris allait tenter une sortie. MM. Gambetta et de Freycinet se transportaient au quartier général de Saint-Jean-de-Ruelle, au Nord d'Orléans, et il était décidé que l'armée de la Loire reprendrait sa marche sur Fontainebleau, par Pithiviers, pour donner la main à Paris.

On sait comment ce plan échoua et quels événements rem-
plirent les six premiers jours de Décembre. Le 1er Décembre
Chanzy livre la bataille de Villepion et conserve toutes ses
positions : il apprend, le soir de cette bataille, que Ducrot a
réussi à percer les lignes d'investissement. La dépêche, qui
signalait cette victoire de l'armée de Paris, annonçait en
même temps un succès remporté à Epinay. On déchiffra ma-
laisément la dépêche. On confondit Epinay-sur-Seine, où un
engagement avait eu lieu, en effet, avec Epinay-sur-Orge
et l'armée de la Loire crut, comme le Gouvernement, que
le blocus de Paris était forcé.

Le combat de Poupry, livré par le 15e corps, et la bataille
de Loigny, soutenue par le 16e et le 17e, marquèrent la
journée du 2 Décembre. Nous ne raconterons pas les épisodes
héroïques de l'attaque de Loigny par le général de Sonis,
de la défense du cimetière par le 37e de marche; les Allemands laissèrent 3,500 hommes sur le terrain, mais poursui-
virent leur marche en avant, poussant devant eux des masses
démoralisées et se rapprochant d'Orléans d'heure en heure,
par les combats victorieux d'Artenay et de Chevilly, le 3 Décembre, par celui de Cercottes, le lendemain. La retraite,
ordonnée par d'Aurelle de Paladines, dès le 3 Décembre, avait
commencé, avec une lenteur méthodique d'abord ; elle s'était
continuée avec une précipitation confuse et s'était achevée
en déroute.

Le 15e corps écrasé franchissait la Loire et se répandait
sur les routes de la Sologne : le 6, arrivaient à Salbris, hâves,
déguenillés, sans armes, les vainqueurs de Coulmiers. D'Aurelle de Paladines, complètement démoralisé, apprenait, par
un télégramme de la Délégation, que l'armée de la Loire for-
merait désormais deux armées distinctes : l'une sous les ordres
de Bourbaki, l'autre sous les ordres de Chanzy ; on lui offrait
à lui-même le commandement des lignes stratégiques de Cher-

bourg : il refusa et attendit, dans une retraite silencieuse, la fin d'une lutte où il avait, durant deux mois, joué un rôle important. Il ne fut pas inférieur à sa tâche, tant qu'il ne s'agit que de reconstituer l'armée et de suivre un plan que d'autres avaient conçu et le pressaient d'exécuter. Ce n'est qu'après la victoire qu'il se montra inquiet, incertain, hésitant ; qu'il plia sous les lourdes responsabilités qui pesaient sur lui et qui auraient peut-être accablé un général plus jeune et plus fortement trempé. Parfait dans l'organisation, il se montra faible, timide, irrésolu dans l'exécution. La paix faite et l'enquête commencée, il donna libre cours à ses rancunes politiques et religieuses devant la *Commission* : il déposa moins en général qu'en député réactionnaire et clérical.

Les qualités d'initiative, d'énergie et de décision qui manquaient à d'Aurelle, nous allons les trouver au suprême degré chez le commandant de la seconde armée de la Loire, chez le brillant général Chanzy. Depuis le 4 Décembre à midi, le 16ᵉ et le 17ᵉ corps étaient sans communication avec le 15ᵉ et avec d'Aurelle de Paladines. Ils arrêtaient l'ennemi à Patay et à Boulay et pouvaient se retirer vers Beaugency sans être trop inquiétés par les Allemands, qui ne songeaient qu'à rentrer dans Orléans. Ils y pénétraient, d'accord avec l'autorité militaire française, le 5 Décembre, après avoir perdu 1,500 hommes seulement dans les deux journées du 3 et du 4. Du côté des Français la perte n'avait été que de 3,000 hommes : il est vrai qu'elle montait à 20,000 avec les prisonniers. Des soldats appartenant à tous les corps et à toutes les armes s'étaient réunis autour des grands feux allumés sur toutes les places d'Orléans et avaient mieux aimé se livrer aux Allemands que de se joindre à la masse affolée qui s'engouffrait dans la Grande-Rue conduisant à la Loire. Le 5 Décembre, bien plus que le 12 Octobre, ces Français auraient mérité le mot cruel de Von der Thann : « Ces couards sont heureux de n'être plus dans le pétrin, » si les fatigues éprouvées pendant quatre jours, les marches dans les plaines de la Beauce ou dans les chemins creux de la forêt, la faim et un froid torturant de 20 degrés n'avaient expliqué leur défaillance.

Chanzy, qui prit Vuillemot comme chef d'état-major, avec le 16ᵉ corps commandé par Jauréguiberry, le 17ᵉ où de Colomb remplaça de Sonis, reçut en outre le commandement du 21ᵉ dirigé par un autre marin, Jaurès, et celui d'une colonne mobile qui avait à sa tête le général Camô. C'est avec ces forces, que l'on peut évaluer à 60,000 hommes, qu'il dut, pendant dix jours, du 7 au 16 décembre, résister aux 27,000 Allemands que le prince Frédéric-Charles avait lancés contre lui, sous la conduite du grand-duc de Mecklembourg. En avant de Josnes, à Fréteval, à Morée, à Vendôme, il livre des combats incessants, sans jamais se laisser entamer, reculant pas à pas devant l'ennemi, mais reculant quand et comme il le veut, n'abandonnant les fortes positions, qu'il sait admirablement choisir, qu'au moment précis où il sent qu'il ne saurait demander une plus longue résistance à ses hommes exténués et finissant par lasser tellement les Allemands que, du 16 au 19 décembre, il put continuer sa retraite à travers le Perche, sans être sérieusement inquiété. « Le général Chanzy, a dit de Moltke, est certainement le plus capable de tous les chefs que les Allemands eurent à combattre en rase campagne. » Et Gambetta proclamait, presque dans les mêmes termes, Chanzy « le véritable homme de guerre révélé par les derniers événements ». Depuis le 10 Décembre Chanzy avait eu en face de lui le prince Frédéric-Charles et, pendant huit jours, il s'était montré le digne émule de ce redoutable adversaire.

Chanzy après sa retraite, comme d'Aurelle de Paladines

après la victoire de Coulmiers, avait un plan particulier qu'il n'a pu mettre à exécution ; mais Chanzy, plus équitable que d'Aurelle, n'a pas essayé de faire retomber sur la Délégation et, en particulier sur M. de Freycinet, toute la responsabilité des événements que l'adoption d'autres combinaisons entraîna. D'Aurelle n'admettait que la défensive. Chanzy, au contraire, les regards fixés sur Paris dont il connaissait exactement la situation, depuis l'arrivée en ballon du commandant de Boisdeffre, porteur d'une lettre de Trochu, aurait voulu reprendre l'offensive avec son armée réorganisée, combiner son action avec celle de Bourbaki dont l'armée avait été également refaite et avec celle de Faidherbe à qui ses succès permettaient de reprendre les opérations. Il proposa un effort simultané, tenté par ces trois armées, partant chacune d'un point déterminé et ayant, pour se porter sur Paris, à parcourir des distances à peu près égales. Faisant chacune et chaque jour la même marche, elles se rapprocheraient de Paris, tout en assurant leur ligne de retraite, pour investir elles-mêmes l'armée allemande qui cernait la Capitale. L'ennemi, qui était à l'intérieur de la zone à parcourir, se serait porté sur l'une des armées, ou sur deux, ou sur les trois à la fois et, dans ce cas, n'eût été fort nulle part. Un succès sur l'un des trois points suffisait peut-être pour rompre l'investissement. Le mouvement, déjà commencé, de l'armée de Bourbaki vers l'Est empêcha la Délégation d'accueillir ce plan et les Allemands purent ramener le gros de leurs forces contre la deuxième armée de la Loire.

En sûreté au Mans, Chanzy charge les généraux Rousseau, de Jouffroy et de Curten de tenir l'ennemi suffisamment éloigné de la ville pour que ses bataillons puissent se réorganiser et il se consacre tout entier à cette tâche. Elle était à peine achevée quand Frédéric-Charles qui avait reporté, depuis le 16 Décembre, la masse de ses forces à Orléans, pour surveiller les mouvements de Bourbaki, reprit, le 1er Janvier 1871, sa marche sur le Mans : il avait reçu du grand quartier général l'ordre d'en finir avec l'armée de Chanzy et il entraînait cette fois contre elle 73,000 hommes.

Dès le 7 eurent lieu les premières rencontres, soutenues par les troupes françaises placées comme en avant-garde et le 10 Janvier commença la bataille du Mans. Le premier jour Chanzy conservait toutes ses positions ; le second, ses troupes faiblissaient sur toute la ligne et ne remportaient des succès partiels, comme la réoccupation du plateau d'Auvours par les soldats de Gougeard, que sous l'action de chefs énergiques. L'abandon d'une position très forte, la Tuilerie, à l'extrême droite de l'armée française, l'impossibilité de ramener au combat les mobiles bretons et le découragement général, attesté par les chefs de corps les moins suspects de mollesse, décidait la retraite : le 12 l'ennemi était au Mans. Le 16e, le 17e et le 21e corps avaient encore des combats à livrer, le 14 Janvier à Chassillé et à Beaumont-sur-Sarthe, le 15 à Saint-Jean-sur-Evre, le 17 à Sillé-le-Guillaume, avant d'être en sûreté derrière la Mayenne. Chanzy aurait voulu diriger la retraite sur Alençon, pour être à même de reprendre la marche sur Paris, par Chartres : il ne se résigna que sur l'ordre de la Délégation à se retirer sur Laval, à renoncer à ce qu'il appelait « le suprême bonheur », à sauver Paris. Son armée n'était affaiblie que de 20,000 hommes, mais elle était surtout atteinte moralement et le combat de Sillé-le-Guillaume fut le dernier effort de cette seconde armée de la Loire, sur laquelle on avait fondé tant d'espoir. La dernière ressource de la Défense nationale s'évanouissait le 17 Janvier, le jour même où l'autre portion de l'armée de la Loire, l'armée de l'Est, trouvait sur les bords de la Lisaine le terme de ses succès, deux jours avant les batailles de Buzenval et de Saint-Quentin.

Les preuves abondent, et on pourrait les emprunter à Chanzy lui-même, de la désorganisation, de la dépression morale, du délabrement de la seconde armée de la Loire. Mais il ne faudrait pas croire que l'armée ennemie fût, au point de vue matériel, en meilleure situation. A cet égard, le témoignage de Von der Goltz est significatif : « Des corps d'armée, des bataillons, il ne restait plus que le titre, non la force et la valeur. Un corps d'armée contenait à peine autant d'infanterie qu'une division au début de la guerre et les meilleurs éléments en avaient disparu, enlevés par les balles et les fatigues. » Dans beaucoup de bataillons, les hommes étaient nu-pieds; d'autres avaient des sabots ou des jambières de linge; dans l'armée du grand-duc il y avait des compagnies de 40 hommes et plus qui n'avaient pas de chaussures; dans celle de Frédéric-Charles, les soldats étaient accoutrés des uniformes variés de l'armée française, moins le pantalon rouge qui les eût désignés aux balles de leurs voisins.

Dans le Nord, comme sur la Loire, la Défense nationale avait mis la main sur l'homme le mieux fait pour tirer parti des médiocres éléments que l'on pouvait opposer à l'ennemi. Le général Faidherbe, qui avait fait toute sa carrière au Sénégal et en Algérie, est une preuve éclatante que l'Afrique n'a pas gâté tous nos officiers généraux; là, comme partout, on apprend la grande guerre en faisant la petite : il suffit de savoir apprendre. « Faidherbe est un homme qui pense et qui prévoit, rare trouvaille dans le temps où nous vivons. » Ce jugement de Gambetta est aussi vrai que celui qu'il a porté sur Chanzy, que ceux qu'il a consacrés à d'Aurelle, à Bourbaki, à tous les généraux de la Défense nationale.

Après Faidherbe et à côté de lui, il faut citer son chef d'état-major, le général Farre, le futur ministre de la Guerre, qui continua, sous sa direction, l'organisation de l'armée du Nord qu'il avait entreprise sous celle de Bourbaki.

La campagne dans le Nord ne commença sérieusement qu'après Metz ; en Septembre et en Octobre les Allemands, n'ayant pas en face d'eux des forces bien redoutables, se contentèrent d'occuper les villes de la vallée de l'Oise, Creil, Chantilly, Senlis, Clermont, Beauvais et de détacher 3 ou 4,000 hommes de l'armée qui assiégeait Paris pour occuper Gisors, Breteuil, après le combat du 12 Octobre, Montdidier le 17, et pour imposer une contribution de guerre, le 21 Octobre, à Saint-Quentin qu'Anatole de La Forge avait si vaillamment défendue, treize jours auparavant. La fin du mois d'Octobre vit encore le combat de Formerie, le 28. A ce moment Rouen, la Seine-Inférieure et la Normandie étaient placées sous le commandement du général Briand, successeur du vieux divisionnaire Gudin ; le Nord sous celui de Bourbaki.

Lorsque Manteuffel, le successeur de Steinmetz, envoyé de Metz avec 35,000 hommes, 4,388 cavaliers et 174 canons atteignit Noyon et Compiègne, le 22 Novembre, puis Montdidier, le 25, l'armée du Nord n'avait plus son premier général. Bourbaki qui manquait de confiance et qui n'en inspirait pas, avait été rappelé le 18, et c'est le général Farre, avec les généraux Lecomte, Paulze d'Ivoy, Derroja et du Bessol, qui supporta la première attaque sérieuse de l'ennemi. Le 27 Novembre, Farre, à la tête de 25,000 hommes et de 60 canons, résista honorablement à Villers-Bretonneux et put se retirer sans être inquiété. Mais la perte d'Amiens fut le résultat de la bataille de Villers-Bretonneux et, résultat plus grave, l'armée du Nord eut ses communications coupées avec la Normandie et avec le général Briand. Aussi Manteuffel, laissant de Gœben à Amiens, se portait-il sur Rouen, où il entrait le 5 Décembre. Briand, qui ne disposait que de 22,000 hommes, dont 11,000 soldats réguliers et de 30 ca-

nons n'avait pas cru pouvoir résister : il évacua la ville le 5
au matin et se dirigea vers Honfleur, d'où il fit transporter sa
petite armée au Havre.

Au Nord Faidherbe avait pris le commandement, le 3 Décembre, et, six jours après, avec une armée à peine réorganisée de 31,000 hommes et 99 canons, il reprenait Ham et
obligeait les Allemands à revenir de Rouen à Amiens, pour
lui livrer la bataille de Pont-Noyelles, appelée aussi bataille
de l'Hallue, le 23 Décembre, où les pertes se compensaient,
où chacun gardait ses positions.

Manteuffel retourne encore à Rouen, en confiant à de Gœben
le soin d'achever Faidherbe et de prendre Péronne. Faidherbe
était plus redoutable que ne le pensaient les Allemands. Le
3 Janvier il livrait, pour débloquer Péronne, les deux combats
de Supignies et d'Achiet-le-Grand et le 7 la bataille de Bapaume qui fut une victoire, mais une victoire comme pouvaient en remporter ses troupes : elles avaient gardé toutes
les positions, elles avaient repoussé tous les assauts de l'ennemi, mais, épuisées par la lutte même, elles étaient incapables d'un nouvel effort et il fallait les ramener sous la
protection des places fortes. Dans le Nord comme sur la
Loire, comme dans l'Est, l'offensive était interdite aux soldats de la Défense nationale. Dans une armée forte de
30,000 hommes, comme était celle de Faidherbe, un tiers
seulement des combattants pouvait fournir un effort utile.
Faidherbe traînait avec lui les 10 ou 12,000 hommes du
légendaire général Robin, qu'il plaçait toujours en réserve,
mais qui n'achevèrent jamais une victoire, qui ne protégèrent
jamais une retraite et qui se laissèrent prendre à Saint-
Quentin, comme leurs pareils au Mans ou à Héricourt, braves
gens, mais inexpérimentés, mal vêtus, mal armés, désaltérés
mais à peine nourris, et dont les fatigues et les souffrances
avaient brisé le ressort moral.

Le 3 Janvier Faidherbe avait évacué Bapaume : trois jours plus tard, le départ de Manteuffel, appelé au commandement de l'armée du Sud, faisait de de Gœben le chef de l'armée allemande et le commandement du nouveau général était inauguré par la capitulation de Péronne, le 9 Janvier. La ville, croyant que Faidherbe avait été écrasé à Bapaume et menacée d'un bombardement, s'était rendue sans résistance. Faidherbe fut obligé de remonter la vallée de la Somme jusqu'à Saint-Quentin, où devait se livrer la dernière bataille de la campagne. Cette bataille fut précédée, le 18 Janvier, des combats de Vermand et de Beauvois et signalée par les mêmes incidents que toutes les luttes du Nord : résistance heureuse, maintien des positions assignées, grandes pertes infligées à l'ennemi et retraite, non inquiétée, des éléments restés valides de l'armée française. Ce fut la dernière page de l'histoire du 22e corps, que Farre et Villenoisy avaient formé, sous l'énergique impulsion de Testelin, que les 279 officiers et sous-officiers évadés de Sedan et de Metz avaient recruté, que le sage et audacieux Faidherbe avait conduit pendant près de deux mois sur dix champs de bataille, sans atteindre le succès, hélas ! impossible, mais en sauvant le vieux renom militaire de la France.

C'est surtout dans l'Est que nous allons constater les difficultés et les impossibilités de la lutte engagée, soit par des corps disséminés de partisans, soit par une force militaire régulière, contre des troupes puissamment organisées et obéissant à une direction unique, qui laisse pourtant à chaque chef d'armée toute l'initiative nécessaire.

Immédiatement après le siège de Strasbourg le général de Werder avait été chargé de bloquer les places fortes du Haut-Rhin, de Schlestadt à Belfort, et de disperser les troupes réunies, depuis la fin de Septembre, sous le commandement de Cambriels. Grièvement blessé à Sedan et à peine rétabli, Cambriels trouve tout à faire dans les Vosges : les mobiles sans discipline, placés sous ses ordres, sont à peine cimentés par la brigade Dupré qu'il reçoit le 4 Octobre. Les meilleurs éléments de son armée disparate sont encore les partisans organisés par M. Keller, un civil, et par les officiers Varaigne, Bourras, Perrin et Pistor. Les partisans, laissés à eux-mêmes, n'interviendront utilement qu'à la fin de la guerre, le 22 Janvier 1871, en détruisant le pont de Fontenoy-sous-Moselle, et, dès le 11 Octobre, ils étaient abandonnés par Cambriels après les combats de Raon-l'Étape et de la Bourgonce (4 et 6 Octobre) livrés par Dupré et ceux de Bouvelieures et de Bruyères (11 Octobre). Le 12 Octobre de Werder entre dans Épinal, le 13 dans Vesoul, pendant que Cambriels, retiré sous les murs de Besançon, réorganise son armée partagée en deux divisions, sous le commandement de Thornton et de Crouzat. Gambetta, qui était venu à Besançon et avait confirmé les pouvoirs de Cambriels, le 18 Octobre, le remplaçait dix jours après, par le général Michel et celui-ci par le général Crouzat. C'est à Crouzat que fut adressé l'ordre de laisser une garnison à Besançon et d'amener son corps d'armée à Chagny et de là sur la Loire, où il devait former le 20e corps et l'extrême droite de la première armée de la Loire. Le départ de cette première armée de l'Est laissait la Bourgogne ouverte à l'ennemi qui l'eût conquise, malgré la présence de Garibaldi à Autun et celle de Cremer à Beaune, si de Werder n'eût employé la majeure partie de ses forces au siège de Belfort.

Garibaldi avait partagé en 4 divisions commandées par ses deux fils Menotti et Ricciotti, par un révolutionnaire international Bossak-Hauké et par un riche négociant de Marseille, M. Delpech, ses 17 ou 18,000 hommes qui formaient bien le plus étrange mélange que l'on pût rencontrer. Des bataillons de mobiles sacrifiés, 3,000 volontaires italiens, le vrai noyau garibaldien, des Espagnols, des Égyptiens, des Grecs, les bataillons marseillais de l'Egalité, la guerila d'Orient, des éclaireurs, des francs-tireurs de la Mort, de la Revanche et de bien autres choses, des enfants perdus de Paris, telle était l'armée, dite des Vosges, qui n'opéra jamais dans les Vosges. Le chef d'état-major, dans lequel Garibaldi avait pleine confiance, était un pharmacien, Bordone, dont le casier judiciaire n'était pas intact. L'arrivée du héros de Caprera avait d'abord inquiété le Gouvernement de la Défense nationale, puis, il avait fait contre fortune bon cœur et traité cette armée cosmopolite, plus dangereuse parfois aux Français qu'aux Allemands, comme un corps d'armée natio-nal. Là n'était pas son erreur : elle était dans l'indépendance complète que l'on avait accordée à Garibaldi, vieilli, usé, et à son chef d'état-major, l'outrecuidant et insupportable Bordone.

Le 30 Octobre Garibaldi laisse les Allemands du général de Beyer occuper puis évacuer Dijon, où fut tué le colonel Fauconnet ; le 26 et le 28 Novembre il est heureux contre Degenfeld à Pasques et le 1ᵉʳ Décembre contre Keller à Autun ; mais, après ces succès, au lieu de s'unir à Crémer qui a chassé les Allemands de Nuits, le 29 Novembre, et qui les a battus à Châteauneuf le 3 Décembre, il le laisse livrer seul le combat victorieux de Nuits (18 Décembre), que sa présence eût certainement rendu plus décisif. ,

Un mois plus tard, l'immobilité de Garibaldi était bien autrement désastreuse. Crémer avait reçu l'ordre de se jondre à Bourbaki et Garibaldi, que l'on ménageait toujours, avait reçu mission de protéger l'aile gauche de l'armée de l'Est contre un mouvement de l'ennemi. Kettler, avec 4,000 hommes, vint amuser le vieux condottière, lui livrer le 21 Janvier, à Talant-Fontaine et le 23, à Pouilly, un combat où il perdit quelques hommes et, derrière le mince rideau formé par les Allemands, Manteuffel put passer entre Langres

et Dijon, avec les 78,000 hommes de l'armée du Sud. Trois
jours avant le combat de Talant-Fontaine, le 18 Janvier,
Manteuffel était si libre de ses mouvements qu'il renonçait
à se joindre à de Werder et prenait la résolution de couper la
retraite de Bourbaki vers le Sud. Aussi, malgré l'heureux
coup de main des Garibaldiens à Châtillon-sur-Seine, malgré
la prise d'un drapeau prussien à Pouilly, la *Commission d'enquête* de l'Assemblée nationale fut-elle en droit de regretter
que la qualité d'étranger de Garibaldi l'ait empêchée de le
traduire devant un Conseil de guerre, « comme ayant occa-
sionné la perte d'une armée française et amené un désastre
militaire qui n'aura de comparable dans l'histoire que les
désastres de Sedan et de Metz ».

La France, elle, tout en étant reconnaissante à Garibaldi
d'avoir oublié Mentana, pour venir à son secours, se borne à
regretter qu'il n'ait pas préféré la solitude relative de Caprera au quartier général de l'armée des Vosges, à Dôle, à
Autun ou à Dijon.

Il nous reste à raconter la lamentable odyssée de cette
armée de l'Est, formée à Bourges du 15e corps battu en avant
d'Orléans, du 18e et du 20e battus à Beaune-la-Rolande, et
grossie du corps de Crémer et du 24e corps, sous Bressolles,
qui avait succédé à Mazure dans le commandement de l'armée
de Lyon. Gambetta avait surveillé la réorganisation, à
Bourges, du 10 au 20 Décembre, des trois anciens corps de
l'armée de la Loire. De Bourges, il se transportait à Lyon,
d'où il poussait vers Bourbaki tous les hommes disponibles :
ces hommes n'étaient malheureusement pas des soldats et
Bourbaki disait de ceux de Bressolles : « Ils ne peuvent pas
entendre un coup de fusil sans prendre la fuite. » Les vrais
soldats, c'était ce qui manquait le plus à cette masse confuse
de 130,000 hommes que commandait un soldat admirable au

feu, mais un tacticien sans coup d'œil et un chef sans confiance dans ses hommes et en lui-même. « La tâche est au-
dessus de mes forces, » répétait-il dans toutes ses dépêches et
M. de Freycinet, voyant son désespoir attristé, ne cessait de
penser et de dire : « Bourbaki n'est pas du tout ce qu'il nous
faut. »

Il était pourtant secondé par des lieutenants comme Borel
son chef d'état-major, comme Martineau des Chenez, comme
Billot, comme Clinchant, sans parler de Bressolles, plus
épais, et de Crémer, plus aventureux, mais dont la division
était peut-être la plus solide de toutes. Les chefs font beaucoup
à la tête d'une armée, mais ils ne peuvent tout faire et mieux
eût valu, pour débloquer Belfort, une armée trois fois moins
nombreuse et composée de soldats éprouvés comme ceux de
de Werder, ou un chef comme Faidherbe ou comme Chanzy.
Après un transport de troupes d'une lenteur désespérante
(d'après l'intendant général Friant, on eût été plus vite par
étapes de la Loire à la Saône), les têtes de colonne de Bourbaki étaient, à la fin de Décembre, dans les vallées de la
Haute-Saône et du Doubs. Le 9 Janvier l'armée de l'Est rem-
portait à Villersexel, sur de Werder, une véritable victoire,
mais une victoire funeste qui rejetait les Allemands sur Belfort, au lieu de les en couper, et qui nécessitait, le 15, une
nouvelle offensive de l'armée française. Pendant trois jours, à
Héricourt, les 130,000 hommes de Bourbaki essayaient vainement de déloger les 50,000 Allemands de de Werder, qui occupaient de fortes positions sur la rive gauche de la Lisaine et
en particulier le Mont-Vaudois, d'où ils communiquaient télé-
graphiquement avec le quartier général de Versailles. Chaque
nouvelle tentative des Français était plus molle et plus facilement repoussée. On était à 8 kilomètres de Denfert et l'on
ne pouvait rien pour lui. Denfert lui-même, à Belfort, était
immobilisé par la présence dans sa petite armée d'un trop

grand nombre de non-valeurs. Le froid était si vif, dans les
deux nuits du 15 au 16 et du 16 au 17 Janvier, que les Allemands, se fiant à leurs avant-postes du soin de les garder, se
réfugiaient dans toutes les maisons, dans toutes les granges
du voisinage, pendant que les Français restaient en plein air,
grelottant autour de maigres feux difficilement allumés.

Le 17 Janvier, à 3 heures, Bourbaki ordonnait la retraite :
elle s'accomplissait en cinq jours, sur Besançon, où l'armée
arrivait le 22 Janvier, plus diminuée par les désertions que
par le feu de l'ennemi et complètement démoralisée.

C'est à M. Beauquier, député du Doubs, ancien sous-préfet
de Pontarlier, qu'il faut demander des renseignements sur
l'état moral et matériel de l'armée, après Héricourt. Cette
armée, qui avait déjà l'air d'une multitude en déroute dans sa
marche sur Belfort, offrait au retour le plus navrant spectacle. « Les soldats, épuisés par le froid et le manque de
nourriture, se traînaient à la débandade, sans ordre, sans
discipline, brûlant, pour se réchauffer, tout ce qu'ils trouvaient
et traitant les villages, sur leur passage, comme pays conquis.
Une quinzaine de wagons furent pillés sous les murs de
Besançon... On vit des soldats placer des pains de sucre sur
deux pierres, les faire flamber et s'en chauffer comme de
bûches de bois... La plupart des maisons regorgeaient
d'hommes malades de la petite vérole, de la poitrine et
surtout de misère, de froid et de privations. Les trois quarts
de ces malheureux avaient les pieds gelés. »

Si l'on pouvait au moins se refaire à Besançon, s'y établir
comme dans un camp retranché! Mais Besançon n'a que
quelques jours de vivres; on est pressé au Nord par de
Werder, à l'Ouest et au Sud par Manteuffell qui ne perd pas
une heure : il faut échapper à cette étreinte, il faut reculer,
reculer encore. La malheureuse armée de l'Est livre le
combat de Vorges le 25 Janvier; le 26, elle apprend avec

indifférence que son chef, aux prises avec d'insurmontables
difficultés, en butte aux objurgations du ministre de la
Guerre, redoutant toujours de se voir reprocher son passé
bonapartiste et les conditions suspectes dans lesquelles il a
quitté Metz, s'est brûlé la cervelle. La balle s'est aplatie sur
son crâne, comme sur une plaque de fonte, et ne lui a fait
qu'une grave blessure.

Clinchant, le plus ancien des chefs de corps, prend le
commandement et ordonne la retraite sur Lyon, par Saint-
Laurent et Saint-Claude : elle s'exécute en désordre, les
hommes harassés ont hâte d'en finir et, pour peu qu'ils
rencontrent une colonne ennemie de quelque importance,
ils se livrent à elle, comme la division Dastugue, du
15ᵉ corps, qui se laisse capturer, le 29 Janvier, à Somba-
court, 2 généraux, 50 officiers, 2,700 hommes, 10 canons,
7 mitrailleuses, 48 voitures, 319 chevaux et 3,500 fusils. Le
même jour Clinchant apprend la signature de l'armistice et
ordonne à tous les généraux de conserver les positions qu'ils
occupent, sans plus combattre. Manteuffell, qui sait que trois
départements sont exceptés de l'armistice, a donné des ordres
tout contraires. Les Français ont cru à la fin de leurs maux :
ils reprennent les armes avec désespoir et livrent encore le
combat de Vaux le 31 Janvier, ceux de La Cluse et d'Oye le
1ᵉʳ Février. Enfin la convention des Verrières, entre Clinchant
et Hans Herzog, permet à 80,000 Français de passer en
Suisse; ils y arrivent « hâves, déguenillés, sordides, hébétés,
insensibles à la catastrophe qui les frappe, n'ayant d'autre
souci que de manger et de dormir près d'un bon feu ».

L'entrée en Suisse est du 2 Février, la reddition de Belfort
du 18 : Denfert sortit sans conditions, avec tous les honneurs
de la guerre, sur l'ordre exprès du Gouvernement, signé par
Ernest Picard, faisant fonctions de ministre des Affaires
Etrangères.

La *Commission d'enquête* sur le 4 Septembre, et après elle tous les historiens de la Défense Nationale, ont vivement reproché à la Délégation de n'avoir pas cherché à ravitailler Paris par la basse Seine, d'avoir pris l'offensive en avant d'Orléans le 1er Décembre, d'avoir tenté de débloquer Belfort, au lieu d'avoir Paris comme seul objectif. Aucun de ces griefs n'est très sérieux. Le plan du Gouverneur de Paris, qui consistait à débloquer Paris par la basse Seine, ne semble avoir été entrevu que vers le commencement d'Octobre, juste au moment où Gambetta quittait Paris. Si Gambetta connaissait ce plan, ce qui n'est pas démontré, et s'il le prenait pour autre chose qu'une simple velléité, il devait s'inquiéter des moyens pratiques de donner la main à Trochu et ces moyens étaient excessivement périlleux. On sait quelles difficultés ont été rencontrées, dans un court trajet, pour le transport de l'armée de Salbris à Blois : ces difficultés eussent été bien plus grandes s'il avait fallu transporter une centaine de mille hommes beaucoup plus loin, dans la Seine-Inférieure, entre le Havre et Rouen, ou exécuter une marche de flanc qui aurait pu être contrariée, sur un si long parcours, par de Wittich, par Von der Thann, par le grand-duc de Mecklembourg, ou par des troupes que l'ennemi aurait pu détacher impunément de l'armée assiégeante.

Le reproche d'avoir conseillé et ordonné la marche sur Paris, le 1er Décembre, n'est pas plus fondé : l'annonce des mouvements de l'armée de Paris, qui s'exécutaient justement du 28 Novembre au 3 Décembre, ne permettait pas l'hésitation. D'Aurelle lui-même, comprenant l'intérêt capital qu'il y avait à lier ses mouvements avec ceux de Ducrot, était le premier à renoncer au plan de défense par trop passif qu'il avait adopté.

Quant à la marche sur l'Est, au secours de Belfort, ceux-là même qui l'ont condamnée le plus énergiquement, après

le désastre, l'avaient signalée dans leurs journaux comme
devant avoir une influence décisive et pouvant seule assurer
le salut de la France. Les journaux de Paris publiés en province et en particulier la *Gazette de France*, qui rédigeait
une chronique militaire très remarquée, ne cessaient d'insister sur les avantages de cette combinaison, sur la nécessité de
couper les communications de l'ennemi pour l'empêcher de
bombarder Paris. Leur insistance était si grande, leurs indis-
crétions si constantes qu'il est bien étonnant que le grand
état-major allemand, qui lisait nos journaux, n'ait connu
que le 24 Décembre, par de Werder, un mouvement de
troupes qui avait été décidé le 18 Décembre et qui avait commencé le surlendemain.

Le reproche adressé à MM. Gambetta, de Freycinet et de
Serres d'avoir dirigé les armées du fond de leur cabinet est
plus spécieux. On triomphe des ordres donnés et révoqués,
de la prétention émise par la Délégation de diriger le 17e, le
18e et le 20e corps, jusqu'au 2 Décembre et de son renonce-
ment à cette même direction, en pleine mêlée, comme si elle
avait voulu par avance décliner toute responsabilité. On se
prévaut de dépêches, comme celle du 24 Janvier, par laquelle
le ministre de la Guerre engageait Bourbaki, déjà acculé à la
frontière de Suisse, à se rapprocher d'Avallon et d'Auxerre.
Sans doute il aurait mieux valu avoir à Tours, puis à Bordeaux, un officier général compétent et expérimenté, capable
de combiner entre eux les mouvements des armées de Province
et de les lier aux mouvements de l'armée de Paris; sachant
arrêter les grandes lignes des opérations et laissant ensuite à
des généraux dignes de sa confiance toute la liberté nécessaire. Mais ni ce chef d'état-major général ne s'est rencontré, ni
les généraux doués d'initiative et il a bien fallu qu'un avocat
et deux ingénieurs, trois civils, acceptent le fardeau que les
militaires ne voulaient pas ou ne pouvaient pas porter.

L'ancien chef d'état-major de d'Aurelle et de Bourbaki, le général Borel, qui devait être ministre de la Guerre en 1877-1879, a rendu pleine justice à M. de Freycinet et à cette Délégation si calomniée, quand il a dit : « Comme improvisation d'armées, comme création, je doute qu'une administration quelconque eût pu faire autant qu'elle » Tous les officiers généraux qui ont déposé dans l'enquête ont consenti à reconnaître les services de M. Loverdo, du colonel Thoumas qui ne furent que les agents d'exécution de MM. Gambetta, de Freycinet et de Serres; ils ont méconnu avec la même unanimité ceux de ces trois civils : le général Borel est une honorable et presque unique exception.

Vingt-cinq ans après l'*Année Terrible*, l'heure des réparations a sonné pour M. de Serres, pour M. de Freycinet et surtout pour M. Gambetta, que l'un des moins malveillants parmi les historiens de la guerre traitait ainsi en 1872 : « M. Gambetta avait une activité plus apparente que réelle, plus remuante qu'efficace et tout ce qu'il faisait, il le marquait du sceau de ses illusions, de sa présomption, de ses intempérances d'avocat, de ses préjugés de parti. » Contester l'activité de Gambetta et l'efficacité de son prodigieux labeur, voilà l'esprit de parti, et M. de Mazade n'y a pas échappé. Quant aux illusions qui étaient généreuses, quant à la présomption qui valait mieux qu'un lâche abandon, il est heureux pour sa gloire et pour l'honneur du pays que Gambetta les ait eues. Et ses intempérances, que la France a oubliées, le correct historien les eût pardonnées comme elle, s'il se fût échauffé au contact de cette âme toute brûlante de patriotisme.

Le rapporteur de la *Commission d'enquête* sur les actes de la Délégation de Tours et de Bordeaux termine ainsi son travail :

« En présence de faits indiscutables et injustifiables, votre *Commission* a dû appeler la réprobation de l'Assemblée et du pays sur la Dictature de 1870... C'est devant l'histoire que nous ajournons les membres du Gouvernement de la Défense nationale. »

Le pays et l'histoire ont prononcé, à défaut de l'Assemblée. Le pays n'a retenu de Gambetta que ces mots superbes : « Je reviendrai avec une armée et si j'ai la gloire de délivrer Paris, je ne demanderai plus rien à la destinée. Non, il n'est pas possible que le génie de la France se soit voilé pour toujours et que la grande nation se laisse prendre sa place dans le monde par une invasion de 500,000 hommes. » L'histoire, comparant les fautes commises par les principaux acteurs du grand drame, par Trochu, par Jules Favre, par Thiers lui-même, aux fautes que Gambetta a pu commettre, a déclaré que celles-là étaient plus lourdes que celles-ci. A Trochu, à Jules Favre, à Thiers elle a accordé des circonstances atté- nuantes; à Gambetta elle a donné plus qu'une absolution : une glorification.

CHAPITRE III

DE L'ARMISTICE A LA COMMUNE

28 Janvier-18 Mars 1871.

Négociation de l'armistice à l'insu et en dehors de la Délégation de
Bordeaux. — Conditions et clauses de l'armistice. — Notification de
l'armistice à Bordeaux. — Proclamation du 1er Février. — Réponse
du Gouvernement de Paris. — Causes des dissentiments entre Paris
et Bordeaux. Les restrictions au droit électoral. — MM. Jules Simon
et Gambetta. — Les élections du 8 Février en Province. — Les conditions de l'élection. — Composition de l'Assemblée nationale. —
Remise des pouvoirs du Gouvernement de la Défense nationale. —
Jugement sur le Gouvernement de la Défense nationale. — Clinchant
et l'armée de l'Est. — « Coupable légèreté. » — Extension de l'armistice à Belfort. — Le bureau de l'Assemblée nationale. — M. Grévy.
— Le Chef du pouvoir exécutif. — Le ministère de M. Thiers. — Influence de ces choix. — *Le Pacte de Bordeaux.* — Négociation des
préliminaires. — Les séances du 28 Février et du 1er Mars. — La déchéance et le vote des préliminaires. — La déclaration de M. Bamberger. — Intolérance de la majorité; les démissions. — Le programme
du Gouvernement. — La dualité gouvernementale. — La question
de Paris. — Jugement sur les débuts de l'Assemblée nationale. —
Trochu et le retour à Paris. — Paris depuis le 28 Janvier. — Les
élections de Février à Paris. — La désertion après le siège. — Le
commerce et l'industrie. — Les échéances. — Insuffisance de la police
et de la force armée. — Attitude des soldats désarmés. — Les Associations révolutionnaires. — La place de la Bastille. — Le 1er et le
2 Mars à Paris. — Rôle du Comité central. — Manifeste du 28 Février.
— Enlèvement des canons ; pillage des dépôts et des secteurs. —
Les citadelles révolutionnaires. — Complicités de l'opinion. — Impuissance gouvernementale.

Le 26 Janvier, à minuit, avait été tiré le dernier coup de
canon du siège ; quarante-six heures après, le 28 Janvier, à
10 heures du soir, avait cessé la résistance de Paris et en
même temps, par la volonté du Gouvernement de la Défense
nationale, celle de la France. La faute capitale de Jules Favre
et de tout le Gouvernement de la Défense nationale, ce n'est

pas d'avoir laissé ses armes à la garde nationale, ce n'est pas
même d'avoir excepté de l'armistice Belfort et trois départements, c'est d'avoir négocié et capitulé en bloc, pour Paris
et pour la France, pour Paris, en connaissance de cause,
pour la France, à tâtons. Du jour où Paris avait été investi,
du jour où les communications avec le reste de la France
avaient été rendues, sinon impossibles, au moins difficiles,
irrégulières et rares, Paris était devenu une place forte comme
toutes les autres, plus importante que toutes les autres, mais
soumise aux mêmes règles et qui ne pouvait plus traiter militairement que pour elle seule. Le Gouvernement de la Défense, le général Trochu, Jules Favre l'avaient d'abord bien
compris et les pouvoirs donnés à Jules Favre par ses collègues, avaient été limités en ce sens. Mais, dès la première
entrevue, le 23 Janvier, entre notre ministre des Affaires
Étrangères et le Chancelier, il fut question de la situation
générale de la France, de sa situation politique et militaire,
le Chancelier feignant de vouloir traiter avec l'ex-Empereur,
parlant des armées de Chanzy, de Faidherbe, de Bourbaki,
et non pas de la situation exclusive de Paris, réduit par
la famine à subir ses conditions. Pas un instant, pendant
tout le cours de la négociation, du 23 au 28 Janvier, Jules
Favre ne songea à se faire assister par un membre de la
Délégation, ou tout au moins par son propre délégué, M. de
Chaudordy. Le Gouvernement de la Défense nationale ne
songea pas plus que le ministre des Affaires Étrangères à
informer la Délégation de Bordeaux ou à exiger de l'ennemi
la convocation à Versailles d'un négociateur accrédité par
elle. A Paris, comme à Versailles, on connaissait les dispositions de M. Gambetta et l'on redoutait sa résistance à des
résolutions arrêtées en dehors de lui et contre lui. Quand
M. de Bismarck avait demandé à Jules Favre si M. Gambetta
se soumettrait à ces résolutions, le ministre des Affaires Étran-

gères avait franchement répondu par la négative et de retour
à Paris il avait fait connaître au Gouvernement la demande
du Chancelier et sa réponse. Le Gouvernement, le 24 et le 25
Janvier, dans les conseils tenus au Louvre, avait étendu les
pouvoirs de Jules Favre, qu'il avait paru d'abord vouloir
limiter, sur l'observation même faite par Jules Favre, le
23 Janvier, qu'il fallait consulter Bordeaux avant de traiter
d'un armistice général. Les pleins pouvoirs avec lesquels
Jules Favre retournait à Versailles faisaient si beau jeu à
M. de Bismarck qu'il consentit, sans trop de résistance, à adou-
cir les conditions de la capitulation de Paris. La suspension
d'hostilités, gage assuré de la paix, qu'il imposait à la Capitale
et à son armée, s'appliquait par surcroît à toute la France.
Il n'en demandait pas plus.

L'armistice commence pour Paris le 28 Janvier, pour les
départements le 31 ; sa durée est de vingt et un jours : il
doit se terminer partout le 19 février, à midi. La ligne de
démarcation entre les belligérants, partant de Pont-l'Evêque,
(que les négociateurs disaient située *sur les côtes* du département du Calvados) se dirigeait sur le Nord-Est du département
de la Mayenne, dont elle suivait la frontière orientale, en
laissant à l'ennemi la Sarthe, l'Indre-et-Loire, le Loir-et-Cher,
le Loiret, l'Yonne jusqu'au point où se touchent la Côte-d'Or,
la Nièvre et l'Yonne. De ce point, situé à l'Est de Quarré-les-
Tombes, le tracé était réservé à une entente ultérieure pour
la Côte-d'Or, le Jura et le Doubs. Le Nord, le Pas-de-Calais,
Givet, Langres, la péninsule du Havre jusqu'à une ligne à
tirer d'Etretat à Saint-Romain, restaient en dehors de l'occupation. Dix kilomètres au moins devaient séparer les avant-
postes des deux armées. L'armistice s'appliquait également
aux forces navales, en adoptant le méridien de Dunkerque
comme ligne de démarcation. Les opérations militaires dans

le Doubs, le Jura, la Côte-d'Or et le siège de Belfort continuent indépendamment de l'armistice.

L'armistice, dit l'article 2, a pour but de permettre au Gouvernement de la Défense nationale la convocation d'une Assemblée librement élue qui se réunira à Bordeaux et se prononcera sur la question de paix ou de guerre.

Les forts de Paris et leur matériel de guerre doivent être remis à l'armée allemande. Celle-ci s'abstiendra d'entrer dans Paris pendant l'armistice. L'enceinte de Paris sera désarmée de ses canons dont les affûts seront transportés dans les forts. (Les commissaires allemands, sur la demande des commissaires français, renoncèrent au transport des affûts).

La garnison des forts et de Paris, ligne, garde mobile et marine, était prisonnière de guerre, moins une division de 12,000 hommes conservée pour le service intérieur, déposait ses armes qui devaient être livrées par commissaires, suivant l'usage, et ne pouvait franchir l'enceinte pendant la durée de l'armistice. Les officiers devaient être désignés par une liste à remettre aux autorités allemandes; ils conservaient leurs armes. Si la paix ne sortait pas de l'armistice, officiers et soldats, consignés dans Paris, auraient à se constituer prisonniers de l'armée allemande.

La garde nationale, chargée de la garde de Paris et du maintien de l'ordre, conservait ses armes, comme la gendarmerie et les troupes assimilées du service municipal, garde républicaine, douaniers et pompiers, cette dernière catégorie ne devant pas dépasser 3,500 hommes. Tous les corps de francs-tireurs seront dissous, par ordonnance du Gouvernement français.

Toutes facilités seront données par le commandant en chef des armées allemandes pour le ravitaillement, par voies ferrées et fluviales. Mais ce ravitaillement ne pourra s'opérer dans la région occupée par les Allemands : les provisions seront puisées au delà de la ligne de démarcation.

On ne pourra quitter Paris qu'avec un permis délivré par l'autorité militaire française et visé par l'autorité allemande, et seulement entre 6 heures du matin et 6 heures du soir.

La ville de Paris versera une contribution de guerre de 200 millions, dont le paiement sera effectué avant le quinzième jour de l'armistice.

L'importation dans Paris d'armes, de munitions et de matières servant à leur fabrication est interdite pendant la durée de l'armistice.

Il sera procédé immédiatement à l'échange des prisonniers de guerre allemands, contre nombre égal de prisonniers de guerre français, à Amiens, au Mans, à Orléans et à Vesoul. L'échange s'étendra aux prisonniers de condition bourgeoise, tels que les capitaines de navires de la marine marchande allemande et les prisonniers français civils qui ont été internés en Allemagne.

Un service postal pour les lettres non cachetées sera organisé entre Paris et les départements, par l'intermédiaire du quartier général de Versailles.

Le 28 Janvier, à 10 heures du soir, MM. Jules Favre et de Bismarck apposaient leur signature au bas de cet acte diplomatique, et M. Jules Favre, d'accord avec le Chancelier, rédigeait, avant de rentrer à Paris, le télégramme suivant que M. de Bismarck se chargeait de faire parvenir à Gambetta :

« Nous signons aujourd'hui un traité avec M. le comte de Bismarck. Un armistice de vingt et un jours est convenu. Une Assemblée est convoquée à Bordeaux pour le 15 Février. Faites connaître cette nouvelle dans toute la France. Faites exécuter l'armistice et convoquez les électeurs pour le 8 Février. Un membre du Gouvernement va partir pour Bordeaux. »

Faut-il dire quel effet produisit cette dépêche inattendue, dans le milieu où elle tombait et avec quel désespoir, quelle

indignation, quelle révolte de son patriotisme déçu, M. Gambetta dut la lire? C'est dans la matinée du 29 Janvier qu'il
la reçut et, le jour même, il la notifiait à tous les généraux
placés à la tête de corps d'armée, à tous les préfets et sous-
préfets. On lui annonçait le prochain départ pour Bordeaux
d'un membre du Gouvernement : il l'attendit vingt-quatre
heures et le 30 Janvier, à 2 heures, en l'absence de toute
nouvelle, de toute explication complémentaire, il sollicita de
M. Jules Favre des renseignements moins vagues. Son télégramme fut reçu par M. de Bismarck et ce fut M. de Bismarck
qui lui fit, le jour même, la réponse suivante : « Votre télé-
« gramme à M. Jules Favre, qui vient de quitter Versailles,
« lui sera remis demain à Paris. A titre de renseignement,
« j'ai l'honneur de vous communiquer ce qui suit : l'armistice
« conclu durera jusqu'au 19 Février. » Et après avoir indiqué
la ligne de démarcation tracée entre les armées belligérantes,
le Chancelier ajoutait : « Les hostilités continuent devant
« Belfort et dans le Doubs, le Jura et la Côte-d'Or, jusqu'à
« entente. » Cette fois, le patriotisme blessé de Léon Gambetta poussa un long cri de douleur et de rage. Le *Moniteur*
du 1er Février publia cette admirable proclamation, que
MM. Crémieux, Glais-Bizoin et Fourichon tinrent à honneur
de signer et qui porte à chaque ligne, à chaque mot, la
marque de son auteur :

    « Citoyens,

    « L'ennemi vient d'infliger à la France la plus cruelle
injure qu'il lui ait été donné d'essuyer, dans cette guerre
maudite, châtiment démesuré des erreurs et des faiblesses
d'un grand peuple.
    « Paris, inexpugnable à la force, vaincu par la famine, n'a
pu tenir en respect plus longtemps les hordes allemandes. Le

28 Janvier, il a succombé. La cité reste encore intacte, comme un dernier hommage arraché par sa puissance et sa grandeur morale à la barbarie. Les forts seuls ont été rendus à l'ennemi. Toutefois, Paris, en tombant, nous laisse le prix de ses sacrifices héroïques. Pendant cinq mois de privations et de souffrances, il a donné à la France le temps de se reconnaître, de faire appel à ses enfants, de trouver des armes et de former des armées, jeunes encore, mais vaillantes et résolues, auxquelles il n'a manqué, jusqu'à présent, que la solidité qu'on n'acquiert qu'à la longue. Grâce à Paris, si nous sommes des patriotes résolus, nous tenons en main tout ce qu'il faut pour le venger et nous affranchir.

« Mais, comme si la mauvaise fortune tenait à nous accabler, quelque chose de plus sinistre et de plus douloureux que la chute de Paris nous attendait.

« On a signé à notre insu, sans nous avertir, sans nous consulter, un armistice dont nous n'avons connu que tardivement la coupable légèreté, qui livre aux troupes prussiennes les départements occupés par nos soldats et qui nous impose l'obligation de rester trois semaines en repos pour réunir, dans les tristes circonstances où se trouve le pays, une Assemblée nationale.

« Nous avons demandé des explications à Paris et gardé le silence, attendant pour vous parler l'arrivée promise d'un membre du Gouvernement, auquel nous étions déterminés à remettre nos pouvoirs. Délégation du Gouvernement, nous avons voulu obéir, pour donner un gage de modération et de bonne foi, pour remplir ce devoir qui commande de ne quitter le poste qu'après en avoir été relevé ; enfin, pour prouver à tous, amis et dissidents, par l'exemple, que la démocratie n'est pas seulement le plus grand des partis mais le plus scrupuleux des Gouvernements.

« Cependant personne ne vient de Paris et il faut agir ; il

faut, coûte que coûte, déjouer les perfides combinaisons des ennemis de la France.

« La Prusse compte sur l'armistice pour amollir, énerver, dissoudre nos armées ; la Prusse espère qu'une Assemblée réunie à la suite de revers successifs et sous l'effroyable chute de Paris, sera nécessairement tremblante et prompte à subir une paix honteuse. Il dépend de nous que ces calculs avortent et que les instruments mêmes qui ont été préparés pour tuer l'esprit de résistance le raniment et l'exaltent.

De l'armistice faisons une école d'instruction pour nos jeunes troupes, employons ces trois semaines à préparer, avec plus d'ardeur que jamais, l'organisation de la défense, de la guerre.

« A la place de la Chambre réactionnaire et lâche que rêve l'étranger, installons une Assemblée vraiment nationale, républicaine, voulant la paix si la paix assure l'honneur, le rang et l'intégrité de notre pays, mais capable de vouloir aussi la guerre, et prête à tout, plutôt que d'aider à l'assassinat de la France.

« Français,

« Songeons à nos pères, qui nous ont légué une France compacte et indivisible ; ne trahissons pas notre histoire, n'aliénons pas notre domaine traditionnel aux mains des barbares. Qui donc signerait ? Ce n'est pas vous, légitimistes, qui vous battez si vaillamment sous le drapeau de la République, pour défendre le sol du vieux royaume de France ; ni vous, fils des bourgeois de 1789, dont l'œuvre maîtresse a été de sceller les vieilles provinces dans un pacte d'indissoluble union ; ce n'est pas vous, travailleurs des villes, dont l'intelligent et généreux patriotisme sait toujours représenter la France, dans sa force et son unité, comme l'initiatrice des peuples modernes ; ni vous enfin, ouvriers, propriétaires des campagnes, qui n'avez jamais marchandé votre sang pour la défense de la République, à laquelle vous devez la propriété du sol et votre titre de citoyens.

« Non, il ne se trouvera pas un Français pour signer cet acte infâme ; l'étranger sera déçu ; il faudra qu'il renonce à mutiler la France, car, tous animés du même amour pour la mère patrie, impassibles dans les revers, nous redeviendrons forts et nous chasserons l'étranger.

« Pour atteindre ce but sacré, il faut dévouer nos cœurs nos volontés, notre vie, et, sacrifice plus difficile peut-être, laisser là nos préférences.

« Il faut nous serrer tous autour de la République, faire preuve surtout de sang-froid et de fermeté d'âme ; n'ayons ni passion ni faiblesse ; jurons simplement, comme des hommes libres, de défendre, envers et contre tous, la France et la République.

« Aux armes ! »

Il faut plaindre ceux qui ne sentiraient pas, dans ces fières paroles, palpiter l'âme même de la patrie. Sans doute Gambetta n'exprimait pas les sentiments de ceux qui, las de la lutte, n'aspiraient qu'au repos ; sans doute il n'était pas l'interprète des habiles qui ne voyaient dans la chute de Paris qu'une occasion de traiter ; sans doute, enfin, il ne parlait pas au nom de la majorité des Français : on le vit bien quelques jours après. Mais qui donc aurait pu reprendre un seul mot dans cette harangue antique, qu'animait un si pur, un si ardent patriotisme ? Cet homme de trente-deux ans, qui a fait des miracles, qui a opposé à l'ennemi des forces moins solides, moins expérimentées, mais aussi nombreuses que les siennes, et qui a vu la fortune adverse trahir tous ses efforts, tromper toutes ses espérances, perd-il courage, renonce-t-il à la lutte, si inégale qu'elle soit ? Non pas ! Il luttera tou-

jours et quand même. Après la chute de Paris, comme après
la trahison de Bazaine, il ne renonce pas à l'espoir d'une
revanche ; il ne veut pas nous transmettre mutilée cette
France que nos pères nous ont laissée compacte et indivisible.
Ah ! cher grand homme, qui as ressenti plus cruellement
qu'aucun de nous les blessures de la patrie et qui as exprimé
si éloquemment ses douleurs, la Destinée te devait de voir
rétablie dans l'intégrité de son territoire cette France que tu
as tant aimée ! Si jamais la plaie béante est cicatrisée, si
jamais nos frères nous sont rendus, c'est sur ta tombe que
nous irons dire : « Dors en paix ton dernier sommeil, nous
avons réalisé ton suprême espoir et reconquis nos chères
provinces. »

Combien pâle et décolorée, après cet éloquent plaidoyer
en faveur de la continuation de la lutte, paraît la réponse du
Gouvernement de Paris : il plaide les circonstances atté-
nuantes, il n'a cédé qu'à la famine. Gambetta, en trois lignes
de sa proclamation, lui avait rendu un hommage plus éclatant que celui qu'il se rend à lui-même ; Gambetta, s'il a
parlé « de la coupable légèreté » qui a présidé aux négociations de l'armistice, n'a pas refusé aux héroïques défenseurs
de Paris la justice qui leur était due ; il n'a pas reproché au
général Trochu d'avoir arrêté les Parisiens voulant marcher
au secours de la Province. « M. le ministre de la Guerre,
disait au contraire le Gouvernement de Paris, a arrêté le général Chanzy voulant marcher au secours de Paris, et lui a donné
l'ordre de se retirer derrière la Mayenne. » Cet unique rapprochement entre les deux proclamations les juge l'une et
l'autre.

Une autre cause de dissentiment, beaucoup moins importante, l'événement l'a prouvé, existait entre Paris et Bordeaux. Paris voulait que les électeurs pussent porter leurs

suffrages sur tous les candidats. Bordeaux voulait que les anciens candidats officiels fussent exclus des listes électorales. Paris eut le malheur d'être appuyé par M. de Bismarck, qui prétendit que l'inéligibilité édictée par la Délégation de Bordeaux allait à l'encontre de l'une des clauses de l'armistice. Gambetta s'était fait illusion sur l'influence et sur la popularité des bonapartistes ; c'est à peine s'il devait entrer dans l'Assemblée nationale une douzaine de bonapartistes avérés et deux douzaines de bonapartistes honteux.

Du 1ᵉʳ au 6 Février, dans la lutte sans grandeur qui eut lieu entre le représentant du Gouvernement de Paris et la Délégation de Bordeaux, les vraies questions, celle de la guerre ou de la paix, celle de l'armistice signé à l'insu et en dehors de Bordeaux, disparurent complètement ; on ne se demanda plus qu'une chose : à savoir si les anciens bénéficiaires de l'affiche blanche seraient portés valablement sur les bulletins de vote.

Le 1ᵉʳ Février, après un voyage de plus de vingt-quatre heures, M. Jules Simon était arrivé à Bordeaux. Il était la preuve vivante que les souffrances du siège n'étaient pas un mythe, que Paris avait été jusqu'à son dernier morceau de pain. Dans la ville enfiévrée qu'était alors Bordeaux, M. Jules Simon ne reconnut pas la pacifique cité qui l'avait élu au Conseil général et au Corps législatif, dix-huit mois auparavant. Il ne trouva d'appui qu'auprès des réactionnaires et de M. Thiers, dont l'hôtel était devenu le centre de l'opposition à la Délégation, mais d'une opposition à coups de langue et qui fut sans influence sur l'esprit public à Bordeaux. Le jour même de l'arrivée de M. Jules Simon, le Conseil municipal et son maire, M. Fourcand, très modérés mais très républicains, se rendaient officiellement à l'hôtel Sarget, où se réunissait la Délégation, pour assurer M. Gambetta et ses collègues de leur concours sans réserve. Trouvant les quatre membres de la

Délégation irréductibles et l'opinion manifestement hostile,
M. Jules Simon se garda bien de la heurter de front et d'user
des pouvoirs que le Gouvernement de Paris lui avait conférés.
L'appui éventuel du général Foltz, qui commandait la division, ne lui parut pas une garantie suffisante de succès. Il
se contenta de faire savoir aux directeurs des journaux réactionnaires que le Gouvernement de Paris avait publié, dès le
29 Janvier, un décret électoral dont il ne leur remettait pas
le texte, qu'il n'avait pas apporté ; il ajoutait que ce décret,
contrairement à celui de la Délégation, laissait le suffrage
universel libre de ses choix, et il attendit le renfort qu'il
avait fait demander à Paris par M. Liouville. Le jour même
où M. Liouville partait pour Paris, M. Crémieux, membre de
la Délégation, s'y rendait de son côté, envoyé par ses collègues. Il rencontra MM. Arago, Pelletan et Garnier-Pagès à
Vierzon, revint avec eux à Bordeaux, le 4 Février, et la situation se dénoua le lendemain, par la retraite volontaire de
Gambetta. Le ministre de l'Intérieur et de la Guerre « ne se
trouvant plus en communion d'idées et d'espérances avec ses
collègues », résigna ses pouvoirs, en invitant préfets et sous-
préfets à faire procéder aux élections. Le *Moniteur* du
6 Février annonçait le remplacement de Léon Gambetta par
M. Emmanuel Arago, au ministère de l'Intérieur. M. Jules
Simon, avec son tact habituel, s'était effacé devant la vieille
notoriété républicaine d'Arago.

Les élections eurent lieu le surlendemain, 8 Février, dans
toute la France et le dissentiment qui s'était élevé entre les
deux fractions du Gouvernement, comme la question qui les
avait divisées, furent sans la moindre influence sur leur résultat. Thiers fut élu 26 fois, Gambetta 9 fois, Trochu 8 fois,
Garibaldi 3 fois. Les autres élus étaient, dans la proportion
de 3 contre 1, partisans de la paix. Aux patriotes qui lui conseillaient la guerre à outrance, le suffrage universel avait

répondu en acclamant la paix à outrance. Quand il connut
le résultat des élections, M. de Bismarck put fixer, avec la
certitude de voir ses propositions accueillies, la somme des
sacrifices à imposer à la France. Celle-ci avait donné mandat
à ses représentants, mandat non pas impératif mais impé-
rieux, de lui assurer la paix à tout prix. Il faut savoir gré à
M. de Bismarck de nous avoir laissé, avec Belfort, la plus
grande partie de la Lorraine et de ne pas avoir exigé une
limitation de nos forces de terre et de mer ; ces abandons
eussent été consentis, ces exigences eussent été subies. La
seule façon d'obtenir des conditions moins meurtrières eût
été d'envoyer à Bordeaux des députés disposés à continuer
la guerre ; le pays en avait décidé autrement et, par son vote,
avait d'avance ratifié toutes les concessions que feraient les
négociateurs français.

Le 8 Février 420,000 Français étaient prisonniers en Allemagne, 240,000 étaient désarmés dans Paris, 90,000 étaient
internés en Suisse, 150,000 étaient tués, blessés ou malades.
Le pays électoral se trouva réduit d'autant et les votants
subirent l'influence toute-puissante du seul corps dont les
levées en masse n'avaient pas désorganisé les cadres, nous
voulons dire l'influence du clergé. Les curés agirent sur leurs
paroissiens et dictèrent leur vote. Ils furent aidés, dans cette
propagande, par les membres des Conseils généraux, que la
Délégation avait dissous au mois de Décembre, qui avaient
dans chaque canton une clientèle toute trouvée et qui se pré-
sentèrent en grand nombre. L'action des préfets, trop éloi-
gnés et trop récemment nommés, ne put pas contre-balancer
la double action du clergé et des autorités locales. Le scrutin
de liste, si favorable aux grands courants d'opinion, aurait
d'ailleurs emporté toutes les résistances : l'opinion voulait
la paix quand même. Nombre de candidats, inconnus des
quatre-vingt-dix-neuf centièmes des électeurs, durent leur

succès à l'inscription de leur nom sur la liste en tête de laquelle figurait M. Thiers ; plusieurs apprirent en même temps qu'ils étaient candidats et qu'ils étaient élus. Dans les départements occupés par l'ennemi, la liberté des électeurs ne fut pas entravée et l'on put voter, particulièrement dans l'Est, pour les partisans de la continuation de la lutte ; tous se trouvèrent républicains, moins un seul, M. Keller, représentant du Haut-Rhin.

Au point de vue politique, que représentaient les nouveaux députés? Le plus grand nombre entrait pour la première fois dans le Parlement et était dépourvu de toute notoriété en dehors du département, voire de l'arrondissement ou du canton. Le remorqueur de beaucoup d'entre eux, M. Thiers, avait depuis longtemps, on le sait, traversé la Manche ; il n'avait pas encore traversé l'Atlantique, et les députés élus avec lui pouvaient, en grande majorité, être considérés comme des monarchistes constitutionnels. Ils formèrent à l'Assemblée le groupe de beaucoup le plus nombreux, celui du Centre Droit, fort, au bas mot, de 400 membres et qui absorbait alors presque tous ceux qui devaient, quelques mois plus tard, constituer le Centre Gauche, sous la présidence de Chanzy. Le groupe le plus nombreux après le Centre Droit, était celui des républicains qui se répartissaient à peu près également entre la Gauche pure et l'Extrême-Gauche. Le troisième grand parti de l'Assemblée nationale était celui des revenants de 1814 et de 1815 ; le clergé ayant patronné les Légitimistes, près de cent étaient entrés à la Chambre où ils apportèrent des préjugés et des passions que l'on était en droit de croire morts depuis soixante ans. Au dernier rang, par le nombre, venaient une trentaine de Bonapartistes déclarés ou expectants.

A peine proclamés, les députés se rendirent en foule à Bordeaux. Le 12 Février ils tinrent une séance préparatoire, sous la présidence de leur doyen d'âge, M. Benoist-d'Azy, et le 13 leur première séance publique, qui fut consacrée à la remise entre les mains du Président de l'Assemblée des pouvoirs que le Gouvernement de la Défense nationale tenait du 4 Septembre.

Cette remise des pouvoirs, à la fois simple et solennelle, fut accomplie par le vice-président du Gouvernement de la Défense nationale, M. Jules Favre, qui prononça ces paroles : « Je remplis un devoir qui m'est particulièrement doux, en déposant les pouvoirs du Gouvernement de la Défense nationale entre les mains des représentants du pays. Depuis que les membres du Gouvernement ont été chargés du fardeau qu'ils ont accepté, ils n'ont eu d'autre désir que de voir arriver le jour où ils pourraient se trouver en face des mandataires du Peuple. Ils y sont dans les circonstances les plus douloureuses, mais, grâce à votre patriotisme, grâce à l'ardeur de tous, nous réussirons à bander les plaies de notre chère patrie et à reconstituer son avenir. C'est à vous, Messieurs, qu'appartient cette grande œuvre. Quant à nous, nous ne sommes plus rien, si ce n'est vos justiciables, prêts à répondre de tous nos actes. En attendant, je dépose sur le bureau de l'Assemblée la déclaration suivante : Les membres du Gouvernement de la Défense nationale ont l'honneur de déposer leurs pouvoirs entre les mains du Président de l'Assemblée nationale. Ils resteront à leur poste, pour le maintien de l'ordre et l'exécution des lois, jusqu'à ce qu'ils en aient été régulièrement relevés. »

Ainsi se termina l'existence si agitée du Gouvernement que le 4 Septembre avait placé moins au pouvoir qu'au péril. Les partis sont si injustes, si aveuglés par la passion qu'ils ont reproché aux hommes du Quatre-Septembre leur origine plutôt que leur fin et l'insurrection plutôt que la capitulation. Le 4 Septembre, la France entière fut la complice de ceux qui acceptèrent le désastreux héritage de l'Empire. Du 23 au 28 Janvier, si les négociateurs de la capitulation eurent un tort, ce fut de donner à cette capitulation une extension abusive, d'y comprendre la France entière et d'en excepter, sans rien savoir de la situation, Belfort et trois départements. Du jour où M. Jules Favre se présente à Versailles pour la première fois, MM. de Bismarck et de Moltke comprennent que l'armée du Sud sous Manteuffel et l'armée de de Werder, en combinant leurs mouvements, viendront à bout de l'armée de l'Est, des 130,000 hommes indisciplinés et démoralisés dont Clinchant a reçu le commandement, après la tentative de suicide de Bourbaki.

Clinchant était déjà resserré au nord et au sud par les Allemands quand on lui transmit de Bordeaux la nouvelle de l'armistice, le 29 Janvier. Pouvait-il échapper à leur atteinte? Il est difficile de répondre après coup à une pareille question. Il faut seulement constater que quarante-huit heures après cette immobilisation de nos forces, lorsque Clinchant quitta Pontarlier et jeta son armée en Suisse, Crémer put encore ramener à Lyon un corps de 15,000 hommes. Il faut surtout rappeler que le mouvement des Allemands continua et fut accéléré, après la signature de l'armistice, à partir du 29 Janvier. Si, à ce moment, Manteuffel, de Werder et Clinchant, immobilisés par l'armistice, étaient restés sur leurs positions, l'armée française, occupant une longue et mince bande de territoire, entre les troupes allemandes à l'Ouest et la frontière suisse à l'Est, restait une force organisée de 90,000 à 100,000 hommes, peu solide il est vrai, épuisée par la marche et par les défaites, mais encore inquiétante pour l'ennemi, par son nombre, et lui retenant presque autant d'hommes qu'elle en comptait elle-même. Or c'était là surtout ce que l'état-major allemand avait voulu éviter. A la façon dont les négociations avaient été engagées, le résultat était fatal. Ni le général de Beaufort-d'Hautpoul, ni le général de Valdan n'en sont responsables, mais le Gouvernement de la Défense nationale et M. Jules Favre.

Pour toutes les stipulations relatives à la Province, pour la position respective des armées, la négociation entre M. de Bismarck et M. Jules Favre ressemblait à la lutte entre deux hommes dont l'un aurait eu les yeux bandés. On n'accepte pas, même quand on est vaincu, de lutter dans ces conditions. Le Gouvernement de Paris pouvait traiter pour Paris ; il pouvait même, puisque ses membres étaient la majorité, stipuler que des élections auraient lieu dans toute la France ; il n'avait pas le droit de traiter des armées de Province, en dehors des chefs de ces armées, ou au moins du ministre de la Guerre de Bordeaux. Agir ainsi qu'ils l'ont fait était plus qu'une « coupable légèreté ». En arrêtant la ligne de démarcation, sans prendre l'avis des généraux français, on abandonnait à l'ennemi des départements entiers et des positions dont il ne s'était pas rendu maître. En faisant l'exception de l'armée de l'Est et de Belfort, sans prendre l'avis du ministre de la Guerre, on sacrifiait cette armée et Belfort même, que les Allemands auraient pu conserver, comme ils ont conservé Metz et Strasbourg. Ces fautes, que l'on aurait pu qualifier plus sévèrement, furent à peine relevées, dans le tumulte des événements. Lorsque les conséquences s'en firent cruellement sentir, on en fit retomber la responsabilité sur ceux qui ne les avaient pas commises et l'on oublia presque les seuls et vrais coupables.

Ce fut seulement le 15 Février qu'une convention additionnelle étendit l'armistice au Jura, au Doubs, à la Côte-d'Or et stipula les conditions de l'abandon de Belfort. L'héroïque garnison de la glorieuse cité évacua la ville le 17 et le 18 Février, sous les ordres de son commandant, le colonel Denfert-Rochereau, avec ses armes, ses bagages, et tous les honneurs de la guerre.

L'Assemblée nationale constitua son bureau définitif le
16 Février. Cette formation du bureau fut significative, comme
indication des tendances politiques de l'Assemblée. Sur
quatorze membres dont il se composait deux seulement furent
choisis parmi les républicains, le Président, M. Grévy et
un secrétaire, M. Bethmont. M. Grévy dut cette élection
beaucoup moins à sa haute autorité, à sa parfaite correction constitutionnelle, à ses indiscutables qualités d'orateur qu'à son abstention au 4 Septembre et à sa retraite
maussade et frondeuse pendant toute la durée de la guerre.

A peine constituée l'Assemblée tint deux séances d'une
extrême importance le 17 et le 19 Février. On était talonné
par la date d'expiration de l'armistice et plusieurs députés
auraient voulu que l'Assemblée refusât par avance son assentiment à la clause de la convention du 28 Janvier portant
cession de l'Alsace-Lorraine à l'Allemagne. L'urgence,
demandée par M. Keller, auteur de la proposition, avait été
votée et l'Assemblée semblait disposée à ajourner au lendemain l'examen par les bureaux. M. Rochefort s'éleva contre
l'ajournement et fut appuyé par M. Thiers qui, en quelques
paroles décisives, convainquit l'Assemblée de la nécessité
d'un examen immédiat.

M. Thiers n'était pas encore au pouvoir, mais il n'était
déjà plus dans l'Opposition, depuis que le suffrage universel
lui avait donné plus de deux millions de voix. Sa perspective
s'agrandit, sa clairvoyance augmente, il agit et parle déjà en
véritable homme de Gouvernement. Il montre aussi que les
noms et les réputations révolutionnaires ne l'effrayent pas :
Rochefort, Millière, Gambetta, nous le verrons toujours, désormais, prendre son bien où il le trouvera.

« ... Il faut agir en hommes sérieux... comme des citoyens
éclairés et qui savent ce qu'ils veulent;... il ne faut pas que
les paroles nous entraînent; il faut que nous sachions ce que

nous voulons mettre derrière nos paroles... remettre à demain serait, permettez-moi de le dire, une puérilité... Vous ne pouvez pas vous cacher derrière le Gouvernement que vous institue-rez. Ayez le courage de votre opinion : ou la guerre ou la paix... Tout cela est très sérieux. Pas d'enfantillage... Ne nous retranchons pas derrière un délai de vingt-quatre heures. »

On remarquera avec quelle vivacité l'élu des 26 départe-ments traitait l'Assemblée qui allait le déléguer, une heure plus tard, au pouvoir exécutif de la République française. On constatera aussi que M. Thiers, en manifestant ainsi son opinion en faveur de la paix et en obligeant l'Assemblée à proclamer la sienne, affaiblissait d'avance les négociateurs que M. de Bismarck attendait à Versailles.

C'est sur la proposition de MM. Grévy, Dufaure, Rivet, Vitet et de Malleville que M. Thiers fut élevé à la suprême magistrature, par une décision presque unanime de l'Assem-blée nationale. Il n'y eut pas de vote au scrutin. Le Président se contenta de consulter ses collègues par assis et levés : très peu se levèrent à la contre-épreuve.

M. Thiers n'employa qu'une journée à la constitution de son Cabinet qui comprit : à la Justice M. Dufaure, aux Affaires Etrangères M. Jules Favre, à l'Intérieur M. Ernest Picard, à l'Instruction Publique, aux Beaux-Arts et aux Cultes M. Jules Simon, aux Travaux Publics M. de Larcy, à l'Agriculture et au Commerce M. Lambrecht, à la Guerre le général Leflô et à la Marine l'amiral Pothuau. Les Finances, d'abord réservées à M. Buffet, furent attribuées quelques jours après à M. Pouyer-Quertier. Ce Cabinet offrait, au point de vue de la compétence, les plus sérieuses garanties. Les opinions de ses membres étaient celles du Centre Droit ou de la Gauche ; les légitimistes n'avaient obtenu qu'un portefeuille : celui de M. de Larcy, l'ancien membre de l'Union libérale, sous l'Empire.

La place faite aux anciens membres du Gouvernement de la
Défense nationale indiquait quel éclectisme avait présidé aux
choix de M. Thiers. MM. Jules Favre, Jules Simon et Leflô conservaient, en effet, les portefeuilles qu'ils détenaient pendant
la Défense nationale ; M. Picard recevait celui qu'il avait
demandé le 4 Septembre au soir et qui avait été attribué à
Gambetta. Ces quatre ministres étaient républicains, mais
l'un d'eux, le ministre de la Guerre, était un républicain catholique ; les trois autres appartenaient à cette fraction du Gouvernement de la Défense nationale qui, pendant les derniers
jours, avait lutté le plus énergiquement contre les prétentions de Gambetta. Aussi étaient-ils impopulaires à Paris
et dépourvus d'autorité dans leur propre parti. Les motifs
qui les avaient fait choisir par M. Thiers et qui les faisaient tolérer par les monarchistes n'étaient pas de nature,
tant s'en faut, à leur concilier les sympathies républicaines.
De plus M. Jules Favre était sous le poids de la réprobation,
justifiée ou non, qui pesait sur le signataire de la capitulation.
M. Ernest Picard passait pour l'inspirateur du journal *l'Electeur libre*, que le Gouvernement de la Défense nationale avait
dû souvent désavouer pendant le siège. M. Jules Simon,
avant d'être envoyé à Bordeaux pour réduire la Délégation,
était, de tous les ministres, celui qui s'était le plus énergiquement refusé à ce que l'on appelait déjà l'épuration : « Surtout ne touchez à personne, » telle était la conclusion de toutes
ses dépêches à M. Crémieux, de toutes ses instructions à
M. Silvy. Le choix d'hommes moins avancés comme opinion,
mais moins mêlés aux derniers événements, eût été plus habile
et, aux yeux des républicains eux-mêmes, plus significatif ; il
eût surtout moins froissé les Parisiens et Paris était déjà le
gros point noir dans l'horizon gouvernemental. Les autres
choix ne pouvaient qu'être approuvés, même celui de M. de
Larcy, du moment que M. Thiers croyait devoir faire une

place aux Légitimistes et ils furent accueillis avec faveur par les groupes de Droite de l'Assemblée. Les groupes de Gauche convaincus, depuis les élections et depuis l'élévation de M. Thiers au pouvoir exécutif, que les heures de la République étaient comptées, furent confirmés dans leur réserve défiante, mais surent gré à M. Thiers d'avoir écarté de son ministère tout ce qui de près ou de loin avait touché au régime impérial. On lui passa même la nomination de M. Pouyer-Quertier dont on appréciait la bonne humeur, le savoir faire, la science financière et qui devait son portefeuille à ses opinions protectionnistes beaucoup plus qu'à ses opinions politiques.

Le 19 Février, le Chef du pouvoir exécutif, en faisant connaître à l'Assemblée les noms des membres de son Cabinet, esquissa, dans une communication écrite, les grandes lignes de la politique qu'il comptait suivre. Il convient de reproduire les principaux passages de cette sorte de Message, où l'on trouve comme une ébauche de ce que l'on a appelé le *Pacte de Bordeaux* :

« Le pays doit être d'autant plus obéi, d'autant mieux servi, d'autant plus aimé qu'il est plus malheureux... il est malheureux sans doute, mais il reste l'un des pays les plus grands, les plus puissants de la terre, toujours ferme, fier, inépuisable en ressources, toujours héroïque surtout, témoin cette longue résistance de Paris qui demeurera l'un des monuments de la constance et de l'énergie humaines. »

Remarquons, en passant, la justice rendue pour la première fois par M. Thiers aux efforts de Paris et le silence intentionnel gardé sur les efforts de la Province qui furent pourtant, eux aussi, un monument de la constance et de l'énergie humaines, mais qui avaient, aux yeux du Chef du pouvoir exécutif et de la majorité, le tort inexcusable d'avoir été suscités et dirigés par Gambetta.

M. Thiers a pris ses ministres dans tous les partis « mais unis par le patriotisme, les lumières, et la communauté des bonnes intentions ». Il justifie d'ailleurs très heureusement la diversité de leurs opinions, quand il dit : « Dans une société prospère, régulièrement constituée, cédant paisiblement, sans secousse, au progrès des esprits, chaque parti représente un système politique et les réunir tous dans une même administration ce serait, en opposant des tendances contraires qui s'annuleraient ou se combattraient, ce serait aboutir à l'inertie ou au conflit. » Ne semble-t-il pas que M. Thiers ait prévu à l'avance les inconvénients, les dangers des Cabinets dits de *concentration* et qui sont en réalité des Cabinets de dispersion, de division et d'impuissance ?

Si toute la politique extérieure du nouveau Gouvernement se résume dans la poursuite de la paix « une paix courageusement débattue et qui ne sera acceptée que si elle est honorable », toute sa politique intérieure « la seule politique possible et même convenable en ce moment » consistera à « pacifier, à réorganiser, à relever le crédit ». Cette œuvre, M. Thiers l'entreprend « sans autre ambition que celle d'attirer sur ses derniers jours les regrets de ses concitoyens... sans même être assuré d'obtenir justice pour ses efforts ». Ce programme ne devait pas rester lettre morte. La première partie, celle qui concernait les affaires étrangères, était la plus urgente : le 19 Février, M. Thiers obtenait de l'Assemblée une suspension de ses séances et partait pour Paris où, depuis le milieu de Septembre, il n'avait paru qu'un instant et incognito, pour la plus grande partie de la population, à la fin du mois d'Octobre.

L'Assemblée nationale, très jalouse de sa souveraineté, avait désigné une Commission de quinze membres pour assister et, au besoin, pour contrôler les négociateurs, le

ministre des Affaires Etrangères et le Chef du pouvoir exécutif. Celui-ci se rendit seul à Versailles, le 21 Février, et commença, dans cette première entrevue, par faire proroger
l'armistice jusqu'au 26 Février. Depuis le 18 Février, les
Allemands, en prévision d'une reprise des hostilités, avaient
tourné vers Paris les canons du Mont-Valérien et des forts.
La prorogation de l'armistice ne laissait à M. Thiers et à la
France qu'une marge de cinq jours pour accepter ou repousser
les préliminaires de paix. M. de Bismarck, dans la première
réunion, avait demandé toute l'Alsace y compris Belfort,
Metz et Thionville avec la plus grande partie du département
de la Moselle et une indemnité de 6 milliards. Nous avons
dit que la Commission, qui s'attendait à pis, n'avait pas trouvé
ces conditions exorbitantes.

M. Thiers, dans son second voyage à Versailles, le 22 Février,
n'obtint aucune concession du Chancelier. Dans le troisième
et le quatrièmes voyages qu'il fit avec M. Jules Favre, le 23
et le 24, il fit réduire l'indemnité d'un milliard et consentit,
contre la cession de Belfort, à l'entrée de l'armée allemande
dans Paris. Le 25 M. de Bismarck jouait une de ces comé-
dies où il excelle et répondait aux plaintes, aux supplications
de M. Thiers, par un véhément discours en allemand. Le
26 enfin, l'armistice était prorogé jusqu'au 12 Mars, le traité
des préliminaires était signé et l'on convenait que les négociations pour la paix définitive se poursuivraient sur terre
neutre, à Bruxelles.

Cette laborieuse, cette douloureuse négociation, à laquelle
M. Jules Favre prit part depuis le 23 Février, a été racontée
par lui avec un relief si saisissant qu'il faut lui emprunter le
récit qu'il en a fait dans son bel ouvrage sur *le Gouvernement de la Défense nationale*. Personne n'a rendu une plus
entière justice à M. Thiers, à ses efforts en face de l'étranger
comme en face des partis, que les deux ministres républicains

qu'il avait associés à son œuvre, M. Jules Favre et M. Jules
Simon, qu'il a toujours traités en amis très chers, avec une
sorte de respect affectueux pour le premier et d'admiration
familière pour le second. M. Thiers, homme d'Etat, revit
tout entier dans le *Gouvernement de M..Thiers*, de M. Jules
Simon. M. Jules Favre va nous faire connaître M. Thiers
diplomate :

« Je le vois encore pâle, agité, s'asseyant et se levant tour
à tour, j'entends sa voix brisée par le chagrin, ses paroles
entrecoupées, ses accents à la fois suppliants et fiers, et je ne
sais rien de plus grand que la passion sublime de ce noble
cœur, éclatant en plaintes, en menaces, en prières...

« Quand il eut fait valoir, avec son inimitable éloquence,
l'énormité de nos sacrifices, la rigueur inouïe qui nous imposait, outre la mutilation de notre territoire, une écrasante
rançon, les liens antiques qui nous rattachaient à une ville
qui n'avait jamais appartenu à l'Allemagne et qui n'avait rien
de germanique, voyant l'inflexibilité de son interlocuteur il
s'écria : — « Eh bien, qu'il en soit comme vous le voulez,
« Monsieur le comte, ces négociations ne sont qu'une feinte.
« Nous avons l'air de délibérer. Nous devons passer sous votre
« joug. Nous vous demandons une cité absolument française,
« vous nous la refusez ; c'est avouer que vous avez résolu contre
« nous une guerre d'extermination : faites-la. Ravagez nos
« provinces, brûlez nos maisons, égorgez les habitants inoffen-
« sifs ; en un mot achevez votre œuvre. Nous vous combattrons
« jusqu'au dernier souffle. Nous pourrons succomber, au moins
« nous ne serons pas déshonorés ! »

« M. de Bismarck parut troublé. L'émotion de M. Thiers
l'avait gagné. Il lui répondit qu'il comprenait ce qu'il devait
souffrir et qu'il serait heureux de pouvoir lui faire une concession. « Mais, ajouta-t-il, il serait mal à moi de vous pro-
« mettre ce que je ne peux vous accorder. Le roi m'a com-

« mandé de maintenir nos conditions ; lui seul a le droit de les
« modifier. Je dois prendre ses ordres. Il importe toutefois que
« je confère avec M. de Moltke. Si j'ai son consentement, je
« serai plus fort. » Il sortit.

« Il était de retour au bout d'un quart d'heure. Le roi était à
la promenade et ne devait rentrer que pour diner. M. de
Moltke était également absent. On ne peut se figurer notre
anxiété. Elle fut à son comble lorsque, une demi-heure après
environ, M. de Moltke fut annoncé. Nous ne le vîmes point.
M. de Bismarck s'enferma avec lui.

« Je ne crois pas que jamais accusé ait attendu son verdict
dans une plus fiévreuse angoisse. Immobiles et muets nous
suivions d'un œil consterné l'aiguille de la pendule qui allait
marquer l'heure de notre arrêt. La porte s'ouvrit enfin et,
debout sur le seuil, M. de Bismarck nous dit : « J'ai dû,
« suivant la volonté du roi, exiger l'entrée de nos troupes
« à Paris. Vous m'avez exposé vos répugnances et vos
« craintes et demandé avec instance l'abandon de cette
« clause. Nous y renonçons si, de votre côté, vous nous lais-
« sez Belfort. »

« — Rien, répondit M. Thiers, n'égalera la douleur de
« Paris, ouvrant les portes de ses murailles intactes à l'ennemi
« qui n'a pu les forcer. C'est pourquoi nous vous avons con-
« juré, nous vous conjurons encore de ne pas lui infliger cette
« humiliation imméritée. Néanmoins, il est prêt à boire le
« calice jusqu'à la lie, pour conserver à la patrie un coin de
« son sol et une cité héroïque. Nous vous remercions, mon-
« sieur le comte, de lui fournir l'occasion d'ennoblir son
« sacrifice. Son deuil sera la rançon de Belfort que nous per-
« sistons plus que jamais à réclamer. » — « Réfléchissez, nous
« dit M. de Bismarck, peut-être regretterez-vous d'avoir
« rejeté cette proposition. » — « Nous manquerions à notre
« devoir en l'acceptant, répliqua M. Thiers. » « La porte se

« refermá et les deux hommes d'Etat prussiens reprirent leur
« conférence.

Elle nous parut durer un siècle. Après le départ de M. de
Moltke, le Chancelier nous fit connaître qu'il n'y avait plus
que le roi à convaincre. Il dut, malgré notre impatience,
attendre que le monarque eût achevé son repas; vers six
heures et demie, il se rendit auprès de lui. A huit heures
M. Thiers recueillait le fruit de son vaillant effort. Il avait
rendu Belfort à la France. »

Nous avons tenu à reproduire ces belles pages. Elles nous
font bien connaître le principal négociateur français et elles
nous présentent les deux hommes d'Etat prussiens sous un
jour nouveau. Nous y voyons, spectacle inattendu, un Bismarck presque attendri et un de Moltke presque sentimental
qui préfèrent un honneur, l'entrée de leurs troupes à Paris,
à la possession d'une ville française et qui réussissent à faire
partager cette manière de voir à leur maître. Nous constatons aussi que M. Thiers n'a obtenu les très minces concessions qu'on lui a faites, qu'en menaçant de lutter jusqu'au
dernier souffle, lui que l'on savait un partisan déterminé de la
paix, et nous répétons qu'une Chambre moins pacifique et
des négociateurs animés du même esprit que Gambetta
auraient vraisemblablement obtenu des conditions moins
dures.

Les préliminaires signés, l'armistice prolongé jusqu'au
12 Mars, M. Thiers revient précipitamment à Paris et dès le
lendemain, le 27 Février, il repart pour Bordeaux. L'armée
allemande devait, en effet, entrer dans Paris le 1er Mars et son
séjour s'y prolongerait jusqu'à l'approbation des préliminaires par l'Assemblée nationale.

Bordeaux, avec ses immenses avenues, l'Intendance, le
Chapeau-Rouge, les allées de Tourny couvertes de monde,

avec ses cafés regorgeant de consommateurs, avec ses
conciliabules en plein vent, avec le perpétuel mouvement
qui se faisait autour de la Préfecture, siège du Gouvernement, et du Grand-Théâtre, siège de l'Assemblée, n'était
pas le milieu tranquille qui convenait à de graves délibérations. Les députés de Paris et parmi eux quelques-uns
des futurs instigateurs de la Commune, y étaient arrivés
un à un, au fur et à mesure que s'achevait l'interminable
recensement des votes parisiens et avaient fait retentir tous
les lieux publics de leurs attaques passionnées, de leurs
déclamations furieuses contre les membres du Gouvernement
de la Défense nationale et contre les députés monarchistes et
ruraux. Ceux-ci ne pouvaient parvenir au Grand-Théâtre
qu'en traversant avec peine une foule notoirement hostile,
contre les insultes de laquelle leur obscurité même les proté-
geait, mais où ils entendaient échanger les propos les plus
malveillants, où ils assistaient aux ovations bruyantes que
l'on prodiguait à Garibaldi, à Rochefort, à tous les représentants révolutionnaires de Paris. De la place du Théâtre
ils pénétraient dans une salle éclairée, à midi, comme pour les
représentions du soir, dont les loges regorgeaient d'assis-
sistants, aussi mal disposés pour eux que ceux de la rue et
des places publiques. Les impressions qu'éprouvèrent, dans
ce milieu bruyant et malveillant, les membres de la majorité,
ne furent pas sans influence sur leurs résolutions ultérieures
et c'est à ce titre que nous les avons notées.

C'est le 28 Février que M. Thiers présentait à l'Assemblée
le traité des préliminaires. Il en lut lui-même à la tribune le
préambule qui était ainsi libellé : L'Assemblée nationale,
subissant les conséquences de faits dont elle n'est pas l'auteur, approuve les préliminaires de paix. Les autres articles
furent communiqués aux représentants par M. Barthélemy-
Saint-Hilaire. Leur très prompte adoption s'imposait, puisque

l'échange des ratifications devait être le signal du retour de nos prisonniers et de l'évacuation d'une grande partie de notre territoire, Paris compris. Aussi le Gouvernement concluait-il à l'urgence. M. Tolain, député de Paris, combattit l'urgence, les propositions étant selon lui honteuses et inacceptables. Cette appréciation ramena M. Thiers à la tribune.

« La honte, s'écria-t-il, sera pour ceux qui à tous les degrés, à toutes les époques auront contribué aux fautes qui ont amené cette situation. » MM. Schœlcher, Gambetta insistent pour que la réunion des bureaux soit au moins ajournée au lendemain. Le Chef du pouvoir exécutif, qui sait qu'un ajournement de vingt-quatre heures peut amener une catastrophe, remonte à la tribune et adjure l'Assemblée de repousser toute remise. « Respectez, non pas moi, si personne ne respecte plus rien, mais respectez mon silence... J'ai quitté Paris hier soir et, quand je parle ainsi, je désire être compris sans rien ajouter davantage. » L'Assemblée le comprit, elle se réunit immédiatement dans ses bureaux et le lendemain M. Victor Lefranc proposait, au nom de la Commission chargée d'étudier le projet de loi, son adoption pure et simple.

La séance du 1er Mars fut une séance historique, comme comme l'avait été celle du 17 Février. Toute notre histoire intérieure et extérieure, depuis vingt-cinq ans, découle, en effet, de ces trois événements mémorables : l'élévation de M. Thiers au pouvoir, le vote de déchéance et l'adoption du projet de loi relatif aux préliminaires de paix.

La déchéance fut prononcée fortuitement. Un député de la Moselle, M. Bamberger, qui combattait le projet de préliminaires, venait de déclarer qu'un seul homme, Napoléon III, aurait dû signer un pareil traité. « Napoléon III, s'écrièrent quelques députés de la Corse, n'aurait jamais signé un traité honteux. » M. Jules Simon ayant défié M. Conti de monter à la tribune pour défendre Napoléon III, l'ancien chef du Cabinet

de l'Empereur répondit à cet appel et présenta une apologie
de l'Empire, accueillie par de telles protestations, que la
séance dut être suspendue. A la reprise, M. Target, député
du Calvados, au nom de vingt-cinq de ses collègues, lut une
motion d'ordre ainsi conçue :

« L'Assemblée nationale clôt l'incident et, dans les circonstances douloureuses que traverse la patrie, en face de protestations et de réserves inattendues, confirme la déchéance
de Napoléon III et de sa dynastie, déjà prononcée par le suffrage universel et le déclare responsable de la ruine, de l'invasion et du démembrement du territoire. »

M. Gavini ayant affirmé que l'Empire, fondé par quatre
plébiscites, ne pouvait être renversé que par un autre plébiscite, M. Thiers appuya, en ces termes, la motion de
M. Target :

« Messieurs : Je vous ai proposé une politique de conciliation et de paix et j'espérais que tout le monde comprendrait
la réserve et le silence dans lesquels nous nous renfermons à
l'égard du passé. Mais lorsque ce passé se dresse devant le
pays... (Vive adhésion. — Bravos et applaudissements.)

M. Conti. — Je demande la parole.

M. Thiers. — Lorsque ce passé semble se jouer de nos
malheurs dont il est l'auteur (Oui, oui ! nouveaux bravos),
le jour où ce passé se dresse devant nous, quand nous vou-
drions l'oublier, lorsque nous courbons la tête sous ses fautes,
permettez-moi de le dire, sous ses crimes (Oui, oui, c'est
vrai !)... Savez-vous ce que disent en Europe les princes que
vous représentez, je l'ai entendu de la bouche des souverains,
ils disent que ce n'est pas eux qui sont coupables de la guerre
que c'est la France ; ils disent que c'est nous. Eh bien, je leur
donne un démenti, à la face de l'Europe. (Applaudissements.)
Non, la France n'a pas voulu la guerre. (Non, non !) C'est vous,
vous qui protestez ; c'est vous qui l'avez voulue. (Oui, oui !)

... Vous avez méconnu la vérité. Elle se dresse aujourd'hui devant vous et c'est une punition du ciel, de vous voir ici obligés de subir le jugement de la nation qui sera le jugement de la postérité. (Oui, oui, vifs applaudissements.)

Vous venez soutenir ici l'innocence du maître que vous serviez. Je respecte toujours toutes les douleurs, Ce n'est pas l'individu que j'attaque.

M. Conti. — Il n'y paraît guère.

M. Thiers. — Mais vous voulez soutenir ici l'innocence du maître que vous avez servi. Si l'Assemblée écoute mon conseil, elle vous laissera la parole. Eh bien, venez parler des services rendus à la France par l'Empire ; il en est beaucoup de nous ici qui vous répondront à l'instant même. (C'est vrai ! Très bien !)

Si l'Assemblée veut clore l'incident, ce sera plus sage et plus digne (Assentiment), mais si elle ne veut pas clore l'incident, je la supplie de laisser parler à cette tribune les représentants de l'Empire.

Je n'ajouterai plus qu'un mot. Quant au droit national, vous dites que nous ne sommes pas une Constituante. Mais il y a une chose qui ne fait pas question c'est que nous sommes souverains. (Oui, oui, souverains!) Savez-vous pourquoi ? C'est que depuis vingt ans c'est la première fois que les élections ont été parfaitement libres (Acclamations) et que le pays a pu dire librement sa volonté. (Réclamations de MM. Conti et Gavini.)

M. Ducuing, s'adressant à MM. Conti et Gavini : La preuve, c'est que vous avez été nommés.

M. Thiers. — La clôture de l'incident, c'est ce qui serait le plus digne. (Oui, oui.) Mais si la clôture ne prévalait pas, écoutez alors ceux qui voudraient venir se justifier : nous leur répondrons. Pour moi, je demande la clôture de l'incident. (Vive adhésion. Très bien. L'ordre du jour.)

La clôture fut, en effet, prononcée et la motion Target adoptée par assis et levé, à l'unanimité des membres présents, moins six. Ce résultat, si aisément obtenu, montre combien les craintes de Gambetta étaient chimériques. L'inéligibilité, à laquelle il attachait tant d'importance, n'en avait réellement aucune. Si elle avait été édictée, les six bonapartistes qui votèrent contre la déchéance et deux ou trois anciens ministres, comme MM. Buffet, Daru et Brame, auraient été écartés de l'Assemble nationale ; mais ni sa majorité ni son esprit n'auraient été changés pour si peu et le vote même de la déchéance aurait eu moins de valeur, parce que la liberté des électeurs du 8 Février eût été à bon droit suspectée.

Le vote de déchéance fut la seule condamnation officielle et, si l'on peut dire, constitutionnelle de l'Empire. D'ailleurs cette condamnation avait été prononcée dès le 8 Février avec une éloquence et une justice indéniables. A combien de voix se réduisaient alors les 7,500,000 *oui* du plébiscite ?

La question intérieure tranchée, on se trouvait en présence de la douloureuse question des préliminaires de paix. A cette époque, dans cette Assemblée souveraine qui comptait 20 ou 30 des premiers orateurs de la France, tous ses hommes d'Etat et 400 hommes d'affaires, on ne consacrait pas, comme aujourd'hui, deux ou trois séances à la discussion d'une interpellation sur un fait d'importance très relative ; la même séance voyait poser et résoudre les questions les plus graves, celles dont dépendait l'avenir même du pays. Combattu déjà par Edgar Quinet et par M. Bamberger, le projet de loi le fut encore par Victor Hugo, par M. Tachard, député du Haut-Rhin, par MM. Louis Blanc, Jean Brunet, Millière et Keller ; il ne fut appuyé que par MM. Vacherot et Changarnier. Ce dernier prononça quelques sages paroles de résignation patriotique, qui ne pouvaient faire prévoir combien ses interventions ultérieures, dans les débats ou les travaux de l'As-

semblée, devaient être passionnées ou ridicules d'exagération.
M. Buffet déclara qu'il s'abstiendrait comme Vosgien, mais
engagea ses amis politiques à voter le projet. M. Thiers prit
la parole à deux reprises, après M. Buffet et après M. Keller,
et son intervention fut décisive. Il affirma sa conviction absolue de l'impossibilité de continuer heureusement la lutte. Il
déclara qu'il s'était imposé, en signant, une des plus cruelles
douleurs de sa vie et l'émotion visible qu'il éprouvait l'obligeait à interrompre son discours, pendant que l'Assemblée
éclatait en applaudissements. Il supplia tout le monde d'avoir
le courage de son malheur, de ne consulter que sa conscience
et son cœur, sans faux patriotisme et sans faiblesse. Il adjura
les représentants de la France d'avoir enfin du bon sens et
de ne plus se payer de mots. Il montra enfin qu'avec une
organisation militaire brisée, il était impossible de résister à
une armée régulière de 500,000 hommes, enivrée de ses victoires.

Le projet de loi fut adopté par 543 voix contre 107 et une
centaine d'abstentions. Ce vote entraîna la démission des
députés de la Moselle, du Bas-Rhin et du Haut-Rhin. Il y eut
comme un serrement de cœur, dans toute l'Assemblée, quand
M. Grosjean, député de la Moselle, vint lire cette démission
à la tribune.

« Les représentants de l'Alsace et de la Lorraine ont déposé,
avant toute négociation de paix, sur le bureau de l'Assemblée
nationale, une déclaration affirmant de la manière la plus
formelle, au nom de ces provinces, leur volonté et leur droit
de rester françaises.

« Livrés, au mépris de toute justice et par un odieux abus
de la force, à la domination de l'étranger, nous avons un
dernier devoir à remplir.

« Nous déclarons, encore une fois, nul et non avenu un pacte
qui dispose de nous sans notre consentement. La revendica-

tion de nos droits reste à jamais ouverte, à tous et à chacun, dans la forme et dans la mesure que notre conscience nous dictera.

« Au moment de quitter cette enceinte, où notre dignité ne nous permet plus de siéger, et malgré l'amertume de notre douleur, la pensée suprême que nous trouvons au fond de nos cœurs est une pensée de reconnaissance pour ceux qui, pendant six mois, n'ont pas cessé de nous défendre et d'inaltérable attachement à la patrie dont nous sommes violemment arrachés.

« Nous vous suivrons de nos vœux et nous attendrons, avec une confiance entière dans l'avenir, que la France régénérée reprenne le cours de sa grande destinée.

« Vos frères d'Alsace-Lorraine, séparés en ce moment de la famille commune, conserveront à la France, absente de leurs foyers, une affection fidèle, jusqu'au jour où elle viendra y reprendre sa place. »

Depuis huit ou dix ans le *doux parler* de la France ne résonne plus sur les lèvres de nos frères d'Alsace-Lorraine; mais notre souvenir est resté vivant dans leurs cœurs fidèles. Pensons toujours, comme le recommandait Gambetta, à cette place, la nôtre, qui est restée vide à leurs foyers : les Allemands, qui ont occupé tout le reste, n'ont pu s'y établir.

D'autres démissions, inégalement regrettables, précédèrent ou suivirent celle des Alsaciens-Lorrains. Quand l'Italie officielle nous soutenait seulement de ses vœux, Garibaldi nous avait apporté le secours de son épée, de son immense popularité, de sa gloire. La France l'avait remercié par une triple élection. Etranger et à ce titre inéligible, Garibaldi avait envoyé sa démission au Président de l'Assemblée. Peu au courant des usages parlementaires, il avait voulu adresser un dernier adieu à notre pays et peut-être faire des vœux pour la République, après sa démission remise et après la

séance levée. Le formalisme intolérant de la majorité ne lui
permit pas de se faire entendre.

Son départ amena celui de Victor Hugo et c'était, pour
parler comme Louis Blanc, un malheur ajouté à tant d'autres
que cette voix puissante fût étouffée, au moment où elle proclamait la reconnaissance de la patrie pour d'éminents services. Ce sentiment aurait dû être partagé « par tous ceux qui
chérissent ou révèrent le génie combattant pour la liberté. »

Rochefort, Ranc, Tridon, Benoit-Malon, qui fit suivre son
nom de ces mots « de l'Internationale », Félix Pyat, Ledru-
Rollin se retirèrent le 2 Mars. Ils affaiblirent le parti républicain par leur retraite et, de retour à Paris, ils contribuèrent
à agrandir le fossé qui se creusait de plus en plus entre la
Capitale et la Province.

C'est la question de Paris, si menaçante, si grosse d'inconnu
et de redoutables surprises, que M. Thiers fut amené à traiter
le 10 Mars, dans un discours qui est peut-être le plus remarquable de tous ceux qu'il a prononcés durant une carrière parlementaire de quarante années, qui est certainement l'un des
plus importants, puisque le programme de la politique gouvernementale y fut formulé en traits d'une netteté parfaite et
le *Pacte de Bordeaux* conclu.

Le *Pacte de Bordeaux*, c'est la neutralité gouvernementale
entre tous les partis, promise par M. Thiers et consentie par
tous les monarchistes; c'est, en même temps, l'assurance donnée aux républicains que l'institution républicaine ne court
aucun risque et que la République, si les républicains veulent
bien rassurer le pays, s'ils veulent être sages, profitera également de leur sagesse et des efforts du Gouvernement pour
pacifier et réorganiser la France. A maintes reprises,
M. Thiers déclare que son devoir c'est la loyauté envers tous
les partis, que ce qu'il leur doit à tous c'est de n'en tromper

aucun, c'est de ne pas proposer une solution exclusive qui désolerait les autres partis. Agir ainsi serait de sa part une sorte de trahison. « Je vous en donne, dit-il, la parole d'un honnête homme ; aucune des questions réservées n'aura été résolue, aucune solution n'aura été altérée par une infidélité de notre part. »

Quant à son programme de politique générale, le Chef du pouvoir exécutif le faisait tenir dans un seul mot : la réorganisation du pays. Reprenant une comparaison très heureuse, il ne voulait que ranimer un peu, que remettre sur pieds le malade qui lui avait été confié tout sanglant et couvert de blessures.

Pour présider à cette réorganisation, pour achever la guérison « du noble blessé », il fallait faire cesser la dualité gouvernementale. Il y avait, en effet, deux Gouvernements, comme pendant la Défense nationale, l'un à Bordeaux, l'autre à Paris. Le ministre des Affaires Étrangères était à Paris, pour se trouver à proximité des Allemands, avec lesquels il fallait négocier chaque jour, souvent plusieurs fois par jour. Le ministre des Finances était à Paris, parce que Paris est l'un des plus grands marchés financiers du monde. Le ministre de l'Intérieur était à Paris, parce que Paris, à lui seul, lui donnait plus de travail et d'inquiétude que tout le reste de la France. M. Thiers attribuait le ralentissement de l'action gouvernementale, du 1er au 10 Mars, à son éloignement et à celui des autres ministres. Tout en reconnaissant que « ce grand Paris a fait des fautes », il lui gardait une prédilection invincible. Plus équitable qu'au mois d'Octobre, où il avait plutôt découragé la Défense nationale, il savait gré à l'héroïque cité d'avoir, par sa vaillante résistance, relevé la France aux yeux du monde entier et surtout il sentait bien que de là seulement on pouvait diriger le pays. Il n'a aucune illusion ; il reconnaît la nécessité de faire arriver à Paris des forces

imposantes contre les hommes pervers qui méditent la guerre
civile ; cette guerre il la prévoit presque et, malgré tout, il
ose conclure au retour, sinon à Paris, au moins dans un lieu
aussi rapproché que possible de Paris. Ni Bourges, ni Orléans,
ni même Fontainebleau ne répondent aux nécessités de la
situation, étant trop éloignées de Paris ; mais Versailles offre
des garanties et c'est à Versailles qu'il propose à l'Assemblée
de se réunir.

« Fontainebleau, dit très bien M. Jules Simon, n'était qu'une
sottise ; Bourges aurait été un attentat ; Versailles était un
expédient : il l'emporta. » Après qu'un amendement en faveur
de Paris, que Louis Blanc avait proposé, eut été rejeté par
427 voix contre 154, un amendement en faveur de Versailles
fut adopté par 461 voix contre 104. Un membre de la Droite,
M. Baragnon, pour préjuger la question de la future Capitale
de la France, voulait que l'on transportât à Versailles les
grandes administrations de la Guerre et de l'Intérieur et la
direction des Postes et Télégraphes : M. Thiers fit échouer
cette proposition. Le lendemain, 11 Mars, l'Assemblée nationale tenait à Bordeaux sa dernière séance : elle ne devait
plus se réunir, à Versailles, que le lundi 20 Mars.

La première période de l'histoire de l'Assemblée nationale
venait de se terminer. Ses actes à Bordeaux ne méritent pas
les jugements sévères que ses actes ultérieurs ont fait porter
sur elle. Elle fut inexpérimentée, passionnée, violente et surtout provinciale ; mais elle se montra patriote et, dans les
grandes circonstances, elle sut prendre vite de courageuses
résolutions ; elle fut docile à la voix, aux conseils des
hommes d'élite qu'elle comptait dans son sein en si grand
nombre ; elle sut résister aux inspirations de l'esprit de parti,
le 17 Février, et surtout elle prononça contre l'Empire, le
1er Mars, une condamnation que la France devait ratifier dix
fois, vingt fois, dans toutes les consultations électorales.

Il faut, avant d'entreprendre l'histoire de Paris, du 28 Janvier au 18 Mars, expliquer l'épithète de *provinciale* dont nous avons qualifié l'Assemblée nationale. L'incompatibilité d'humeur était absolue entre la majorité de l'Assemblée et Paris. Les avocats, les avoués, les propriétaires et les rentiers, toutes les célébrités d'arrondissement que le 8 Février avait envoyées à Bordeaux, éprouvaient comme un vague effroi au seul nom de Paris. On lui reprochait son humeur changeante, son esprit révolutionnaire, ses engouements politiques, littéraires, artistiques ou sociaux. On ne faisait aucune distinction entre les exaltés et les modérés, entre les excentriques et les sages. Ce n'était pas seulement pour les étrangers que Paris était la moderne Babylone : beaucoup de Français le jugeaient ainsi et, plus logiques que les étrangers, ils évitaient tout contact avec la séduisante et attirante cité. Dans aucune des Assemblées françaises, depuis un siècle, on n'a compté ni autant d'inconnus, ni autant de députés n'ayant jamais mis les pieds à Paris, que dans l'Assemblée nationale de 1871. A des hommes aussi prévenus, il était impossible de faire comprendre que tout Gouvernement est impossible sans Paris, contre Paris ou hors de Paris : il était plus impossible encore de leur faire admettre que les Parisiens, ayant plus souffert que les autres Français, ayant payé une contribution plus lourde, après s'être aussi bien battus, avaient peut-être droit à quelques égards. Paris avait voté *non* au plébiscite; Paris, par le suffrage de tous ses députés, s'était prononcé contre la guerre ; cette guerre qu'il ne voulait pas, il en avait subi toutes les horreurs, il avait vu l'ennemi fouler ses avenues et ses places, il était encore sous la menace des batteries allemandes et il n'obtenait, comme récompense de son héroïsme, comme compensation de ses sacrifices, que des marques de défiance et d'hostilité. Les ruraux qui avaient voté *oui* au plébiscite, qui avaient envoyé au Corps législatif des approbateurs de la

guerre et des partisans de l'Empire, le traitaient plus rigou-
reusement que n'avait fait l'Empire. Comme don de joyeux
avènement, ils le décapitalisaient. C'est donc l'esprit provin-
cial qui animait la majorité de l'Assemblée nationale, c'est
cet esprit qui inspirait M. Baragnon, quand il voulait que l'on
transportât, sans désemparer, les principaux services publics
à Versailles; c'est lui qui devait se manifester plus tard par
des projets de loi décentralisateurs; c'est lui enfin qui créait
entre le Paris, nous ne dirons pas révolutionnaire, mais
simplement libéral et les représentants de la France, un formidable malentendu, où la guerre civile était en germe.

Le 12 ou le 13 Mars, la veille ou l'avant-veille du jour où
tous deux devaient quitter Bordeaux, le général Trochu se
présenta chez le Chef du pouvoir exécutif et lui dit : « Monsieur le Président, j'ai voté pour le départ de l'Assemblée,
parce que, Chef de l'Etat et responsable, vous avez déclaré
que vous ne pouviez gouverner à Bordeaux. Mais ne croyez pas
que vous allez gouverner à Versailles ou à Paris : vous allez
à la guerre civile. Ayant étudié l'itinéraire de Bordeaux à
Versailles, je vous en prie, étudiez l'itinéraire de Versailles
à Bordeaux. » M. Thiers interrompit son interlocuteur et lui
dit : « Oh! général, vous n'êtes pas dans le vrai; au moment
même où je vous parle, nous sommes en négociations avec les
insurgés de Montmartre qui vont nous livrer leurs canons de
bonne grâce. — Monsieur le Président, répliqua le général,
ce n'est pas à moi qu'on peut faire accepter cette espérance,
je connais trop bien Paris et je sais ce que j'y ai laissé
comme esprit public, comme garde nationale, et je sais dans
quel état sont les troupes. Il y a là des masses qui vivent
sur le fusil depuis cinq mois, qui ont tout à fait déserté le
travail. Si vous comptez en être le maître sans combat, vous
vous trompez absolument et vos troupes ne sont pas prêtes
pour le combat dans Paris. »

Il est regrettable que M. Thiers n'ait pas tenu compte, dans ses résolutions du 17 Mars, des indications du général Trochu. L'ancien Gouverneur de Paris était mieux à même que personne de le renseigner sur l'esprit public, sur celui de la population civile èt sur celui de l'armée. Mieux que personne le général savait et disait qu'il y a des moments de péril, d'angoisse publique, où les troupes, profondément atteintes dans leur moral, ne tiennent jamais. M. Thiers ne devait l'apprendre qu'à l'expérience, et quelle expérience !

Le 26 Janvier à minuit, Paris avait le douloureux privilège de tirer le dernier coup de canon du premier siège et un silence de mort succédait brusquement à l'effroyable canonnade. L'armistice entrait en vigueur quarante-huit heures après et le 29 Janvier, dans l'après-midi, les Allemands prenaient possession des forts dont l'évacuation fut si rapide que l'ennemi trouva dans quelques-uns d'entre eux, et en particulier dans celui de Vanves, de nombreux tonneaux de lard. L'inaction ayant succédé aux occupations du siège, une foule considérable s'était transportée sur les talus des fortifications, pour assister à la prise de possession. De cet observatoire, les gens clairvoyants purent constater quelques-unes des causes de nos échecs : l'ordre, la rapidité avec lesquels les Allemands s'installèrent, la facilité avec laquelle s'opéra, sans confusion et sans bruit, la substitution d'une armée à l'autre.

Paris n'offrit pas, dans les journées qui suivirent immédiatement le siège, l'aspect désolé d'une ville vaincue et obligée, après une glorieuse résistance, d'accepter les conditions de l'ennemi. Les femmes, les enfants, les vieillards, tous ceux que le bombardement avait retenus dans leurs maisons en sortirent comme après une délivrance et se répandirent sur la voie publique, déjà encombrée par l'armée régulière qui venait d'être désarmée et par les gardes nationaux tout fiers d'avoir conservé leurs armes. Les membres du Gouvernement de la Défense nationale qui étaient restés à Paris, le Préfet de la Seine exerçant les fonctions de Maire, M. Jules Ferry, le Préfet de police, M. Cresson, et les maires élus des municipalités, s'ils ne purent empêcher, à deux ou trois reprises, le pillage des halles centrales, réussirent du moins à maintenir un ordre relatif et la promptitude du ravitaillement les aida dans cette tâche. Le Gouvernement, par prudence plutôt que par nécessité, avait cru devoir continuer le rationnement : les vivres conservés étaient comme sortis de terre, à la nouvelle de l'armistice.

L'approche des élections tenait d'ailleurs tout le monde en haleine et c'est dans les réunions publiques que les violences révolutionnaires, les attaques contre les « capitulards » et aussi les propositions les plus folles se donnaient libre carrière. La note dominante de la polémique électorale fut la critique sans justice et sans mesure des actes du Gouvernement. S'élever contre la Défense nationale, la rendre responsable de tout, cela dispensait de toute profession de foi et les hommes les plus modérés étaient les complices de cette criante injustice. Le Comité libéral que présidait M. Dufaure ne mit sur sa liste aucun des membres du Gouvernement, sous prétexte, disait-il, « de ne pas affaiblir leur autorité, » et le plus illustre de ces membres, Jules Favre, ne fut élu que le trente-quatrième sur 44, avec 82,000 voix. M. Thiers arrivait le vingtième avec 103,000 voix, bien après Delescluze qui en réunissait 154,000, après Rochefort, élu le troisième, avec 166,000 voix. Louis Blanc et Victor Hugo étaient les deux premiers élus de Paris, avec plus de 200,000 voix. En dehors de la condamnation portée contre le Gouvernement, qui était la note dominante, il était difficile de reconnaître aux élections parisiennes une signification précise. Les noms des hommes les plus modérés comme Thiers, Léon Say,

Pothuau, Saisset, Frébault, Sauvage s'y rencontraient près de
ceux des révolutionnaires les plus ardents comme Félix Pyat,
Millière, Gambon, Benoît-Malon et Cournet. On y vit jusqu'à
des catholiques exaltés comme Jean Brunet, à côté d'athées
comme Garibaldi. Gambetta y figurait naturellement. Son
dissentiment avec le Gouvernement de Paris avait plus fait certainement pour son élection que son patriotisme, ses grandes
qualités oratoires et les immenses services qu'il venait de
rendre. Après les élus arrivaient, avec une cinquantaine de
mille voix, tous les futurs membres de la Commune.

Paris ne connut qu'assez tard, les noms de ses représentants à l'Assemblée nationale, à la suite d'un dépouillement
très laborieux : quand il put comparer ses choix à ceux de
la Province, il éprouva une véritable stupeur et il eut la conviction que la Monarchie allait être rétablie par l'Assemblée
de Bordeaux. De cette conviction à une organisation révolutionnaire, capable de sauvegarder la République menacée, il
n'y avait qu'un pas à franchir : il fut franchi d'autant plus
aisément que les agitateurs et les meneurs, dans la situation
que la fin du siège avait faite à Paris, eurent beau jeu.

On a estimé à 60,000 les personnes qui avaient été retenues à
Paris, par leurs fonctions ou par leur devoir, et qui s'empres-
sèrent d'en sortir dès que les portes furent ouvertes. Ces
60,000 personnes appartenaient naturellement à la portion
aisée de la population, au parti de l'ordre et à ce que l'on
appelait « les bons bataillons de la garde nationale », à ceux
des quartiers du centre. Les industriels, les commerçants et les
petits propriétaires de Paris sont du côté de l'ordre, quand
l'atelier fonctionne, quand le magasin est ouvert et quand
les loyers sont payés. Si l'industrie chôme, faute de matière
première, si la boutique reste fermée, faute d'acheteurs et si
les termes impayés s'accumulent, tous se désintéressent de la
chose publique, rendent le Gouvernement responsable de leurs

déboires et voient arriver sans déplaisir un changement politique, même s'il est acheté par une Révolution violente. Or,
le 10 Mars, à Bordeaux, M. Dufaure avait fait ajourner la loi
sur les loyers et voter une loi malheureuse sur les échéances :
c'était une double faute. L'ajournement de la loi sur les
loyers avait mécontenté tous les locataires, sans satisfaire les
propriétaires, qui ne pouvaient rien prélever sur des locataires
condamnés au chômage depuis de longs mois. La loi sur les
échéances, en rendant exigibles tous les effets échus du
13 Août au 22 Novembre, 7 mois après, jour pour jour, c'est-
à-dire à partir du 13 Mars 1871, faisait, en 4 jours, signifier
150,000 protêts à Paris. Une dernière faute restait à commettre, c'était de menacer dans ses prérogatives de Capitale,
ce Paris dont on ne cessait avec raison de vanter l'héroïsme
pendant-le siège : l'Assemblée n'y manqua pas et, en s'alié-
nant par ses actes, comme par ses tendances supposées, par
les intentions qui lui étaient attribuées, tous les éléments
d'ordre que renferme la grande cité, elle préparait sûrement
le triomphe des éléments opposés.

Ces éléments opposés, la fatalité des circonstances en augmentait chaque jour le nombre. Nous ne parlons pas seulement des 18,000 soldats des compagnies franches, garibaldiens et francs-tireurs de l'Est, vêtus de chemises rouges et
coiffés de chapeaux aux plumes de paon, que les préliminaires
avaient licenciés et qui affluèrent à Paris, dans la semaine
qui précéda le 18 Mars. C'est dans Paris même, et presque
au lendemain de l'armistice, que la garde nationale offrit le
plus triste spectacle. Astreinte à un service régulier, elle était
déjà démoralisée par le jeu et par l'ivrognerie; réduite à
l'inaction du jour au lendemain, elle se répandait par les
places, les carrefours et les rues, se livrant à tous les jeux
de hasard et, après de longues stations autour des tapis francs
étendus partout, emplissait les cafés et les cabarets, où le

reliquat de la solde journalière était dépensé. Quel retour
dans la pauvre chambre, où pleurent peut-être la femme et les
enfants, après de pareilles journées, et quelle journée le lendemain, plus inoccupée que celle de la veille, où le travail est
plus difficile et la reprise de soi presque impossible! La mortalité, vraiment effrayante en Février et en Mars, puisque l'on
a calculé que le siège et ses suites firent périr plus de 50,000
personnes, déprime encore les âmes et les rend moins capables
d'un retour à la vie régulière.

C'est ainsi que peu à peu s'était formée une situation
habilement exploitée par les différentes associations révolutionnaires, associations antérieures à l'armistice, qui lui
survécurent et qui finirent par s'absorber dans le Comité
central. Ces associations étaient le Comité des vingt arrondissements, la Fédération des Chambres syndicales et l'Association internationale des Travailleurs. Toutes trois siégeaient
place de la Corderie du Temple, lieu de réunion du « Parlement en blouse », de la « Révolution en habits d'ouvriers »,
comme disait Jules Vallès. Toutes trois avaient un même mot
d'ordre : La Commune, et toutes trois poursuivaient ostensi-
siblement un double but : la conquête des franchises municipales à Paris et le maintien de la République en France,
avec l'aide de la garde nationale, infanterie et artillerie, cen-
tralisée aux mains d'un Comité puissant et aveuglément
obéi. Les socialistes voyaient, au delà de ce double but, le
triomphe du prolétariat se substituant à la bourgeoisie.

Trois réunions eurent lieu successivement au Cirque à la
fin de Janvier, au Vauxhall le 15 et le 24 Février, où furent
arrêtées les bases de l'organisation fédérative et de la délégation par les compagnies et par les bataillons. La plus importante de ces réunions, celle du 24 Février, jour anniversaire de
l'établissement de la République en 1848, compta 2,000 délégués des compagnies. Le Comité provisoire qui avait convo-

qué les trois réunions devint, ce jour-là, le Comité central et prit la tête du mouvement. Son premier acte fut une protestation contre toute tentative de désarmement de la garde nationale. Le second fut la résolution de s'opposer par la force à l'entrée des Allemands dans Paris.

A partir du 24 Février, pour tenir ses adhérents en haleine et passer la revue de ses forces, le Comité central fit chaque jour défiler les bataillons sans armes sur la place de la Bastille. Le bataillon s'arrêtait au pied de la colonne que surmonte le Génie de la Liberté, aux mains duquel on avait mis un drapeau rouge; un officier grimpait sur le piédestal de la colonne, plaçait une couronne à l'un des angles, adressait quelques paroles à ses hommes et les faisait circuler autour du monument au son de la musique et au chant de la *Marseillaise*. Le 25 et le 26 ces manifestations continuaient, attristées ce dernier jour par le meurtre du malheureux Vincenzoni, un gardien de la paix, qui fut surpris prenant, dit-on, sur un carnet les numéros des bataillons qui défilaient. Traité de mouchard, il est mis en sang, attaché solidement à une planche, jeté à l'eau et noyé à coups de pierres. Il avait demandé à la foule furieuse la faveur de se brûler la cervelle avec son revolver : la foule avait refusé.

Jamais peut-être la physionomie de Paris ne fut plus affligeante que pendant ces derniers jours de Février 1871 ; les mouvements incessants de la garde nationale dans les rues semblaient, maintenant qu'ils étaient sans utilité, comme la parodie de la défense ; ceux des gardes, des mobiles ou des soldats qui erraient à l'aventure, sans occupation et sans but, présentaient un spectacle plus triste encore. L'animation que l'on trouvait partout était celle d'une oisiveté agitée et non pas d'une activité laborieuse. Le travail manquant, pour toutes les classes de la société, on se rejetait sur toutes les distractions malsaines. La foule s'attroupait aux devantures des libraires et autour des kiosques, où la retenaient d'innombrables caricatures et des gravures légères plus nombreuses encore. Les crieurs de journaux assourdissaient les passants de nouvelles invraisemblables. Les camelots, ces petits marchands du trottoir, accaparaient une partie de la voie publique, pour des industries souvent malpropres.

Il semble que dans une ville comme Paris, le commerce, l'industrie, l'activité humaine sous ses formes multiples ne peut pas s'arrêter une minute, que la machine une fois remontée reprend forcément son mouvement. Sans doute, les grandes administrations, les grandes industries, le grand commerce avaient rouvert leurs portes aux employés, aux ouvriers, à tout le personnel qu'ils faisaient vivre : bureaux, ateliers et magasins offraient déjà un semblant d'animation. Mais ce qui était possible aux grandes usines ne l'était pas aux petites ; celles-ci devaient être entièrement renouvelées, réorganisées ; il leur fallait du temps pour se reconnaître, pour retrouver d'abord des commandes et ensuite des débouchés. D'ailleurs, elles avaient beau appeler à elles tous les hommes inoccupés, leur appel n'était pas entendu : les bras, déshabitués du travail depuis de longs mois, restaient inertes ou ne retrouvaient un peu de vigueur que pour porter le fusil du garde national.

Cette situation, l'absence de toute police et de toute force répressive, la complicité escomptée des quelques milliers de soldats que nous avait laissés l'armistice, furent très habilement exploités par le pouvoir révolutionnaire qui existait depuis la fin de l'Empire et qui s'était maintes fois manifesté pendant le siège ; manifesté sous mille formes : affiches, proclamations, prises d'armes, émeutes. Les circonstances allaient lui permettre de faire une Révolution.

Sous prétexte d'empêcher les canons réunis à Passy et

sur la place Wagram de tomber aux mains des Prussiens, le
Comité central, auquel la démission de Clément Thomas et
du colonel Montagut laissait le champ libre, avait fait transporter 170 pièces à Montmartre, d'autres aux buttes Chaumont et à la place des Vosges. C'est le 27 Février qu'avait
lieu cet enlèvement ; le 28, les gardes nationaux de Belleville
essayaient vainement de débaucher les marins casernés à la
Pépinière : ils ne réussissaient qu'à en entraîner 8 ou 9 sur
la place de la Bastille. Les Bellevillois avaient peut-être agi
sans ordres ; leur échec ne fit rien perdre au Comité central
de son autorité et de son prestige qui se montrèrent, ce jour
même, avec une redoutable signification. Les membres de
l'Association internationale des Travailleurs, qui exercèrent
souvent, sur le Comité central d'abord et plus tard sur la
Commune, une influence modératrice, avaient compris les
dangers d'un conflit entre la garde nationale et les Allemands
et décidé le Comité central à ne pas s'opposer à l'entrée de
l'armée ennemie. L'affiche suivante fut apposée sur les murs
de Paris :

« Comité central de la garde nationale.

« Citoyens,

« Le sentiment général de la population paraît être de ne
pas s'opposer à l'entrée des Prussiens dans Paris. Le Comité
central qui avait émis un avis contraire déclare qu'il se rallie
à la résolution suivante :

« Il sera établi, tout autour des quartiers que doit occuper
l'ennemi, une série de barricades propres à isoler complètement cette partie de la ville. Les habitants de la région
circonscrite dans ces limites devront l'évacuer immédiatement.

« La garde nationale, de concert avec l'armée formée en

cordon tout autour, veillera à ce que l'ennemi, ainsi isolé
sur un sol qui ne sera plus notre ville, ne puisse communiquer avec les parties retranchées de Paris.

« Le Comité central engage donc toute la garde nationale
à prêter son concours à l'exécution des mesures nécessaires
pour arriver à ce but et éviter toute agression qui serait le
renversement immédiat de la République. »

Cet ordre fut obéi de tous, sauf de quelques bataillons de
Montmartre. Ils descendirent jusqu'au boulevard Malesherbes, où ils rencontrèrent d'autres gardes nationaux, avec
lesquels ils parlementèrent : « La troupe est là, leur fut-il
dit, les Prussiens aussi ; il n'y a rien à faire. » Ils se le tinrent
pour dit, allèrent prendre des canons restés sur la place
Wagram et regagnèrent leur mont Aventin.

Tout se passa comme il était convenu, le 1er et le 2 Mars,
sans dommage pour les vaincus, sans grand honneur pour
les victorieux. Paris suspendit volontairement sa vie pendant
quarante-huit heures. Les journaux ne parurent pas. Les
édifices publics, les magasins, les cafés, les boutiques furent
fermés ; des drapeaux tricolores cravatés de deuil ou même
des drapeaux noirs furent arborés à un grand nombre de
maisons ; les statues de la place de la Concorde furent voilées
de noir. Dès neuf heures et demie, les Allemands, sous la conduite du général de Kamecke, occupaient les Champs-Elysées
et la place de la Concorde. Leurs musiques jouèrent sans
interruption jusqu'au soir, accueillies par les sifflets de la
foule que contenait le double cordon de l'armée et de la
garde nationale. L'ennemi avait le droit de visiter les Invalides et le Louvre. Sur les observations du général Vinoy, il
renonça à visiter les Invalides. Au Louvre, dans des salles
obscures, aux fenêtres murées, dont les tableaux avaient été
enlevés, par crainte des obus et de l'incendie, il dut prendre
une idée médiocre de nos richesses artistiques.

Le 1er Mars, à sept heures et demie du soir, un télégramme de Bordeaux avait annoncé à Paris l'acceptation des préliminaires par l'Assemblée. Le lendemain, à six heures du matin, M. Jules Favre partait pour Versailles, où avait lieu l'échange des ratifications qui mettait fin à l'occupation de Paris. Cette rapidité surprit l'ennemi et contraria ses projets : il avait l'intention de faire entrer dans la ville des corps successifs de 30,000 hommes et de faire passer une grande revue par l'Empereur. Le 3 Mars, à onze heures, il fallut évacuer Paris. Le Gouvernement annonçait à la Capitale sa libération par la proclamation suivante :

« L'armée allemande a évacué ce matin à onze heures les quartiers où elle avait pénétré. Pendant son séjour la tenue de Paris a été au-dessus de tout éloge ; partout les lieux publics, les établissements industriels, les magasins des commerçants se sont fermés spontanément. Les occupants laissés à eux-mêmes ont pu comprendre que, si le droit succombe parfois devant la force, il n'est pas si facile de dompter les âmes et que la fortune de la guerre ne domine pas seule le monde. » Après avoir rappelé la belle conduite des maires et des municipalités du VIIIe, du XVIe et du XVIIe arrondissement, la proclamation ajoutait : « Le Gouvernement de la République les remercie ; il comptera toujours sur eux, comme il compte sur la population, pour faire que Paris reste l'une des premières villes du monde. »

Les espérances du Gouvernement furent cruellement trompées : jamais Paris ne fut plus troublé que pendant la période du 3 au 18 Mars. Le premier venu, a dit un des déposants devant la *Commission d'enquête,* pouvait y faire tout ce qu'il voulait. L'action gouvernementale, qui ne se manifestait plus que par des proclamations, était complètement annulée. M. Choppin qui avait remplacé son beau-frère, M. Cresson, comme Préfet de police, le 16 Février, et qui ne manquait ni de fermeté, ni de courage, se trouvait impuissant, en présence de l'impopularité des gardiens de la paix, en l'absence d'instructions gouvernementales. Les meneurs étaient connus, signalés par les maires dont ils usurpaient souvent les pouvoirs, et laissés parfaitement libres. A défaut du Préfet de police, que pouvait l'autorité militaire ? Le général d'Aurelle de Paladines, qui avait pris possession le 4 Mars du commandement en chef de la garde nationale, n'était pas obéi. Le général Vinoy ne disposait, au commencement de Mars, que de 12,000 hommes, effectif qui pouvait s'élever à 16,000 hommes avec les troupes de police. Les ministres n'avaient que la force morale à leur service et, quand ils autorisaient le général Vinoy, commandant de l'état de siège, à supprimer les six journaux révolutionnaires de Félix Pyat, Jules Vallès, Rochefort, Vermesch, Grousset et Pilotell, les républicains les moins avancés protestaient, au nom de la liberté de la presse. Cette mesure de rigueur n'eut pas un approbateur. Le même jour (11 Mars), l'impolitique condamnation de Flourens et de Blanqui, pour leur participation au 31 Octobre, fut unanimement blâmée.

L'opinion, si sévère pour le pouvoir, se montrait indulgente pour toutes les usurpations du Comité central. Officiellement constitué depuis le 3 Mars, il publiait ses statuts, précédés d'une déclaration préliminaire qui mettait la République au-dessus du suffrage universel. Le 10 Mars, il adressait à l'armée, aux soldats, « enfants du peuple », un appel formel à la révolte. Il avait déjà nommé des généraux pour protester contre la nomination de d'Aurelle : Darras, Henry, Duval, Piazza, Brunel ; le 13, il ajoutait Garibaldi à la liste de ces extraordinaires généraux, il faisait Lullier colonel, Jaclard et Faltot chefs de légion. Entre temps, il laissait piller les magasins de munitions, occuper les secteurs par la garde nationale à sa dévotion et défendait jalousement, contre les municipalités douteuses et contre le Gouvernement, ses deux forteresses des buttes Chaumont et de Montmartre, son parc de la place des Vosges.

Est-il admissible que des hommes aussi avisés que les ministres alors présents à Paris, que le Préfet de la Seine, Maire de Paris, dont M. Thiers a si souvent loué l'habileté et le courage, n'aient pas vu le danger? Ils le voyaient fort bien, mais ils n'avaient nul moyen de le conjurer. L'un des maires d'arrondissement, M. Vautrain, dans sa déposition devant la *Commission d'enquête* sur le 18 Mars, raconte qu'il répéta maintes fois à M. Jules Favre, à M. Ernest Picard, à M. Choppin qui conserva les fonctions de Préfet de police jusqu'au 16 Mars : « Si l'on n'arrête pas le Comité central, nous sommes perdus, » et avec beaucoup de clairvoyance, il désignait le secrétaire du Comité, Moreau, comme le plus dangereux de tous. M. Choppin pensait certainement comme M. Vautrain, sur le compte de Moreau et de ses complices : les preuves de leur culpabilité, de leurs usurpations de pouvoir et de fonctions abondaient et justifiaient amplement une arrestation. Mais cette arrestation, qui se serait chargé de la faire? Sur qui aurait-elle porté, parmi les nombreux inconnus qui constituaient le Comité? Et dans la population, les plus conservateurs des républicains auraient-ils pris parti pour la police d'un Gouvernement qui leur inspirait une incurable défiance?

Ce Gouvernement était si mal renseigné sur les sentiments des Parisiens, et nous parlons des plus éclairés, qu'il appelait le 16 Mars le colonel Valentin, de la gendarmerie, à la direction de la Préfecture de police. Ce choix, fait par M. Thiers, qui était arrivé la veille de Bordeaux, indiquait que l'action contre le Comité central allait être plutôt œuvre militaire qu'œuvre de police, que l'on allait, avec une souveraine imprudence, opposer à plus de 200 000 gardes nationaux moins de 20 000 soldats démoralisés, sans cohésion, sans discipline, sans confiance dans des chefs qui, n'ayant pas su les conduire à la victoire, les mènent à la bataille des rues. Les prévisions de Trochu allaient être justifiées, et M. Thiers allait refaire l'itinéraire de Paris à Bordeaux, trop heureux encore d'avoir pu s'arrêter à la première étape, à Versailles.

CHAPITRE IV

LA COMMUNE

Du 18 Mars au 28 Mai 1871.

Le Comité central avant le 18 Mars. — Proclamation du 1ᵉʳ Mars. — Les statuts de la Fédération. — Proclamation à l'armée. — Les membres du Comité central. — Le 18 Mars. — Les fautes du Gouvernement. — Impuissance de la *bonne* garde nationale. — Retraite du Gouvernement. — Abandon des forts. — Occupation de l'Hôtel de Ville. — Rôle de Charles Lullier. — *Le gouvernement du Comité central. — Le Journal Officiel.* — Grêlier, Rouiller, J. Vallès. — Duplicité du Comité central. — Relations avec les Allemands. — Paris du 18 au 26 Mars. Les élections du 26 Mars. — Installation de la Commune. — Les groupes principaux. — Les séances de l'Hôtel de Ville. — Les Commissions. — Les premiers actes de la Commune. — L'aspect de Paris en Avril. — Le manifeste du 19 Avril. — Les mesures socialistes. — Exécutives. — Comité de salut public et Comité central. — L'anarchie. — Les actes d'organisation et d'administration militaires. — La justice sous la Commune. — La police judiciaire. — Les manifestations sous la Commune.
Répercussion de la Commune en Province. — Versailles le 18 Mars et depuis. — Les séances de l'Assemblée. — Les manifestations hors séance. — M. Thiers à la tribune le 21 Mars, le 23 Mars, le 25 Mars, le 27 Mars, le 3 Avril, le 8 Avril, le 22 Avril. — Les élections du 30 Avril. — La séance du 11 Mai. — Réorganisation de l'armée. — Vinoy. — La guerre civile commence le 1ᵉʳ Avril. — Luttes du 2 et du 3 Avril. — Cluseret se borne à la défensive. — Mac-Mahon commandant en chef. — Les combats d'Avril. — *Siège méthodique.* — Rossel et Delescluze. — L'armée entre dans Paris le 21 Mai. — Les éléments de résistance à Paris. — La bataille de 7 jours (22-28 Mai). — Progrès lents mais sûrs. — Appréciation de M. Corbon. — Jugement sur la Commune.

Le Comité central, héritier des Comités de vigilance institués dans chaque arrondissement, avait pris naissance pendant le siège. Son premier acte public fut la demande de mise en accusation des membres du Gouvernement de la Défense nationale, au mois de Décembre. L'affiche rouge qui réclamait cette mise en accusation et qui passa à peu près

inaperçue, portait les signatures de Bouit, Barroud, Chouteau, Favre, Gaudier, Gouhier, Grêlier, Lavalette, Moreau,
Pougeret, Prud'homme et Rousseau. Aucun de ces noms,
sauf ceux de Grêlier et de Moreau (Edouard), n'était appelé à
une grande notoriété. Quelques-uns figurèrent orthographiés
différemment sur des affiches ultérieures. Pougeret deviendra Fougeret, et Barroud, Barrou ou Barou. L'appellation
même de *Comité central* fut assez incertaine au début. On fut
d'abord le Comité central de la garde nationale, puis le
Comité central de la Fédération républicaine de la garde
nationale. A la fin du mois de Janvier 1871, l'organisation
était plus complète, et le fonctionnement plus régulier; le
Comité avait son timbre officiel; il notifiait ses ordres ou les
nominations qu'il faisait par des délégués à lui, et, au commencement du mois de Mars, il affirmait son existence par
des actes publics et significatifs.

Le premier, en date du 1er Mars, était une proclamation où
il promettait de protéger le pays, mieux que n'avaient pu le
faire les armées permanentes, et de défendre, par tous les
moyens, la République menacée. Il repoussait avec mépris
les imputations tendant à dénaturer le caractère de son programme, comme aussi les « calomnies » tendant à l'accuser
d'excitation au gaspillage d'armes et de munitions et à la
guerre civile. Ses actes n'ont qu'un mobile : la défense de
Paris. Il rappelle que pendant l'occupation prussienne, il a
su assurer la stricte exécution de la convention relative à cette
occupation, dont la population de Paris a fait « par son attitude une humiliation pour le vainqueur ».

Rien, dans cette proclamation, n'indiquait encore que le
Comité central dût jamais essayer de se substituer au pouvoir central ou même aux mairies d'arrondissement dont il
usurpait pourtant les attributions, aussi bien que celles du
commandant en chef de la garde nationale. Sur ce dernier

point, constatons en passant que l'élection de ce commandant, revendiquée de tout temps par l'Opposition, à demi
promise au lendemain du 18 Mars par le Gouvernement de
Versailles, ne fut jamais accordée par l'Opposition arrivée
au pouvoir : c'est là une des rares questions que la Commune
n'ait pas abordées.

Pour tout observateur réfléchi, les statuts de la Fédération
de la garde nationale, arrêtés le 3 Mars par le Comité central,
étaient inquiétants. Le préambule affirme que la République
est le seul Gouvernement possible, qu'elle ne peut être mise
en discussion, et il reconnaît à la garde nationale le droit
absolu de nommer ou de révoquer tous ses chefs. L'article
suivant stipule que la Fédération républicaine de la garde
nationale se compose : 1° de l'Assemblée générale des délégués ; 2° du Cercle de bataillon ; 3° du Conseil de légion ;
4° du Comité central. Les délégués au Cercle, au Conseil et
au Comité doivent veiller au maintien de tous les corps spéciaux de ladite garde, et prévenir toute tentative de renversement de la République. Sortant audacieusement de ses
attributions, le Comité central projetait dès le premier jour,
l'élaboration d'un projet de réorganisation complète des
forces nationales, c'est-à-dire la suppression de l'armée permanente.

Le 10 Mars, enfin, il adressait aux quelques milliers de
soldats que l'armistice avait laissés à Paris une proclamation
où éclatent ses projets, et qu'il faut entièrement reproduire :

« A l'armée, les délégués de la garde nationale de Paris !

« Soldats, Enfants du peuple !

« On fait courir en province des bruits odieux !

« Il y a dans Paris 300,000 gardes nationaux, et cependant,
chaque jour on y fait entrer des troupes, que l'on cherche à

tromper sur l'esprit de la population parisienne. Les hommes qui ont organisé la défaite, démembré la France, livré
tout notre or, veulent échapper à la responsabilité qu'ils ont
assumée, en suscitant la guerre civile. Ils comptent que vous
serez les dociles instruments du crime qu'ils méditent. Soldats, Citoyens, obéirez-vous à l'ordre impie de verser le
même sang qui coule dans vos veines? Déchirerez-vous vos
propres entrailles? Non, vous ne consentirez pas à devenir
parricides ou fratricides.

« Que veut le Peuple de Paris?

« Il veut conserver ses armes, choisir lui-même ses
chefs et les révoquer, quand il n'aura plus confiance en eux.

« Il veut que l'armée active soit renvoyée dans ses foyers,
pour rendre au plus vite les cœurs à la famille et les bras au
travail.

« Soldats, Enfants du Peuple, unissons-nous pour sauver
la République. Les rois et les empereurs ont fait assez de
mal. Ne souillez pas votre vie. La consigne n'empêche pas la
responsabilité de la conscience. Embrassons-nous à la face
de ceux qui, pour conquérir un grade, obtenir une place,
ramener un roi, veulent nous faire entr'égorger.

« Vive à jamais la République! »

Ce langage n'a point besoin de commentaires. C'était, une
semaine à l'avance, tout le programme de la journée du
18 Mars. L'affichage impuni, sur tous les murs, de ces
appels à la révolte et à la guerre civile, indique, mieux que
tout le reste, à quel degré d'impuissance était tombé le Gouvernement. Et qui adressait à l'armée ces excitations à la
désobéissance? Un Comité irresponsable, sans mandat défini
ni régulier, formé au hasard d'une élection non contrôlée,
composé de 40 ou 45 membres, dont pas un n'avait de notoriété au delà de son bataillon ou de son arrondissement, de
sa compagnie ou de son quartier. Nous avons indiqué les

noms des signataires de l'affiche rouge de Décembre 1870. L'appel du 1ᵉʳ Mars reproduisait les noms de Bouit, Chouteau et Prud'homme, et portait en outre ceux d'Arnold, Bergeret, Castioni, Chauvière, Courty, Dutil, Fleury, Frontier, Gasteau, Henry (Fortuné), Laccord, Lagarde, Lavalette, Maljournal, Matté, Muttin, Ostyn, Piconel, Pindy, Varlin, Verlet et Viard, tous les chefs encore obscurs de la Révolution.

Le Manifeste du 10 mars était daté du Vauxhall, mais non signé : il émanait évidemment du Comité central.

Parmi les autres membres du Comité, à la veille du 18 Mars, les moins inconnus étaient Alavoine, Audoyneau, de Benoît, Boursier, Dardelles, David, Masson, Ramel, Tessier, etc. Le général Vinoy en cite 45, dans son ouvrage sur l'*Armistice et la Commune*. Ils se réunirent d'abord au Vauxhall, ensuite avenue Trudaine, et enfin place de la Corderie-du-Temple. Le soir du 18 Mars, bénéficiaires d'une Révolution qu'ils avaient préparée sans la prévoir, ni l'espérer aussi prompte, ils se transportèrent à l'Hôtel de Ville ; ils y installèrent « le Parlement en blouse et en sabots », ou plutôt en tuniques et en képis, que Jules Vallès avait signalé et applaudi place de la Corderie-du-Temple.

Nous ne raconterons pas une fois de plus la journée du 18 Mars ; il n'est pas un homme, attentif aux affaires publiques, qui ne connaisse dans les moindres détails les incidents de la nuit et de la matinée, les crimes de la journée et le triomphe sans lutte de la soirée.

Ce n'est pas seulement l'organisation révolutionnaire que le Comité central avait su se donner, ce sont surtout les fautes du Gouvernement et les défaillances du parti de l'ordre qui expliquent le succès de l'insurrection. En prenant pour ministres des membres de la Défense nationale, MM. Jules Favre, Jules Simon et Picard, le Chef du pouvoir exécutif

avait voulu donner des gages aux républicains et c'est ainsi
que la Province avait interprété ses choix ; mais, à Paris, où
les élections de Février s'étaient faites surtout contre le Gouvernement de la Défense nationale, puisque M. Jules Favre
figurait seul sur la liste des 44 députés, à Paris, où les révolutionnaires et les républicains avancés n'étaient pas les seuls
à considérer MM. Jules Favre, Jules Simon, Ernest Picard et
leurs collègues comme les véritables auteurs de la capitulation, comme les artisans responsables du désastre national,
ces choix ressemblaient presque à un défi. Sans doute, cette
opinion était folle, mais n'était-il pas sage d'en tenir compte
et d'appeler au ministère des hommes moins mêlés aux événements du siège ? Le maintien au ministère de la Guerre du
général Le Flô, le ministre de la Guerre du 4 Septembre,
n'était pas plus heureux. Aussi maladroits furent le maintien
ou la désignation des généraux Vinoy, d'Aurelle de Paladines
et Valentin pour le commandement en chef de l'armée de
Paris, pour le commandement en chef de la garde nationale
et pour la Préfecture de police. Vinoy, sénateur de l'Empire,
avait remplacé Trochu comme commandant en chef, parce
que Trochu n'avait pas voulu signer la capitulation ; d'Aurelle
de Paladines, général agréable à Mgr Dupanloup, député
clérical et réactionnaire, était le vainqueur de Coulmiers,
mais le vaincu d'Orléans et le disgracié de Gambetta ;
Valentin, qu'il ne faut pas confondre avec l'héroïque préfet
de Strasbourg, était un officier de gendarmerie. Ces nominations attestaient une méconnaissance absolue de l'esprit
qui régnait à Paris. M. Thiers, du reste, depuis le commencement de Septembre, n'avait passé que quelques heures à
Paris ou à proximité de Paris, à la veille et dans la matinée
du 31 Octobre, quand il avait négocié sans succès pour l'armistice ; à la fin de Février, quand il s'était rendu à Versailles
pour y discuter les préliminaires et il n'y revenait que le

15 Mars, trois jours avant une explosion qu'il ne prévoyait pas plus que ceux qui devaient en profiter. Si habile que l'on soit à tâter l'opinion et s'appelàt-on M. Thiers, on ne saurait, loin du foyer d'agitations, de patriotisme blessé, de souffrances si inutilement supportées, de regrets stériles et d'attente énervée qu'était alors Paris, discerner les besoins, les désirs, les répugnances, les haines d'une foule de 2,000,000 d'âmes.

On se lasse vite de tout, surtout à Paris, et les canons accumulés place des Vosges, aux buttes Chaumont, à Montmartre n'étaient plus gardés que mollement. Les maires, M. Clémenceau entre autres, affirmaient qu'avec un peu de patience et sans violence, le Gouvernement parviendrait à les faire rentrer dans les arsenaux de l'Etat. Dans tous leurs entretiens avec le ministre de l'Intérieur, le spirituel et sceptique Ernest Picard, les représentants autorisés de la population parisienne conseillaient cette politique d'atermoiements et de temporisation, la seule possible à ce moment. L'erreur initiale fut la résolution, arrêtée en Conseil des ministres, de reprendre les canons de vive force. Sans doute le Chef du pouvoir et les ministres étaient poussés à cette résolution par l'irritation croissante de la Province, défiante ou mal renseignée, par les objurgations des hommes les plus sages, étrangers à Paris, il est vrai, qui reprochaient au Gouvernement de se laisser tenir en échec par quelques milliers de gardes nationaux. Mais le rôle d'un Gouvernement ferme et avisé n'est-il pas de résister à une opinion mal informée, n'est-il pas surtout de prévoir toutes les conséquences du moindre de ses actes, à plus forte raison celles d'un acte d'une si haute gravité? Or, et c'est là une seconde faute, non moins grave que la première, personne ne semble s'être douté, dans le Conseil des ministres, de la force acquise et de la puissance d'opinion que possédait déjà le Comité central, de l'influence qu'il exerçait sur 200 bataillons et, par suite, sur la grande majo-

rité de la population, personne non plus ne soupçonnait l'état
de démoralisation de l'armée régulière. Il suffisait pourtant
de regarder les soldats, voire les marins, à l'air débraillé,
au regard cynique ou aviné, qui sortaient des cabarets, pour
faire peu de fond sur leur valeur disciplinaire. Il suffisait de
se rappeler la journée du 1er Mars et le rôle joué ce jour-là
par le tout-puissant Comité, son action sur les masses, qu'il
avait su contenir et qu'il aurait pu déchaîner, pour craindre
qu'il fût aussi écouté et aussi obéi quand, du rôle de modérateur, il voudrait passer à celui d'excitateur.

La résolution prise, il fallait au moins en préparer le succès
par des mesures habiles et prudentes. Ici encore l'on manqua
de prévoyance ; faute de chevaux ou faute de prolonges, on
ne put enlever qu'une faible partie des canons dont l'on
s'était emparé sans coup férir et, en revanche, on dut abandonner, rue d'Allemagne, une batterie attelée qui fut capturée
par les fédérés. Devant la *Commission d'enquête*, les chefs
militaires ont déclaré qu'il aurait fallu vingt-quatre heures
au moins pour enlever tous ces canons. On se demande pourquoi ils n'ont pas fait présenter cette observation, le 17 Mars,
au Conseil, par l'organe de leur chef, le général Le Flô, ou par
le général Vinoy et essayé de dissuader le Gouvernement, en
lui exposant les insurmontables difficultés de l'opération.
Pourquoi la tenter si elle n'avait aucune chance de succès ? Le
pouvoir civil y eût certainement renoncé, si les autorités militaires lui avaient démontré que l'on courait à un échec. Cette
démonstration ne fut pas faite et le général Vinoy, en exposant surabondamment l'impossibilité où l'on était de réussir,
a dressé contre lui-même le plus décisif des actes d'accusation.

Une autre erreur, non moins funeste, fut l'espoir, impru-
demment conçu, de rencontrer quelques secours dans la
garde nationale des quartiers du centre. Les gardes nationaux du centre restèrent sourds aux appels qui leur furent

adressés et, d'ailleurs, le théâtre de la lutte était loin du
centre, dans les quartiers où le Gouvernement ne comptait·
d'adhérents actifs ni dans la garde nationale ni dans la population civile, et où, de plus, la proclamation du Comité central
avait si bien porté ses fruits, qu'au premier contact entre
l'armée et la foule, celle-là, pour employer le mot de tous les
déposants, se fondit dans celle-ci, se laissa enlever ses armes
et prodigua les insultes et les outrages à ses officiers. Ce sont
des soldats qui furent, au nombre des plus acharnés contre
Lecomte et contre Clément Thomas, auxquels on ne pouvait
reprocher, à l'un que sa qualité d'Alsacien et son patriotisme,
à l'autre que sa fermeté dans le maintien de la discipline et
ses courageux ordres du jour [1].

L'opération manquée, rien n'avait été prévu ni pour le ras-
semblement des troupes, ni pour la direction ultérieure à leur
donner ; rien non plus pour la conduite à tenir par le Gouvernement. On n'avait escompté que le succès et l'on voulait
pouvoir annoncer ce succès à l'Assemblée nationale qui devait
se réunir le surlendemain, le lundi 20 Mars, à Versailles.
On ne sut guère qu'à midi, à l'hôtel du quai d'Orsay, où
s'était assemblé le Gouvernement, que la tentative d'enlèvement des canons avait définitivement échoué et l'on passa
quelques heures à se demander quelles résolutions la situation commandait. Plusieurs ministres étaient d'avis de rester à Paris et d'y organiser la résistance ; d'autres voulaient
que l'on se retirât immédiatement à Versailles, avec les
débris de régiments que l'indiscipline n'avait pas envahis et
dissous. M. Thiers prit ce dernier parti, sous l'impression de
ses souvenirs historiques : en rappelant que Windischgraetz
avait quitté Vienne révoltée pour la reconquérir, il entraîna
la majorité du Conseil et l'on se dirigea sur Versailles. Le Chef

(1) Voir à l'Appendice XIV, les ordres du jour de Clément Thomas
pendant le siège.

du pouvoir exécutif y était avant 6 heures, les ministres l'y
rejoignirent dans la soirée du samedi, dans la nuit ou dans
la matinée du dimanche.

Cet abandon de Paris, qui pouvait se justifier au point de
vue stratégique, fut exécuté dans des conditions de précipitation et de désarroi telles que cette nouvelle faute aggrava
singulièrement la situation du Gouvernement et de l'Assemblée. D'abord, le parti de l'ordre, se voyant abandonné,
s'abandonna lui-même et laissa le champ libre au Comité
central et à tous les éléments mauvais qui pullulaient à
Paris. En second lieu, ni l'abandon des portes de Paris communiquant avec Versailles en ligne directe, ni celui des forts
du Sud, ni celui du Mont-Valérien n'étaient commandés par
les circonstances. L'ordre formel avait pourtant été donné
d'évacuer même le Mont-Valérien qui resta plusieurs heures
sans garnison. Ce n'est que sur les instances du général Vinoy,
plus avisé le 20 Mars que le 17, que M. Thiers le fit réoc-
cuper par un régiment sûr, le 119e, que commandait le colonel Cholleton : à peine les soldats y étaient-ils installés que
les fédérés s'y présentaient et en réclamaient inutilement
l'entrée.

Dans Paris, livré à lui-même, et qui avait accordé plus
d'attention aux funérailles de Ch. Hugo qu'aux événements
de Montmartre, le Comité central faisait occuper, sans rencontrer de résistance nulle part, l'état-major de la garde
nationale, place Vendôme, les casernes, les administrations
publiques, les ministères, les postes de l'enceinte et, en dernier lieu, l'Hôtel de Ville. La plupart de ces expéditions, sans
péril et sans gloire, étaient dirigées par Charles Lullier, l'ancien officier de marine, le colonel du Comité central ; le lendemain on s'occupait des forts et le surlendemain du Mont-
Valérien : ce fut le seul point où les fédérés ne purent s'établir.
Les membres du Comité central pénétrèrent à la suite des

bataillons fédérés dans l'Hôtel de Ville et ils y tinrent leur
première réunion, le soir du 18 Mars. De ce jour au 28 Mars,
et surtout à partir du moment où cessa la résistance du
Ier et du IIe arrondissements, Paris fut gouverné par le
tout-puissant Comité et par ses délégués dans les ministères,
dans les grandes administrations, dans les mairies abandonnées par les municipalités régulières.

Charles Lullier fut peut-être le plus sage des hommes
que le Comité central prit à son service le 18 Mars. Dans le
livre qu'il a consacré à la Commune et à ses deux incarcérations et qu'il a intitulé *Mes cachots*, il affecte une modération et une sagesse que l'on ne retrouva pas dans tous ses
actes, que l'on retrouverait encore moins dans la conduite du
Comité. Appelé, par commission spéciale, au commandement suprême de la garde nationale, le soir du 18 Mars, à
six heures, il exerce, bien que très étroitement surveillé par
le Comité, une véritable dictature militaire; c'est à lui ou à
ses lieutenants du Bisson, Ganier d'Abin, Bergeret que le
Comité dut la conquête de l'Hôtel de Ville, des Tuileries, de
l'état-major de la garde nationale, des casernes, des forts du
Sud; c'est à lui qu'il aurait dû celle du Mont-Valérien, si ses
ordres avaient été exécutés. Mais ces ordres donnés, dès
le 19 au soir, à deux bataillons qui ne répondirent pas à
l'appel ou qui craignirent de s'aventurer aussi loin, restèrent
lettre morte. Il était trop tard quand on voulut réparer la
faute commise. Tout-puissant le 18, le 19 et le 20, Lullier
commence à exciter les méfiances du Comité central dès le
21 Mars, quand il proclame que la promenade des conservateurs amis de l'ordre est une manifestation sans portée et il
signe sa déchéance, quand il se refuse à empêcher la manifestation du lendemain, celle du 22. Moreau, moins scrupuleux, se
transporte à la place Vendôme et, d'accord avec Bergeret
et du Bisson, prépare les tristes événements que l'on sait. Le

23 Mars, Lullier, mandé devant le Comité, à l'Hôtel de Ville,
n'en sort que pour entrer au dépôt. Il réussit à s'échapper le
3 Avril, il est repris, il s'échappe de nouveau, il cherche à
obtenir la délégation à la marine, à ressaisir la Dictature
avec ou sans le Comité central, et finit par accueillir les propositions de MM. Camus et Duthil de la Tuque, agents de
Versailles, et même leur argent. Il allait travailler, comme
tant d'autres, à ouvrir les portes à M. Thiers, quand l'armée
du maréchal de Mac-Mahon entra dans Paris. Sachons-lui gré
de la condamnation qu'il a portée, même après coup, contre
les crimes du 18 et du 22 Mars, de la libération de Chanzy,
exigée par lui : elles lui valurent l'indulgence des vainqueurs.
Condamné à mort, comme Th. Ferré, par le 3e Conseil de
guerre, il vit sa peine commuée. Ch. Lullier fut l'une des
figures les plus étranges du Comité central, sinon de la Commune, qui ne le compta pas parmi ses membres ; il ne fut
pas, tant s'en faut, la plus sinistre.

Exerçant une autorité absolue, à la fois militaire et civile,
Pouvoir exécutif en même temps qu'Assemblée délibérante,
le Comité central délégua la direction des principaux services
à des hommes pris dans son sein, à des journalistes révolutionnaires ou à des orateurs de clubs. Dans quelques administrations s'installèrent même des ouvriers, des inconnus qui
n'avaient été délégués par personne. L'Intérieur fut pendant
cinq jours sous la direction de Grêlier, un garçon de lavoir,
et, à partir du 24 Mars, sous celle d'Antoine Arnauld et de
Vaillant. Rouiller, un ouvrier cordonnier, d'une sobriété
douteuse, prit possession du ministère de l'Instruction Publique ; Paschal Grousset, un journaliste, des Affaires Étrangères ; Jourde, un comptable, des Finances. Le citoyen Volpénil
prit la direction du service de l'octroi. Combatz, directeur
du Télégraphe, relevé de ses fonctions sur sa demande, eut
pour successeur Pauvert. Le général Bergeret eut la direc-

tion des services militaires, quant à l'exécution, et trois autres citoyens, qualifiés également de généraux, reçurent les pouvoirs militaires non relatifs à l'exécution, en attendant l'arrivée de Garibaldi, proclamé général en chef.

Le *Journal officiel de la République française* qui conserva ce titre jusqu'à la fin, sauf un seul jour, le 30 Mars, où il s'appela *Journal officiel de la Commune de Paris*, fut dirigé par les citoyens Lebeau, Vesinier, Barberet et Floriss Piraux qui avaient pris possession de l'imprimerie du quai Voltaire, sous la protection de trois compagnies fournies par Lullier. De ses quatre directeurs ou rédacteurs, le plus connu était Vésinier, l'auteur des *Nuits de Saint-Cloud*, qui avait fait quatre mois de prison préventive après le 31 Octobre et avait été acquitté, bénéficiant, lui aussi, des défaillances de la justice militaire pendant le siège. On craint d'être injuste envers ce personnel du Comité central et l'on hésite d'autant plus à l'apprécier qu'il inspire moins de sympathies. Fort heureusement ceux qui l'ont approché et bien connu, nous ont laissé des portraits pris sur le vif des principaux acteurs de la journée du 18 Mars et des principaux agents du Comité central. Il faut lire l'*Insurgé* de Jules Vallès et suivre le rédacteur du *Cri du Peuple* dans ses visites à l'Hôtel de Ville, au ministère de l'Intérieur, au ministère de l'Instruction Publique. Cet approbateur quand même, cet admirateur convaincu, a tracé la meilleure satire des nouveaux gouvernants. Aucun de leurs détracteurs ne les a autant rabaissés que leur apologiste et leur ami, en voulant les mettre au pinacle.

Le matin du 19 Mars, Jules Vallès pénètre à l'Hôtel de Ville, en enjambant « par-dessus les hommes endormis et affalés comme des bêtes fourbues » ; il trouve le Comité central « égrené dans une pièce » ; l'un écrit, l'autre dort; celui-ci cause, assis sur une table; celui-là raconté une histoire drôle et rafistole un revolver. Vallès assiste au crochetage de la

caisse municipale, dont le contenu sert à assurer la solde de
la garde nationale pendant les premières journées et ren-
contre Ferré qui reproche au rédacteur du *Cri du Peuple*
d'avoir réclamé l'élargissement de Chanzy, d'avoir reproduit
dans son journal le procès-verbal que le Comité a « osé rédiger pour renier l'exécution de Lecomte et de Thomas ».

A l'Intérieur, où Vallès se rendait avec l'intention d'y rester,
« s'il n'y avait personne », il trouve installé son ancien adjoint
de la nuit du 31 Octobre, à la mairie de La Villette, le citoyen
Grêlier « un brave garçon » qui signe des ordres « pavés de
barbarismes, mais pavés aussi d'intentions révolutionnaires ».

A l'Instruction Publique, enfin, trône le grand Rouiller,
cordonnier et révolutionnaire « qui chausse les gens et dé-
chausse les pavés » qui en sait plus « en histoire et en économie sociale que tous les diplômés réunis » et dont le plan
d'éducation, que Vallès ne nous fait malheureusement pas
connaître, « renverse par sa sagesse les catéchismes des Aca-
démies et des grands Conseils ». D'autres portraits, de membres du Comité central ou de la Commune, ne sont pas moins
vivement brossés par l'auteur de l'*Insurgé*. Delescluze, le
révolutionnaire classique, est tout surpris qu'on ne le regarde
pas davantage et qu'on l'écoute peut-être moins que Clément, le teinturier, qui est venu en galoches de Vaugirard.
Vermorel est « un ex-enfant de chœur qui a déchiré sa jupe
écarlate en un jour de colère », et placé sur son crâne le
bonnet phrygien, au lieu du petit couvercle pourpre. Ranvier
est « un long corps maigre, au haut duquel est plantée,
comme au bout d'une pique, une tête livide, qu'on croirait
coupée, s'il baissait les paupières ». L'auteur lui-même, Jules
Vallès, se représente présidant l'agonie de la Commune, c'est-
à-dire la dernière séance, celle où Cluseret fut acquitté, où
Billioray annonça l'entrée des Versaillais, et éprouvant, après
cette séance qui ne devait pas avoir de lendemain, le désir « de

dîner royalement, de se gargariser la gorge et le cœur avec un peu de vin vieux ». Il se fit conduire chez Laveur.

Les actes du Comité central, pendant ces dix jours de toute-puissance, furent peu nombreux, mais tous marqués au coin de l'incohérence ou de la déloyauté. En toute occasion, dans les négociations avec les maires pour la rétrocession de l'Hôtel de Ville et des mairies, dans les pourparlers pour la fixation de la date des élections communales, dans le libellé de la convocation des électeurs, le Comité central manqua aux engagements pris, à la parole donnée en son nom, avec la désinvolture la plus cynique. Nous ne recherchons pas si ces négociations étaient habiles, de la part des partisans de l'ordre, ni si le Gouvernement de Versailles avait raison de les autoriser, ni même s'il les suivait avec un désir sincère de les voir réussir : il est honorable pour les maires, pour les députés de Paris, pour l'amiral Saisset d'avoir tout fait pour prévenir l'effusion du sang ; il ne l'est pas, pour le Comité central et pour ses représentants autorisés, d'avoir hâté, par leur mauvaise foi, l'explosion de la guerre civile.

Les tentatives de rapprochement avec les Allemands furent surtout répugnantes, procédant d'un pouvoir qui avait spéculé sur les blessures faites au patriotisme français par l'insuccès du siège, par la capitulation et par l'entrée des Prussiens à Paris. Que de gens crurent sincèrement que le 18 Mars, était une revanche du 28 Janvier et que l'on allait triompher des Prussiens, puisque Trochu et Jules Favre n'étaient plus là ! Le Comité central et la Commune se chargèrent de les détromper. C'est d'abord Grêlier, le délégué à l'Intérieur, qui déclare que le Comité central est décidé à respecter les conditions de la paix, mais qui se réserve de faire payer l'indemnité de guerre « par les auteurs de la guerre ». C'est ensuite le délégué aux Affaires Étrangères qui échange avec le major général von Schlotheim, chef du quartier général allemand à Compiègne, la célèbre correspondance que le *Journal officiel* du 23 Mars reproduit en l'altérant. Von Schlotheim déclarait que les armées allemandes garderaient une attitude pacifique et passive; le *Journal officiel* lui fait écrire : *une attitude amicale et passive*. A deux reprises le Comité central menace de faire passer par les armes des gardes nationaux accusés d'avoir tiré sur les lignes prussiennes et prétend que ces gardes nationaux « ont été reconnus pour d'anciens gendarmes et sergents de ville. » Nous laissons de côté l'entrevue de Cluseret, à Aubervilliers, avec un officier supérieur allemand, les achats de chevaux effectués par Rossel et autres gentillesses. L'ennemi n'oublia pas ces bons procédés. Le 25 Mai, après un dîner copieux, en face de Paris en flammes, les officiers de la garde prussienne burent à la Commune de Paris. L'image a vulgarisé cette scène qui n'est pas plus contestable que l'indulgente appréciation de M. de Bismarck au Reichstag.

La levée de l'état de siège, l'abolition des Conseils de guerre et de l'armée permanente, l'octroi d'une amnistie pleine et entière pour tous les crimes et délits politiques, la suppression, purement nominale, de la Préfecture de police que l'on maintint en l'appelant « l'ex-Préfecture de police, » l'interdiction aux propriétaires et maîtres d'hôtel de congédier leurs locataires « dans le seul but de maintenir la tranquillité », la destitution de tous les employés qui n'auraient pas rejoint leur poste le 25 Mars, et enfin la fixation de sélections au 26 Mars telles sont les principales mesures gouvernementales prises par le Comité central. Citons aussi la libération ordonnée à l'unanimité, grâce à Léo Meillet et à Lullier, du pacifique M. Glais-Bizoin, de Chanzy, de Langourian et du député Turquet, arrêtés et incarcérés huit jours auparavant et qui avaient subi, dans le trajet de la gare d'Orléans à la prison de la Santé, les plus immondes outrages.

Pendant les dix jours de cette domination, Paris offrit un spectacle bien différent, avant et après la fusillade de la place Vendôme, le 22 mars. Avant cette date, toutes les figures respirent ou l'insouciance, ou la curiosité béate, ou la surprise un peu ironique; après, c'est la crainte et la désillusion. On commence à comprendre que ce qui se passe est sérieux et, sans prévoir encore les catastrophes de la fin, sans regretter les maîtres d'hier, on se prend à tourner des regards inquiets vers l'Hôtel de Ville, où siègent les maîtres nouveaux.

Si l'on ignore leurs desseins, ce n'est pas qu'ils gardent le silence. *Nulla dies sine linea.* Pas un jour ne se passe sans que l'*Officiel* du citoyen Lebeau apporte aux Parisiens un Manifeste ou une nouvelle justification des actes du Comité. Le 20 Mars le Comité présente lui-même son apologie, affirme qu'il n'a été ni occulte, ni inconnu, ni fauteur de désordres et fait le procès du Gouvernement de Versailles. Le même jour, il déclare aux gardes nationaux que son mandat est expiré, qu'il le leur rapporte et il leur demande, pour toute récompense, d'établir « la véritable République ». Enfin, dans un article non signé, le Comité « pour rendre hommage à la vérité, déclare qu'il est étranger aux deux exécutions du 18 Mars », mais qualifie « d'iniques » les actes des deux victimes « de l'indignation populaire ». Cette défense hypocrite, honteuse, fut considérée par les violents du parti comme une déplorable concession à de regrettables préjugés. Le soir même ou le lendemain du 18 Mars, nous l'avons dit, Ferré avait reproché à Vallès, qui exprimait un regret bien timide, de désavouer, de renier le Peuple. Le 21 Mars, l'*Officiel* essayait de faire retomber sur la tête des fauteurs de guerre civile « les quelques gouttes de sang versé toujours regrettables ».

Antoine Arnauld et Vaillant, les nouveaux délégués à l'Intérieur, essayèrent, en arrivant à la place Beauvau, de restreindre la portée du mouvement du 18 Mars. Ils affirment

que le Comité veut laisser « au Gouvernement central l'administration générale et la direction politique du pays; »
Ils qualifient ce Gouvernement « de pouvoir national central ». Mais que valaient ces affirmations, rapprochées des
actes qui les démentaient, des appels adressés à la France, de
la mainmise sur les services qui n'avaient à aucun degré
le caractère municipal? Ecrites à cette date, l'avant-veille
des élections, ces déclarations peu sincères n'étaient destinées
qu'à arracher le consentement des députés de Paris et des
maires à la convocation des électeurs : elles obtinrent le
résultat désiré.

Le Comité central porte surtout la responsabilité de ces
élections du 26 Mars, fixées avant le jour que Versailles eût
accepté et faites dans des conditions d'insuffisante liberté. En
l'absence de carte électorale, le témoignage de deux passants
suffisait à constater l'identité et encore le votant pouvait-il
servir de témoin à l'un de ceux qui venaient de lui rendre ce
service. On l'a dit spirituellement : trois personnes de bonne
volonté auraient pu voter pour tout Paris. On ne vota pas
seulement dans les sections désignées à l'avance, mais dans
tous les postes occupés par des gardes nationaux. Tous les
électeurs de service hors de leur arrondissement purent se
réunir, constituer un bureau, voter sans liste d'émargement
et transmettre les résultats à la mairie de leur arrondissement. Il arriva ainsi que quiconque était revêtu d'un uniforme
put voter, avec ou sans droit, et, le scrutin étant resté ouvert
jusqu'à minuit, beaucoup de ceux qui avaient pris part au
vote comme gardes nationaux purent y prendre part une
seconde fois comme civils. Nous avons dit pourquoi les
députés et les maires s'étaient prêtés à un scrutin aussi dénué
de sincérité. Malheureusement la participation des modérés
à ces élections, l'élection même d'un certain nombre d'entre

eux firent illusion aux simples et donnèrent une apparence de légalité à la Commune ainsi formée. Les maires qui avaient présidé aux élections, chargés par Ernest Picard de l'administration de Paris, étaient, en effet, le seul pouvoir légal qui y fût demeuré debout, en face du pouvoir insurrectionnel.

Après l'inauguration de la Commune qui déclara que la garde nationale et le Comité central avaient « bien mérité de la patrie », le Comité, diminué de ceux de ses membres, au nombre de 15 seulement, qui avaient été élus le 26 Mars, se compléta au chiffre de 60 membres. Il continua de siéger à l'Hôtel de Ville et d'exercer, sur l'Assemblée qui lui devait l'existence, une influence occulte mais considérable. Ses insignes étaient les insignes de la Commune. L'écharpe rouge du Comité ne se distinguait que par une frange d'argent de l'écharpe rouge de la Commune, à la frange d'or. Nous retrouverons l'action du Comité central, transformé en Conseil de surveillance, dans l'histoire des luttes intestines de la Commune; nous le verrons transporter ses séances rue Saint-Dominique, pendant la délégation de Rossel à la Guerre, allouer à chacun de ses membres, le 4 Mai, une indemnité de 10 francs par jour pouvant se cumuler avec toute autre indemnité et, le 9 Mai, voter, par 19 voix contre 9, la Dictature en faveur de Rossel, vote platonique du reste. Rien de plus pâle, de plus décoloré que ces dernières séances du tout-puissant Comité central, dont nous avons les procès-verbaux. La discussion ne fut pas plus animée le 9 Mai que le 4; Ed. Moreau, la forte tête du Comité et l'un de ses fondateurs, ne semble pas plus écouté que le dernier venu de ses collègues. Plus tard l'historien de la Commune, Lissagaray, accusera sans vérité, croyons-nous, mais aussi sans invraisemblance, le Comité central d'avoir été secrètement favorable à une soumission à Versailles. Le reproche d'avoir con-

tribué à affaiblir la défense, et, par suite, préparé la ruine
de la Commune, est plus fondé. Les délibérations et les
décisions du Comité n'étaient pas faites pour la fortifier, ni
ses intrigues pour donner quelque unité à ce régime anarchique.

La seule façon d'écrire l'histoire intérieure de la Commune
serait de la raconter au jour le jour. A réunir les faits, à les
grouper dans un ordre quelconque, on donnerait à ce singulier Gouvernement une apparence de rigueur, de précision,
de logique qu'il n'a jamais eue.

Les élus du 26 Mars se divisaient en 4 groupes principaux :
les membres du Comité central au nombre de 13 ; les membres du groupe blanquiste, habitués des clubs ou journalistes
de la presse révolutionnaire, au nombre de 20 ; les membres
de l'Internationale au nombre de 14, de 17 si l'on y comprend
Assi, Varlin et Chalin qui faisaient également partie du Comité
central ; enfin les modérés au nombre de 15, quantité négli-
geable, puisqu'ils donnèrent tous leur démission sans avoir
siégé, ou après avoir siégé une seule fois, comme M. Tirard,
qui rapporta le plus mauvais souvenir de sa courte présence
à l'Hôtel de Ville.

Citons dans le groupe dit du Comité central, Bergeret,
Ranvier, Billioray, Henry (Fortuné), Eudes, Blanchet, Brunel.
Appartenaient au groupe blanquiste, révolutionnaire ou néo-
jacobin : Blanqui, alors incarcéré en dehors de Paris, Tridon,
Ranc, qui se démit le 6 Avril, Protot, Raoul Rigault et Ferré
de sinistre mémoire, A. Arnould, Jules Vallès, Cournet,
Paschal Grousset, Gambon, Félix Pyat, Delescluze, Vermorel
et Flourens. Ce sont ces deux groupes réunis qui, à part
quelques unités dissidentes, constituèrent la majorité. La
minorité comprit au contraire presque tous les internatio-
nalistes qui étaient Theisz, Avrial, Benoit-Malon, Franckel,
Vaillant, Beslay, Pindy, Gérardin, Lefrançais.

Les élections du 16 Avril ne changèrent pas la proportion des partis : Cluseret, Johannard, Philippe, Viard, Trinquet se rattachèrent à la majorité; Andrieu, Serrailler, Longuet, Courbet, Arnold à la minorité. Au lieu de 90 membres qu'elle aurait dû compter, la Commune n'en eut jamais beaucoup plus de 60; cinquante membres à peu près assistaient aux séances qui se tenaient dans la grande salle du Conseil municipal, le plus souvent au milieu d'un indescriptible désordre : « On mangeait dans les couloirs et dans la salle. Une odeur de tabac, de vin et de victuailles saisissait la gorge et l'odorat. Un tapage infernal brisait le tympan. C'était un spectacle écœurant. »(Déposition de M. Tirard.) Les orateurs des deux partis, de la Gauche et de la Droite, car il y avait une Droite, même dans la Commune, étaient F. Pyat, Miot, Grousset, Gambon pour la majorité; J. Vallès, Vermorel, Ostyn, Tridon, Beslay, Jourde, Arnould, Babyck pour la minorité. Les votes importants furent souvent rendus par 24 ou 25 voix contre 10 ou 12 et l'on put regretter, dans quelques circonstances, le départ des 15 modérés et celui des 6 démissionnaires du 6 Avril : MM. Ranc, Ulysse Parent, Robinet, Lefèvre, Fruneau et Goupil. Peut-être auraient-ils pu combattre et faire échouer quelques-unes des mesures les plus regrettables. Mais les modérés, surtout dans une pareille tourmente, ont-ils jamais rien empêché?

Après la cérémonie d'installation de la Commune, qui eut lieu sur la place de l'Hôtel-de-Ville, le nouveau pouvoir tint sa première séance le mercredi 29 Mars. La conscription est abolie; aucune force militaire ne peut être créée ou introduite dans Paris; remise générale est faite aux locataires des termes échus d'Octobre 1870 et Janvier 1871, ou à échoir d'Avril 1871; tous les baux sont déclarés résiliables pendant six mois; la vente des objets engagés au Mont-de-Piété est provisoirement suspendue.

Après ces premières mesures, votées d'enthousiasme, la Commune se partagea en dix commissions dites : Exécutive, des Finances, Militaire, de la Justice, de la Sûreté générale, des Subsistances, du Travail, de l'Industrie et de l'Échange, des Relations Extérieures, des Services Publics et de l'Enseignement.

Eudes, Tridon, Vaillant, Lefrançois, Duval, F. Pyat, Bergeret composèrent la Commission Exécutive que l'on appela la première Exécutive et dont les pouvoirs durèrent jusqu'au 20 Avril. Dès le 3 Avril Eudes, Duval et Bergeret, *retenus loin de Paris*, furent remplacés par Delescluze, Cournet et Vermorel.

La seconde Exécutive, formée par Andrieu, Paschal Grousset, Protot, Vaillant, Viard et Jourde fut remplacée par le Comité de salut public, qui fut comme une troisième Exécutive, avec Arnauld, Billioray, Eudes, Ranvier et Gambon.

Logiquement les Exécutives et le Comité de salut public auraient dû avoir la haute main sur tous les services communaux et la direction suprême des affaires, quant à l'exécution ; mais, ses attributions étant indéterminées, la Commission principale ne pouvait prendre une mesure sans entrer en conflit avec l'une ou l'autre des Commissions voisines ou avec le Comité central. Les pouvoirs des autres Commissions n'étaient pas plus déterminés que ceux de l'Exécutive. Les unes se reposaient sur un de leurs membres, transformé en véritable ministre, du soin de diriger, sous le nom de délégué, un grand service public comme la Justice, les Affaires Étrangères, la Sûreté générale ou l'Enseignement. C'est ainsi que Jourde fut à peu près le maître aux Finances, Protot à la Justice, Raoul Rigault à la Sûreté générale, avant d'être le procureur général de la Commune, Paschal Grousset aux Relations extérieures. D'autres Commissions usurpaient fréquemment le pouvoir exécutif ou substituaient, comme toutes les

Commissions, la discussion à l'exécution. Quel temps d'ailleurs pouvaient bien donner aux affaires des hommes qui les ignoraient et qui devaient, au lieu d'en faire l'apprentissage, consacrer leurs matinées à l'administration de la mairie dans l'arrondissement qui les avait élus, l'après-midi et la soirée aux délibérations de l'Hôtel de Ville, sans parler de la lutte à soutenir contre Versailles ou contre *les Versaillais de Paris ?*

Les pouvoirs des élus du 26 Mars avaient été sommairement validés ; ceux mêmes qui n'avaient pas obtenu le huitième des voix des électeurs inscrits comme Brunel, Raoul Rigault, Vaillant, Allix, Arthur Arnould et Langevin avaient été déclarés valablement élus, tout comme les étrangers. Le Corps communal parisien, si péniblement constitué, avec de tels subterfuges légaux, s'érige en législateur pour toute la France, prononce la séparation de l'Église et de l'État, la suppression du budget des cultes et la confiscation des biens de mainmorte, meubles et immeubles, appartenant aux congrégations religieuses. Après les biens ce sont les personnes qui sont atteintes : le 4 Avril l'odieux décret sur les otages est rendu et les prisons s'emplissent.

Paris a perdu sa belle insouciance des premiers moments, en voyant l'archevêque et le curé de la Madeleine rejoindre les gendarmes et les sergents de ville, arrêtés dès le premier jour. La comédie menaçant de tourner au tragique, les rieurs d'hier font grise mine, surtout quand tous les citoyens, de dix-sept à trente-cinq ans, non mariés, sont appelés à faire partie des bataillons de guerre. Les rues, les places publiques, les boulevards deviennent inhabitables. C'est un perpétuel mouvement de gardes nationaux. On bat le rappel à tort et à travers ; puis la générale. Des officiers trop zélés et trop galonnés commandent des bataillons entiers, là où cinquante hommes suffiraient et dérangent, à tout propos, des citoyens qui seraient bien mieux dans leur lit, dit Cluseret, que là où les envoie un zèle intempestif. Tout porteur d'un uniforme, et Dieu sait si les uniformes foisonnaient, arrête arbitrairement, sans mandat régulier, dans les domiciles particuliers, dans les lieux de réunion, sur la voie publique, les citoyens suspects, et toute redingote est suspecte. Le 15 Avril le 218e bataillon de la garde nationale envahit l'hôtel de la Légation de Belgique, rue du Faubourg-Saint-Honoré, et y organisa un bal. Protot a beau prendre arrêtés sur arrêtés, pour *garantir la liberté individuelle*, pour réglementer les arrestations, les incarcérations et les saisies, arrestations, incarcérations et saisies continuent avec le même arbitraire, le même mépris de la liberté et de la propriété.

La liberté de la presse, la liberté du travail, la liberté du culte ne sont pas plus respectées que la liberté ou la propriété individuelles; les suppressions de journaux sont quotidiennes; le travail de nuit est interdit aux boulangers le 20 Avril; l'exercice de culte a été suspendu le 16 Avril et les églises ont été transformées en « clubs rouges ». Sainte-Geneviève a été désaffectée et consacrée à la mémoire de Marat.

Renforcée comme nombre mais moralement affaiblie par les élections du 16 Avril, qui prouvèrent l'antipathie prononcée des Parisiens, la Commune avait adressé, le 19 Avril, aux Parisiens un Manifeste justificatif, où elle déclarait que le combat engagé entre elle et Versailles ne pouvait finir que par le triomphe de l'idée communale ou par la ruine de Paris. Le surlendemain, Parisel fournissait le commentaire significatif du Manifeste, en invitant tous les détenteurs de pétrole à faire la déclaration de leur stock dans les trois jours.

Le 30 Avril le citoyen Gaillard père, membre depuis le 8 Avril de la Commission des barricades, instituée par le Comité central, était chargé de la construction de barricades formant enceintes, parallèlement à l'enceinte fortifiée, et de trois citadelles de barricades au Trocadéro, à Montmartre et au Panthéon. Fort heureusement pour l'armée assiégeante, Gaillard père, absorbé par la construction de la barricade artistique de la place de la Concorde, n'eut pas le temps de mettre à exécution son grand projet de barricades défensives. Il donna sa démission le 15 Mai.

Le même jour, nouvelle invitation de Parisel, au nom de la Délégation scientifique, aux détenteurs de soufre et de phosphore d'en faire la déclaration dans les trois jours. Une autre Délégation scientifique, non officielle, qui a son siège rue de Varennes, organise quatre équipes de fuséens, sous le commandement du citoyen Lutz. Enfin, le jour même où tombe la colonne Vendôme, paraît le fameux article du *Cri du Peuple*, avec la menace de Vallès : « Si M. Thiers est chimiste, il nous comprendra, » et la recherche du pétrole recommence : il faut, cette fois, faire la déclaration à l'Hôtel de Ville, dans les quarante-huit heures.

- L'injonction, faite le 29 Avril, aux cinq Compagnies de chemins de fer de payer la somme de deux millions, sur les droits dus par elles depuis le 18 Mars et non acquittés, risquait d'affamer Paris, si les Compagnies avaient sur-le-champ cessé leur service : elles n'en firent rien, payèrent dans les quarante-huit heures et les trains continuèrent de marcher. Mais on put soupçonner une fois de plus la Commune d'avoir suivi les inspirations de l'ennemi, car le Gouvernement de Versailles, appelé à conseiller la Commune, ne lui aurait sans doute pas donné un autre avis.

L'énumération de ces menaçantes mesures nous a fait laisser dans une ombre provisoire celles qui, dans la pensée de la Commune ou du moins des membres socialistes de la Commune, devaient avoir un caractère permanent et indiquaient une autre inspiration que celle de sicaires fanatiques ou de sceptiques jouisseurs.

Il faut citer, parmi ces dernières, l'interdiction faite aux administrations publiques et privées d'imposer des amendes et des retenues à ceux qu'elles emploient et la restitution ordonnée de toutes les amendes ou retenues infligées. Il convient également de rappeler, à l'actif de la minorité de la Commune, la protestation qu'elle formula contre l'avis qu'un membre du Comité central Grêlier, l'ancien délégué à l'Intérieur, avait fait insérer le 21 Mai au *Journal Officiel* et qui était ainsi conçu : « Les habitants de Paris sont invités de (*sic*) se rendre à leur domicile sous quarante-huit heures. Passé ce délai, leurs titres de rente sur le Grand-Livre seront brûlés. » Il était difficile de rendre un plus grand service au Gouvernement de M. Thiers. Des actes de cette nature justifient l'accusation de trahison que Lissagaray a portée contre le Comité central. La majorité se rendit aux excellentes raisons que fit valoir Jourde et Grêlier fut désavoué.

Que Grêlier ait pu faire insérer un avis pareil dans le *Journal Officiel*, cela encore indique l'état d'anarchie où ce service était tombé, comme tous les autres. Quel que fût le directeur, Lebeau, Longuet ou Vésinier, tout le monde y écrivait : J.-B. Clément y excitait à la guerre sociale ; Vaillant y faisait appel au régicide ; des anonymes y combattaient des actes de la Commune ; des Manifestes de toute nature et de toute provenance y étaient accueillis sans contrôle.

Nulle part cette désorganisation ne fut plus apparente et plus funeste que dans les administrations de la Guerre et de la Justice.

Le 29 Mars la Commune se trouve en présence d'un général en chef nominal Garibaldi et de quatre « généraux » effectifs Brunel, Eudes, Bergeret et Duval. Le vrai ministre de la Guerre, ministre d'exécution et d'administration, était le Comité central : la Commune croit qu'elle va l'annuler en nommant une Commission militaire. Celle-ci n'enlève en réalité au Comité central aucune parcelle de son pouvoir militaire, puisqu'il décide, le 30 Mars, une élection générale pour compléter les cadres et proclame que les gardes nationaux ont le droit de révoquer leurs chefs, quand ceux-ci ont perdu la confiance de ceux qui les ont nommés. D'accord sans doute avec le Comité central, la Commission militaire supprime le titre et les fonctions de général en chef qu'exerçait intérimairement Brunel, le seul qui eût servi dans l'armée comme sous-lieutenant de cavalerie, et délègue Eudes à la Guerre, Bergeret à l'état-major de la garde nationale, Duval au commandement militaire de l'ex-Préfecture de police. Deux jours après Cluseret était délégué à la Guerre, conjointement avec Eudes et seul le lendemain (3 Avril).

Le 6 Avril le grade de général est supprimé et Dombrowski est nommé commandant de la place de Paris, en remplacement de Bergeret, par la Commission exécutive. Le 12 Avril Cluseret fixe la solde du grade de général qui a été supprimée six jours auparavant ; le 28 Avril, il supprime l'intendance générale qu'il remplace par 8 contrôleurs et par une Commission de contrôle ; le 30, il est révoqué, arrêté et remplacé par Rossel. C'est la deuxième Commission exécutive qui a pris cette grave décision.

Le 8 Mai la Commune décrète que la Commission de la Guerre réglementera les rapports du Comité central avec la Guerre. Celle-ci fera les nominations qui seront proposées par le Comité central. Le même jour Moreau, le membre le plus important du Comité central, était nommé commissaire civil de la Commune auprès du délégué à la Guerre et le lendemain Rossel, entravé, contrecarré par la Commune et par le Comité central qui voulait, si nous en croyons le procès-verbal que nous avons cité, lui déférer la Dictature, donne sa démission et demande une cellule à Mazas. La Commune le remplace par Delescluze qui prend le titre de délégué

civil à la Guerre (10 Mai). Delescluze administre avec la Commission militaire renforcée de deux membres et laisse diriger
les opérations défensives par Henry qu'il nomme son chef
d'état-major, les généraux par des adjoints ou délégués civils
Dereure, Johannart et Meillet et l'intendance par Ed. Moreau
(16 Mai). Pendant ce temps, et quatre jours avant l'entrée des
Versaillais à Paris, les officiers de l'état-major de la garde
nationale « banquetaient avec des filles de mauvaise vie chez
le restaurateur Peters » ; le citoyen Janssoulé était autorisé
à organiser le « corps franc des Lascars » ; la solde de la garde
nationale donnait lieu « à de scandaleux abus » ; le Comité
central, démentant une fois de plus toute dissidence avec la
Commune, le 19 Mai, déclarait qu'il prenait possession de
l'administration de la Guerre, et Delescluze débordé, sentant
le sol s'effondrer sous ses pieds, rédigeait le 21 Mai au soir,
sur le bureau du maréchal Lebœuf, sa dernière proclamation : « Assez de militarisme ! » d'une ironie si désolée.

La justice a été peu ou point rendue, ou odieusement tra-
vestie, pendant la Commune. Ce n'est pas que les juridictions
aient manqué. Sans parler de Protot qui fut chargé dès le
début « d'expédier les affaires civiles et criminelles », qui
nomma un président du tribunal civil, le citoyen Woncken
et de nombreux juges de paix, des tribunaux de tout ordre et
des justiciers, non de toute robe mais de tout habit, furent
créés ou se créèrent eux-mêmes.

Le Comité central avait prétendu citer devant lui les
individus convaincus de corruption ou de tentative de corruption et les faire passer par les armes, aussi bien que les
« anciens gendarmes et sergents de ville » accusés d'avoir
tiré sur les lignes prussiennes. Cluseret, le 11 Avril, avait
autorisé chaque compagnie, bataillon ou légion à faire sa
propre police et à déférer au Conseil de guerre « tout faux
garde national introduit dans ses rangs ».

Le lendemain paraissait à l'*Officiel* l'institution d'un Conseil de guerre élu par légion et d'un Conseil disciplinaire élu par bataillon. Les peines prononcées par les Conseils de guerre n'étaient exécutoires qu'après revision d'une Commission de sept membres, tirée au sort parmi les membres des Conseils de guerre; les condamnations capitales devaient être visées par la Commission exécutive.

Au décret sur les otages, qui fut inséré à l'*Officiel* du 6 avril, se rattache l'institution du Jury d'accusation qui devait statuer dans les quarante-huit heures sur le sort de toute personne prévenue de complicité avec le Gouvernement de Versailles et de tout prisonnier de guerre fait par les fédérés. Le Jury d'accusation devait être choisi parmi les délégués de la garde nationale. C'est devant lui que devaient comparaître l'archevêque, le curé de la Madeleine, les malheureux Bonjean, Chaudey et tous les otages : il ne fut jamais constitué.

La Commune qui s'était attribuée, elle aussi, une juridiction criminelle mit en accusation MM. Thiers, Jules Favre, Jules Simon, Picard et l'amiral Pothuau le 2 Avril; elle jugea et remit en liberté deux de ses membres les généraux Bergeret et Cluseret; elle accepta, après une enquête dirigée par Raoul Rigault, la démission de Panille *dit* Blanchet, un banqueroutier.

La Cour martiale, la seule des juridictions qui ait souvent fonctionné, fut créée le 16 Avril, à la demande de Cluseret. Rossel la présida. Dès le 18 Avril elle condamnait à mort le chef du 74e bataillon, pour avoir refusé de marcher à l'ennemi : mais la première Exécutive commua sa peine. Un autre arrêt, rendu le 22 Avril par la Cour martiale, ayant été cassé par une Commission nommée spécialement par la Commune, Rossel donna sa démission de président et fut remplacé par le colonel Gois. Rossel estimait que la Cour martiale ne devait rendre que des arrêts de mort : elle n'en rendit qu'un qui ne

fut pas exécuté. La Commune, confondant en elle le pouvoir
judiciaire, comme l'exécutif et le législatif, se réservait le
droit de prononcer le renvoi devant les tribunaux militaires et
ses membres constituaient eux-mêmes et présidaient des Cours
martiales, dont les jugements étaient parfaitement exécutés.

Ce sont les employés de police judiciaire de la Commune,
c'est son procureur Raoul Rigault, ce sont les 4 substituts
Ferré, Dacosta, Martainville et Huguenot, c'est Th. Ferré
qui fut délégué à la Sûreté générale, en remplacement de
Cournet, qui ont justement encouru la responsabilité des
crimes commis pendant la dernière semaine et qui ont dépassé en horreur les assassinats du 18 Mars ou les fusillades
ordonnées dans la nuit du 18 au 19 Mars par Ganier d'Abin,
le « général » commandant à Montmartre, avec une si féroce
inconscience. Nous ne raconterons pas les massacres dans
les prisons ou dans la rue Haxo, pas plus que nous n'avons
raconté le martyre de Clément Thomas et de Lecomte. Toutes
les victimes, les plus illustres comme les plus obscures, ont
su mourir. Parmi les bourreaux, l'un fut fusillé rue Gay-
Lussac, pendant la lutte, l'autre sur le plateau de Satory,
après jugement du Conseil de guerre.

C'est aux membres, aux acteurs ou aux partisans de la
Commune qu'il faut demander le jugement définitif à porter
sur elle. Dans son numéro du 25 Avril le journal *La Commune*,
que rédigeaient G. Duchène, Delimal et Millière s'exprime
ainsi : « Les idéalistes... sont arrivés au pouvoir tout d'une
pièce, sans songer que le rôle des gouvernants est non pas de
rédiger la Charte de l'an 2000 ou le Symbole des apôtres, mais
de grouper les mesures, les résolutions exigées par la situation au jour le jour. Aussi leurs actes sont-ils en discordance
croissante et entre eux et avec leurs principes... La confusion
est partout... Destruction de la guillotine par le peuple, maintien de la peine de mort par le Conseil (communal)... Jamais

pouvoir n'a entassé en aussi peu de temps un pareil fratras de
contradictions... Cette multiplicité de consciences : jacobins,
hébertistes, communistes, collectivistes, individualistes, fédé-
ralistes, unitaires, engendre la confusion et le désarroi... le
gâchis se produit aux yeux des simples et des ignorants,
comme le fruit imprévu mais naturel de l'idée de Commune
et d'émancipation municipale. C'est à compromettre le principe pour plus d'un siècle. »

Rossel est, s'il est possible, encore moins indulgent. « La
Commune, dit-il dans ses *Papiers posthumes*, n'avait pas
d'hommes d'Etat, pas de militaires et ne voulait pas en avoir.
Elle accumulait les ruines autour d'elle, sans avoir ni la puissance ni même le désir de créer à nouveau... Ennemie de
la publicité, parce qu'elle avait conscience de sa sottise, ennemie de la liberté parce qu'elle était dans un équilibre instable,
d'où tout mouvement devait la faire choir, cette oligarchie
était le plus odieux despotisme qu'on puisse imaginer. N'ayant
qu'un procédé de gouvernement, qui était de tenir le Peuple
à ses gages, elle ruinait par ses dépenses l'épargne de la
démocratie et en ruinait les espérances, parce qu'elle désac-
coutumait le Peuple du travail. »

Cette dernière critique est justifiée par la fermeture des
ateliers, où de trop rares labeurs retenaient le garde national,
par l'embargo et le séquestre mis sur les ateliers déserts. La
Commune remplaçait le travail, qu'elle avait suspendu ou
ruiné, par la solde et par les spectacles chaque jour renou-
velés : c'est d'abord la fête du drapeau rouge, le 29 Mars;
puis c'est l'incendie de la guillotine et le feu de joie allumé
sur l'emplacement de l'*Abbaye de Cinq-Pierres;* ensuite c'est
le défilé des Francs-maçons, de l'Hôtel de Ville aux remparts,
et la plantation de leurs bannières sur les fortifications ; ce
sont les funérailles solennelles des victimes, rares d'ailleurs,
de la canonnade versaillaise, et devant lesquelles, dans les

quartiers les moins suspects de sympathie pour la Commune,
tous se découvraient, en présence de ces malheureux que la
mort absolvait ; c'est une scène d'Herculanum, le 17 Mai,
après l'explosion de l'avenue Rapp et, pour finir, ce sont les
abominables tableaux vivants de la dernière semaine.

Il faut, pour le décrire, avoir vu le spectacle de Paris, dans
la semaine qui précéda l'entrée des Versaillais. La tristesse
était sur tous les visages. Les gardes nationaux se rendaient
d'un air morne aux remparts ou aux avancées, la couverture
autour du corps, le pain piqué dans la baïonnette. Les
femmes, qui furent atroces en ces jours de folie, les accom-
pagnaient en les excitant à la vengeance. Les enfants, d'une
voix suraiguë, criaient les titres des rares journaux que la
Commune n'avait pas supprimés, ou la chute de la colonne
Vendôme, ou la destruction de la maison de M. Thiers, ou
d'invraisemblables victoires. Quelques passants, des vieillards,
sentaient venir l'agonie et se demandaient avec anxiété ce
que serait la délivrance, de combien de larmes et de sang il
faudrait la payer. Et dans les rues, silencieuses après le passage des troupes, retentissait à chaque instant l'insupportable
galop des écuyers de cirque, transformés en aides de camp,
ce qui enlevait à la malheureuse cité l'air de deuil qui lui eût
convenu, avant les grandes catastrophes qui s'approchaient.

Avant de raconter le duel entre Paris et Versailles, recherchons quelle part y eut le pays, témoin bien plus qu'acteur,
et comment Versailles s'est assuré le succès final.

Le 18 Mars 1871, on vit pour la première fois une Révolution parisienne presque sans répercussion dans le reste de la
France. Le télégraphe, qui porta la nouvelle dans tous les
départements et dans toutes les communes, ne leur porta pas
les noms de leurs nouveaux maîtres. Les républicains avancés, même dans les grandes villes, exceptions faites de Lyon,

Saint-Étienne, Marseille, Narbonne, Toulouse et Limoges, se préoccupaient moins des destinées du Comité central que de celles de la République et des projets de la Commune que de ceux de Versailles.

Un tiers de nos départements continue de supporter le poids de l'invasion; les autres, désormais assurés de la paix, ne semblent pas se douter que le 18 Mars aurait pu tout remettre en question et ne voient, dans le triomphe de la Commune, que la juste punition des fautes commises par le Gouvernement, des sentiments réactionnaires manifestés par l'Assemblée nationale. De même qu'à Paris on reprochait au Gouvernement sa fuite précipitée et à l'Assemblée ses tendances monarchiques, en Province on assistait avec une véritable indifférence à des démêlés qui ne semblaient pas, au début, devoir entraîner la guerre civile. Les pouvoirs constitués, les corps électifs envoyaient bien à Versailles des adresses d'adhésion; la masse, dans sa généralité, restait froide sinon hostile et, dans les grandes villes comme dans les principaux journaux républicains, les sympathies pour la Commune étaient à peine dissimulées. On le vit bien, quelques jours après, quand le ministre de l'Intérieur, Ernest Picard, eut engagé les préfets à favoriser les enrôlements volontaires : personne ne répondit à cet appel et c'est à peine si l'on put former et encadrer, dans l'armée régulière, un petit corps composé d'engagés de la Seine et de Seine-et-Oise. Quelle différence avec ce qui s'était passé en 1848, où une partie de la France marcha au secours de la société, menacée par les insurgés de Juin !

Outre que les insurgés de Mars 1871 paraissaient beaucoup moins menaçants, l'opinion, ébranlée par les profondes secousses qu'elle avait reçues, paraissait comme engourdie et, dans les centres les mieux préparés à un soulèvement de la démagogie, on resta neutre. Lyon, Saint-Étienne, Marseille,

Narbonne, Toulouse, Bordeaux, Limoges reçurent des émissaires du Comité central ou de la Commune; Rouen, où l'Internationale avait été organisée par Aubry, se maintint en communication avec les insurgés parisiens; beaucoup d'autres villes furent le théâtre de quelques troubles vite réprimés et toutes entendirent des déclamations qui demeurèrent sans écho. C'est l'*Enquête* prescrite par l'Assemblée nationale qui donna après coup à ces désordres une importance et une étendue qu'ils n'eurent nulle part, sauf à Marseille et à Toulouse.

Le 4 Avril, après un combat de quelques heures, le général Espivent de la Villeboisnet reprenait Marseille à l'émeute dont le signal avait été donné par Mégy, Landeck et Amouroux, aidés de Chauvin et de Gaston Crémieux. Quelques jours auparavant, M. de Keratry, avec plus de facilité encore, mettait fin à la Dictature de M. Duportal à Toulouse. Dans ces deux villes seulement la Commune avait été proclamée et supportée. Ailleurs, il y eut des crimes de droit commun mais point de mouvement politique proprement dit. Le préfet de la Haute-Loire, M. Henri de l'Espée, fut assassiné à Saint-Étienne et le colonel du 4ᵉ cuirassiers, M. Billet, à Limoges.

Ces crimes odieux, le fédéralisme de plusieurs villes du Midi, furent sans influence apréciable sur l'opinion. Quand il y eut lieu de procéder aux élections municipales, le 30 Avril, au plus fort de la guerre entre Versailles et Paris, les républicains obtinrent des majorités inespérées dans les villes, des nominations nombreuses dans les campagnes et le Chef du pouvoir exécutif eut à répondre à mainte députation de municipalité venant demander le maintien de la République et la conciliation, c'est-à-dire la conclusion de la paix entre Versailles et Paris, que les députations mettaient exactement sur la même ligne. Elles faisaient un partage égal des torts

entre les deux belligérants et l'ont peut affirmer qu'en
France, avant les incendies et les crimes de la dernière
semaine, l'immense majorité pensait comme eux.

Le spectacle que les maires ou les conseillers municipaux
de la Province avaient à Versailles n'était pas de nature à
leur faire croire qu'une lutte sans merci fût à la veille de
s'engager. Sans doute on voyait sur la place d'armes et sur
les principales avenues des batteries d'artillerie, des tentes,
des soldats, tout l'appareil de la guerre. Jamais pourtant la
ville n'avait été plus animée ni plus gaie : toutes les administrations s'y étaient transportées, à la suite du Gouvernement et, après les administrations, tous ceux qui ont à
attendre quelque faveur du Pouvoir, tous ceux que la Commune avait menacés d'enrôlement forcé, tous les hommes
de lettres, de théâtre ou de plaisir, tous les désœuvrés, toute
la foule des solliciteurs. La rue des Réservoirs rappelait le
boulevard des Italiens ; elle fourmillait de monde, jusqu'à une
heure avancée de la nuit, par cet admirable été de 1871.
Les soupers, les fêtes, les réceptions ne manquaient pas plus
qu'à Paris, dans les temps les plus calmes.

Depuis les premiers jours d'Avril, d'interminables bandes
de prisonniers étaient amenées, par les grandes voies qui
étoilent Versailles, à Satory, à l'Orangerie, dans les prisons
ou dans les casernes transformées en prison. Ces bandes,
composées d'hommes de tout âge, parfois d'enfants et de
femmes, étaient accueillies par les huées et par les outrages
de la foule, où, comme toujours, dominaient les femmes. Et
celles-ci n'étaient ni les moins empressées ni les moins ardentes
à insulter, parfois même à frapper les tristes victimes de la
lutte. Ces répugnantes exhibitions alternaient avec des spectacles plus réconfortants. Au lendemain de chaque combat une
délégation de l'armée victorieuse, les tambours fleuris d'au-
bépine, les canons pris à l'ennemi et les fusils ornés de lilas

blancs ou violets, s'arrêtait devant la Préfecture et M. Thiers lui adressait de chaleureuses félicitations. Elle se rendait ensuite dans la cour de marbre, où elle était reçue par le bureau de l'Assemblée et le Président, M. Grévy, ou un vice-président, au nom de la représentation nationale, remerciait officiers et soldats desservices qu'ils avaient rendus à la France. Le soir venu, la foule se transportait sur les hauteurs de Clagny et suivait du regard le sillon lumineux tracé par les projectiles qui allaient frapper les murs de Paris.

L'Assemblée nationale avait repris ses séances à Versailles le 20 Mars et, le jour même, dans le but d'assurer l'action commune de l'Assemblée et du Pouvoir exécutif, elle avait nommé une Commission de 15 membres ainsi composée : MM. d'Audiffret-Pasquier, Cordier, Decazes, Berenger, Ancel, de Lasteyrie, amiral Jauréguiberry, général Ducrot, Barthé-lemy-Saint-Hilaire, Gaultier de Rumilly, amiral La Roncière-le Nourry, Rameau, Vitet, général Martin des Pallières, et Delille. Omnipotente, en tant que délégation de l'Assemblée, mi-partie civile et militaire et disposée, par suite, à interve-nir dans toutes les affaires, à empiéter sur les attributions de l'exécutif, la Commission compliqua singulièrement la tâche de M. Thiers. C'est miracle qu'un vieillard de soixante-quatorze ans ait pu suffire à tant et à de si lourdes besognes. La France, dans son malheur, eut la bonne fortune inespérée d'avoir pour Chef le seul homme capable de la tirer de l'abîme où l'avaient jetée les fautes de l'Empire et les malheurs de la Défense nationale. Du 20 au 29 Mars il est constamment sur la brèche ; pas une séance ne se passe sans qu'il monte à la tribune, sans qu'il prononce un, deux, trois, jusqu'à quatre discours, jugeant froidement la situation, fixant les responsabilités avec une remarquable impartialité, rassurant amis et adver-saires sur ses intentions ultérieures, permettant aux égarés de revenir, aux timides de se ressaisir et inspirant à tous la

confiance qu'il avait lui-même dans le succès final. Bien
d'autres orateurs et des plus grands, comme Jules Favre,
ont pris la parole en ces critiques circonstances, dans le
feu même de l'action; aucun n'a été impeccable comme
M. Thiers; aucun n'a si bien conservé l'exacte mesure, le
sentiment parfait de la réalité des choses. Ce n'est pas lui
qui aurait « demandé pardon à Dieu et aux hommes » d'une
faute commise, d'un oubli, ou d'un acte maladroit. D'ailleurs,
il n'avait pas de pardon à demander, car, à partir du 19 Mars,
il ne commit ni faute, ni oubli, ni erreur.

Le 21 Mars, la Commission des quinze avait soumis à
l'Assemblée un projet de proclamation au peuple et à l'armée.
Un député de la Gauche, M. Peyrat, rédacteur en chef de
l'Avenir National, aurait voulu que l'on ajoutât à la proclamation les mots « Vive la France, Vive la République ! »
addition qui serait légitime, dit M. Thiers au milieu des protestations de la Droite, et il reprend, quelques minutes après :
« Je vous ai amenés ici sains et saufs, entourés d'une armée
fidèle. Je vous ai réservé ce lieu, où je pourrai vous
défendre et où vous êtes inviolables. » Et la Droite conti-
nuant à réclamer, parce que le Chef du pouvoir voulait que
l'on donnât la parole à Millière, qui l'avait demandée trop
tard, M. Thiers dit brusquement à ses interrupteurs :
« Soyez sûrs que vous n'ajouterez rien à votre autorité, en
interrompant le Chef du pouvoir exécutif et en ne voulant
rien entendre. » Il fait bon marché de ce pouvoir dont on
le privera quand on voudra et il ajoute : « Et quand vous le
ferez, le dépositaire vous en remerciera de grand cœur. »
Il faut se rappeler dans quelles dispositions les « ruraux »
étaient venus à Versailles; il faut se rappeler que beaucoup
d'entre eux songeaient à transférer la suprême magistrature
au duc d'Aumale ou au prince de Joinville, pour comprendre
la hardiesse de ces paroles.

Quelques instants après cet éclat, M. Thiers remontait à la tribune. MM. Clémenceau et Schœlcher, qui revenaient de Paris, avaient appuyé un ordre du jour auquel s'étaient ralliés MM. Langlois, Henri Brisson et Léon Say, demandant que Paris fût replacé dans le droit commun, quant à l'administration municipale. Remarquons les dates : on est au mardi 21 Mars ; il n'y a pas trois jours que le Comité central a triomphé. Le discours de M. Thiers est de la plus souveraine habileté : « Paris, dit-il, aura ses franchises, mais Paris ne saurait être administré comme une ville de 3,000 âmes. Paris sera en possession de lui-même, mais auparavant il faut qu'il ne soit plus au pouvoir des factions. » Et quand MM. Clémenceau, Tolain et même l'amiral Saisset se plaignent que le Gouvernement ait abandonné Paris, le chef de ce Gouvernement s'élève à la plus haute éloquence, en flétrissant les crimes commis le 18 Mars et l'arrestation de Chanzy. « Otage de quoi, dit-il en parlant de Chanzy? Est-ce qu'il serait coupable à quelque degré de ce que nous pourrions voter ici? Supposez que nous nous trompions ! Est-ce qu'il devra répondre de notre erreur et la payer de son sang innocent ? » A cette éloquente apostrophe toute l'Assemblée fut remuée et MM. Clémenceau et Lockroy, dont l'orateur combattait pourtant la thèse, laissèrent échapper ce cri : « C'est infâme ! » condamnant, comme tous leurs collègues, les procédés du Comité Central. Et de l'amiral Saisset qui avait dû quitter hâtivement Paris, après avoir vainement essayé de rallier les bataillons de l'ordre, M. Thiers disait : « Que peut-on suspecter de lui, on peut suspecter qu'il est un héros, pas autre chose. » Revenant alors à la justification de sa conduite au 18 Mars, l'orateur s'écriait : « On disait hier que nous avions voulu faire un coup de force (en reprenant les canons). Non, Messieurs, nous avons voulu faire un coup d'ordre et de légalité, après avoir attendu quinze jours. » Et encore : « J'aime

mieux avoir été vaincu que de n'avoir pas essayé de mettre
un terme à cette situation... Paris nous a donné le droit de
préférer la France à sa Capitale. » Quant à la loi municipale,
M. Thiers craint qu'elle ne désarme pas les Parisiens. « La
loi serait faite que je vous défierais de la mettre à exécution. » Tous les mots portent dans cet admirable discours, où
le Chef du pouvoir laissait la porte ouverte au repentir par
cette phrase significative : « Paris trouvera nos bras ouverts,
mais il faut qu'il ouvre d'abord les siens. » M. Tirard qui
essaya noblement d'arrêter la guerre civile, qui s'entremit
courageusement entre le Comité central et le Gouvernement,
déclara que si la loi municipale était votée, on redeviendrait
maître en trois jours de l'Hôtel de Ville et des édifices
publics. M. Tirard était sincère, mais il se faisait illusion et·
M. Thiers dut remonter une quatrième fois à la tribune pour
détruire cette illusion, avec tous les ménagements dus au
patriotisme de M. Tirard. « La France, dit l'orateur, ne
déclare pas et ne se propose pas de déclarer la guerre à
Paris. » L'Assemblée convaincue, s'engagea, en adoptant un
ordre du jour déposé par MM. Bethmont, Journault, René
Brice et Target, à reconstituer les administrations municipales des départements et de Paris, sur la base des conseils
élus.

La question, toujours la même, se reproduisit le surlendemain, sous une autre forme. Quelques maires et adjoints de Paris s'étaient présentés dans une tribune de l'Assemblée, revêtus de leurs insignes et la Gauche leur avait
fait une bruyante ovation qui avait fort irrité la Droite. L'un
de ces maires, M. Arnaud de l'Ariège, qui était en même
temps député, demandait à l'Assemblée de se mettre en
communication permanente avec les maires de Paris, de les
autoriser à prendre toutes les mesures nécessaires, de fixer
au 28 Mars l'élection du général en chef de la garde nationale

(élection à laquelle la Commune ne devait pas plus procéder
que ne l'avaient fait le Comité central et le Gouvernement
de M. Thiers), de fixer à une date très rapprochée l'élection
du Conseil municipal, de réduire à six mois la durée de la résidence pour l'éligibilité municipale et de faire nommer à
l'élection les maires et les adjoints des vingt arrondissements
de Paris. L'Assemblée donna une preuve évidente de bonne
volonté en accordant le bénéfice de l'urgence à cette proposition. La Commission chargée de l'étudier fut nommée le
lendemain matin : elle devait présenter son rapport le jour
même, dans une séance du soir. Avant l'ouverture de la
séance, M. Thiers intervint auprès du rapporteur, M. de Pey-
ramont, et lui fit entendre que l'adoption de la proposition
Arnaud de l'Ariège offrirait de sérieux dangers. En séance, le
Chef du pouvoir exécutif ne montait à la tribune que pour se
refuser à la discussion. « Les éclaircissements dans ce
moment-ci seraient très dangereux... Il est possible qu'une
parole malheureuse, dite sans mauvaise intention, fasse cou-
ler des torrents de sang. » Que s'était-il donc passé pour que
M. Thiers, si maître de sa parole, redoutât à ce point la discussion? L'irritation de la Droite, son impatience des négociations engagées entre les maires de Paris et les délégués
du Comité central, avaient été croissant; l'écho de cette
irritation, de cette impatience avait retenti jusqu'à l'Hôtel de
Ville et détruit l'effet produit par le vote de l'urgence.
M. Thiers ne voulait pas qu'une parole maladroite, prononcée
dans une discussion du soir, vînt s'ajouter aux propos qui
avaient été tenus le jour même, dans les couloirs, relativement au choix d'un nouveau Chef du pouvoir exécutif.

Le lendemain 25 Mars Arnaud de l'Ariège retirait sa proposition; le surlendemain 26 Paris élisait sa Commune, nous
avons dit dans quelles conditions, et le lundi 27 Louis Blanc et
douze députés de la Seine sollicitaient de l'Assemblée une

sorte de satisfecit pour les maires et adjoints. Ils auraient voulu que l'Assemblée déclarât qu'ils avaient agi comme de bons citoyens en faisant procéder aux élections. La Commission, par l'organe de M. Peltereau Villeneuve, concluait à ce que la proposition de Louis Blanc ne fût pas prise en considération. M. Thiers appuya ces conclusions par un grand discours plein d'importantes déclarations, où il répondait à la fois, sans mécontenter personne, aux Parisiens qui craignaient pour la République et aux Versaillais qui tremblaient pour la Monarchie. Ce discours du 27 Mars fut comme un renouvellement, une réédition du *Pacte de Bordeaux*, dans des circonstances autrement tragiques.

Après avoir affirmé que « respect resterait à la loi, » M. Thiers continuait ainsi : « J'affirme qu'aucun parti ne sera trahi par nous, que contre aucun parti, il ne sera préparé de solution frauduleuse. Ni moi, ni mes collègues, nous ne cherchons à rien précipiter, ou plutôt nous ne cherchons à précipiter qu'une seule chose : c'est la convalescence et la santé de notre cher pays. Il y a des ennemis de l'ordre qui disent que nous nous préparons à renverser la République. Je leur donne un démenti formel. Ils mentent à la France. Ils veulent la troubler et l'agiter, en tenant un pareil langage. Nous avons trouvé la République établie, comme un fait dont nous ne sommes pas les auteurs ; mais je ne détruirai pas la forme du Gouvernement dont je me sers maintenant pour rétablir l'ordre. Je ne trahirai pas plus les uns que les autres, je le jure devant Dieu. Savez-vous à qui appartiendra la victoire ? Au plus sage. »

Et ces phrases si courtes, mais si pleines de sens, étaient couronnées par un passage de large envergure sur la grandeur immortelle de la France. Et ce discours était prononcé au soir d'une journée absorbée par un labeur prodigieux, en

pleine reconstitution de l'armée, quand le Midi remuait,
quand Paris préparait sa sortie « torrentielle » et sa formidable résistance, quand le vainqueur multipliait les exigences
et retardait l'évacuation, quand les défenseurs les plus compromis de l'Empire déchu ajoutaient, par leur retour en France,
à toutes les difficultés.

Le 29 Mars, M. Thiers faisait repousser la demande de
nomination d'une Commission pour hâter l'évacuation du
territoire; le 31, il justifiait les mesures d'exclusion momen-
tanée prises à Boulogne, à Auch et dans les Alpes-Maritimes,
contre MM. Rouher et Granier de Cassagnac père et fils, tout
en répudiant les actes arbitraires dont il avait souffert lui-
même au 2 Décembre : « Je ne proscrirai pas ceux qui m'ont
proscrit. »

Le mois d'Avril, tout rempli par la lutte engagée, vit moins
souvent M. Thiers à la tribune. Nous citerons seulement son
intervention le 3, le 8 et le 28 Avril. Le 3 Avril, au cours d'une
communication sur les combats qui avaient eu lieu le matin,
il affirma que la clémence du Gouvernement légal ne ferait
pas défaut à ceux qui voudraient déposer les armes. Les
rumeurs de la Droite l'ayant interrompu, il reprit avec plus
d'énergie : « Messieurs, il ne peut y avoir d'indulgence pour
le crime, il ne peut y en avoir que pour l'égarement. » Le
8 Avril, il fit revenir l'Assemblée sur son vote, dans la
loi municipale, en la menaçant de sa démission, avec une
brusquerie qui laissa des rancunes vivaces chez ses adversaires. Enfin, le 28 Avril, il interrompit une discussion sur la
revision des services publics, pour parler à la France autant
qu'à l'Assemblée, à la veille des élections municipales.

Ici nous citerons encore longuement, au risque de paraître
écrire l'histoire de M. Thiers, plutôt que celle de la Troisième
République, parce que ces discours, relus au bout de vingt-
cinq ans, nous semblent plus beaux et plus forts qu'à l'époque

où nous les avons entendus ; parce que M. Thiers n'a jamais
été plus grand que durant ces jours du 19 Mars au 28 Mai,
qu'il a appelés les plus mauvais de sa vie ; parce qu'enfin il a
été le véritable fondateur de la troisième République.

Il commence par un juste éloge de l'armée, « qui est toujours la gloire de la France, et le plus solide appui de sa
prospérité, de son avenir, et de ses nobles principes. C'est une
grande et puissante armée ; elle l'est non seulement par son
organisation, elle est puissante et grande par le sentiment de
ses devoirs... Nous sommes arrivés à donner à l'armée française la plus solide composition d'état-major qu'elle ait eue
depuis longtemps. » Il rend un éclatant hommage au chef de
cette armée, au moderne « chevalier sans peur et sans
reproche. »

Il renouvelle, avec la même solennité, les déclarations qu'il
a faites, un mois auparavant, au sujet de la forme définitive
à donner au Gouvernement, et que les défiances des uns et des
autres rendaient encore nécessaires : « Je vous garantis que
nulle part, il n'y a un complot, une arrière-pensée contre
l'institution actuelle... Je donne à l'insurrection le démenti le
plus solennel, quand elle ose prétendre que l'on conspire ici
contre la République ; je lui dis : « Vous en avez menti » ; il n'y
a contre la République qu'une conspiration, c'est celle qui est
à Paris et qui oblige à verser le sang français. » Enfin, après
avoir affirmé une fois de plus qu'il ne resterait pas une
minute au pouvoir, sans la confiance absolue de ses collègues, il définit le Gouvernement insurrectionnel « un odieux
despotisme » contre lequel les soldats de l'ordre défendent
seuls la liberté, et il défie les insurgés de dire ce qu'ils veulent. M. Audren de Kerdrel, après ce discours, fit encore des
réserves au sujet du régime définitif à donner à la France.

M. Thiers n'était pas seulement responsable de ses actes
devant l'Assemblée souveraine, mais ses moindres paroles,

tout comme celles de M. Barthélemy-Saint-Hilaire, secrétaire
général de la Présidence du Conseil, étaient commentées, am-
plifiées, dénaturées, colportées dans les couloirs du Palais, et
parfois même apportées à la tribune. Les députations se suc-
cédaient sans interruption à la Présidence : les Chambres
syndicales, la Ligue républicaine des droits de Paris, les
francs-maçons, les municipalités des grandes villes venaient
apporter au Chef du pouvoir leurs conseils, souvent même
leurs objurgations et leur espoir d'une prompte fin de la
lutte engagée. A tous M. Thiers faisait la même réponse.
Mais tous n'interprétaient pas ses paroles de la même façon,
ni ne les reproduisaient avec une scrupuleuse fidélité. C'est
un de ces comptes rendus peu fidèles qui amena la fameuse
séance du 11 mai. De cette séance, il ne faut retenir que la
cruelle apostrophe à M. Mortimer-Ternaux et à la Droite, ou
plutôt à tous les prétendants de la « Maison de France » qui
s'agitaient dans les coulisses parlementaires :

« Il faut nous compter ici, et nous compter résolument ; il
ne faut pas nous cacher derrière une équivoque. Je dis qu'il
y a parmi vous des imprudents qui sont trop pressés. Il leur
faut huit jours encore ; au bout de ces huit jours, il n'y aura
plus de danger, et la tâche sera proportionnée à leur courage
et à leur capacité... Vous choisissez le jour où je suis proscrit
et où l'on démolit ma maison. Eh bien, oui, j'appelle cela une
indignité. »

Ils choisissaient aussi le lendemain du jour où la paix
avait été signée, à Francfort, et où Belfort nous avait été définitivement conservé. M. Thiers monte encore à la tribune
le 18 Mai, pour faire ratifier ce traité par l'Assemblée ; le 22,
pour annoncer que « le but est atteint » ; le 24, pour annoncer et déplorer les incendies de Paris et justifier la délégation à la Préfecture de la Seine de M. Jules Ferry. Le 22, le
« but étant atteint », l'Assemblée avait décidé que les armées

de terre et de mer et le Chef du pouvoir exécutif avaient bien
mérité de la patrie. Paris était rendu à son vrai souverain, à
la France. Comment le fut-il?

Après l'insuccès du coup de main sur Montmartre, le
général Vinoy, commandant en chef, avait réuni à l'École
militaire ses trois divisions diminuées du 88e qui avait fait
défection pendant l'action même, du 120e qui se laissa
désarmer par la foule dans la caserne du Prince-Eugène, du
69e campé dans le jardin du Luxembourg et qui ne put
rejoindre, à Versailles, que quelques jours après. La retraite
de l'armée, ainsi affaiblie, ne fut pas sans présenter de
dangers, de Paris à Versailles ; non pas que les fédérés l'aient
inquiétée : le péril était dans cette armée même, démoralisée,
incertaine entre la soumission et la révolte, qui se demandait
si elle allait suivre ses chefs à Versailles ou rejoindre les
rebelles à Paris. L'ordre de marche avait été habilement
réglé : des gendarmes, placés en queue de la longue colonne,
pouvaient activer les traînards et contenir les velléités de
désertion. Les officiers, sentant bien que leurs hommes étaient
hésitants et flottants, s'abstenaient de donner des ordres qui
n'auraient peut-être pas été obéis. Ce fut seulement après le
passage du pont de Sèvres qu'ils ressaisirent toute leur autorité, qu'ils purent faire serrer les rangs, hâter la marche et
conduire sans encombre leurs troupes à destination. Là, tout
contact avec la population fut prudemment évité ; cantonnés
dans les baraquements de Satory, les soldats revinrent vite
au sentiment du devoir ; bien nourris, bien vêtus, bien armés,
fréquemment visités par leurs officiers et par le Chef de
l'État, ils frappèrent tous ceux qui les virent par leur air
décidé et bon enfant, ceux-là mêmes que leur mine sournoise
ou menaçante avait effrayés quelques jours auparavant. On
se reprit à espérer, au spectacle réconfortant de cette trans-

formation, de cette renaissance inattendue de la discipline.
Les vaincus du 18 Mars allaient former le noyau de l'armée
destinée à reconquérir Paris.

Dans la circulaire adressée aux autorités de tous les départements, le 19 Mars, M. Thiers estimait à 40,000 hommes le
chiffre des soldats réunis à Versailles ; ils furent placés sous
le commandement du général Vinoy et répartis en huit
divisions, dont une de réserve. Les divisions actives étaient
les divisions de Maudhuy, Susbielle, Bruat, Grenier, Montaudon, Pellé et Vergé ; la division de réserve avait à sa tête le
général Faron. La cavalerie formait 3 divisions sous les
généraux du Barail, du Preuil et Ressayre. Cette organisation
était due à M. Thiers et au général Letellier-Valazé qui venait
d'être appelé au sous-secrétariat d'État de la Guerre.

La Commune ne pouvait opposer à cette armée que ses
bandes courageuses mais indisciplinées. A l'unité du pouvoir
et du commandement qui régnaient à Versailles répondaient
à Paris l'éparpillement des responsabilités et la multiplicité
des généraux : le Comité central en avait désigné une douzaine parmi lesquels trois surtout Eudes, Bergeret et Duval
imposèrent leur volonté à la Commune naissante et firent
décider la première sortie. Il faut y ajouter Flourens qui
exerçait sous la Commune, comme sous la Défense nationale,
un commandement indépendant.

Le 1er Avril les Prussiens occupaient les forts de l'Est et du
Nord, la Commune les forts du Sud, le Gouvernement de Versailles le Mont-Valérien et les hauteurs qui protègent au Nord
et à l'Est la ville de Louis XIV. La Commune avait fait parcourir
la presqu'île de Gennevilliers par ses éclaireurs, dans la
journée du 1er Avril, et, le lendemain, elle lançait sur Courbevoie, Puteaux, Nanterre et Rueil le gros de ses forces, tout
en faisant une démonstration moins importante par Châtillon
et Meudon. Vinoy opposa les deux brigades d'infanterie

Daudel et Seigneurens et la brigade de cavalerie de Galliffet aux fédérés qui remplissaient la presqu'île. Du rond point des Bergères, l'armée s'élance sur la caserne de Courbevoie, défendue par quatre bataillons d'insurgés, s'en empare et dégage les abords du pont de Neuilly. Vers 4 heures elle était ramenée dans ses positions.

Le premier sang avait donc été versé le 2 Avril; versé par Versailles ou par Paris? Qu'importe? au point où on était arrivé, l'engagement entre les deux adversaires était devenu inévitable et les patriotes ne pouvaient que s'associer au désespoir de cette vieille femme de Courbevoie, qui disait en levant les mains au ciel : « Quel bonheur que mon fils ait été tué par les Prussiens, il ne sera pas de cette horrible guerre! »

Le soir même, dans une sorte de Conseil de guerre tenu à l'Hôtel de Ville, il fut décidé que le lendemain les fédérés marcheraient sur Versailles en trois colonnes, la première par Bougival sous Bergeret et Flourens, la seconde par le bas Meudon sous Duval, la troisième par Châtillon sous Eudes. On n'avait tenu aucun compte du Mont-Valérien qui contribua puissamment, avec les brigades Garnier, Dumont et Daudel et la division de cavalerie du Preuil, au résultat de la journée. La première et la deuxième colonne laissaient un grand nombre de morts dans la plaine de Gennevilliers et, parmi eux, Flourens qui fut tué dans une maison de Chatou par le capitaine de gendarmerie Desmarest. A Meudon et au Petit-Bicêtre, la brigade La Mariouse avec les gardiens de la paix et la brigade Derrojà avec les fusiliers marins furent opposés aux gardes nationaux qu'elles rejetèrent en désordre sur la route de Châtillon. Les fédérés à Meudon et au Petit-Bicêtre, comme à Chatou, à Rueil et à Courbevoie laissèrent un grand nombre de prisonniers aux mains de l'ennemi et un grand nombre de morts sur le terrain. Le malheureux Duval, avec deux officiers de son état-major, fut fusillé après le combat par l'ordre du

général Vinoy. Ces exécutions, celles que le général de Galliffet avait ordonnées à Chatou, imprimèrent dès le début
un caractère terrible à la lutte. Certains officiers supérieurs
de l'armée de Versailles, surtout ceux que l'on savait animés
de sentiments bonapartistes, apportèrent à la répression une
violence froide, aussi atroce qu'impolitique, qui explique si
elle ne les justifie pas, les représailles de la Commune [1]. Le
4 Avril la division Pellé et la brigade Derroja, en s'emparant
de la redoute de Châtillon, complétèrent les succès remportés
les deux jours précédents. Versailles était désormais à l'abri
d'un coup de main. La Commune était réduite à la défensive.

Cluseret avait reçu la direction de la Guerre avec le titre de
délégué ; il comprit fort bien que la Commune, très forte
derrière ses remparts, était condamnée à s'y renfermer et
c'est à lui que le Gouvernement insurrectionnel dut la prolongation d'existence que ses premières défaites ne pouvaient
faire prévoir. Cluseret, ancien officier de l'armée régulière,
organisa sérieusement la défense, reforma les bataillons de
guerre, arma les remparts, du Point du Jour à la Porte
Maillot, et les positions avancées d'Asnières et de Bécon, sur
la rive droite de la Seine. La Commune n'a eu que deux chefs
militaires, Cluseret et Rossel : elle les entrava par tous les
moyens et elle ne sut les garder ni l'un ni l'autre.

A Versailles comme à Paris, on se réorganise après les
combats des premiers jours d'Avril. Le commandement supérieur est enlevé à Vinoy, qui reçoit en compensation la
grande chancellerie de la Légion d'honneur, dont l'exécution
de Duval aurait dû l'exclure. Les forces du Gouvernement
légal, très augmentées, sont réparties en deux armées, l'une
active, l'autre de réserve. Celle-ci, laissée sous les ordres de
Vinoy, ne compte plus que 3 divisions. L'active, appelée

(1) Voir à l'Appendice XV, la déposition du colonel Lambert et l'ordre
du jour de Galliffet.

l'armée de Versailles, a pour chef suprème le maréchal de Mac-Mahon : elle comprend au début 'deux corps d'infanterie à 3 divisions chacun et un corps de cavalerie. Les généraux de Ladmirault, de Cissey et du Barail sont à la tête de ces trois corps. Le général Borel est chef d'état-major. Au fur et à mesure que les prisonniers français revenaient d'Allemagne, ils étaient dirigés sur l'armée de Versailles qui atteignit, après la signature du traité de Francfort, plus de 130,000 hommes. Paris put être complètement investi, à l'Ouest et au Sud, depuis l'extrémité septentrionale de la presqu'ile de Gennevilliers jusqu'à Choisy-le-Roi.

Le 6 Avril la lutte recommençait par l'attaque de la tête du pont de Neuilly; le 7, après un combat très vif, la division Montaudon, les brigades de Galliffet et Besson occupaient les premières maisons de Neuilly, mais payaient ce succès de la mort des généraux Besson et Péchot. Les jours suivants furent marqués par un combat d'artillerie qui dura presque sans interruption jusqu'au 21 Mai. Les seuls incidents à signaler sont le 14 Avril l'occupation de plusieurs maisons de Neuilly par le général Wolf, le 17 celle du château de Bécon par le colonel Davoust, de la division Montaudon, le 19 celle d'Asnières par le général Montaudon.

Le 24 avril les soldats revenus d'Allemagne et reçus à Cherbourg, Auxerre et Cambrai formaient le 4° et le 5° corps de l'armée de Versailles, placés sous le commandement de Douay et de Clinchant.

Le lendemain de cet accroissement considérable de l'armée les batteries établies sur la terrasse du château de Meudon, à Châtillon, à la station de Meudon, à Bellevue, au Parc crénelé, à Brimborion, au pavillon de Breteuil, au moulin de Pierre, à la lanterne de Démosthène et au pont de Sèvres, sans attendre l'établissement de la batterie de Montretout, qui devait être forte de 70 pièces de gros calibre, commençaient, sous la

direction du général de Berchkheim, une formidable canonnade contre les remparts de Paris. Les batteries du Point-du-
Jour, des forts d'Issy, Vanves et Montrouge ripostèrent
seules avec quelques résultats. Dans la nuit du 26 au 27 Avril
le général Faron s'empara du village des Moulineaux, dans
celle du 29 au 30 les brigades Derroja, Paturel et Berthe
occupaient le cimetière, les tranchées, les carrières et le parc
d'Issy. C'est le succès des Versaillais qui amena la chute de
Cluseret accusé « d'avoir failli compromettre la possession du
fort d'Issy ». Le fort d'Issy porta malheur à Rossel comme à
Cluseret; dix jours après Cluseret, Rossel était remercié
pour avoir annoncé sa chute en ces termes : « Le drapeau
tricolore flotte sur le fort d'Issy. » La prise de la gare de
Clamart, celle du château d'Issy, la prise d'assaut de la
redoute du moulin Saquet par les troupes du général Lacre-
telle, l'ouverture du feu par la grande batterie de Montretout
qui eut lieu le 8 Mai, à 10 heures du matin, précédèrent
l'évacuation du fort par ses défenseurs, dans la matinée du
9 Mai. Quelques heures après, le 38ᵉ de marche en prenait
possession.

Le journaliste Delescluze succède à l'artilleur Rossel ; il
n'arrête pas plus que lui le succès désormais fatal de l'armée
assiégeante : la prise du fort de Vanves et l'attaque du corps
de place sont avec des engagements heureux à Boulogne, au
village d'Issy, au lycée de Vanves, à Levallois et à Clichy, à
Malakoff et au Grand-Montrouge, au moulin de Cachan les
derniers événements précédant l'entrée de l'armée dans
Paris, le 21 Mai 1871, à 5 heures du soir, deux mois et trois
jours après qu'elle l'avait quitté.

Le Dimanche 21 Mai, la population parisienne, entretenue
dans une trompeuse sécurité par la lecture des bulletins
officiels qui annonçaient invariablement des nuits calmes, des
reconnaissances hardies, des attaques repoussées, *un tir dont*

la justesse frappait l'ennemi d'étonnement, avait rempli les
Tuileries, les Champs-Elysées et savouré les douceurs d'un
splendide après-midi. La Commune, partageant cette quié-
tude, avait jugé et acquitté Cluseret. On était à cent lieues
de l'armée de Versailles qui cheminait sur le chemin de ronde,
à quelques kilomètres de l'Hôtel de Ville, et, cinq heures
après que la porte d'Auteuil avait été forcée, l'observatoire de
l'Arc de Triomphe *niait l'entrée des Versaillais*.

M. Henri Martin, qui fut maire de Paris pendant le premier siège, avant d'être envoyé à l'Assemblée nationale par
le département de l'Aisne, a retracé à grands traits l'histoire
de la Commune et discerné mieux que personne les éléments
de résistance que contenait encore la grande ville, lorsque les
troupes y pénétrèrent. Ces éléments, même diminués des
innombrables Parisiens qui, après avoir subi sans résistance
le nouveau Gouvernement, avaient attendu impatiemment sa
chute, étaient d'une singulière complexité et obéissaient aux
mobiles les plus variés. Beaucoup de fédérés croyaient en
toute conscience combattre pour la République. D'autres, qui
respiraient depuis des mois un air artificiel et malsain, soutenaient la lutte pour la lutte, parce qu'ils ne faisaient que
cela depuis le 4 Septembre, sans en prévoir ni même en sou-
haiter le terme. Chez les patriotes exaltés, un sentiment très
légitime et qui n'avait pu se satisfaire contre les Prussiens,
s'était tourné contre les Français. L'envie, la haine, les revendications sociales armaient aussi quelques bras, moins cependant que l'oubli du travail et que les habitudes d'ivrognerie
contractées pendant le premier siège et soigneusement entre-
tenues pendant le second. Ces sentiments très divers faisaient
d'une masse d'hommes un instrument docile aux mains des
meneurs. Ceux-ci étaient des sectaires qui voyaient s'évanouir
leur rêve, des vaniteux déçus qui voulaient se venger de leur
déception, en faisant de Paris un monceau de ruines, des

habiles qui comptaient bien survivre à la défaite trop prévue, des artistes du mal qui allaient se donner à Paris, comme Erostrate à Ephèse, comme Néron à Rome, un beau spectacle, et des fauves qui allaient tuer pour tuer, des hommes chez qui la brute, mal endormie, allait se réveiller.

Bien moins disparates étaient les forces de l'attaque. Nous avons vu que le pays s'était refusé à répondre à l'appel adressé aux volontaires au début de la Commune et que, plus tard, il était resté neutre entre Paris et Versailles. L'armée se trouvait donc seule en face de l'insurrection. Dans cette armée le soldat faisait obscurément et passivement son devoir, par discipline et par obéissance; les chefs, en immense majorité, éprouvaient cette tristesse résignée que les guerres civiles inspirent à quiconque a le cœur bien placé. Quelques-uns seulement éprouvaient une sorte de joie farouche à lutter contre des adversaires politiques : c'est parmi eux que se trouvaient les officiers qui firent exécuter le faux Billioray au Champ-de-Mars, Millière sur les marches du Panthéon et Varlin rue des Rosiers, à Montmartre.

Il y eut d'abord comme une infiltration lente mais continue de l'armée de Versailles dans Paris ; puis, quand on fut maître des portes à l'intérieur et à l'extérieur, de grandes masses purent entrer se répandant par les rues latérales, plutôt que par les grandes voies, de façon à envelopper et à tourner les défenses des fédérés. Les officiers marchaient au milieu de la chaussée, les soldats le long des maisons qu'ils fouillaient rapidement, quand un coup de fusil était tiré sur la troupe. Les morts étaient rangés sous les hangars ou sous les portes cochères, la face couverte de paille, une étiquette fixée aux vêtements. Le soir venu, le soldat harassé s'étendait indifférent à côté des cadavres des fédérés.

La *bataille de sept jours*, comme on l'a appelée, remplit, en effet, toute la tragique semaine du 21 au 28 Mai, bataille aux innombrables incidents, atroces tueries d'un côté, odieux assassinats de l'autre, aux multiples théâtres, rue Royale, les Tuileries, Montmartre, rue Saint-Denis, place du Château-d'Eau, rue Monge, faubourg du Temple, à laquelle prirent part tous les corps de l'armée de Versailles, obéissant à une direction inflexible et quelques milliers seulement de défenseurs de la Commune, sans lien entre eux, n'obéissant qu'à leur seul fanatisme, nombreux ici sur un point sans importance stratégique, réduits ailleurs à quelques unités derrière une barricade commandant tout un quartier. L'armée avançait lentement mais sûrement et l'issue de la lutte ne fut pas douteuse un instant. Aurait-on pu, en la précipitant, éviter les incendies, sauver quelques monuments et beaucoup de vies humaines? La plupart des historiens ont répondu affirmativement; la tentation était trop forte d'incriminer la lenteur des assiégeants et de leur attribuer les désastres qu'elle a causés; ils y ont cédé, ils ont déclaré que si, dans la nuit du dimanche au lundi, l'armée s'était portée, en deux colonnes, le long des deux rives de la Seine, elle n'y aurait pas rencontré d'obstacles et aurait pu, en s'emparant avant le jour de l'Hôtel de Ville, empêcher la dernière réunion de la Commune et désorganiser par avance toute résistance. Sans doute, le succès de cette marche audacieuse était possible et les résultats en auraient été probablement considérables; mais était-il prudent de la tenter, après l'expérience du 18 Mars? Fallait-il s'engager jusqu'au siège de la Commune, au risque de le trouver défendu par de nombreux bataillons et par des batteries d'artillerie; fallait-il éparpiller de petits détachements sur les deux rives de la Seine, à chaque tête de pont, au risque plus certain de les mettre en contact avec une foule ameutée et de les voir écrasés ou désarmés, ce qui revenait au même, comme l'avaient été deux mois auparavant le 88e et le 120e ?

EDG. ZEVORT. — Troisième République.

Une prise de possession plus rapide eût-elle d'ailleurs empêché les incendies ? Il est permis d'en douter. D'autres monuments eussent été atteints, si la Cour des comptes, la Grande Chancellerie, les Tuileries et la bibliothèque du Louvre avaient pu être sauvées. Même dans les quartiers déjà conquis, on ramassa des femmes pétroleuses et des enfants pétroleurs que l'on fusilla sans pitié. Les menaces proférées à cet égard avant le 18 Mars, la réquisition des matières inflammables opérée systématiquement par le soin des commissions dites scientifiques, les sinistres prédictions des journaux révolutionnaires sont des indices révélateurs. Dans la pensée des partisans de la Commune, sa défaite et la ruine de Paris devaient être des faits connexes. Si les fédérés allumaient l'Hôtel de Ville, la Préfecture de police, le Palais de Justice, ce n'est pas du tout pour faire disparaître leurs dossiers : c'est parce que la destruction pour la destruction rentrait dans le plan général de la défense ; ils auraient de même allumé la Banque de France et provoqué un bien autre désastre, si la Banque de France n'avait été défendue par son personnel, organisé militairement ; comme ils auraient incendié Notre-Dame, si Notre-Dame n'avait été protégée par les internes et les médecins de l'Hôtel-Dieu.

C'est l'affirmation d'un homme universellement respecté, M. Corbon, qui fut l'un des témoins de *la bataille de sept jours*, qui a conduit à penser qu'une action militaire plus rapide eût sauvé nos monuments. La question reste indécise. Où M. Corbon ne rencontra pas de contradicteurs, c'est dans le dénombrement qu'il fit des défenseurs de la Commune. La moyenne des fédérés était à peine de vingt par barricade. Celle de la rue de Rennes, qui était une des plus fortes et qui a tenu près de cinquante heures, n'a jamais eu trente hommes pour la défendre. M. Corbon y retourna à cinq reprises, et n'en compta jamais plus de vingt-sept.

« Quiconque, ajoutait M. Corbon, a vu les événements de
cette épouvantable semaine, dira que l'on a fait huit ou dix
fois plus de prisonniers qu'il n'y avait de combattants du
côté de l'insurrection. Quant à moi, j'ai la conviction profonde que l'on a fusillé plus d'hommes qu'il n'y en avait
derrière les barricades. » Cette conviction d'un honnête
homme, qui avait été témoin oculaire, est aujourd'hui une certitude.

L'occupation tardive ne provoqua pas les incendies qui
étaient décidés à l'avance ; mais les incendies eurent certainement pour résultat de rendre la répression impitoyable et
d'augmenter le nombre des victimes du côté de la Commune.
M. Thiers était bien inspiré quand il négociait, avec quelques-
uns de ses chefs, l'achat de l'une des portes de Paris : il voulait éviter l'horreur d'une prise d'assaut, sachant bien que le
soldat est difficilement contenu dans ces terribles circonstances. L'entrée dans Paris, due au hasard et à Ducatel, avait
été une prise de possession, et non pas une prise d'assaut ;
mais, après les incendies, quand la population affolée excita
elle-même l'armée et dénonça des coupables vrais ou imaginaires, quand les rancunes, les vengeances personnelles
purent se donner libre carrière, la répression prit un caractère atroce. Sombres jours, tristes souvenirs, et qui devaient
laisser dans les âmes des ferments de haine durables ! Un
quart de siècle s'est écoulé, l'amnistie est survenue, et la
pacification ne s'est pas faite dans les cœurs. A des signes
qui ne trompent pas, on peut craindre que les divisions ne
soient aussi accentuées que par le passé, les oppositions
aussi irréductibles, les désirs de revanche aussi vivaces.

Le 28 Mai, à 4 heures, la Commune était vaincue, l'ordre
rétabli, Paris rendu à lui-même et à la France. Quel fut le
résultat immédiat de l'insurrection ? Le maintien de la République, de la forme de Gouvernement avec laquelle l'ordre

avait été rétabli. On peut affirmer, étant donné la composition de l'Assemblée nationale, ses préventions contre les
hommes de la Défense nationale, ses préjugés religieux, que
la République eût été renversée, si M. Thiers ne se fût pas
constitué son défenseur, et M. Thiers n'a fait de déclarations
formelles en faveur de la République que sous le coup de la
nécessité, pour empêcher les grandes villes d'adhérer au
mouvement. Ces déclarations, il les a renouvelées et accentuées lorsqu'il eut reconnu que l'établissement de la Monarchie nationale, comme on disait en 1871, amènerait une
guerre civile plus longue, plus formidable, plus générale
surtout que celle dont il venait de triompher, au prix de si
cruels sacrifices. Nous croyons fermement que sans la Commune, l'Assemblée eût renversé M. Thiers au premier dissentiment, sur la question de nomination des maires, par
exemple, appelé au pouvoir le duc d'Aumale ou le prince de
Joinville et, sous le couvert d'une Lieutenance générale ou
d'une Présidence princière, préparé le retour de Henri V. Les
misérables, les inconscients et les fous qui ont fait ce que
l'on sait de notre chère cité, de notre admirable Paris, nous
ont évité le malheur d'une restauration bourbonienne, ce qui
n'est pas une circonstance atténuante. La loi, ils l'ont foulée
aux pieds ; la patrie, ils l'ont ensanglantée ; les réformes
sociales, ils les ont retardées d'un demi-siècle. Quant à la
République, s'ils l'ont sauvée, c'est malgré eux. Leur juge
le plus partial, leur défenseur, leur flatteur même a été en
droit de leur dire :

> Mais vous, par qui les droits du Peuple sont trahis,
> Vous commettez le crime et perdez le pays[1].

(1) Victor Hugo, *L'année terrible* (Paris incendié). Alph. Lemerre, édit.

CHAPITRE V

LE GOUVERNEMENT DE M. THIERS

DU 29 Mai 1871 au 31 Mars 1872.

La proclamation du maréchal de Mac-Mahon. — Le rôle du maréchal dans la guerre civile. — Le duc d'Audiffret-Pasquier réclame la prompte convocation des électeurs. — Paris le 29 Mai. — Les incendies. — Paris renaît à la vie. — La revue du 29 Juin. — L'emprunt de deux milliards. — Les élections législatives complémentaires de Paris. — Les élections municipales. — L'évacuation du 20 Septembre. — Le jury de la Seine et les Allemands. — La presse. — Fondation de la *République Française*. — Le procès du général Trochu contre le *Figaro*. — L'Assemblée nationale. — L'abrogation des lois d'exil. — La Maison de France. — Le comte de Chambord. — Le parti légitimiste. — La pétition des évêques. — Le duc d'Audiffret-Pasquier et les bonapartistes. — La loi municipale. — La loi départementale. — La loi Dufaure. — Vacances parlementaires. — Modifications ministérielles. — Les ministres de M. Thiers et les chefs de la Droite. — M. Thiers à la tribune. — Discours du 8 Juin, du 22 Juillet, du 5 Août, du 24 Août, du 16 Septembre. — La loi Rivet. — Instabilité gouvernementale. — Le 19 Janvier 1872. — M. Thiers et ses principaux collaborateurs. — Les Conseils de guerre. — Les prisonniers de la Commune. — Les Commissions de revision et d'enquête. — Commission d'enquête sur les capitulations. — Commission du 4 Septembre. — M. Thiers à Rouen. — Conditions du traité de Francfort. — Les négociateurs français et allemands. — Commencement de la libération. — Difficultés diplomatiques. — Les élections législatives complémentaires des départements. — La France travaille et aspire à un régime définitif.

Le dimanche 28 Mai, à 4 heures, Paris était délivré, et le maréchal de Mac-Mahon annonçait cette délivrance aux habitants, par une proclamation très digne dans sa brièveté :

RÉPUBLIQUE FRANÇAISE

« HABITANTS DE PARIS,

« L'armée de la France est venue vous sauver. Paris est délivré. Nos soldats ont enlevé à 4 heures les dernières posi-

tions occupées par les insurgés. Aujourd'hui, la lutte est terminée ; l'ordre, le travail et la sécurité vont renaître.

« *Au quartier général, le* 28 *Mai* 1871.

« Le Maréchal de France, Commandant en chef,

« DE MAC-MAHON, DUC DE MAGENTA. »

Dans cette proclamation, comme dans celles qu'il avait
adressées aux troupes en prenant possession du commandement en chef, au moment d'entrer dans Paris, ou lorsqu'il
apprit le renversement de la colonne Vendôme, comme dans
son rapport du 30 Juin sur les opérations de l'armée de Versailles[1], le maréchal de Mac-Mahon montra la plus remarquable modération. Sa déposition devant la *Commission
d'enquête*, le 28 Août, fut également empreinte de la plus
sage réserve. A propos des exécutions qui suivirent l'entrée
des troupes dans Paris, il déclara très nettement que lorsque
les hommes rendaient leurs armes, on ne devait pas les
fusiller et que, partout où ces exécutions avaient eu lieu,
c'était contrairement à ses instructions et à ses ordres. Le
maréchal ne se trompa que sur le nombre de ces exécutions,
qu'il jugeait très restreint, et qui avait été malheureusement
considérable, et aussi sur le nombre des insurgés tués les
armes à la main, depuis le commencement de la lutte : ce
nombre avait certainement dépassé 17,000. Au plus fort du
combat, le maréchal de Mac-Mahon, par sa calme énergie,
justifia la confiance que M. Thiers avait mise en lui. Il avait
hésité à accepter le commandement en chef; son parti pris,
« il sut donner à la situation, comme le disait le vice-amiral
Pothuau, une importance réelle par la popularité de son
nom et la beauté de son caractère ». A la différence de

1) Voir à l'Appendice XVI, la conclusion de ce rapport.

M. Thiers, qui fut plus grand au Pouvoir que dans l'Opposition, le maréchal de Mac-Mahon ne fut vraiment lui-même
qu'au second plan, parce que là seulement, il obéit à ses inspirations personnelles, à sa droiture native, à sa haute et
pure conception du devoir.

Le 29 Mai, la grande route de Versailles à Paris, par
Sèvres, s'emplissait d'une foule nombreuse qui se dirigeait
vers la Capitale. A 3 heures, le Chef du pouvoir exécutif,
accompagné des ministres, qui avaient assisté le matin aux
prières publiques dites à Versailles, en présence du nonce
Chigi, pénétrait lui-même dans la ville reconquise sur l'émeute
et passait plusieurs heures au ministère des Affaires Étrangères, où le commandant en chef s'était établi. Tous les hommes se découvraient sur le passage de M. Thiers, les femmes,
les enfants qui venaient de sortir de leurs maisons ou de leurs
caves agitaient leurs mouchoirs, les soldats présentaient les
armes, les pompiers, encore occupés à éteindre les incendies
fumants, saluaient militairement, le tout sans éclat, sans
acclamations bruyantes : tous semblaient étonnés de se retrouver vivants, après cet épouvantable cauchemar de huit jours.

Au même moment, à Versailles, le duc d'Audiffret-Pasquier invitait M. Ernest Picard, ministre de l'Intérieur, à faire
procéder, dans le plus bref délai possible, aux élections complémentaires, pour que l'Assemblée nationale, se retrempant
dans le suffrage universel, y reçût comme un nouveau baptême.

Quant à la France, dans sa grande généralité, elle apprenait avec satisfaction la victoire de la légalité sur l'insurrection, mais elle se demandait avec inquiétude si cette victoire
n'allait pas être en même temps celle de la Monarchie sur la
République. Elle n'avait pas plus de sympathies pour les
hommes du Comité central et de la Commune que pour les
députés qu'elle avait choisis dans un jour d'erreur, sinon de
malheur.

Quel spectacle offrait Paris, au lendemain de la semaine sanglante ! Dès le Point du Jour commence la longue série des toits effondrés, des murs abattus, des poutres noircies. Aux Champs-Élysées, la toiture du Palais de l'Industrie est crevée. De la place de la Concorde à l'Hôtel de Ville, par les trois magnifiques voies qui mènent à l'ancienne Maison du Peuple, rue de Rivoli et sur les deux rives de la Seine, ce ne sont que pierres calcinées, ruines et décombres. Des rues entières ont disparu. Quelques-uns des monuments qui faisaient la parure de cet admirable quartier gisent informes, au pied de grands murs noircis par les flammes. Le ministère des Finances n'est plus qu'un amas de décombres. Le socle de la colonne Vendôme subsiste seul. En face, la svelte Légion d'honneur et le lourd Conseil d'État ont eu le même sort. Le superbe quadrilatère que formaient le Louvre et les Tuileries, ouvert au Nord et à l'Ouest, permet aux deux Arcs de Triomphe de la place de l'Étoile et de la place du Carrousel de se voir, à travers les fenêtres béantes des Tuileries. Plus loin le Palais de Justice est atteint et la place de Grève n'offre plus à l'Est la belle perspective de la Maison du Peuple : le Peuple a laissé ses sinistres mandataires détruire sa demeure. Un nuage épais de fumée désigne le lieu où s'élevait l'Hôtel de Ville.

Et les ruines morales surpassent encore les ruines matérielles. Dans les quinze premiers jours de Juin, le nombre des dénonciations adressées à la Préfecture de Police atteignit 175,000. Ce ne sont pas seulement des combattants que les soldats et les gendarmes entraînent, par files ininterrompues, sur la route de Versailles : ce sont des groupes entiers de population, des enfants, des femmes, des vieillards, des personnes honorables qu'une basse vengeance a désignées. Sans doute elles seront relâchées, une fois leur identité constatée ; mais quelle réparation obtiendront-elles pour avoir suivi cet interminable calvaire de Paris à Versailles, pour

avoir subi, au début, les ignobles injures d'une foule apeu-
rée, de celle-là même qui la veille encore assistait indifférente ou ravie aux exploits des pétroleuses, et pour avoir
trouvé, au terme, les insultes plus lâches, les crachats ou les
coups des aventuriers et des oisifs des deux sexes ?

A la date du 1er Juin, Paris est divisé en 4 grands commandements militaires : Vinoy avec l'armée de réserve a celui de
l'Est, quartier général à Picpus; de Ladmirault avec le
1er Corps celui du Nord-Ouest, quartier genéral à l'Élysée;
de Cissey avec le 2e corps celui du Sud, quartier général au
Petit-Luxembourg ; Douay avec le 4e corps celui du Centre,
quartier général à la place Vendôme. Le lendemain, la garde
républicaine portée à 2 régiments, comprenant chacun 2 bataillons et 4 escadrons, formait un total de 6,110 hommes.
Deux mois plus tard la dissolution de toutes les gardes nationales de la France fut prononcée par la loi du 25 Août 1871
qui abrogeait les lois de 1831, 1851 et 1870; celle de Paris
était dissoute de fait depuis le 29 Mai.

Jour et nuit des cavaliers le sabre au poing, le revolver
chargé dans les fontes, sillonnent la cité. Toutes les maisons
sont fouillées de haut en bas par la police et par la troupe, à
la recherche des fédérés. Les cafés, les débits de vin sont
obligatoirement fermés à onze heures du soir. L'industrie des
crieurs de journaux et des camelots est interrompue. Les
feuilles publiques ne peuvent plus paraître qu'avec l'autorisation du commandant en chef de l'armée de Paris. Les
théâtres chôment. Jusqu'au 3 Juin il faut un laissez-passer de
l'autorité militaire pour entrer à Paris ou pour en sortir. Le
mouvement de l'immense organisme qu'est Paris est comme
arrêté. Quel changement entre le mois de Juin 1871 et les
mois précédents ! Les seuls gardes nationaux que l'on aper-
çoive et que désigne un brassard tricolore, sont ceux qui
ont prêté leur concours à l'armée pour le rétablissement de

l'ordre; les fusils, au nombre de 450,000, ont été rapportés dans les mairies et de là dans les arsenaux; les costumes et les képis qui peuvent désigner aux poursuites ont disparu comme par enchantement. Le Paris des deux sièges est au moins métamorphosé dans son aspect extérieur, s'il ne l'est pas dans son âme, si les secousses de l'année terrible ne lui ont imprimé, comme il est à craindre, qu'un ébranlement passager, si toutes les leçons des derniers événements ont été perdues pour lui.

Cette vie, qui a semblé un instant suspendue, ne tarde pas du reste à reprendre, et sous toutes ses formes, aussi intense, aussi fébrile que la veille. Dès le 3 Juin, la suppression du laissez-passer rétablit les communications plus nombreuses que jamais, après cette longue interruption, entre la Province et Paris. Le 5 juin la Cour d'appel reprend ses audiences; le 6 le Tribunal de 1re instance. A la même époque les cours de l'enseignement supérieur recommencent; ceux de l'enseignement secondaire, dans les établissements qui n'ont pas été transformés en ambulances, n'ont jamais entièrement cessé, mais le nombre des élèves est tombé de 6,000 à 1,000. La formation d'une Commission chargée de reconstituer les actes de l'état civil et où figurent, sous la présidence du Garde des Sceaux Dufaure, MM. Ribot, Picot, Rousse, Beudant, Colmet d'Aage, Denormandie, Vautrain, active la reprise des habitudes normales, troublées depuis le 18 Mars, totalement interrompues pendant la funeste semaine. Le Paris curieux, le Paris laborieux, le Paris patriote se retrouvent aux funérailles réparatrices de l'archevêque, de Chaudey et des otages, aux guichets de souscription pour l'emprunt de 2 milliards et enfin à la revue de Longchamps, le 29 Juin. Ce grand spectacle militaire, à pareil jour, fut le plus beau de tous ceux qui furent donnés depuis, dans le cadre incomparable assigné à ces cérémonies, tour à tour banales ou singulièrement émou-

vantes. En présence de l'ennemi qui occupait encore le Nord
et l'Est de Paris, en présence des représentants de l'étranger,
en présence des mandataires de toute la France, M. Thiers
assista au défilé de l'armée ramenée d'Allemagne, reconstituée en quelques jours, ayant triomphé là où les Prussiens,
deux fois plus nombreux, avaient échoué, et prouvant par sa
tenue, par sa discipline, par la sévère correction de son attitude qu'elle saurait défendre à la fois l'ordre républicain et la
nation régénérée. Après le défilé, le petit bourgeois, le grand
patriote, au milieu des applaudissements de ceux qui occupaient la tribune officielle, des acclamations de la foule,
tomba en pleurant dans les bras du Maréchal.

L'emprunt de 2 milliards (27 Juin) qui fut couvert deux fois
et demie, celui de la ville de Paris qui le fut seize fois et
l'obligation de payer à l'Allemagne le premier acompte de
l'indemnité de guerre n'amenèrent pas la rareté de l'argent
que l'on redoutait. La création, par le Comptoir d'escompte,
de coupures de 5 francs, 2 francs et 1 franc facilita les petites
transactions. Quant à la crise financière qu'aurait pu produire l'immense déplacement de capitaux qui eut lieu pendant
les derniers mois de 1871, elle fut très heureusement conju-
rée et le monde entier, à commencer par l'Angleterre, le
meilleur des juges en la matière, admira la puissance de
notre crédit, la promptitude de notre résurrection, la vitalité
de notre pays qui venait à peine d'échapper aux étreintes de
la guerre civile, que travaillaient encore toutes les incertitudes de l'avenir. Il n'est que juste de le reconnaître : le
développement donné par l'Empire à la fortune publique,
pendant les vingt dernières années, avait contribué à amener
ces résultats inespérés.

Les élections complémentaires parisiennes, qui eurent lieu
le 2 Juillet, furent une surprise pour tous, comme du reste
les élections départementales. Paris, qui s'était montré

beaucoup plus avancé que la Province en Février, le fut
beaucoup moins en Juillet. Sur 21 députés à nommer, c'est à
peine si l'on compta 5 républicains, dont Gambetta. Les
16 autres candidats de l'*Union de la presse*, appartenaient
à l'opinion conservatrice, mais étaieut décidés à soutenir la
politique de M. Thiers et s'étaient recommandés de lui dans
leurs professions de foi. Le Chef du pouvoir exécutif, à Paris
du moins, fut donc le seul vainqueur du 2 Juillet. Victoire
peu glorieuse du reste puisque sur 458,774 électeurs inscrits
il n'y eut que 290,823 votants et 280,847 suffrages valables.
Le premier élu, M. Wolowski, en réunit 147,042; le dernier,
M. Moreau, 94,873. Les 50 ou 60,000 votants qui auraient pu
assurer le succès de la liste républicaine pure étaient en fuite,
à Versailles, ou sur les pontons; beaucoup s'abstinrent pour
éviter les poursuites devant les Conseils de guerre.

Les élections municipales du 23 Juillet ne furent pas moins
satisfaisantes, au point de vue de la République conservatrice.
Paris nommant deux fois de suite des modérés, ce ne fut pas
là une des moindres singularités de cette époque. MM. Bou-
ruet-Aubertot, Vautrain, Dubief, Depaul, Binder, Saglier,
Christofle, Trélat, Léveillé, Beudant, Riant, Mottu, Lockroy,
Ranc, le Dr Blanche, Clémenceau, Métivier figuraient parmi
les principaux élus. C'est à peine si un ou deux de ces noms
pouvaient effrayer les plus fanatiques adversaires de la Capitale.

Malgré ces preuves renouvelées de sagesse données par
Paris, la majorité monarchique lui restait passionnément
hostile et repoussait systématiquement toutes les propositions
faites pour le retour de l'Assemblée au Palais-Bourbon.
M. Thiers avait beau dire, avec son bon sens familier : « Je
vous défie de faire fonctionner l'Administration financière de
la France ailleurs qu'à Paris », l'Assemblée restait sourde à
toutes les adjurations. « Non, disait éloquemment Louis

Blanc, il n'est pas vrai que Paris soit suspect à la France, il n'est pas vrai que la France soit hostile à Paris et cela n'est pas vrai, par cette raison bien simple que cela est impossible... Est-ce que l'opinion publique, à Paris, n'est pas formée de tout ce que pensent, disent et écrivent les provinciaux qui y séjournent ou le traversent? Est-ce que cette puissance d'attraction dont Paris est doué et qui constitue son originalité glorieuse, ne fait pas de Paris la ville française par excellence?... La France en opposition avec Paris, ce serait la France en opposition avec elle-même!... Le fait est que Paris est un grand laboratoire d'idées et il est tel, parce que la France lui envoie incessamment tout ce qu'elle contient... d'intelligences actives. » La Droite hachait de ses interruptions le beau discours de Louis Blanc; quand il rappelait les services que Paris a rendus à la civilisation, le reflet de gloire que son héroïsme a jeté sur nos derniers revers, des rumeurs négatives éclataient sur ses bancs. « Passez là-dessus, » criait le baron Eschassériaux, et M. Cochery répliquait heureusement à l'interrupteur : « Ne contestez pas cela, au moins, c'est l'honneur de la France. » La loi du 8 Septembre fixait à Versailles la résidence de l'Assemblée nationale, du Chef du pouvoir exécutif et des ministres. Les trois quarts des députés de la majorité y avaient établi leur résidence privée, « par terreur du foyer d'ébullition à peine refroidi qu'était Paris, » comme le disait un de leurs collègues, l'aquafortiste Buisson, représentant de l'Aude.

Le mur de fer qui enserrait Paris fut reporté à une vingtaine de lieues en arrière, le 20 Septembre : à cette date les Allemands évacuèrent, outre les forts, les quatre départements de la Seine, de la Seine-et-Oise, de la Seine-et-Marne et de l'Oise. Livrée à elle-même, sous le régime de l'état de siège qui ne se manifestait que par la suppression capricieuse de certains journaux ou l'interdiction de vente sur la voie

publique, la Capitale pansait ses plaies, refaisait sa chair et
son sang et, le 27 Octobre, couvrait seize fois, à elle seule,
l'emprunt de la ville de Paris. Le souvenir des deux sièges
s'effaçait peu à peu et les accès de l'ancienne folie obsidionale revenaient rarement. Ils auraient singulièrement compliqué la tâche du Gouvernement, comme fit une décision
rendue le 24 Novembre par le jury de la Seine. L'acquittement d'un prévenu qui avait mis à mort un soldat allemand,
venant après un autre acquittement prononcé par le jury de
Seine-et-Marne, eut pour conséquence l'intervention des
Allemands dans les rixes où étaient impliqués des Français.
L'ennemi, se substituant à nos jurys et à nos tribunaux, cita
devant ses Conseils de guerre ceux de nos nationaux qui
étaient accusés de meurtre et les fit passer par les armes.

L'arbitraire absolu qui présidait aux mesures prises contre
la presse, dans le département de la Seine et dans les départements soumis à l'état de siège, n'était pas fait pour rendre
plus faciles les relations entre la France et l'Allemagne. Pendant le premier siège, la presse avait joui d'une liberté sans
limites. Pendant le second, la Commune agonisante avait supprimé, sous prétexte de salut public, toutes les feuilles oppo-
santes, sans distinction de nuances. L'Assemblée nationale,
par la loi du 15 Avril 1871, remit partiellement en vigueur
la loi du 27 Juillet 1849 sur les délits de presse et les dispositions de la loi de 1819 qui permettaient, devant le jury, la
preuve de la diffamation à l'égard des fonctionnaires publics,
pour faits relatifs à leurs fonctions; de plus, contrairement
au décret du 27 Octobre 1870, elle rendit aux tribunaux
correctionnels la connaissance des délits contre les mœurs
commis par la voie de la presse. Le 6 Juillet 1871 une seconde
loi avait abrogé le décret du Gouvernement de la Défense
nationale en date du 10 Octobre 1870 et rétabli le cautionnement des journaux politiques, qu'elle avait étendu à tous les

écrits périodiques, même non politiques, paraissant plus d'une fois par semaine. Ce cautionnement variait de 3,000 à 24,000 francs. Ce régime de la loi du 6 Juillet, n'étant pas applicable à Paris, le Gouvernement usait des rectifications publiées par le *Journal Officiel* : de longues notes y paraissaient fréquemment qui n'étaient lues par personne et dont le journal visé ne tenait aucun compte. La suspension ou la suppression étaient des armes plus efficaces, mais dont il était impossible de faire trop souvent usage. M. Thiers était un trop ancien et trop sincère libéral, pour ne pas comprendre l'appui qu'il pouvait trouver dans une presse sérieuse, et c'est à ce moment et avec son assentiment que fut fondé, le 5 Novembre 1871, le *Journal des Débats* de la démocratie, nous voulons dire la *République Française*. A côté et sous les ordres de Gambetta, MM. Spuller, Challemel-Lacour, Isambert, Allain-Targé, Paul Bert, Ranc, Louis Combes, Barrère, de Freycinet, Proust, Girard de Rialle, Colani, Marcellin Pellet, Thomson, Joseph Reinach, Depasse formaient une phalange étroitement unie, un peu plus inquiète que son chef des ruses où se complaisait M. Thiers, un peu moins convaincue que lui de l'utilité des concessions opportunes, mais qui devait se discipliner et, sous sa direction, marcher prudemment et résolument au but. Il dissuade le parti de l'abstention et de la grève politique, auxquelles il était trop porté par ses traditions et par ses souvenirs historiques; il veut que les républicains travaillent, même en face d'une Assemblée hostile et d'un Pouvoir exécutif, tour à tour complaisant et défiant, à la réorganisation nationale.

L'année 1871, l'année terrible s'acheva dans ces conditions pour Paris. Les trois premiers mois de l'année suivante, en dehors des propositions de retour à Paris, toujours repoussées et de l'élection de Vautrain, Président du conseil municipal, contre Victor Hugo, offrent un seul événement à sensation :

le procès du général Trochu contre le *Figaro* qui commença
le 27 Mars pour s'achever le 3 Avril, par la condamnation
pour outrage du directeur du journal, M. de Villemessant, et
de son rédacteur, M. Vitu. Le jury, cette fois, avait été bien
inspiré. Six semaines avant, la loi du 12 Février 1872 avait
abrogé la disposition du décret du 12 Février 1852 interdisant
de rendre compte des procès de presse.

Le procès du *Figaro* fit revivre les passions qui avaient
agité tous les cœurs pendant le premier siège. Trochu prononça un plaidoyer *pro domo* qui est un modèle d'éloquence
judiciaire, comme ses deux discours du mois de Juin, à l'Assemblée nationale, sont des modèles d'éloquence politique.
On a remarqué, non sans malice, que le Gouverneur de Paris
parlait mieux que tous les avocats qui l'entouraient et écrivait aussi bien qu'homme de France. Au Conseil ou sur la
place publique, avec ses aides de camp, comme en face de
l'émeute, son intarissable parole était toujours prête et il
savait trouver, dans les circonstances les plus critiques, des
mots qui exprimaient avec une force saisissante toutes les
pensées, toutes les espérances d'un grand peuple; il fut
parfois, au milieu des plus épouvantables catastrophes,
l'interprète fidèle de l'âme nationale. Quels regrets que
l'homme d'action n'ait pas été à la hauteur de l'orateur, de
l'écrivain et même du tacticien! Il eût fallu, pour Gouverneur militaire pendant le premier siège, un homme à l'âme
ardente comme Gambetta, inspirant et respirant la confiance. On n'eut qu'un soldat mystique, dévot à la Vierge,
croyant à sainte Geneviève, mais ne croyant pas aux miracles que peut enfanter le patriotisme, ayant le scepticisme
du siège dont il semblait « mener le deuil », convaincu, dès
le premier jour, que Paris ne pouvait se débloquer ni être
débloqué par les armées de Province et attendant, avec la
résignation d'un fataliste, aussi dédaigneux des calomnies

des partis que des balles de l'ennemi, l'heure fatale de la capitulation. Après cette capitulation, porté à l'Assemblée nationale par plusieurs départements, il défend ses actes avec une dignité suprême, il demande justice au jury de la Seine d'attaques par trop outrageantes, et, ayant obtenu cette justice, après une intervention remarquée dans la discussion de la loi militaire, il quitte la scène politique et se confine dans une retraite absolue.

Il n'y a pas eu, dans les tragiques événements de 1870 et 1871, de figure plus haute, plus originale, plus digne de respect que celle du général Trochu ; il n'y a pas eu non plus, dans la situation où les fautes de l'Empire avaient placé la France, de chef moins fait pour rappeler la victoire sous nos drapeaux. Et malgré tout, quand on a comparé le général Trochu à tous ceux qui l'entouraient, quand on a mesuré la hauteur de son âme et la dignité de sa conduite, on est presque tenté de dire avec George Sand, dans une lettre à Plauchut, du 16 Juin 1871 : « Je trouve que Trochu leur passe sur la tête et vaut mieux qu'eux tous. »

L'Assemblée nationale, où Jean Brunet pouvait proposer, sans succès, il est vrai, de « vouer la France au Dieu tout-puissant et à son Christ universel », l'Assemblée, qui détestait en Trochu le membre du Gouvernement de la Défense nationale, n'avait pas marchandé ses applaudissements au catholique. La passion religieuse fut, en effet, la passion maîtresse des hommes que l'imprévoyance des électeurs avait portés au pouvoir, le 8 Février 1871. Nommés comme partisans de la paix, ils se trouvaient comme par surcroît partisans de la Monarchie et de l'Eglise et, la paix faite, ils cherchèrent à défaire la République pour rétablir le trône étayé sur l'autel. Dans cette tentative sans cesse reprise et qui avorte sans cesse, ils allaient rencontrer un obstacle insur-

montable, outre les répugnances du pays et l'opposition du
Chef du pouvoir exécutif : l'inflexibilité du comte de Chambord se refusant à renoncer au drapeau blanc et à devenir le
roi légitime de la Révolution. La présence à l'Assemblée
nationale de deux membres de la famille d'Orléans, le prince
de Joinville et le duc d'Aumale, n'apporte aucune force aux
représentants de la Monarchie. Les d'Orléans pourront bien
se réconcilier avec le chef de leur famille et ils vont, en
récompense, obtenir la restitution de leurs biens dont le souverain déchu les a cyniquement spoliés, mais ils perdront
en popularité tout ce qu'ils gagneront en richesses et, pour
les Légitimistes purs, ils resteront des fils et des bénéficiaires
de cette Révolution, avec laquelle le comte de Chambord
répudie toute solidarité.

Bien avant la proposition d'abrogation des lois d'exil, qui
fut déposée le 8 Juin par un député de la Vendée, M. Giraud,
le mandataire des princes d'Orléans, M. Bocher, pressait le
Chef du pouvoir exécutif de consentir à leur rentrée en
France et à la validation de leurs pouvoirs comme députés.
« Ils donneront leur démission, disaient, outre M. Bocher,
MM. de Broglie, d'Audiffret-Pasquier, Casimir-Perier et Vitet,
en prenant l'engagement de ne plus solliciter de mandat
électoral. » M. Thiers accueillait ces ouvertures avec une
impatience mal dissimulée et sa fameuse réponse à M. Mortimer-Ternaux : « Attendez huit jours, » visait certainement
d'autres adversaires que l'imprudent questionneur. La Commune vaincue, il fallut enfin aborder cette délicate question
et le Chef du pouvoir le fit avec une rare franchise. Il redit,
en séance publique, avec quelques ménagements de pure
forme, ce qu'il avait dit dans les couloirs aux partisans des
princes et, dans la Commission d'abrogation, aux membres
de cette Commission : « Vous êtes des fous, vous voulez la
guerre civile; j'ai sauvé le pays. — Vous voulez provoquer

la guerre civile. Et l'emprunt de deux milliards, comment voulez-vous que je le fasse, au milieu des agitations stériles des partis ? » Le discours du 8 Juin remit les choses et les gens à leur place. Les princes de « la Maison de France » rentrèrent en France et ceux qui leur avaient rouvert les portes de la patrie considérèrent leur victoire comme le triomphe de la fusion, puisque la loi d'abrogation n'avait parlé que des princes de la Maison de Bourbon, sans distinction entre ses deux branches.

Le pays non plus ne distinguait pas et, éclairé par M. Thiers, dont le discours avait dissipé toutes les obscurités, il éprouvait la même aversion pour les revenants de 1815 et pour les renégats de 1830. Quant à la fusion, elle était moins avancée qu'on ne le croyait: Le 30 Juin, le comte de Paris avait fait savoir au représentant du comte de Chambord, à Versailles, qu'il était prêt à se rendre auprès du chef de sa Maison. Le comte de Chambord répondit évasivement, en ajournant la visite à la fin de Juillet et en la fixant à Bruges. Au commencement de Juillet le comte de Chambord arrivait à Paris et se rendait de là à Chambord, où il recevait une ambassade composée de MM. de Maillé, de Gontaut-Biron, de La Rochefoucauld-Bisaccia et Dupanloup chargés de lui demander quel drapeau il comptait donner à la France. La réponse du comte de Chambord, rendue publique par le Manifeste du 5 Juillet[1], fut transformée par les habiles du parti, MM. de Larcy, de Cumont et de Falloux, en une note ambiguë, où il était dit que les inspirations personnelles de M. le comte de Chambord lui appartenaient et que les hommes attachés à la Monarchie héréditaire ne se séparaient pas du drapeau que la France s'était donné.

Ce premier échec de la fusion ne fut pas sans influence sur

---

(1) Voir à l'Appendice XVII, le Manifeste du 5 juillet.

l'adoption de la loi constitutionnelle du 31 Août et cette loi
fut le prétexte invoqué par les princes pour ne pas tenir la
parole qu'ils avaient donnée à M. Thiers. Le 19 Décembre,
l'Assemblée, adoptant la proposition de M. Fresneau, déclarait
qu'elle s'en rapportait à la conscience des princes. Le lendemain les princes prenaient séance. La première fois que le
duc d'Aumale parut à la tribune, ce fut pour opposer le
drapeau tricolore, « ce drapeau chéri, » au drapeau du comte
de Chambord, « à l'étendard de Jeanne Darc, de François Ier
et de Henri IV. » Beaucoup de républicains avaient voté la
proposition Giraud et la proposition Fresneau. Ils votèrent
de même, un an plus tard et dans le même esprit, l'abolition
de la loi de confiscation. M. Thiers, plus politique, aurait
voulu garder « les lois de précaution », comme il aurait voulu
conserver les 40 millions, pour les consacrer à un vaste camp
retranché établi sous Paris.

Dans l'Assemblée qu'agitent ces intrigues, Extrême Droite,
Droite et Centre Droit sont divisés, et, dans l'impuissance où
se trouvent ces trois groupes de relever le trône, au lendemain de la Commune, ils essaient d'imposer au Gouvernement une politique réactionnaire et cléricale. Les évêques
de Rouen, Sées, Coutances, Evreux et Bayeux avaient, par
voie de pétition, réclamé l'intervention du Gouvernement
pour le rétablissement du pouvoir temporel du Pape. C'est
le 22 Juillet que cette pétition fut discutée. Avec un haut
esprit de tolérance, avec un profond respect du sentiment
religieux, M. Thiers fit des prodiges d'éloquence et d'a-
dresse, pour enlever à la pétition toute signification agressive
contre le Gouvernement italien ; il alla, dans une apostrophe enflammée, jusqu'à reprocher à M. Keller, un bon
patriote et un détestable politique, d'être la voix même de la
discorde ; mais il ne put empêcher le renvoi de la pétition
des évêques au ministre des Affaires Étrangères. C'en était

fait de l'alliance italienne. La jeune Monarchie d'au delà des
Alpes, menacée dans sa Capitale, menacée dans son unité par
les passions ultramontaines de l'Assemblée nationale, allait
se rapprocher de plus en plus de la Prusse, jusqu'au jour où
elle prendra place dans la Triple Alliance.

C'est, en grande partie, par réaction contre la politique
louche de Napoléon III avec le Saint-Siège, que la majorité
avait manifesté pour le pouvoir temporel et pour le Pape
infaillible cette sympathie agissante et ces velléités d'intervention qui n'étaient certainement, dans l'esprit des membres
du Centre Droit, qu'un respect tout platonique. La haine, de
l'Empire était alors générale et l'Assemblée applaudissait
unanimement aux tirades éloquentes du duc d'Audiffret-
Pasquier contre le triste vaincu de Sedan, ou à ses virulentes
attaques contre le prince Napoléon.

« Je comprends que le prince Napoléon soit plein d'impatience de monter à cette tribune; il doit désirer nous dire où,
quand, sur quels champs de bataille il a défendu le pays
qui lui avait donné une si douce et si généreuse hospitalité.

« Qu'il vienne, son palais de Meudon l'attend ! Il n'y trouvera plus ses marmitons et ses veneurs, mais il y trouvera
une grande leçon : il verra ce qu'on a fait de son pays, pendant qu'il fumait sa cigarette dans son palais de Caserte ou
sur les terrasses de Prangins. Les murs noircis et dévastés lui
diront qu'il a le droit de se taire et le devoir de se faire
oublier. » (Séance du 27 juin 1871.)

Le duc d'Audiffret-Pasquier était animé, ce jour-là, des
mêmes sentiments que l'éloquent tribun disant quelques
mois plus tard à M. Rouher : « Vous n'êtes pas des gouver-
« nants ! Vous avez commencé comme des jouisseurs et
« vous avez fini comme des traîtres. » Toute l'Assemblée
alors pensait comme eux. Toute l'Assemblée aussi était
décentralisatrice et libérale, toujours par réaction contre

l'Empire ; si décentralisatrice même et si libérale que le Chef du pouvoir exécutif dut s'appuyer sur les républicains, dans la discussion des lois municipale et départementale, pour sauvegarder le principe d'autorité que la Droite eût volontiers sacrifié, dans sa courte ferveur de néophyte.

Entre l'Assemblée et M. Thiers, dans la discussion de la loi municipale, le dissentiment ne porta que sur le choix des maires. L'Empire les prenait en dehors du Conseil municipal : ils durent être choisis obligatoirement dans son sein. L'Empire, les considérant exclusivement comme des délégués de l'Etat, les nommait tous. La République, tenant compte de leur double fonction de délégués de l'Etat et de représentants de la commune, aurait voulu qu'ils fussent tous élus. On accorda à M. Thiers, comme mesure transactionnelle, la nomination dans les chefs-lieux de département, d'arrondissement et dans les communes comptant plus de 20,000 habitants. La loi municipale du 14 Avril 1871, moins complète que celle qui sera votée dix ans plus tard, réalise un très important progrès sur la législation municipale antérieure. L'élection a lieu au scrutin, avec possibilité de sectionnement de la commune. L'électorat municipal s'acquiert par un an de domicile, six mois de plus que l'électorat politique. Un quart au moins des conseillers municipaux doit être domicilié dans la commune ; le reste doit être inscrit au rôle de l'une des quatre contributions directes. La durée du mandat, que la loi du 23 Juillet 1870 avait fixée à cinq ans, est réduite à trois ans. Tous les maires et adjoints, élus ou nommés, sont révocables par décret et, après révocation, inéligibles pendant une année.

Paris resta soumis à un régime spécial, avec un Conseil municipal de 60 membres élus, un président du Conseil élu par lui, un maire et des adjoints nommés par le Gouvernement dans chacun des vingt arrondissements. Le Conseil municipal de Paris a des sessions ordinaires de même durée que les autres Conseils, sauf la session réservée au budget qui dure six semaines. Les délibérations prises en dehors des attributions du Conseil sont annulées par décret. Les maires et les adjoints nommés dans les vingt arrondissements ne peuvent faire partie du Conseil municipal.

La loi organique départementale, connue sous le nom de loi Waddington, fut beaucoup plus libérale. C'est le seul acte véritable de décentralisation que l'on puisse enregistrer, dans notre histoire administrative, depuis la mise en vigueur de la Constitution de l'an VIII. Votée par 509 voix contre 126, la loi du 10 Août 1871 n'était que la condensation des propositions de MM. Magnin, Bethmont, Savary et Raudot qui appartenaient à toutes les parties de l'Assemblée. Elle étend les cas où le Conseil général statue définitivement; elle lui accorde la publicité des séances; elle lui attribue la fixation du sectionnement des communes pour les élections municipales et cantonales; le droit de se mettre en rapport avec un ou plusieurs Conseils généraux, pour délibérer sur les intérêts communs et le droit, beaucoup plus contestable, de vérifier sans recours les pouvoirs de ses membres. Cette dernière disposition fut abrogée par la loi du 31 Juillet 1875 qui transporta au Conseil d'État la vérification des élections cantonales. La véritable innovation de la loi du 10 Août fut la création, à l'instar de la Belgique, de la Commission départementale, chargée d'assister le Préfet dans l'intervalle des deux sessions annuelles et de veiller à la stricte exécution des décisions du Conseil. Six mois après, le vote de la loi Tréveneuc (15 Février 1872) augmenta encore l'importance des Conseils généraux, en attribuant à leurs délégués, à raison de deux délégués par Conseil, le droit de se saisir momentanément du pouvoir exécutif et du pouvoir législatif, dans le cas où les détenteurs de ce pouvoir seraient empêchés de l'exercer. La loi constitutionnelle de 1875, en faisant des conseillers généraux des électeurs sénatoriaux, leur a donné une nouvelle attribution politique. Les craintes que l'on a conçues de les voir quitter le terrain des affaires locales et verser dans l'ornière de la politique ont été chimériques. De toutes nos Assemblées électives les Conseils généraux sont celles qui se renferment le mieux dans les limites de leur mandat. La loi du 10 Août fut le meilleur legs de l'Assemblée la plus aristocratique qu'ait eue la France à la démocratie républicaine et au vrai libéralisme. Si l'Assemblée vota la loi municipale, la loi départementale et la loi Tréveneuc, si elle concéda une suffisante liberté à la presse et une liberté plus grande encore aux réunions, si elle respecta les décrets du Gouvernement de la Défense nationale sur la librairie, sur l'imprimerie et sur la circulation des journaux, c'est qu'elle méditait de donner pour base, au trône qu'elle voulait relever, un régime libéral et parlementaire, sans comprendre que ces libertés devaient fatalement profiter à M. Thiers et aux républicains.

La loi Dufaure (14 Mars 1872) eut plus de retentissement et beaucoup moins de portée. Combattue, au point de vue politique par Louis Blanc, au point de vue légal par Bertauld, elle édictait un emprisonnement de trois mois à deux ans et une amende de 50 francs à 1,000 francs contre tout individu affilié ou faisant acte d'affilié à l'Association internationale des Travailleurs. L'opinion attribuait à l'Internationale rouge une importance qu'elle n'avait jamais eue. Jules Favre, dans sa circulaire aux agents de la France à l'étranger, après la Commune, faisait retomber sur elle tous les crimes de la Commune. Ces crimes, aussi bien que les mesures révolutionnaires, étaient surtout l'œuvre des jacobins et des blanquistes. Dans la Commune, les socialistes avaient voté avec la fraction la moins violente de cette Assemblée. La loi du

14 mars resta d'ailleurs sans application. Personne ne songe
à en demander l'abrogation, parce qu'elle ne gêne personne.

De la reprise de Paris aux premières vacances de l'Assemblée, trois mois s'écoulent, Juin, Juillet et Août, pendant lesquels le Chef du pouvoir exécutif est constamment sur la
brèche. Petite ou grosse question, il n'en est pas une qu'il
n'aborde à la tribune. Avant le vote de la loi Rivet il n'est
pas seulement le Président du Conseil des ministres, il est,
pour ainsi dire, l'unique ministre. Son premier Cabinet fut
conservé intact jusqu'à la fin du mois de Mai. Ernest Picard,
ministre de l'Intérieur, se retira le premier, au commencement du mois de Juin, refusa le poste de gouverneur de la
Banque de France et, sur les instances de M. Thiers, accepta
sans enthousiasme le poste de ministre de France à Bruxelles.
Il eut pour successeur M. Lambrecht qui soutint honorablement le poids de la discussion de la loi Waddington, fut
enlevé par une pneumonie au milieu des vacances et remplacé par Casimir-Périer, le fils du grand ministre de Louis-
Philippe, qui prit M. Calmon pour sous-secrétaire d'Etat, et
son fils Jean Casimir-Périer pour chef de Cabinet. Casimir-
Périer s'était prononcé pour le retour de l'Assemblée, du Président de la République et des ministres à Paris. Quand cette
proposition eut été repoussée, par 336 voix contre 310, il
remit sa démission et M. Thiers, qui se sépara de lui en
pleurant, lui donna pour successeur M. Victor Lefranc. Les
Affaires Étrangères eurent pour titulaire M. de Rémusat, après
M. Jules Favre, qui s'était retiré presque en même temps
qu'Ernest Picard, une fois que l'œuvre ardue des négociations fut en bonne voie d'achèvement. L'Agriculture et le
Commerce furent successivement dirigés par MM. Lambrecht,
Victor Lefranc, de Goulard et Teisserenc de Bort; la Guerre
par les généraux Leflô et de Cissey; les Finances par

MM. Pouyer-Quertier et de Goulard. M. Pouyer-Quertier, après de grands services rendus pour le paiement de l'indemnité de guerre et la réorganisation des finances, dut se retirer devant un vote hostile de l'Assemblée, moins favorable que lui à la théorie des virements, que le ministre avait défendue en pleine Cour d'assises, dans un procès intenté à l'ancien préfet de l'Eure, M. Janvier de la Motte. MM. Dufaure, Jules Simon, de Larcy et Pothuau conservèrent leurs portefeuilles respectifs pendant toute cette période.

Avec MM. Dufaure, Jules Simon, de Rémusat, Casimir-Périer, illustrations de la politique ou du barreau, de la littérature ou du monde parlementaire, M. Thiers avait un Cabinet auquel ne manquaient ni le prestige ni l'autorité. MM. Pothuau, de Cissey, Teisserenc de Bort, par leur compétence incontestée dans les administrations qu'ils dirigeaient, donnaient une nouvelle force au ministère. M. Victor Lefranc était un républicain aussi ferme que modéré. M. de Larcy qui représentait la Droite et M. de Goulard qui représentait le Centre Droit n'entraînaient malheureusement pas, dans les votes importants, l'adhésion de leurs amis à la politique du Président de la République, mais ils rendirent des services, l'un aux Travaux publics, l'autre aux Finances et, avec leurs collègues, ils constituaient un Cabinet qui faisait figure dans le Parlement et qui pouvait soutenir avec éclat les luttes de la tribune.

A ces hommes d'Etat et à ces hommes d'affaires, la Droite pouvait opposer MM. de Broglie, Saint-Marc Girardin, d'Audiffret-Pasquier, Batbie, Changarnier, Depeyre, de Kerdrel, de Cumont et de La Rochefoucauld. Pourquoi citons-nous ces noms, plutôt que ceux de MM. Buffet, Ernoul et Lucien Brun? C'est que ceux qui les portaient furent les représentants de la Droite dans une circonstance que nous relaterons; c'est qu'ils reflétaient très fidèlement la pensée, les passions et les ambitions de leurs groupes. M. de Broglie, remarquable écrivain et orateur redoutable après préparation, excellait dans la politique qui se fait en dehors de la salle des séances, dans les coalitions qui s'y nouent et les combinaisons de groupes qui s'y forment. M. Saint-Marc Girardin ne retrouva pas, à Versailles, ses succès et sa popularité de la Sorbonne. M. d'Audiffret-Pasquier se fit une réputation méritée d'orateur puissant, capable d'élever les moindres questions à une grande hauteur et d'agir sur une nombreuse Assemblée, par l'évocation de grands ou de tristes souvenirs, par l'émotion communicative de sa chaude et belle parole. M. Batbie, l'économiste, était l'homme des débats subtils et des discussions juridiques. Sa diction abondante et facile était toujours prête, toujours au service de la politique réactionnaire. Le général Changarnier, *magni nominis umbra*, parvenu à l'extrême vieillesse, avait peut-être un peu plus de talent que ne lui en attribuaient ses adversaires politiques; il en avait certainement moins qu'il ne s'en attribuait lui-même. Jurisconsulte et méridional, comme M. Batbie, M. Depeyre était doué d'une faconde que surchargeaient les ornements oratoires les plus démodés et les plus provinciaux. L'éloquence plus sobre de M. de Kerdrel était celle d'un grand seigneur : ministre de Henri V, peut-être eût-il été libéral; cherchant à préparer les voies de Henri V, il avait le libéralisme en horreur et il le personnifiait en M. Thiers, qu'il surveillait, qu'il épiait attentivement, qu'il surprenait constamment en rupture du *Pacte de Bordeaux*. M. de Cumont, journaliste de province, devait son siège de député à ses luttes contre le préfet de la Défense nationale, et son influence dans la Droite à ses tentatives pour en concilier les deux principales fractions. M. de La Rochefoucauld, était un grand nom plutôt qu'une grande influence.

Tout *compte fait*, cet état-major de la Droite, composé

de grande, de moyenne et de petite noblesse et de quelques
roturiers pouvait soutenir la lutte à la tribune, non sans
honneur ; il n'aurait pu constituer un Cabinet réunissant
autant d'illustrations, de talents et de capacités que celui dé
M. Thiers : on le vit bien, quand un vote lui eut permis de
faire ses preuves et de donner sa mesure.

Si nous avons rappelé les changements ministériels qui
eurent lieu pendant la première Présidence, bien qu'ils aient
été sans influence sur la direction de la politique générale,
c'est pour montrer que M. Thiers, fidèle à son système de
bascule, choisissait, au fur et à mesure qu'il se rapprochait
de la République, des ministres qui s'en éloignaient davantage.[Il faut le répéter : lui seul comptait et avait, à soixante-
quatorze ans, la verdeur, l'activité, l'entrain d'un jeune
homme. La vie épuisante du Parlement et de la tribune le
laissait vaillant et dispos pour les graves résolutions qui l'attendaient à la porte du théâtre du Château. Tantôt ce sont
quelques mots d'impatience, de rectification que lui arrache
ou l'erreur commise par un orateur ou l'atteinte portée à ses
partis pris économiques. Plus souvent ce sont d'importants
discours qui durent des heures entières et où abondent les
exposés complets et les aperçus lumineux. Il suffira d'en rappeler les dates pour que tous ces jugements, toutes ces règles
de conduite politique, qui sont devenus historiques, reviennent à toutes les mémoires.

Le 1er Juin, dans un bref discours sur la proposition de M. de
Ravinel, il manifeste sans hésitation ses préférences pour le
retour à Paris, dans ce Paris que la majorité « rurale »
envisageait avec une sorte de terreur. Le 8 Juin, il supporte
tout le poids de la discussion sur l'abrogation des lois d'exil,
déclare que ces lois sont des lois de précaution et non pas de
proscription, rappelle, qu'au plus fort de la lutte contre la
Commune, il a affirmé, en son nom comme au nom de la

majorité, que la République n'était pas en danger, justifie en
passant la Révolution du 4 Septembre « cette Révolution que
tout le monde souhaitait alors », prend l'engagement de ne
pas trahir la République et de gouverner le mieux qu'il
pourra, au risque de la servir, et prononce cette haute parole,
la plus exacte définition qui ait jamais été donnée de son
Gouvernement réparateur : « Je ne suis qu'un administrateur
temporaire de l'infortune publique. » On ne voudrait retrancher qu'une seule phrase de cette belle harangue : « Nous
étions tous révoltés ; je l'étais comme vous tous, contre cette
politique de fous furieux qui mettait la France dans le plus
grand péril. » Cette politique de fous furieux s'est trouvée
plus sage que la temporisation du général Trochu et elle a
plus fait pour sauver l'honneur national que la tentative de
M. Thiers à Versailles et à Paris, en faveur de l'armistice, que
son opposition frondeuse à Tours et à Bordeaux, après l'échec
trop prévu des négociations pour l'armistice, que son impatience trop visible de mettre la main au gouvernail, au plus
fort de la tempête.

Le 20 Juin, M. Thiers prononce un premier discours justificatif de l'emprunt de deux milliards et, le même jour, dans
une réplique à M. Germain, qui atteint presque les dimensions
de son discours, il qualifie l'impôt sur le revenu de brandon
de discorde jeté entre les partis. Il ne reprit la parole que le
22 Juillet dans la discussion sur la pétition des évêques, mais
il la prit à cinq reprises et sans succès, nous l'avons vu,
puisque la pétition fut renvoyée au ministère des Affaires
Étrangères.

Les départements éprouvés par la guerre demandaient
800 millions ; l'Assemblée leur en accorda 100 et décida, non
sans raison, que cette somme serait répartie entre tous les
départements et non pas seulement entre ceux qui avaient
été ou qui étaient encore occupés par l'ennemi. Les deux dis-

cours prononcés par M. Thiers le 5 Août, sur le paiement des dommages causés par l'invasion, devaient être rappelés, parce que le second fut une réplique fort vive à M. Buffet. Le député des Vosges, qui mena avec tant de passion contre M. Thiers la campagne qui aboutit au 24 Mai, ne s'est-il pas souvenu des coups portés et de la défaite infligé à l'orateur ce jour-là et aussi le 16 Septembre, dans la discussion de la nouvelle convention avec l'Allemagne? Cette convention qui admettait en franchise les produits manufacturés de l'Alsace-Lorraine du 1er Septembre au 31 Décembre 1871, qui leur faisait payer un quart des droits de douane du 1er Janvier au 1er Juillet 1872 et la moitié du 1er Juillet 1872 au 1er Juillet 1873, froissait à la fois le Vosgien et le protectionniste. M. Thiers, au contraire, mettait, comme il le disait, au-dessus de l'industrie du pays, sa dignité, son indépendance, sa sécurité et il n'hésita pas, pour hâter de quelques mois l'évacuation du territoire, à porter une atteinte temporaire à l'industrie nationale. L'Assemblée pensa comme lui et ratifia la convention par 533 voix contre 31.

Avant le discours du 16 Septembre, prononcé la veille de la prorogation de l'Assemblée, il faut rappeler le discours du 24 Août, sur le projet de dissolution des gardes nationales, dans lequel le Chef du pouvoir mit une fois de plus le marché à la main de ses adversaires. L'irritation du grand homme d'État, si maître de lui d'ordinaire, s'expliquait à ce moment par les résistances que rencontrait la proposition de M. Rivet. M. Adnet et la Commission chargée de l'examiner lui firent subir une véritable métamorphose. La loi Rivet devint la loi Vitet, et, le 31 Août, dix-neuf jours seulement après le dépôt, elle fut adoptée par 491 voix contre 94. Le Chef du pouvoir exécutif prenait le titre de Président de la République française; il devait continuer d'exercer ses fonctions, tant que l'Assemblée nationale n'aurait pas terminé ses travaux; chacun de ses actes devait être contresigné par un ministre; il était responsable devant l'Assemblée. On remarquera la contradiction qui existait entre le dernier article édictant la responsabilité devant l'Assemblée et l'article stipulant que les pouvoirs de M. Thiers devaient durer autant que ceux de l'Assemblée elle-même. Logiquement, l'Assemblée nationale aurait dû se séparer, le jour où elle renversa M. Thiers, le 24 Mai 1873.

Une autre contradiction, que personne ne releva, existait encore entre le dernier article et l'avant-dernier. M. Thiers étant responsable devant l'Assemblée, il n'était pas besoin que ses actes fussent contresignés par un ministre, cette signature étant justement destinée à couvrir le Chef de l'Etat. Cette *Constitution informe* attestait l'impuissance et la faiblesse où se débattait l'Assemblée souveraine. Il semblait qu'elle ne constituât que pour se prouver à elle-même son pouvoir constituant et elle n'affirmait cette souveraineté que lorsqu'elle fortifiait la magistrature républicaine qu'elle voulait supprimer.

Tous les républicains de doctrine avaient voté contre l'article impliquant ce pouvoir, que combattirent Pascal Duprat, Louis Blanc et Gambetta. Mais c'est justement l'exercice du pouvoir constituant qu'elle avait toujours revendiqué qui décida la Droite à donner un peu plus de fixité à un régime qu'elle était bien décidée à détruire, à subir ce mot de République, qu'elle détestait autant que la chose elle-même. En somme rien ne fut changé au fonctionnement de ce bizarre organisme gouvernemental qui fut complété par le décret du 2 Septembre et par les lois du 28 Avril et du 17 Juin 1871. Le décret instituait un vice-président du Conseil des ministres, avec pouvoir de convoquer le Conseil et de le présider, en l'absence de M. Thiers. Les lois réglementaient les pouvoirs du Président. Celle du 28 Avril lui déléguait le droit de prononcer, pendant trois mois, l'état de siège dans les départements autres que celui de Seine-et-Oise, à la condition de solliciter la ratification de l'Assemblée. Celle du 17 Juin lui donnait le droit de faire grâce, sauf aux fédérés, et réservait à l'Assemblée le droit de proclamer l'amnistie.

M. Thiers sentait mieux que personne l'impossibilité de faire vivre longtemps ce régime dont il était l'àme, où il ne pouvait que se maintenir en équilibre instable, entre la Droite et la Gauche, s'appuyant sur une majorité dont les éléments variaient à chaque scrutin. Son Message du 7 Décembre avait également mécontenté les monarchistes et les républicains, mais surtout ces derniers. Il saisit la première occasion qui s'offrit à lui de les rassurer et, dans son discours du 26 Décembre, à propos du projet d'établissement d'un impôt sur le revenu, il répéta qu'il fallait faire loyalement l'essai du Gouvernement républicain, qu'il ne fallait pas être des comédiens essayant d'une forme de Gouvernement avec le désir secret de la faire échouer. Les rumeurs de la Droite accueillant ces invitations, causaient au Président une irritation profonde qui se manifestait par de vives boutades ou d'impitoyables railleries; la résistance à ses conseils, l'opposition faite aux idées qui lui étaient chères lui étaient plus sensibles encore. Le 8, le 13, le 15, le 18 et le 19 Janvier, il prenait la parole dans la discussion de l'impôt sur les matières premières. Le déficit pour l'année 1870 s'était élevé à 649 millions; celui de 1871 montait à 987 millions, soit 1,636 millions. La Banque de France avait prêté à l'Etat 1,530 millions à 1 p. 100 et il fallait consacrer au moins 200 millions par an à son remboursement. De plus, l'élévation annuelle de la dette, après la guerre et la Commune, était de 356 millions et devait monter par l'imprévu à 740. Dans ces conditions l'impôt — *l'impôt de la guerre de 1870*, comme on l'appela, sur la proposition de M. Jozon — était, après l'emprunt, la seule ressource.

L'Assemblée était hésitante entre l'impôt sur les matières premières et l'impôt sur le revenu; elle adopta un amendement combattu par le Gouvernement qui laissait la question en suspens. M. Thiers se retira et adressa sa démission à M. Grévy. L'Assemblée, très émue, adopta, sur la proposition de M. Batbie, un ordre du jour ainsi conçu : « Considérant que l'Assemblée, dans sa résolution d'hier, s'est bornée à réserver une question économique, que son vote ne peut-être, à aucun titre, regardé comme un acte de défiance et d'hostilité et ne saurait impliquer le refus du concours qu'elle a toujours donné au Gouvernement, l'Assemblée fait un nouvel appel au patriotisme de M. le Président de la République et refuse d'accepter sa démission. » Porté à M. Thiers par M. Benoist d'Azy, vice-président de l'Assemblée, cet ordre du jour et l'insistance de nombreux représentants firent fléchir sa résolution : il consentit à reprendre le pouvoir.

Mais, après cette fausse sortie, la situation restait tout aussi tendue et les relations entre les deux souverains, l'exécutif et le législatif, devenaient encore plus difficiles. La stabilité gouvernementale était à le merci du moindre accident. C'est dans ces conditions que l'Assemblée se sépara, à la fin du mois de Mars 1872; après les incidents du 19 Janvier, M. Thiers n'avait pris la parole qu'une fois, le 30 Mars, sur le budget de 1873.

Après avoir entendu M. Thiers à la tribune, il faut étudier son actif et fécond labeur comme « administrateur de l'infortune publique; » il faut surtout rappeler les actes qui lui ont valu le titre glorieux et si marchandé par ses adversaires politiques de libérateur du territoire. On peut être divisé sur le rôle de M. Thiers Chef de l'Opposition; il n'y a qu'un sentiment sur le rôle de M. Thiers Chef de l'Etat. Aucune mesure, presque aucun choix de personne ne prêtent à la critique. Par

l'habile modération de sa conduite à l'intérieur, comme par sa
dignité en face de l'étranger, le premier Président de la Troisième République est inattaquable. « Désirons qu'il vive assez,
écrivait George Sand au prince Napoléon, pour nous apprendre
à discuter sans faire.de révolutions. » Cette leçon ressort en
effet de tout son Gouvernement, comme elle ressort de tous
ses discours.

Le général Leflô, ministre de la Guerre, fut nommé ambassadeur à Saint-Pétersbourg le 6 Juin; on sait quelle sympathie il inspira au tsar et quels inoubliables services il
rendit à la France. M. Lanfrey, l'historien de Napoléon Ier,
fut envoyé à Berne le 6 Octobre; M. de Goulard en Italie, où
il remplaça M. de Choiseul le 13 Novembre et M. de Gontaut-
Biron à Berlin le 4 Décembre. Dès sa prise de possession du
pouvoir M. Thiers avait désigné le duc de Broglie pour
Londres, le comte d'Harcourt pour Vienne, le marquis de
Vogué pour Constantinople et M. de Bourgoing pour Rome.
D'autres choix non moins significatifs furent celui de Mgr Gui-
bert, qui n'avait pas encore eu son accès d'ultramontanisme,
pour succéder à l'infortuné Mgr Darboy; de M. Léon Say,
appelé à la Préfecture de la Seine, que Jules Ferry avait conservée avec tant de courage au Gouvernement régulier,
jusqu'à une heure avancée de la soirée du 18 Mars; de M. Léon
Renault, appelé à la Préfecture de police, en remplacement
du général Valentin. Le général de Ladmirault fut gouverneur de Paris et commandant de l'état de siège; le général
Sumpt, amputé des deux bras, fut gouverneur des Invalides.

En même temps que l'ordre succédait à l'anarchie, la
répression suivait son cours. On se trouvait en présence,
depuis la chute de la Commune, de 38,000 prisonniers dont
5,000 militaires, 850 femmes et 650 enfants de seize ans et au-
dessous, sans parler des repris de justice. Par humanité
autant que par politique, il convenait de se hâter, afin de ne

pas prolonger l'incarcération des innocents et l'incertitude des coupables. La déportation, dont les conditions furent réglées par la loi du 23 Mars 1872, attendait le plus grand nombre des fédérés. La Nouvelle-Calédonie, qui fut choisie comme plus salubre que la meurtrière Guyanne, pour lieu de déportation, n'avait qu'un inconvénient, son éloignement : la plus longue traversée, celle de la *Danaé*, dura cent trente-neuf jours ; la plus courte, celle de la *Garonne*, quatre-vingt-huit. C'était aggraver la peine des condamnés que de les retenir trois mois, au bas mot, dans un étroit entrepont, soumis au régime des forçats et exposés à tous les périls de la mer.

La loi du 7 Août 1871 avait créé, pour la division militaire de Paris, 15 Conseils de guerre qui devaient juger les prisonniers de la Commune. Il y en eut jusqu'à 22 qui siégèrent au Mont-Valérien, à Versailles, à Saint-Germain, à Sèvres, à Rambouillet, à Ruel, à Saint-Cloud, à Chartres et à Vincennes, du 19 Août 1871 au 15 Février 1872. Vingt autres Conseils de guerre fonctionnèrent simultanément, dans le reste de la France et en Algérie, et 14 Cours d'assises jugèrent 41 affaires, comprenant 236 accusés, dont 116 furent condamnés. Les condamnations prononcées par les Conseils de guerre furent proportionnellement beaucoup moins nombreuses : elles atteignirent seulement le chiffre de 9,480, chiffre peu élevé, si l'on songe que dans les 38,000 arrestations opérées après la Commune, figuraient 7,400 repris de justice. La fameuse Commission des grâces qu'un député, M. Ordinaire, avait traitée, en pleine Assemblée nationale, de « Commission d'assassins » tint 236 séances, prononça sur 6,501 affaires et admit plus des deux tiers des recours. Sept exécutions seulement eurent lieu, du 28 Novembre 1871 au 22 Février 1872, (Pierre Bourgeois, Gaston Crémieux, Théophile Ferré, Herpin Lacroix, Lagrange, Préau de Védel, Rossel et Verdagner) et l'opinion ne s'émut que de celles de Gaston Crémieux et de

Rossel. L'ardent patriotisme de Rossel ne put faire oublier son grade d'officier d'artillerie, qui le rendait moins digne d'indulgence aux yeux de ses juges. Gaston Crémieux expia en même temps un crime et une faute : le crime c'était la proclamation de la Commune à Marseille ; la faute c'était le cri qu'il avait poussé, d'une tribune du théâtre de Bordeaux, le jour où le général Garibaldi était venu prendre séance : « Assemblée de ruraux, laissez parler le général Garibaldi. » Ce qui blessa le sentiment de la justice, plus encore que ces fusillades, ce fut le départ pour la Nouvelle-Calédonie de malheureux comparses, victimes des circonstances et de la misère, agents inconscients des habiles qui surent se dérober par la fuite et qui attendirent l'amnistie à Genève, à Bruxelles ou à Londres. La tâche du Gouvernement, dans ces tristes procès, consistait à hâter les jugements; il n'y faillit point : six mois après la constitution des Conseils de guerre, plus de 20,000 prisonniers étaient libérés et près de 3,000 jugements rendus.

En même temps que les Conseils de guerre, fonctionnaient d'innombrables Commissions de revision ou d'enquête. La Commission des grades termina ses opérations le 25 Mars. Rappeler qu'elle était présidée par le général Changarnier, c'est dire dans quel esprit et avec quelle partialité elle agit habituellement. Presque tous les officiers promus par Gambetta et par M. de Freycinet durent rétrograder. En se rendant à l'armée de Metz, le général Changarnier s'était réconcilié avec l'opinion; elle lui redevint hostile, quand elle sut quel rôle il avait joué dans les Conseils de Bazaine et elle ne fut pas désarmée par ses accès d'outrecuidante fatuité à la tribune, qui, pourtant, appelaient plutôt le sourire que l'indignation.

Une Commission qui comprit et remplit mieux son devoir fut la commission d'enquête sur les capitulations. Présidée

par le maréchal Baraguey d'Hilliers, composée des divisionnaires Charon, Thiry, d'Aurelle de Paladines et d'Autemarre
d'Hervillé, elle rendit exacte justice, blâme sévère ou éloge
sans réserve, à tous les commandants des places fortes tom-
bées au pouvoir de l'ennemi et elle renvoya Bazaine devant
un Conseil de guerre. Elle y avait quelque mérite, étant
donné l'opinion bien connue de M. Thiers sur le maréchal,
son inexplicable indulgence pour le traître.

Il n'est pas jusqu'au Président de la République qui ne
dut comparaître devant une Commission d'enquête. Une
moitié de la France, a-t-on dit, était enquêteuse, l'autre
enquêtée. Le 13 Juin, l'Assemblée avait voté, sur la proposition de M. de Lorgeril, une enquête sur les actes de la
Délégation de Bordeaux ; le 14 Juin, sur la proposition de
M. Toupet des Vignes, une enquête sur les actes du Gouvernement de la Défense nationale ; le 16 juin, sur la proposition de M. Haentjens, une enquête sur les causes de la
Commune ; le 24 juin, une enquête sur les décrets du Gouvernement de la Défense nationale; sans parler de l'enquête
sur les marchés du même Gouvernement.

Les républicains avaient été presque entièrement exclus
de ces Commissions. Celle du 18 Mars n'en comptait que six,
appartenant presque tous au Centre Gauche et celle du
4 Septembre n'en comptait que trois, MM. Bardoux, Bertauld et Albert Grévy, qui déclinèrent la responsabilité des
résolutions prises et des conclusions adoptées par la majorité
monarchiste. Résolutions et conclusions restèrent d'ailleurs
platoniques, l'Assemblée n'ayant pas été appelée à se prononcer sur les rapports des enquêteurs du 18 Mars et du
4 Septembre. Leurs travaux ne relevèrent que de l'opinion
qui les jugea sévèrement. Commissaires et rapporteurs firent
du pouvoir momentané, qu'un vote irréfléchi leur avait
donné, une arme de parti qui éclata entre leurs mains et les

blessa mortellement. Il ne reste, de leur long et pénible labeur, qu'une leçon pour l'homme politique, des matériaux pour l'historien et dés jugements suspects pour le simple lecteur.

C'est devant la *Commission d'enquête* sur les actes du Gouvernement de la Défense nationale, présidée par M. Saint-Marc Girardin et, par intérim, par un bonapartiste, ancien ministre de Napoléon III, le comte Daru, qui condensa dans son rapport toutes les haines et toutes les rancunes de la réaction contre les républicains, que M. Thiers déposa, le 17 Septembre 1871. Il refit toute l'histoire du 4 Septembre, celle de ses pérégrinations en Europe, à la recherche d'une alliance impossible, celle de son voyage à Versailles et à Paris et enfin celle de son séjour à Bordeaux, avant les élections. Sauf sur ces deux derniers points, son récit est suffisamment impartial : il montra combien la Révolution du 4 Septembre avait été spontanée, inévitable ; il fit retomber sur l'Empire la plus grande part des responsabilités encourues.

C'est par cette déposition, devenue un morceau d'histoire et qui durait plusieurs heures, que M. Thiers préludait aux loisirs que lui avait faits la séparation de l'Assemblée. Entre temps, il se rendait à Rouen. Accueilli, dans la grande cité industrielle, à laquelle son administration avait rendu la paix et la prospérité, par les cris enthousiastes de « Vive Thiers ! vive la République ! » il disait à ceux qui l'entouraient : « Ils y tiennent bien à leur République, eh bien, ils ont raison. »

De retour à Versailles, il rendait visite aux futurs officiers de ces soldats « qu'il aimait comme des fils » et adressait cette lettre touchante au général Hanrion, gouverneur de Saint-Cyr : « Ce n'est pas sans émotion que j'ai vu des jeunes gens de dix-huit ans décorés, pour avoir déjà versé leur sang pour la France et rentrés à l'Ecole afin d'y recommencer leur éducation momentanément interrompue. Qu'à la bravoure qui, dans les plus mauvais jours et les plus récents, n'a jamais abandonné nos soldats, ils joignent l'instruction, l'amour du devoir, la discipline et, plus heureux que nous, ils verront la fortune de la France renaître par eux et pour eux. »

Des graves et multiples besognes que le Président de la République avait assumées, la plus absorbante fut la libération du territoire.

Les préliminaires de paix du 26 Février avaient fait dépendre l'évacuation allemande du paiement de l'indemnité de guerre par la France ; survint la Commune qui aggrava ces conditions : le traité de Francfort fit dépendre l'évacuation de la seule volonté de M. de Bismarck. Les troupes allemandes ne devaient se retirer que lorsque le Chancelier jugerait l'ordre assez solidement rétabli en France pour garantir le paiement de l'indemnité.

Le traité des préliminaires du 26 Février, dont les grandes lignes furent conservées le 10 Mai, sauf en ce qui concerne le territoire de Belfort, fut négocié et signé pour la France par MM. Thiers et Jules Favre, pour l'Allemagne par MM. de Bismarck, de Bray-Steinburg, de Wachter et Jules Jolly.

L'article premier fixait ainsi qu'il suit notre nouvelle frontière de l'Est :

La ligne de démarcation commence à la frontière Nord-Ouest du canton de Cattenom, vers le Grand-Duché de Luxembourg, suit, vers le Sud, les frontières occidentales des cantons de Cattenom et de Thionville, passe par le canton de Briey, en longeant les frontières occidentales des communes de Montois-la-Montagne et Roncourt, ainsi que les frontières orientales des communes de Marie-aux-Chênes, Saint-Ail, atteint la frontière du canton de Gorze, qu'elle traverse le long des frontières communales de Vionville, Chambley et Onville, suit la frontière Sud-Ouest de l'arrondissement de Metz, la frontière occidentale de l'arrondissement de Châ-teau-Salins jusqu'à la commune de Pettoncourt dont elle embrasse les frontières occidentale et méridionale, pour suivre la crête des montagnes entre la Seille et Moncel, jus-qu'à la frontière de l'arrondissement de Strasbourg au Sud de Garde. La démarcation coïncide ensuite avec la frontière de cet arrondissement jusqu'à la commune de Tanconville dont elle atteint la frontière au Nord ; de là elle suit la crête des montagnes entre les sources de la Sarre Blanche et de la Vezouse jusqu'à la frontière du canton de Schirmeck, longe la frontière occidentale de ce canton, embrasse les com-munes de Saales, Bourg-Bruche, Colroy, La Roche, Plaine, Ranrupt, Saulxures et Saint-Blaise-la-Roche du canton de Saales et coïncide avec la frontière occidentale des départe-ments du Bas-Rhin et du Haut-Rhin, jusqu'au canton de Belfort dont elle quitte la frontière méridionale non loin de Vourvenans, pour traverser le canton de Delle, aux limites méridionales des communes de Jonchery et Delle.

Ce tracé fut modifié de façon à laisser à l'Allemagne les villages de Marie-aux-Chênes et de Vionville, en échange de la ville et des fortifications de Belfort, avec un rayon à fixer.

L'article 2 stipule le paiement de 5 milliards, dont un dans le courant de 1871 et les quatre autres dans les trois ans, à partir de la ratification (elle eut lieu le 1er Mars).

L'article 3 fixait les dates d'évacuation. Après la ratifica-tion, les Allemands devaient quitter l'intérieur de Paris, les forts de la rive gauche et le plus tôt possible, après entente, les départements suivants : Calvados, Orne, Sarthe, Eure-et-Loir, Loiret, Loir-et-Cher, Indre-et-Loire et Yonne, inté-gralement, et la Seine-Inférieure, l'Eure, la Seine-et-Oise, la Seine-et-Marne, l'Aube et la Côte-d'Or, jusqu'à la rive gauche de la Seine.

Les troupes françaises, moins 40,000 hommes de garnison pour Paris et les garnisons nécessaires à la sûreté des places fortes, devaient se retirer derrière la Loire, jusqu'à la paix définitive.

L'évacuation des départements compris entre la rive droite de la Seine et la frontière de l'Est s'opérera graduellement, après ratification du traité définitif et paiement du premier demi-milliard, en commençant par les départements les plus rapprochés de Paris : Somme, Oise, parties de la Seine-Inférieure, Seine-et-Marne, Seine-et-Oise et Seine, avec les forts de Paris, situés sur la rive droite.

Après le paiement de deux milliards resteront seuls occupés, comme garantie des trois autres : Marne, Ardennes, Haute-Marne, Meuse, Vosges, Meurthe et Belfort. Ces trois derniers milliards porteront intérêt 5 p. 100 à partir de la ratification. Une garantie financière, si elle est reconnue suffisante par l'Empereur d'Allemagne, pourra être substituée à la garantie territoriale.

Cette facilité de substituer une garantie financière à la garantie territoriale, c'est-à-dire d'obtenir par anticipation de paiement une évacuation anticipée fut considéré par les Français comme un grand avantage. Elle leur permit en effet de se libérer plus tôt. Mais, en donnant au Allemands une idée exagérée de notre renaissance et de notre crédit, nous les poussâmes à créer un instrument militaire d'une puissance incalculable et nous nous ruinons aujourd'hui pour faire comme eux.

Les Allemands s'abstiendront de réquisitions dans les départements occupés par eux, mais leur alimentation sera assurée par les autorités françaises. Les prisonniers français non échangés seront remis immédiatement après la ratification.

Les négociations pour la paix définitive s'ouvriront à Bruxelles.

Après la ratification de la paix définitive, l'administration des départements encore occupés sera remise aux autorités françaises, ainsi que la perception des impôts.

Citons encore, pour être complet, l'article 5 qui assurait, sans garanties d'ailleurs, aux habitants des territoires cédés par la France, leur commerce, leurs droits civils, des facilités pour la circulation de leur produits, la libre émigration, la sûreté des personnes et des biens.

Indiquons maintenant les stipulations du traité du 10 Mai 1871 qui fut signé à Francfort par MM. Jules Favre, Pouyer-Quertier et de Goulard pour la France, de Bismarck et le comte d'Arnim pour l'Allemagne : de leur rapprochement avec les stipulations du 26 Février résultera la preuve des aggravations que la Commune nous imposa.

Par l'article 1er, le Gouvernement allemand se déclare prêt à élargir le rayon du territoire de Belfort, de façon à ce qu'il contienne les cantons de Belfort, Delle et Giromagny et la partie occidentale du canton de Fontaine; mais il ne consent à cet élargissement que contre l'abandon d'une bande de terrain situé à l'Est d'une ligne partant de la frontière du Luxembourg et joignant l'ancienne ligne frontière entre Avril et Moyeuvre.

L'article 2 concerne les sujets français, originaires des territoires cédés, leur donne jusqu'au 1er Octobre 1872 pour transporter leur domicile en France et s'y fixer et empêche de les inquiéter ou de les rechercher pour leurs actes politiques ou militaires pendant la guerre.

L'article 7 décide que le paiement des 500 premiers millions aura lieu dans les quinze jours qui suivront le rétablissement de l'autorité du Gouvernement français dans Paris; le milliard sera complété avant la fin de l'année et un troisième demi-milliard sera versé le 1ᵉʳ Mai 1872, les trois derniers milliards étant payables au 2 Mars 1874. A partir du 2 Mars 1871 les intérêts des trois derniers milliards sont exigibles à 5 p. 100. Les paiements ne peuvent être faits, dans les principales villes de commerce de l'Allemagne, en avertissant trois mois à l'avance (pour les paiements anticipés) qu'en métal or ou argent, billets de la Banque d'Angleterre, de la Banque de Prusse, de la Banque royale des Pays-Bas, de la Banque nationale de Belgique, billets à ordre ou lettres de change négociables, de premier ordre, valeur comptant. Le Gouvernement français ne fut autorisé qu'une fois et par convention spéciale, le 21 Mai 1871, à payer 125 millions en billets de la Banque de France.

La Somme, la Seine-Inférieure et l'Eure seront évacuées après le paiement du premier demi-milliard. L'évacuation de l'Oise, de la Seine-et-Oise, de la Seine-et-Marne et de la Seine et celle des forts aura lieu « aussitôt que le Gouvernement allemand jugera le rétablissement de l'ordre, tant en France que dans Paris, suffisant pour assurer l'exécution des engagements contractés par la France ». Dans tous les cas, cette évacuation aura lieu lors du paiement du troisième demi-milliard. La zone neutre, située entre la ligne de démarcation allemande et l'enceinte de Paris, sur la rive droite de la Seine, restera à la disposition des troupes allemandes, dans l'intérêt de leur sécurité.

L'article 8, singulièrement plus rigoureux que l'article 4 du traité des préliminaires, stipule que dans le cas où, malgré les réclamations réitérées du Gouvernement allemand, le Gouvernement français serait en retard d'exécuter ses obligations (pour l'entretien des troupes allemandes), les Allemands auront le droit de se procurer ce qui sera nécessaire à leurs besoins, en levant des impôts et des réquisitions dans les départements occupés et même en dehors de ceux-ci, si leurs ressources ne sont pas suffisantes.

D'après l'article 10, les prisonniers français qui seront rendus par l'Allemagne et qui sont libérables devront rejoindre leurs foyers. Ceux qui ne sont pas libérables se retireront derrière la Loire. L'armée de Paris et de Versailles, après le rétablissement de l'ordre et jusqu'à l'évacuation des forts par les troupes allemandes, n'excédera pas 80,000 hommes et aucune concentration de troupes ne peut avoir lieu sur la rive droite de la Loire. Vingt mille prisonniers qui doivent être rendus immédiatement seront dirigés sur Lyon et de là expédiés en Algérie, pour être « employés dans cette colonie. »

L'article 11 décide que les deux Gouvernements prendront pour base de leurs futures relations commerciales le régime du traitement réciproque, sur le pied de la nation la plus favorisée.

L'article 12 rend aux Allemands expulsés de France la jouissance pleine et entière des biens qu'ils y ont acquis et, à ceux qui y ont obtenu l'autorisation de domicile, la réintégration de tous leurs droits. L'état de guerre n'est pas considéré comme suspensif du temps nécessaire pour obtenir la naturalisation.

Les deux Gouvernements français et allemand s'engagent réciproquement à faire entretenir et respecter les tombeaux des soldats ensevelis sur leurs territoires respectifs.

Les articles additionnels, au nombre de 3, sont relatifs :

1° A la cession par la France de tous les chemins de fer compris dans les territoires cédés (moins le matériel roulant) moyennant 325 millions versés par l'Allemagne.

2° Au rachat par le Gouvernement allemand, moyennant 2 millions, des droits et propriétés de la Compagnie de l'Est en Suisse, de la frontière à Bâle.

3° A la cession supplémentaire par l'Allemagne des territoires suivants autour de Belfort : Rougemont, Leval, Petite-Fontaine, Romagny, Félon, La Chapelle-sous-Rougemont, Angeot, Vautier-Mont, La Rivière, La Grange, Rappe, Fontaine, Frais, Foussemagne, Cunelières, Montreux-Château, Bretagne, Chavanne-les-Grands, Chavanatte et Souarce. La route de Giromagny et de Remiremont, qui passe au Ballon d'Alsace, reste à la France dans tout son parcours, et sert de limite, en tant qu'elle est située en dehors du canton de Giromagny.

Tel est ce traité, le plus douloureux peut-être que la France ait jamais signé, mélange bizarre de stipulations à caractère permanent et d'indications purement temporaires qui s'enchevêtrent d'un article à l'autre. Les droits des personnes, les conventions commerciales, les échanges de territoire, tout s'y mêle dans une confusion qui n'a pas été préméditée, qui résulte seulement de la précipitation avec laquelle cet acte diplomatique a été rédigé et signé, le Gouvernement impérial ayant hâte d'en finir, et le Gouvernement français n'étant pas moins pressé de conclure pour venir à bout de la Commune. La porte restait d'ailleurs ouverte aux négociateurs à intervenir, comme conséquence du rétablissement officiel des relations diplomatiques entre les deux peuples.

Les négociations s'étaient d'abord poursuivies simultanément à Bruxelles, où MM. Baude et de Goulard nous représentaient, et en France, où le ministre des Affaires Etrangères, M. Jules Favre, traitait directement avec le général de Fabrice toutes les questions relatives à l'occupation. Après le traité de Francfort, que M. de Bismarck brusqua, dans la crainte que M. Thiers, vainqueur de la Commune, ne se montrât plus exigeant, M. de Waldersee avait été accrédité à Versailles, comme chargé d'affaires d'Allemagne, et M. de Gabriac envoyé à Berlin, en la même qualité. La mission de M. Waldersee ne dura que du 17 Juin au 1er Septembre : à

cette dernière, date, le comte Harry d'Arnim fut envoyé
comme ambassadeur à Versailles ; celle du général de Fabrice
avait pris fin le 25 Juin, et son successeur, M. de Manteuffel,
avait transporté son quartier général à Nancy le 14 Juillet.
M. de Saint-Vallier fut accrédité auprès de lui. MM. de Goulard et de Clercq avaient, à Francfort, des conférences qui se
prolongèrent, du 6 Juillet au 6 Décembre, avec les représentants du Chancelier, pour assurer dans le détail l'exécution du
traité de Francfort. Enfin, tous les fois qu'une difficulté sur-
venait ou qu'une convention importante devait être conclue,
les ministres des Affaires Etrangères et des Finances se transportaient à Francfort ou à Berlin, pour y porter la signature
de la France.

Ces difficultés, elles se renouvelaient à chaque instant, et
elles obligeaient la France à subir des exigences plus impérieuses ou à dévorer des humiliations. Le 16 Juin, M. Jules
Favre recevait de M. de Bismarck la dépêche suivante :
« J'apprends, par les rapports de nos généraux, que vos soldats occupent le terrain réservé aux nôtres de la zone du
Raincy, des Lilas et de Romainville. J'ai l'honneur d'avertir
Votre Excellence que s'ils ne se retirent pas immédiatement
derrière leurs lignes, nos troupes vous attaqueront aujour-
d'hui même, à minuit. » Quand ce n'était pas le Chancelier,
c'était son journal officieux, la *Gazette de Cologne* qui, faisant allusion aux acquittements de Bertin et de Tonnelet et à la
réception de Tchong-Haou, par M. Thiers, s'exprimait ainsi :
« Ces faits se sont produits vingt-quatre heures après que .
M. Thiers, recevant les ambassadeurs chinois, leur rappelait les devoirs que la justice impose aux Gouvernements. »

Le 23 Novembre, en effet, M. Thiers, en recevant Tchong-
Haou, que l'Empereur avait chargé de lui donner des satisfac-
tions et des excuses, pour le massacre de Tien-Tsin, lui avait
fait cette belle réponse :

« Vous me parlez des nombreux supplices infligés aux coupables. La nation française est trop humaine pour se complaire dans l'effusion du sang. Elle ne réclame que les sévérités nécessaires pour contenir les méchants, et elle croit qu'aux moyens de rigueur il faut en ajouter d'autres. Le devoir des Gouvernements, en même temps qu'ils répriment les excès de la foule, est de calmer ses passions, de dissiper ses préjugés, de lui faire entendre la voix de la raison et de la vérité. »

Est-ce la souveraine dignité de ces paroles qui excitait la colère de la *Gazette de Cologne*? Est-ce la haute situation que M. Thiers prenait en Europe, et qui lui valut un honneur plus souvent réservé aux empereurs et aux rois qu'aux simples particuliers, la Toison d'Or, que lui apportait M. Olozaga, l'ambassadeur de la puissance qui avait été la cause indirecte de la guerre ?

C'est miracle, au milieu de ces résistances, de ces prétentions grandissantes et de ces menaces, qui allaient jusqu'à nous faire renoncer à la souscription pour la libération du territoire, parce qu'elle donnait de l'ombrage à l'Allemagne et entravait les négociations en cours, c'est miracle que l'évacuation ait pu s'accomplir aussi régulièrement en Juillet, en Septembre et en Octobre. En Juillet, l'Eure, la Seine-Inférieure et la Somme furent délivrées; du 11 au 20 Septembre, la Seine, la Seine-et-Oise, l'Oise et la Seine-et-Marne ; en Octobre, à la suite de la convention commerciale relative à l'Alsace-Lorraine, l'Aisne, l'Aube, la Côte-d'Or, la Haute-Saône, le Doubs et le Jura. Six départements seulement restaient occupés, après le paiement des deux premiers milliards, par 50,000 hommes et par 18,000 chevaux, auxquels la France devait payer 50,000 rations de vivres et 18,000 de fourrages, c'est-à-dire 132,500 francs par jour, et 3,975,000 francs par mois. Elle les paya, elle paya l'indemnité de guerre totale avec une facilité qui surprit et inquiéta l'ennemi, elle paya en impôts nouveaux près de 800 millions par an et, par la rapidité avec laquelle elle guérit ses blessures, à peine sortie des étreintes meurtrières de l'ennemi, elle excita l'admiration du monde.

L'Assemblée nationale a souvent revendiqué sa part de gloire dans la libération du territoire : la nation tout entière peut la revendiquer plus légitimement encore. Indifférente aux intrigues de Versailles, dédaigneuse des missions, des pèlerinages et de cette campagne des miracles, qui semblent destinés à préparer le retour d'un régime détesté, elle donne au Chef de l'Etat un appui chaque jour plus assuré, un concours chaque jour plus confiant. Les partisans de la Monarchie espéraient que le suffrage universel, effrayé par la Commune, confirmerait le 2 Juillet ses votes du 8 Février. Il fut appelé à se prononcer dans 45 départements : dans 39, il donna la majorité aux républicains qui tous s'étaient recommandés de M. Thiers, et, après cette première et décisive revanche du 8 Février, à chaque nouvelle consultation, au 8 Octobre, au 7 et au 16 Janvier, au 11 Février, sa réponse fut la même : maintien et consolidation de la République, maintien de M. Thiers, définition et affermissement de ses pouvoirs.

Il y eut, dans toute la France, comme un immense soupir de soulagement, à la nouvelle des élections de Juillet. Les plus pessimistes, même parmi les républicains, reprirent confiance en constatant que le pays, au lieu de les confondre avec les vaincus de la Commune, ne voyait de refuge qu'en eux, contre les entreprises des royalistes et des cléricaux. L'intervention du clergé, qui avait colporté des pétitions en faveur du prisonnier du Vatican, qui s'était engagé, plus ardemment encore qu'au 8 Février, dans la mêlée des partis, et qui en sortait diminué d'autant, rendait plus significative encore la victoire des républicains.

On trouvait, parmi les élus du 2 Juillet, MM. Denfert-Rochereau, le défenseur de Belfort, qui fut nommé dans l'Isère, la Charente et le Doubs, Cazot dans le Gard, Fourcand dans la Gironde, Pascal Duprat dans les Landes, Faidherbe dans le Nord, le Pas-de-Calais et la Somme, Goblet dans la Somme, Gambetta dans le Var, Beaussire dans la Vendée, Duvergier de Hauranne dans le Cher, Schérer dans Seine-et-Oise, Naquet dans le Vaucluse.

Toutes ces victoires républicaines, remportées dans des départements qui n'avaient nommé, le 8 Février, que des monarchistes, furent accueillies avec une joie profonde. Livré à lui-même, sans l'idée obsédante de la guerre à soutenir, sans pression administrative, le pays s'était ressaisi et affirmait ses préférences gouvernementales, ses répugnances pour les entrepreneurs de missions et de pèlerinages, pour les adhérents au Syllabus, avec la même énergie qu'il avait affirmé sa volonté pacifique. Les nouveaux députés étaient ses fidèles interprètes, quand, sur la proposition de Gambetta, ils décidaient, le 22 Août, dans une séance de l'Union républicaine, de proposer à l'Assemblée de se dissoudre pour le 1er Mai 1872. M. Thiers refusa de les suivre dans cette voie, parce qu'il avait souvent proclamé le pouvoir constituant de l'Assemblée, et aussi parce qu'il préférait continuer l'œuvre de réparation de la France avec l'Assemblée de 1871, plutôt qu'avec une Assemblée nouvelle, qui aurait été plus disposée à suivre les inspirations de Gambetta. Renouvelée partiellement ou renouvelée en totalité, la représentation nationale aurait reflété exactement l'opinion du suffrage universel qui n'a que des idées simples et qui se serait prononcé en masse pour la République, comme il s'était prononcé en masse pour la paix.

Les élections départementales du 8 Octobre furent encore plus significatives. Les monarchistes furent dépossédés des Conseils généraux et des Conseils d'arrondissement, qu'ils considéraient comme leurs citadelles : sur 3,000 sièges à pourvoir, plus de 2,000 échurent aux républicains.

L'élection du président du Conseil municipal de Paris contre Victor Hugo fut une victoire personnelle pour M. Thiers, mais une victoire dangereuse, parce que l'on n'obtint la majorité qu'en promettant aux Parisiens, en échange de l'élection de M. Vautrain, le retour à Paris du Gouvernement, retour que l'Assemblée ne voulait pas autoriser.

Quelques jours après, aux élections du 16 Janvier, onze républicains étaient portés à l'Assemblée nationale, dont M. Challemel-Lacour ; cinq légitimistes, dont M. Chesnelong et un bonapartiste, M. Levert. Le suffrage universel avait choisi, en M. Challemel-Lacour et en M. Chesnelong, les deux orateurs les plus éloquents des deux grands partis qui se partageaient fort inégalement le pays : la République et la Légitimité.

La dernière consultation électorale de cette période, celle du 11 Février, fut encore un succès pour M. Thiers et pour la France avide de paix, de repos, de travail, de consolidation du régime établi : un bonapartiste, M. Rouher, fut élu en Corse, contre le prince Napoléon, mais deux républicains, MM. Legall-Lasalle et Lepouzé, furent élus dans deux départements acquis pourtant aux idées monarchiques : les Côtes-du-Nord et l'Eure. Cette triple élection fut la réponse du pays au Manifeste du comte de Chambord, daté du 25 Janvier 1872. Le chef de la Maison de France, après avoir annoncé qu'il n'abdiquerait jamais, affirmait qu'il n'était pas la réaction, mais la réforme ; il protestait de son inébranlable fidélité à sa foi, à son drapeau ; il répudiait toute connivence avec la Révolution. Ce Manifeste était impolitique, ces déclarations étaient maladroites, ce langage était intempestif : Manifeste, déclaration et langage n'en étaient pas moins honnêtes, loyaux et, pour tout dire, plus français que les habiletés et les ruses du Centre Droit. La France pouvait refuser ses suffrages au prétendant : elle ne pouvait lui refuser son estime [1].

Toutes les élections que nous venons de rappeler avaient été faites, comme celles du 8 Février, conformément à la loi électorale de 1849, à peine modifiée par celles du 10 Avril et du 2 Mai 1871. La première avait transporté le vote du canton à la commune et autorisé les préfets à établir dans chaque commune plusieurs sections de vote. La seconde avait frappé les préfets d'inégibilité pendant leurs fonctions et pendant six mois après l'expiration de ces fonctions.

En dehors des jours d'élections, le pays se remettait énergiquement au labeur patient et à l'épargne qui font sa force. Partout l'ordre avait été rétabli, en Province de même qu'à Paris; l'Algérie elle-même, considérée comme entièrement pacifiée le 31 Octobre, après une année entière de troubles, pouvait recevoir les Alsaciens-Lorrains qui, désirant conserver la nationalité française, y obtenaient des concessions gratuites de terres. Partout l'on travaille, suivant le conseil donné par Gambetta, dans son discours de Bordeaux, le 26 Juin 1871, « à la régénération nationale ». Partout enfin, comme l'écrivait G. Sand à M\ᵐᵉ Adam, le 13 Juin 1871, « on emboîte le pas avec Thiers, on fait un grand acte de raison, en le soutenant contre les excès de la Commune et contre ceux des Légitimistes. »

La session fut close le 30 Mars 1872 et l'Assemblée, méfiante comme toute Convention, laissa à une Commission de permanence de 25 membres le soin de la représenter, de faire bonne garde auprès de M. Thiers et d'empêcher toute velléité d'installation, même provisoire, à Paris.

(1) Voir à l'Appendice XVIII, le second Manifeste du comte de Chambord, en date du 25 janvier 1872. (C'était, en réalité, le troisième, si l'on compte celui qui avait paru pendant la Commune.)

CHAPITRE VI

LE GOUVERNEMENT DE M. THIERS

Du 31 Mars 1872 au 24 Mai 1873.

Paris, privé par la loi de la présence du Président, des ministres et de l'Assemblée nationale voyait, à chaque vacance parlementaire, le Président à l'Élysée, le vice-président du Conseil place Vendôme et les ministres dans les ministères. Les soirées des ministres étaient peu suivies. Celles de l'Élysée, bien que commençant tard et se terminant tôt, parce que le Chef de l'État était obligé de retourner à Versailles par le dernier train, réunissaient autour de M. Thiers, avec le corps diplomatique au grand complet, presque tous les généraux de l'armée de Paris, le monde de la banque, les grands industriels et la bourgeoisie riche qui n'avait pas encore divorcé

avec la République conservatrice et les idées libérales. Curieux
et instructif spectacle que celui du petit bourgeois, en face
du duc d'Aumale, son voisin de la rue du faubourg Saint-
Honoré, entouré des hommes les plus remarquables dans tous
les genres, faisant presque toujours de la conversation un
monologue, causant de tous sujets devant cet auditoire d'élite,
où les représentants des puissances étrangères, moins toutefois le comte d'Arnim, n'étaient ni les moins attentifs ni les
moins approbateurs.

Les membres de l'Institut n'oubliaient pas d'offrir leurs
hommages à leur illustre confrère et, dans les circonstances
importantes, les cinq classes envoyaient une députation officielle porter à M. Thiers des félicitations et des encourage-
ments désintéressés. De toutes ces visites, aucune ne fut plus
sensible au Président que celle que lui fit le bureau de l'Institut, le 7 Avril 1873, quelques jours après la signature de la
convention qui assurait la libération anticipée du territoire.
« Ce grand et illustre corps, répondit M. Thiers, très ému, à
M. Hauréau, foyer incomparable de science et de lumière,
est un juge souverain en toutes choses et l'on peut se flatter
d'avoir avec soi la raison, quand on a son approbation unanime. » Quelques jours auparavant, un dimanche soir,
vingt-quatre heures après la nouvelle du traité de libération,
son salon était resté vide à Versailles, et, quand MM. de Marcère et Ricard s'étaient félicités d'être venus les premiers lui
apporter leurs patriotiques congratulations, il leur avait dit
tristement : « les premiers et les seuls. » Pas un membre de
la majorité ne franchit ce soir-là le seuil de la Préfecture et
le lendemain, à l'Assemblée nationale, un membre de cette
majorité, dont, heureusement pour lui, l'histoire n'a pas
recueilli le nom, s'écriait : « Trois quarts d'heure d'apothéose,
c'est assez ! »

C'est dans l'intimité seulement que M. Thiers laissait échap-

per quelque parole amère : en public comme à la tribune,
il était très maître de lui et il faut regretter qu'il n'ait pas pu
entrer plus souvent en communication intime avec les Parisiens. On s'aperçut, un an plus tard, lorsqu'il laissa son ministre des Affaires Étrangères accepter la candidature contre
M. Barodet, qu'il connaissait insuffisamment leur état d'esprit.

Le plus apprécié de ses ministres, M. Jules Simon, avait
des notions plus exactes sur le milieu électoral et sur tous
les milieux parisiens. Il eut le mérite de mettre à la direction
des Beaux-Arts, Charles Blanc, le frère de Louis Blanc, et
de préparer, de concert avec ce guide si sûr, le *Salon* de 1872.
Henri Regnault était mort à Buzenval, Joseph Cuvelier à la
Malmaison, Charles Durand à Sedan ; Vincelet, Richard,
Coinchon, Jules Klagmann avaient été tués à l'ennemi. Les
survivants, habitués au long maniement du fusil, avaient dû
sentir trembler entre leurs doigts le pinceau ou l'ébauchoir.
Les œuvres exposées furent pourtant nombreuses. Jules
Breton, qui obtint la médaille d'honneur, Corot, Bougue-
reau, Schlesinger, Bonnat, Mlle Nelie Jacquemart, Carolus
Duran envoyèrent des tableaux ou des portraits remarquables, surtout des portraits, et le ministre des Beaux-Arts put
dire avec raison, le jour de la distribution des récompenses :
« Non, l'âme de la France n'est pas atteinte. Nous travaillons
et nous pensons, donc nous sommes vivants. »

Paris s'était porté en foule au *Salon* de 1872. Salons, réceptions à l'Académie française, théâtres allaient voir augmenter
dans une proportion inouïe, visiteurs, auditeurs ou specta-
teurs. Ce n'était pas seulement une réception retentissante
comme celle du duc d'Aumale, succédant à M. de Montalem-
bert, qui attirait la foule en Avril 1873 ; celles de Viel-Castel,
un mois plus tard, celle de Camille Rousset qui avait succédé,
un an plus tôt, au malheureux Prévost-Paradol, étaient tout
aussi courues. Les théâtres ne désemplissaient pas. Ce n'é-

taient pourtant pas, sauf une exception, des pièces nouvelles qui faisaient les salles combles. On jouait, le 1ᵉʳ Mai 1872, *Faust* à l'Opéra, *le Supplice d'une Femme* et *l'Autre Motif* aux Français, *Ruy-Blas* à l'Odéon, *la fille du Régiment* à l'Opéra-Comique, *Rabagas* au Vaudeville, *la Cagnotte* au Palais-Royal, *le Roi Carotte* à la Gaîté, *l'Œil Crevé* aux Folies-Dramatiques, *la Timbale d'argent* aux Bouffes. Les nouveautés ne manquaient pas, mais elles restaient en porte-feuille. Les jeunes auteurs pouvaient-ils se faire jouer, quand George Sand ne pouvait parvenir à faire représenter *Made-moiselle de la Quintinie* à l'Odéon, quand une pièce, après l'approbation des censeurs, était soumise au ministre des Beaux-Arts, qui la renvoyait au général de Ladmirault, gouverneur de Paris et commandant de l'état de siège?

Nombreux aussi furent les spectacles funèbres, à la fin de l'année 1872 et au début de l'année 1873. Le maréchal Vaillant meurt au mois de Mai et le maréchal Forey au mois de Juin 1872. Le maréchal Vaillant tour à tour ministre de la Guerre et de la Maison de l'Empereur, membre de l'Académie des sciences, a laissé un nom honoré dans l'armée, dans le monde des artistes et dans celui des savants. Le maréchal Forey, qui avait gagné son bâton au Mexique, fut terrassé par la paralysie en 1869 et ne vit ni les malheurs de la patrie, ni la trahison de son indigne compagnon d'armes, le com-mandant en chef de l'armée du Rhin.

Une fin plus tragique fut celle du directeur de l'Observa-toire de Paris, M. Delaunay, qui semblait destiné à devenir un des premiers mathématiciens de ce siècle. Il périt en rade de Cherbourg, dans une excursion en barque, non loin de la digue, au commencement des vacances de 1872.

L'année suivante c'est le comte de Chasseloup-Laubat, le rapporteur de la loi militaire ; c'est M. de Saint-Marc Gi-rardin, l'un des *bonnets à poil*, si populaire sous l'Empire et si compromis dans les intrigues du Centre Droit sous la République ; c'est enfin l'amiral Rigault de Genouilly, qui succombent successivement.

Ils avaient été précédés, le 9 Janvier 1873, par Napoléon III. Pendant ses deux années d'exil, comme pendant ses vingt années de Gouvernement, l'ex-Empereur n'avait pas vécu sa vie, il l'avait rêvée. L'un des rares amis qui lui soient restés fidèles dans le malheur, M. Octave Feuillet, le vit en 1872 ; du récit très bienveillant de l'aimable écrivain ressort la conclusion que Napoléon fut aussi inapte qu'on ait jamais pu l'être à l'art ou au métier de gouverner les hommes. Avec son étrange douceur et son calme inaltérable, il assiste à la défaite, à l'invasion, au démembrement, à la Commune, comme à de nouveaux et inévitables épisodes de son aventureuse existence. « Mon entretien avec lui, dit Octave Feuillet, me laisse profondément convaincu qu'il ne prépare absolument rien, qu'il attend les évenements. » Il n'a conservé ni colère, ni rancune : on ne s'emporte pas contre la Fatalité et on n'en veut pas aux hommes qui ne sont que ses instruments. Sur le comte de Chambord, sur la famille d'Orléans, sur M. Thiers, sur le maréchal de Mac-Mahon, ses réflexions sont vagues et comme impersonnelles : elles portent la marque d'une perpétuelle imprécision. Il mourut sans formuler un regret, ni un espoir, sans rendre responsable aucun de ses conseillers, sans se considérer lui-même comme responsable à aucun degré : la Destinée seule était coupable.

Il serait excessif de dire que cet événement laissa Paris indifférent ; on peut affirmer qu'il l'occupa moins longtemps que tel mince incident de la chronique journalière. Les impérialistes crièrent : « l'Empereur est mort, Vive l'Empereur ! » Ce cri resta sans écho. Trois mois plus tard, ils se comptèrent sur le nom du colonel Stoffel : ils étaient 27,000 à Paris.

Si nous rappelons la part prise par la Capitale, le 28 et le

29 Juillet 1872, à l'emprunt de 3 milliards, le voyage fait en
Amérique par la musique de la garde républicaine dans l'été
de 1872, la nomination, comme Préfet de la Seine, de M. Calmon qui remplaça M. Léon Say, devenu ministre des Finances,
le 7 Décembre 1872, nous aurons épuisé la liste des événements ayant eu quelque retentissement.

Au mois de Juillet de la même année s'accomplissaient
silencieusement, rue d'Ulm, dans un laboratoire dépendant
de l'Ecole des Hautes Etudes, des travaux qui devaient avoir
une portée incalculable. Ces travaux, le directeur du laboratoire les résumait ainsi : « M. Pasteur et MM. Raulin, Gayon,
Maillot continuent les travaux commencés depuis longtemps
par M. Pasteur, sur les questions relatives aux fermentations,
à la génération et au rôle des êtres microscopiques, et à
diverses applications industrielles qui en dépendent, concer-
nant les maladies des vins, la fabrication du vinaigre, les maladies du ver à soie. La fabrication de la bière y est, en ce
moment, l'objet d'une étude approfondie. Ce laboratoire a
la bonne fortune d'avoir attiré notre grand chimiste, M. Dumas, qui, depuis quelques mois, y poursuit des recherches
nouvelles sur divers points de chimie physiologique d'un
grand intérêt. »

Telle était, dans le laboratoire de chimie physiologique de
l'Ecole mormale et dans bien d'autres, l'intensité de la vie scientifique. En revanche, politiquement parlant, Paris était comme
assoupi, depuis l'élection de M. Vautrain, en Janvier 1872.
Il n'accordait qu'un sourire indifférent à l'étonnante conception de l'un de ses élus du 8 Février 1871, M. Jean Brunet. Ce
législateur avait proposé de diviser la Seine, la Seine-et-
Oise, l'arrondissement de Meaux et deux cantons de l'arrondissement de Melun en quatre départements qui se seraient
appelés : *Paris central*, chef-lieu la Concorde ; *Paris occiden-
tal*, chef-lieu Versailles ; *Paris oriental*, chef-lieu Saint-Denis

et *Paris méridional*, chef-lieu Vincennes. Le rapporteur de la Commission d'initiative avait conclu gravement à ce que cette proposition ne fût pas prise en considération.

Il faut connaître ces détails, il faut se rappeler dans quelles conditions s'étaient faites les élections du 2 Juillet 1871 et celle de M. Vautrain, il faut mentionner aussi l'effet produit, à Paris même, par la suppression de la mairie centrale de Lyon, les inquiétudes causées aux républicains les moins avancés par les imprudentes attaques de MM. de Goulard et Dufaure, par la politique de bascule de M. Thiers, toujours prêt à sacrifier un ami sûr à un ennemi flottant, pour comprendre et pour juger l'élection parisienne du 27 Avril 1873.

Le 22 Mars les maires de Paris étaient venus à Versailles, complimenter M. Thiers sur l'évacuation désormais assurée du territoire. M. Thiers avait modestement reporté tout le mérite des négociations qui avaient si heureusement abouti sur son éminent collaborateur, M. de Rémusat, et les maires avaient offert la candidature à M. de Remusat. Le ministre des Affaires Étrangères, s'il n'avait consulté que son inspiration personnelle aurait refusé. M. Jules Simon, ancien député de Paris, conseillait ce refus. M. Thiers, confiant dans le résultat et croyant trouver dans l'élection de M. de Rémusat un solide point d'appui contre la conspiration monarchique, fit appel au dévouement de son vieil ami et M. de Rémusat accepta, résigné, l'offre des maires. Jusqu'aux premiers jours d'Avril, aucune candidature adverse ne fut posée. C'est un journaliste déjà suspect, M. Portalis, qui le premier prononça dans son journal, *la Vérité*, le nom de M. Désiré Barodet. Les républicains les plus illustres : MM. Grévy, Carnot, Littré, Langlois, Cernuschi, tout le Centre Gauche, toute la Gauche républicaine de l'Assemblée nationale se prononcèrent pour le candidat de M. Thiers. MM. Peyrat, Quinet, Louis Blanc, Gambetta, la Gauche radicale et l'Extrême-Gauche de l'Assemblée se prononcèrent pour le candidat de M. Portalis ; les politiques pour le premier, les passionnés pour le second : le second fut élu. Il obtint 180,000 voix, contre 135,000 données à M. de Rémusat et 27,000 au candidat impérialiste. Cette fois comme tant d'autres, le suffrage universel s'était laissé séduire par une idée simple. Il voulait affermir la République, il avait choisi le plus républicain des deux candidats, qui était manifestement M. Barodet. Cette élection a été le prétexte choisi par la Droite et non pas la cause de la chute de M. Thiers, un mois plus tard. D'autres élections, antérieures au 24 Mai, celles de MM. Ranc et Lockroy, par exemple, étaient autrement inquiétantes pour les conservateurs sincères que celle de M. Barodet ; elles ont été moins exploitées par les conservateurs habiles parce qu'elles ont moins frappé l'opinion ; elles l'eussent été bien plus, si M. de Rémusat avait réussi, et l'ordre du jour Ernoul n'en eût pas moins été adopté.

Avant de rentrer à Versailles, où nous assisterons aux émouvantes péripéties du duel entre le Président de la République et la majorité de l'Assemblée nationale, parcourons rapidement la France, où les partis avaient beau jeu et s'en donnaient à cœur joie, en attendant la constitution d'un Gouvernement définitif. De plus en plus attaché à la République, le pays voudrait fêter ses anniversaires le 14 Juillet, le 4 Septembre, le 22 Septembre ; mais, toute commémoration de ces journées étant interdite, il ne peut manifester ses sentiments que les jours d'élection, le 9 Juin et le 20 Octobre 1872, le 27 Avril et le 11 Mai 1873. Il y eut, à ces dates, quatre grandes manifestations du corps électoral, dans 24 départements ; les républicains furent élus dans 19 et presque partout avec des majorités écrasantes. Dans le Nord, l'élection de M. Derégnaucourt, qui avait obtenu une première fois 80,000 voix, avait été invalidée par l'Assemblée : les électeurs répondirent à ce

déni de justice en donnant, le 9 Juin, 40,000 voix de plus à
M. Derégnaucourt. Dans les départements inféodés à la réaction et au cléricalisme, comme le Morbihan, les monarchistes
parvenaient encore à se faire élire, en donnant une teinte
grise à leur drapeau, mais n'obtenaient que quelques voix de
plus que les républicains. La Corse, la Charente-Inférieure
nommaient encore des partisans du régime déchu, mais, dans
ce dernier département, il fallait l'active intervention des magistrats, maintenus ou nommés par M. Dufaure, pour assurer
le succès d'un candidat bonapartiste. L'Assemble nationale,
affolée en présence de ces résultats, modifiait, le 8 Février 1873,
la loi électorale de 1849, en exigeant pour l'élection au premier tour la majorité absolue et le quart des électeurs inscrits. M. Dufaure, dans son discours du 1ᵉʳ Mars, sur le projet
des Trente, annonçait l'intention de rendre le suffrage universel plus sincère et plus moral. Rien n'y faisait; les élections d'Avril et de Mai étaient toutes acquises au premier
tour et le suffrage universel se montrait « plus sincère et
plus moral » en donnant aux partisans honteux de la monarchie des minorités de plus en plus dérisoires.

Les résistances opposées par les monarchistes à l'établissement d'un régime un peu stable, poussaient en effet le pays
du côté des hommes qui représentaient les nuances les plus
avancées de l'opinion républicaine. M. Thiers restait populaire,
mais seulement dans la mesure où il résistait à la majorité;
les sympathies de la nation allaient toutes aux républicains
que M. Thiers et ses ministres appelaient, avec la majorité
de l'Assemblée, des « radicaux », qui s'intitulaient simplement
membres de l' « Union républicaine, » qui s'appuyaient sur
le pays contre des députés qui avaient cessé de le représenter,
et qui n'attendaient que d'une dissolution l'affermissement
de la République et le triomphe des idées démocratiques.

A la tête de cette phalange, jeune, ardente et qui sentait

toute la nation derrière elle, se trouvait le « Dictateur », l'or-
ganisateur de la Défense nationale en Province, Léon Gambetta. Réfugié à Saint-Sébastien pendant la Commune, il était
rentré en France pour tracer à Bordeaux, le 26 Juin 1871,
non seulement le programme des prochaines élections du
2 Juillet 1871, mais aussi celui de la République définitive,
prudente et assagie. Elu par Paris et par trois départements,
il était rentré à l'Assemblée, il avait prononcé son premier
discours dans la discussion de la loi Rivet et, au contact de la
Droite, avait cru d'abord qu'il n'y avait rien à attendre d'une
majorité dont les membres, divisés entre eux, n'étaient unis
que contre le Chef du pouvoir exécutif et contre la démocratie.
Il s'était retourné à la fois du côté du gros des forces
républicaines en dehors de l'Assemblée et du côté de la
grande masse électorale. Les forces républicaines, il les avait
disciplinées, en fondant le journal de la démocratie doctrinaire,
La République française, avec l'assentiment de M. Thiers.
L'opinion, il l'avait saisie et frappée, en lui montrant la dissolution de l'Assemblée comme le remède à tous les maux.

Pendant les vacances parlementaires d'Avril 1872, il se
met en contact avec le suffrage universel ; il prononce à
Angers, au Havre, des discours retentissants. Au Havre, pour
répondre à la pétition des évêques, aux pèleriuages de Rome,
de Sainte-Anne-d'Auray, de Paray-le-Monial, de la Délivrande,
de la Salette et de Lourdes, il formule les protestations de la
société laïque, qu'il résumera, le 4 Mai 1877, dans le mot célèbre :
« Le cléricalisme, voilà l'ennemi ! » et, en effet, c'était l'ennemi,
non pas dans le pays, mais dans l'Assemblée, où il était le lien
des monarchistes coalisés. Cette tournée oratoire eut son écho
dans l'Assemblée nationale : un jeune député bonapartiste,
M. Raoul Duval, qui devait bientôt trouver son chemin de
Damas, interpella le Gouvernement sur la présence des maires
d'Angers et du Havre dans les réunions où Gambetta avait pris

la parole. Le ministre de l'Intérieur, en abandonnant le tribun
et en blâmant les maires, obtint difficilement le vote de l'ordre
du jour pur et simple. Ce ministre, qui était M. Victor Lefranc,
et M. Thiers lui-même, purent comprendre ce jour-là quelle
faute ils avaient commise, en exigeant la nomination des
maires par le Gouvernement. Si les maires avaient été élus,
la Droite elle-même n'eût pas songé à rendre le Gouvernement responsable de leurs faits et gestes.

Le 9 Mai, en réponse à l'adresse des délégués de l'Alsace,
le 24 Juin, au banquet commémoratif de la naissance du général Hoche, Gambetta prend encore la parole. Son ardent
patriotisme s'exhale dans le premier de ses discours; son
sens politique et sa prudence s'affirment dans le second, où
il commente avec une haute éloquence les deux devises de
Hoche : *Res non verba* et *Ago quod ago*. A Grenoble enfin, le
26 Septembre 1872, il prononce le célèbre discours qui devait
avoir de si graves conséquences politiques. A le relire aujour-
d'hui, on a peine à comprendre quelle irritation il causa à
M. Thiers et à tous ses ministres, quelle indignation il provoqua sur les trois quarts des bancs de l'Assemblée. M. Gambetta y déclarait que la cause de la France et celle de la République étaient désormais unies et confondues, ce que démon-
traient toutes les élections. Il disait, ce qui était l'évidence
même, qu'une démocratie appuyée sur le suffrage universel
ne ressemblait en rien au régime censitaire de 1815 à 1848,
à « une monarchie à compartiments, à une monarchie à poids
et contrepoids, dont les uns font équilibre aux autres, avec
un horloger plus ou moins éloquent qui se flattait de faire
tout marcher ». Il affirmait cette vérité de sens commun,
constatée par tout le monde : « Le pays, après avoir essayé
bien des formes de Gouvernement, veut enfin s'adresser à
une autre couche sociale, pour expérimenter la forme républicaine. » Il recommandait la sagesse avant tout, il disait

que l'emploi de la force serait un crime, sous un régime se réclamant du suffrage universel, qu'il n'attendait rien que du temps, de la persuasion, de la force des choses, de l'impuissance, de la stérilité et de la couardise des partis monarchiques. Mais il concluait en ces termes : « La dissolution est là, comme le fossoyeur, prête à jeter une dernière pelletée de terre sur le cadavre de l'Assemblée de Versailles. » Ce fut là son vrai crime, aux yeux de l'Assemblée de Versailles, comme son crime, aux yeux de M. Thiers, fut de déclarer que l'organisation d'une République constitutionnelle ou conservatrice était « une ignoble comédie ». A part les exagérations de langage, qui n'attestent qu'un goût insuffisant et une éducation négligée, Gambetta avait exprimé avec un relief saisissant l'opinion de la grande majorité du pays sur l'Assemblée de Versailles. Il s'était trompé dans ses pronostics de dissolution ; il avait vu juste en déclarant, à ce moment, que l'organisation de la République par l'Assemblée de 1872 ne lui disait rien qui vaille, et M. Thiers allait être la première victime de la « comédie » qui aurait pu tourner au tragique.

Avant la réunion de l'Assemblée, le Président de la République et le ministre de l'Intérieur se rendaient à la Commission de permanence et formulaient, en réponse à une vive interpellation du duc de Broglie, un blâme sévère contre les paroles prononcées à Grenoble par M. Gambetta : le Gouvernement les désavouait avec la dernière énergie. Le ministre de la Guerre changeait de régiment et punissait de soixante jours d'arrêts de rigueur cinq officiers qui avaient assisté à la réunion privée de Grenoble.

L'interpellation du général Changarnier, le 18 Novembre, et la chute de Victor Lefranc, à la suite de l'interpellation de M. Prax-Paris, furent des conséquences directes du discours de Grenoble et de la campagne dissolutionniste entreprise par Gambetta. Le rapprochement qui s'opéra entre le Centre

Droit et le Centre Gauche, le discours que Dufaure prononça le 15 Décembre contre la dissolution et contre la République en furent les conséquences indirectes, beaucoup plus graves que celles-là, qui rapprochèrent pour un temps le Président de la majorité monarchique et qui l'éloignèrent d'autant des groupes républicains avancés et du pays.

Il ne comprenait rien, le pays, à la savante stratégie du Président, à ses ménagements pour des adversaires acharnés, aux concessions de personnes qu'il faisait à une Droite irréconciliable. Seuls les actes importants ou les grandes manifestations oratoires le frappaient ; or, ces actes étaient contradictoires et ces manifestations étaient dissemblables, suivant qu'elles émanaient de l'auteur du Message du 13 Novembre ou de l'auteur du discours du 15 Décembre, de M. Thiers ou de M. Dufaure.

« La République existe, disait le Message, elle est le Gouvernement légal du pays : vouloir autre chose serait une nouvelle Révolution et la plus redoutable de toutes. Ne perdons pas notre temps à la proclamer, mais employons-le à lui imprimer ses caractères désirables et nécessaires. Une Commission nommée par vous, il y a quelques mois, lui donnait le titre de République Conservatrice. Emparons-nous de ce titre et tâchons surtout qu'il soit mérité. Tout Gouvernement doit être conservateur et nulle société ne pourrait vivre sous un Gouvernement qui ne le serait pas. La République sera conservatrice ou elle ne sera pas. Quant à moi, je ne comprends, je n'admets la République qu'en la prenant comme elle doit être, comme le Gouvernement de la nation qui, ayant voulu longtemps et de bonne foi laisser à un pouvoir héréditaire la direction partagée de ses destinées, mais n'y ayant pas réussi, par des fautes impossibles à juger aujourd'hui, prend enfin le parti de se régir elle-même, elle seule, par ses élus librement, sagement désignés, sans accep-

tion de partis, de classe, d'origine, ne les cherchant ni en
haut ni en bas, ni à droite ni à gauche, mais dans cette
lumière de l'esprit public, où les caractères, les qualités, les
défauts se dessinent en traits impossibles à méconnaître et
les choisissant avec cette liberté dont on ne jouit qu'au sein
de l'ordre, du calme, et de la sécurité.

« ... Je le déclare par ce que j'ai, par devoir, les yeux sans
cesse fixés sur l'Europe, la France n'est pas isolée et il
dépend d'elle d'être, au contraire, entourée d'amis confiants
et utiles. Qu'elle soit paisible sous la République et elle
n'éloignera personne. Qu'elle soit agitée sous une Monarchie
chancelante et elle verra le vide se faire autour d'elle, sous
une forme de Gouvernement aussi bien que sous l'autre. Nous
touchons, Messieurs, à un moment décisif. La forme de
cette République n'a été qu'une forme de circonstance,
donnée par les événements, reposant sur votre sagesse et sur
votre union avec le pouvoir que vous aviez temporairement
choisi, mais tous les esprits vous attendent, tous se
demandent quel jour, quelle forme vous choisirez pour
donner à la République cette force conservatrice dont elle ne
ne peut se passer. C'est à vous de choisir l'un et l'autre. Le
pays, en vous donnant ses pouvoirs, vous a donné la mission
évidente de le sauver, en lui procurant la paix d'abord, après
la paix, l'ordre, avec l'ordre le rétablissement de sa puissance
et enfin un Gouvernement régulier. »

Le langage du garde des Sceaux était bien différent. Le
15 Décembre, dans la séance du soir, il s'exprimait ainsi, aux
applaudissements de la Droite, du Centre Droit et aussi du
Centre Gauche qui ordonnaient l'affichage de son discours :

« Je me permets de leur reprocher (aux républicains) de
trop identifier avec eux, dans leurs discours, le pays d'un
côté, la République de l'autre. Pour le pays, vous en êtes
convaincus; pour la République je me permettrai de leur dire

un seul mot. Savez-vous ce qui nous crée une difficulté pour
le Gouvernement même provisoire que nous exerçons sous le
nom de République Française ? Le voici. Ce n'est pas la forme
du Gouvernement, c'est le nom de République. Dans notre
longue histoire, il a toujours paru accompagné d'agitations
permanentes, de prétentions toujours nouvelles, d'ambitions
sans cesse croissantes, comme si toute République était un
état turbulent aspirant à passer des grandes et belles institutions de 1789, à celles de 1792 et de celles de 1792 à celles
de 1793, pour ensuite se perdre dans le sang. (Applaudissements
répétés à Droite et au Centre.)

« Voilà, Messieurs, le malheur attaché à ce nom...

« La nation entière a besoin de repos ; dissolution est syno-
nyme d'agitation. Nous voterons l'ordre du jour. »

Même désaccord entre le Président de la République et le
Vice-Président du Conseil, au sujet de la dissolution. M. Thiers
aurait voulu qu'elle coïncidât avec l'évacuation du territoire,
qu'elle eût lieu à la fin de l'année 1873, au plus tard au
commencement de 1874. M. Dufaure pensait tout autrement.
« Je vous demande, disait-il, si ce sera le moment, alors que
des explosions encore imprévues suivront dans notre pays la
sortie de l'étranger de notre territoire, lorsque personne ne
peut répondre que, pendant quelques mois après sa sortie, il
n'y ait pas dans le pays un frémissement national qui rendra
plus difficile le maintien de l'ordre. »

Ces craintes, sincères peut-être mais chimériques, arra-
chaient à Alphonse Gent cette réplique trop justifiée : « Alors,
gardez les Prussiens comme gendarmes, » à laquelle le Garde
des Sceaux, malgré la vivacité de ses ripostes, ne pouvait rien
répondre. Et il n'y avait, en effet, rien à répondre.

Ce désaccord non apparent, mais très réel, se produisit
constamment, durant les longues discussions de la Commission
des Trente qui aboutirent, le 13 mars 1873, au vote par l'As-

semblée Nationale, d'un nouvel acte constituant, le troisième depuis sa naissance. M. Dufaure n'obtint ce vote, à une énorme majorité, qu'en revenant délibérément en arrière, en se plaçant sur le terrain du Programme de Bordeaux, pendant que la minorité de la Commission des Trente et 200 républicains de l'Assemblée restaient fidèles au Programme et à la politique du Message.

En quoi ce nouvel acte constitutionnel différait-il de celui du 31 Août 1872, quel progrès faisait-il faire à la stabilité gouvernementale, quelles bases solides donnait-il au régime établi ?

L'Assemblée devait réglementer à la fois les attributions des pouvoirs publics et les conditions de la responsabilité ministérielle. La résolution qu'elle vota le 13 Mars 1873, après trois mois d'interminables discussions dans la Commission des Trente, sur le rapport du duc de Broglie, ne réglementa pas ces conditions, ni ne fixa ces attributions. Le préambule affirmait une fois de plus le pouvoir constituant de l'Assemblée. La majorité ne voulait pas user de ce pouvoir, ou elle voulait en user le moins possible, mais elle avait l'innocente manie de l'affirmer à tout propos. Les trois articles suivants, modèle de *chinoiserie*, établissaient une procédure compliquée qui n'avait d'autre but que d'écarter M. Thiers de la tribune et de le reléguer dans *le Palais de la Pénitence*, mais ils ne changeaient rien aux conditions de la responsabilité ministérielle.

Jamais M. Thiers ne fut plus spirituel, plus ironique, plus incisif que dans les critiques qu'il formula, en pleine Commission des Trente, contre l'article 1er du projet, celui qui le concernait personnellement. « Songez, disait-il aux commissaires, le 5 Février 1873, songez aux difficultés de cette procédure. Le Président de la République exprime par un Message la volonté d'être entendu. Après la réception du

Message, la séance est levée. Voilà une séance perdue. Après
son discours il se retire. Quelqu'un présente à la tribune des
chiffres inexacts. Le Président de la République envoie un
nouveau Message pour être entendu. Encore une séance
perdue. Il fait un discours et se retire. Lorsque la discussion
est reprise, de nouvelles allégations surviennent auxquelles il
faut répondre. Tout cela est bien compliqué. Nous ressem-
blons, permettez-moi de le dire, aux Chinois qui, dans certaines circonstances solennelles, font un salut de politesse. On
les accompagne et on salue. Ils reviennent de nouveau refaire
la même politesse. Tout cela, en vérité, n'est pas sérieux. Il
faudrait dans les discussions financières, employer quatre ou
cinq jours pour éclaircir les faits dont la rectification eût été
l'affaire d'un instant. Je vous le dis du fond de mon cœur, je
veux ardemment un accord. Dans les dispositions de votre
projet j'en trouve qui m'humilient. Je ferai le sacrifice de
mon amour-propre. J'accepte cette humiliation dans mon
âme. Je n'ai qu'une préoccupation : le repos et le bonheur de
mon pays, mais je ne puis pas laisser traiter par l'Assemblée
les grandes affaires sans être entendu, lorsque je crois que ma
parole est utile. Je ne puis pas me laisser ainsi lier pieds et
poings et me placer dans la position ridicule d'un combattant
qui aurait le sabre cloué derrière. Si vous voulez me
condamner à rester silencieux dans la Préfecture de
Versailles, pendant que se décideront les destinées suprêmes
du pays, si vous me contestez le droit de me faire entendre,
si vous voulez me clore la bouche et faire de moi un manne-
quin politique, non, non, jamais je n'y consentirai, car, en y
consentant, je croirais me déshonorer.

« Oh ! si j'étais de ces nobles races, qui ont tant fait pour le
pays, je pourrais m'incliner et accepter le rôle de roi constitutionnel. Mais moi, un petit bourgeois, qui, à force d'étude
et de travail, suis arrivé à être ce que je suis, je ne saurais, je

le répète, accepter la situation que vous me proposez sans
humiliation, sans une véritable honte. Non, non, je reviendrai
devant l'Assemblée, elle m'écoutera, elle me croira, elle me
donnera raison et le pays aussi. Je veux pouvoir faire mon
devoir et je ne me laisserai pas lier les mains. »

Le dernier article de la résolution des Trente était ainsi
conçu : « L'Assemblée ne se séparera pas sans avoir statué :
1° sur l'organisation des pouvoirs législatif et exécutif; 2° sur
la création et l'organisation d'une seconde Chambre, 3° sur la
loi électorale. » Ce texte, que l'on avait voulu vague et impré-
cis, avait été substitué au texte gouvernemental qui disait : « Il
sera statué *dans un bref délai* par des lois spéciales : 1° sur
la composition, le mode d'élection et les attributions de
l'Assemblée nationale qui remplacera l'Assemblée actuelle;
2° sur la composition, le mode d'élection et les attributions
d'une seconde Chambre ; 3° sur l'organisation du pouvoir
exécutif pour le temps qui s'écoulera *entre la dissolution de
l'Assemblée actuelle* et la constitution des deux nouvelles
Assemblées qui lui succéderont. » Les Trente ne pouvaient
entendre le glas funèbre que MM. Thiers et Dufaure faisaient
retentir à leurs oreilles. Le texte gouvernemental fut repoussé,
le texte vague fut accepté par 19 voix contre 7 et, le 13 Mars,
l'Assemblée, par 407 voix contre 225, approuva le préambule,
les chinoiseries et la promesse peu compromettante d'une
future Constitution.

Après comme avant le vote de la résolution du 13 Mars, la
forme gouvernementale de la France reste incertaine, non
définie, et l'exercice du pouvoir est plus difficile que jamais,
entre une Assemblée souveraine et un Président auquel
manque le droit de dissolution. La Constitution du 31 Août,
s'il est permis de lui donner ce nom, avait bien déclaré que
les pouvoirs du Président dureraient autant que ceux de
l'Assemblée : concession illusoire, avec un Président comme

M. Thiers, qui était aussi incapable de gouverner contre la
majorité du pays que contre la majorité de l'Assemblée. Le
seul résultat de la loi du 13 Mars fut de l'écarter de la tribune,
ou du moins de lui en rendre l'accès plus difficile. La Commission des Trente et l'Assemblée, après trois mois de
travail, d'intrigues et de discussions aboutissaient à une
négation et à un procédé discourtois envers un grand citoyen.
Il est vrai qu'il était difficile de rendre un plus éclatant et
plus involontaire hommage à l'orateur qui a le plus honoré
la tribune française.

Elle était pourtant sensible à l'éloquence cette Assemblée,
elle était foncièrement honnête et il faut rappeler l'accueil
qu'elle fit à la péroraison du discours du duc d'Audiffret-Pasquier, sur les conclusions de la Commission des marchés :

« Quand nous voyons défiler devant nous ce triste cortège
de négociants sans probité, sans cœur, qui n'ont vu dans les
malheurs du pays qu'une occasion de s'enrichir, nous nous
demandons : qui est-ce qui a fait l'éducation de ces gens-là?

« Quand nous voyons des paysans ignorer que l'on ne va
pas de préférence porter sa denrée à l'envahisseur, nous
nous demandons : qui est-ce qui a fait l'éducation de ces
gens-là, qu'ont-ils donc au cœur?

« Et quand, à côté de cela, nous voyons le spectacle que
nous donne notre armée reconstituée aujourd'hui, quand
nous la voyons silencieuse et laborieuse, en dehors de toutes
les passions politiques, quand nous nous souvenons que c'est
elle qui nous a sauvés en 1848, que c'est elle qui nous a
sauvés en 1871, que c'est elle qui est prête encore à nous
sauver de nos discordes et de nos folies, s'il le fallait, nous
nous demandons si ce n'est pas là l'école où il faut envoyer
ceux qui paraissent l'avoir oublié, apprendre comment on
sert et comment on aime son pays.

« Que tous nos enfants y aillent donc et que le service

obligatoire soit la grande école des générations futures.

« Pour nous, Messieurs, nous n'avons pas la prétention de résoudre ces problèmes, notre ambition est plus modeste. Votre Commission des marchés n'a voulu qu'une chose apporter sa pierre à cet édifice que nous cherchons tous à construire : la réorganisation morale et matérielle de notre pays. »

Le *Journal officiel* porte à la suite de ce discours, les mentions suivantes, les plus hyperboliques certainement qu'il ait jamais insérées : « Acclamations enthousiastes et applaudissements redoublés dans toutes les parties de la salle. L'orateur, en descendant de la tribune, est félicité par tous ses collègues qui quittent leurs places pour lui venir serrer les mains, et son retour à son banc est une sorte d'ovation qui se termine, lorsqu'il y arrive et qu'il se rassied, par de nouvelles salves d'applaudissements. »

Cet accès d'enthousiasme est en même temps le dernier accès d'antibonapartisme qu'ait eu l'Assemblée. Le 4 Mai 1872, on était loin du jour où la déchéance avait été prononcée à la quasi-unanimité. C'est contre le 4 Septembre, contre les hommes de la Défense nationale que vont désormais se déchaîner toutes les colères et ce sont des bonapartistes, M. Raoul Duval, M. Prax-Paris qui vont conduire les Droites à l'assaut des ministres républicains que M. Thiers a conservés dans son Cabinet. Il n'est pas jusqu'à M. Rouher qui ne soit plus écouté que MM. Gambetta et Challemel-Lacour.

Cette Assemblée si violente, si passionnée fut aussi une Assemblée laborieuse entre toutes. Son œuvre politique fut misérable ; son œuvre législative reste considérable et, bien que certaines lois portent encore l'empreinte de ses haines politiques ou sociales, toutes furent sérieusement élaborées et discutées avec une inconstestable compétence. Nous les énumérerons dans leur ordre chronologique, en insistant seulement sur les plus importantes.

Au lendemain de nos désastres avait été élue une Commission chargée d'étudier la grave question du recrutement et de l'organisation de l'armée. Après quatorze mois de travail la Commission adopta le rapport rédigé par le comte de Chasseloup-Laubat et le projet de loi sur le recrutement fut déposé sur le bureau de l'Assemblée nationale le 12 Mars 1872. Plus de deux mois furent consacrés à la discussion et la loi fut promulguée le 27 Juillet. M. de Chasseloup-Laubat proposait la suppression du remplacement, le service pour tous les Français, sauf les cas d'exemption et d'incapacité, de vingt à quarante ans, dont cinq ans dans l'armée active, quatre ans dans la réserve de l'active, cinq ans dans la territoriale, quatre ans dans la réserve de la territoriale. D'après ces données, en évaluant le contingent annuel à 150,000 hommes, on aurait eu, au bout de cinq ans, sur le pied de paix 750,000 hommes. C'était pour le pays et surtout pour le budget un fardeau trop lourd. Aussi la Commission n'exigeait-elle de chaque contingent qu'une année de service actif : elle renvoyait une partie des hommes au bout de l'année, de façon à n'avoir sous les drapeaux que 450,000 hommes. D'après l'article 41 du projet, le ministre devait, chaque année, arrêter le chiffre des hommes conservés sous les drapeaux, en les prenant par ordre de numéros, en tête de la liste de recrutement de chaque canton.

L'un des membres de la Droite avait opposé au projet de la Commission un contre-projet ainsi conçu : « Tout Français qui n'est pas déclaré impropre au service militaire fait partie de l'armée active pendant trois ans, de la réserve pendant sept ans et de la territoriale pendant dix ans. » M. Keller justifiait ce contre-projet en déclarant qu'une seule année ne permet pas de faire un soldat, mais que trois y suffisent et que cinq

années constituent une durée trop longue. En outre ce système plus équitable maintenait l'effectif normal au chiffre de
450 ou 460,000 hommes. Le général Trochu, qui n'était resté
membre de l'Assemblée que pour participer à la discussion
de cette loi et qui y intervint trois fois, avec sa compétence
et son éloquence habituelles, appuya énergiquement le
contre-projet Keller. « La première année, disait-il, le
soldat se défend contre les difficultés du noviciat, la seconde
il s'équilibre et commence à apprendre avec goût, la troisième
il travaille avec assiduité et complète son instruction, la quatrième il s'ennuie, se dégoûte, et se déforme. » C'est pour
former de bons sous-officiers qu'il faut plus de trois ans, non
pour former de bons soldats.

Combattu par M. Thiers, par le général Ducrot, par le
rapporteur, le système des trois ans, qui devait prévaloir
dix-sept ans plus tard, fut rejeté, dans la séance du 8 Juin,
par 455 voix contre 277. Le général Chareton vint alors
proposer que tout Français non impropre au service fît
partie de l'armée active pendant cinq ans, mais que la présence
sous les drapeaux ne pût excéder quatre ans ni être moindre
d'un an. Le général Guillemaut et M. Keller soutinrent l'amendement Chareton, mais le rapporteur, le ministre de la
Guerre, le général Changarnier et M. Thiers le firent rejeter
par 477 voix contre 56. Le projet Chareton ne valait pas le
projet Keller-Trochu. C'est celui-ci qu'il faut regretter. Mais
l'Assemblée, menacée d'une crise gouvernementale, sacrifia
ses préférences aux préjugés du Président de la République,
préjugés si tenaces que M. Thiers, quelques jours avant sa
mort, songeait à parler contre une nouvelle réduction de la
durée du service militaire, « dût-il succomber à la tribune. »
La loi de 1872 ne lui survécut que quelques années. Cette
fois encore Trochu avait vu juste ; elle est de lui cette
grande parole : « Pour faire une armée, il faut refaire la

nation, » qui contient toute la moralité des discussions sur le recrutement et sur l'organisation militaires.

La loi du 27 Juillet 1872 substituait le service obligatoire au tirage au sort avec remplacement, et empruntait au système prussien l'institution du volontariat. Le volontariat et la durée du service actif ont été les deux points les plus critiqués de la nouvelle loi; ces critiques, en se généralisant, devaient conduire à une assez prompte modification de la loi de 1872 qui n'en marque pas moins une date importante dans notre histoire sociale. C'était, en effet, une mesure éminemment sociale que de confondre tous les rangs de la société dans l'armée, d'y admettre des jeunes gens instruits pour les rendre à la vie civile munis d'une sérieuse éducation militaire et capables de fournir une bonne réserve, en cas de péril national; de la fortifier, sans tarir le recrutement des carrières civiles et en même temps de ne faire peser sur la population qu'une charge assez également répartie pour être supportée, sur le budget qu'une dépense non disproportionnée à ses ressources. Les législateurs de 1872 ont compris l'importance de leur œuvre et s'ils ne l'ont pas portée à la perfection, la responsabilité n'en retombe pas exclusivement sur eux. Dans aucune question, les préventions de M. Thiers n'influèrent autant sur la liberté du vote.

Nous n'insisterons pas sur la loi qui rendait le Conseil d'Etat électif (24 Juillet 1872) sinon pour dire que le nouveau Conseil d'Etat, difficilement formé par l'Assemblée, à la suite de quatre scrutins, se composa de professionnels et par conséquent d'hommes de valeur : Odilon Barrot fut son vice-président, MM. Groualle, Aucoc, Goussard furent ses chefs de section. En 1875, la nomination des Conseillers d'Etat devait être restituée au pouvoir exécutif. En même temps que le Conseil d'Etat était rétabli, le jugement des conflits était rendu au Tribunal des conflits, institué par la loi du 4 Février 1850.

La discussion de la loi sur le Conseil d'Etat avait révélé de grandes qualités, comme orateurs d'affaires, chez deux membres appartenant à deux écoles politiques et administratives différentes et qui tous deux ont attaché leur nom à des publications historiques et philosophiques de quelque valeur : l'un était républicain, c'était Bertauld, le célèbre professeur et jurisconsulte caennais, l'émule de Demolombe, que M. Thiers appela à la direction du parquet de la Cour de cassation ; l'autre était monarchiste, c'était Raudot, très décentralisateur et très libéral, qui avait demandé la suppression de la juridiction administrative des Conseils de préfecture et du Conseil d'Etat et le retour aux tribunaux ordinaires de toutes les affaires où l'Etat était intéressé. Cette réforme, très désirable, semble bien éloignée encore, comme toute mesure tendant à déposséder l'Etat de l'un de ses privilèges.

La loi qui réorganisa le jury est du 21 Novembre 1872. Une liste préparatoire de la liste annuelle est d'abord formée par une Commission cantonale, composée du juge de paix et des maires de communes ou du juge de paix et de deux conseillers municipaux. La liste définitive est dressée par une Commission composée du président du tribunal civil, des juges de paix et des conseillers généraux qui peuvent d'office ajouter des noms à la liste préparatoire. La réunion des listes d'arrondissement forme la liste départementale annuelle.

Le 10 Décembre 1872 fut votée, sur la proposition de M. Wolowski, la création des cartes postales, déjà usitées dans d'autres pays et qui devaient prendre un si rapide développement dans le nôtre.

Une autre loi excellente et qui n'a pas eu, par malheur, le même succès que la précédente est celle du 23 Janvier 1873, tendant à réprimer l'ivresse publique : son efficacité est douteuse et son application intermittente.

Beaucoup plus contestable aussi fut la loi du 19 Mars, rap-

portée par le duc de Broglie, qui réorganisait le Conseil supérieur de l'Instruction publique, en y faisant entrer quatre évè-
ques élus par leurs collègues, des conseillers de cassation,
des conseillers d'Etat, des membres de l'Institut et, comme
par grâce, des représentants des Facultés de droit, des lettres,
des sciences et de médecine. Loi éphémère, comme celle du
24 Juillet 1872, la loi du 19 Mars 1873 devait être abrogée
en 1880.

C'est dans la discussion de 1873 que se produisit la lutte
entre l'évêque Dupanloup, partisan exclusif des lettres classiques et de la routine et le ministre Jules Simon, auteur
de la circulaire réformatrice du mois de septembre 1872, qui
est devenue l'excellent livre sur la *Réforme de l'enseignement secondaire.*

Après la guerre étrangère et la guerre civile tout le monde
fut d'accord sur la nécessité de reforger l'âme de la France,
et cette œuvre de refonte, de restauration, de relèvement de
l'âme nationale, nul n'était plus désigné pour l'entreprendre
par l'éducation et par l'enseignement, que le ministre de
l'Instruction Publique. M. Jules Simon possédait la pleine
confiance de M. Thiers, qui n'intervint jamais dans les
affaires intérieures de son département; mais il ne possédait pas au même degré les faveurs de la Droite et du Centre
Droit de l'Assemblée nationale et l'opposition formelle ou
les tendances supposées de ces deux groupes de la majorité
l'empêchèrent d'apporter aucune réforme sérieuse à l'enseignement supérieur et à l'enseignement primaire. Les
Droites et Mgr Dupanloup, si écouté d'elles en ces matières,
ne songeaient qu'à faire participer le clergé à l'enseignement supérieur en fondant des universités catholiques,
rivales des Facultés de l'Etat, comme il participait à l'enseignement secondaire depuis 1850. Dans l'enseignement
primaire, elles étaient absolument hostiles à l'obligation dont

M. Jules Simon était le champion décidé. Le ministre de l'Instruction Publique ne pouvait donc avoir quelque influence et faire quelque bien que s'il se renfermait dans le domaine purement pédagogique et s'il bornait ses ambitions à la réforme de l'enseignement intermédiaire, nous voulons dire de l'enseignement secondaire. Encore fallait-il qu'il procédât par voie d'arrêtés et de circulaires, le terrain législatif lui étant interdit par les partis pris de la majorité.

Avec sa souplesse et sa dextérité habituelles, M. Jules Simon sut faire de la circulaire du 27 Septembre 1872 le véritable Manifeste de la réforme de l'enseignement secondaire. On serait tenté de dire qu'il a été l'initiateur du grand mouvement d'idées qui s'est produit dans l'Université, si son camarade et ami, M. Victor Duruy, n'avait pas existé. En prenant séance à l'Académie, le 16 janvier 1896, M. Jules Lemaitre a dit de son prédécesseur : « Toutes les réformes de l'enseignement poursuivies par la troisième République, c'est M. Duruy qui les a commencées ; et de toutes ensemble c'est lui qui a tracé la méthode et pour longtemps défini l'esprit. Depuis les sports et lendits scolaires, jusqu'à la résurrection des universités provinciales, il a tout prévu, tout préparé. Et ce qu'il fit, on peut dire en un sens qu'il le fit seul, j'entends sans autre secours que celui de collaborateurs dont le zèle, communiqué et échauffé par lui, était son ouvrage encore. Il était isolé parmi les autres ministres, leur était presque suspect. L'Empereur le laissait faire, ne le désapprouvait pas mais ne l'aidait point ; et peut-être cela valait-il mieux. Les réformes du ministère Duruy furent véritablement l'œuvre personnelle de M. Victor Duruy. » Dans l'enseignement secondaire classique, le ministre novateur supprima la bifurcation en études scientifiques et littéraires « qui sépare, disait-il, ce qu'on doit unir, lorsqu'on veut arriver à la plus haute culture de l'intelligence ; » il introduisit dans les lycées l'histoire contemporaine et quelques notions économiques; il restaura la classe de philosophie.

M. Jules Simon, qui devait se mouvoir sur un terrain plus étroit que M. Duruy, le creusa bien plus profondément. Dans la circulaire adressée, par une heureuse innovation, non plus aux recteurs mais aux proviseurs, il traita toutes les questions touchant l'éducation et l'instruction dans les lycées et collèges, avec une compétence et une hauteur de vues tout à fait remarquables. Nous ne nous attacherons, dans l'analyse de ce document, qu'à ce qui concerne l'instruction.

On enseignera essentiellement dans les lycées, disait l'arrêté du 10 décembre 1802, le latin et les mathématiques. A ces deux enseignements s'étaient ajoutés successivement ceux du grec, de la philosophie, de l'histoire, de la physique, de la chimie, de l'histoire naturelle et le programme d'études était devenu toute une encyclopédie. Par malheur, la journée en 1872, comme en 1802, n'avait que vingt-quatre heures ; les élèves étaient surchargés de travail, au détriment de leur santé et de leurs progrès, et, comme on ne pouvait songer ni à restreindre l'enseignement des sciences qui portait de bons fruits, ni à diminuer celui de l'histoire et de la géographie, ni à réduire celui des langues qui venait de recevoir, par une mesure spéciale, une nouvelle extension, il fallait de toute nécessité supprimer l'étude des langues anciennes ou la modifier. Personne ne songeant à les supprimer ou à en diminuer l'importance, ce qui eût été un véritable « crime », une dernière solution s'imposait : celle d'un changement de méthode. Il fallait enseigner les langues anciennes aussi bien que par le passé, en moins de temps, par d'autres moyens. Telle était la question. M. Jules Simon la posait avec une netteté parfaite et la résolvait avec autant de prudence que de fermeté. Il voulait que le latin dans les

classes élémentaires, le grec dans les classes de grammaire,
fussent un peu moins envahissants, que le rudiment fut un
peu moins tyrannique, que les enfants ne fussent plus convaincus, dès le début, qu'ils étaient voués aux lettres
anciennes pour toute la suite de leurs classes et que c'était
là l'objet presque unique de leur passage au lycée.

On apprend le latin ou le grec pour les comprendre, l'anglais ou l'allemand pour les parler. Ce principe n'étant
contesté par aucun pédagogue, toute la méthode en découle,
tous les exercices doivent être dirigés en conséquence. Il faut
apprendre des modèles non des règles. Les règles sont
surtout matière d'explication et c'est un véritable abus de les
faire apprendre par cœur.

On abuse du thème latin comme on abuse de la grammaire ; ce n'est pas par le thème, c'est par les textes que
l'on apprendra efficacement la grammaire et la syntaxe. Le
thème est surtout un exercice approprié à l'étude des langues vivantes, qu'il faut parler et écrire ; on peut contester
qu'il soit aussi bien approprié à l'étude d'une langue morte,
qu'il faut seulement comprendre.

Quant à l'exercice « ingénieux » des vers latins, il prend
trop de temps aux bons élèves, il est stérile pour les autres.
M. Duruy avait rendu le vers latin facultatif ; M. Jules Simon
supprima les compositions et les prix de vers latins.

L'un des avantages de la méthode recommandée par
M. Jules Simon, c'est qu'elle fera gagner du temps et permettra *peut-être*, dit-il, non sans ironie, d'étudier le français.
Ici encore il est hardiment novateur ; il bat en brèche, en
même temps que le préjugé invétéré qui fait consister tout
l'enseignement secondaire dans l'étude des langues anciennes,
la crainte chimérique de l'emploi prématuré de la langue
maternelle. Non, le français n'est pas une arme dangereuse
qu'il y aurait imprudence à confier, avant la rhétorique, à

de jeunes esprits. C'est au contraire en les habituant à penser
en latin qu'on leur donne une pensée vague, flottante, sans
aucune originalité, et là est le vrai danger, car « lorsque les
ignorants raisonnent mal, ce qu'il y a de plus inquiétant
c'est que les hommes qui passent pour plus instruits qu'eux,
ne sachent pas leur répondre et les éclairer : les uns sont
armés de paradoxes, les autres désarmés de bonnes raisons ».

La direction générale que M. Jules Simon prétend donner
à l'enseignement classique est, en somme, celle-ci : il faut
rendre l'étude des langues anciennes plus facile, plus efficace
et, d'un seul mot, moins encombrante. Le moyen d'action,
c'est à la fois la transformation de méthodes vieillies et
l'abandon d'exercices dont l'inutilité est universellement
reconnue. Le temps gagné par les réductions nécessaires
sera consacré à une étude plus sérieuse de la langue et de la
littérature maternelles.

Il n'était pas sans intérêt de montrer ce que M. Jules
Simon, au milieu de l'âpre lutte pour la vie qu'il soutenait à
l'Assemblée nationale, avait pu faire pour le département
dont il avait la charge. La circulaire du 27 Septembre et les
réformes qui en ont été la conséquence, telle est la contribution du ministre de l'Instruction Publique à l'œuvre du relèvement national poursuivie par M. Thiers et par ses
collaborateurs. Il n'est pas une des mesures recommandées
depuis vingt-cinq ans, comme l'un des remèdes à la décadence ou à la prétendue décadence des études classiques, que
M. Jules Simon n'ait indiquée. Jamais direction plus sûre,
plus ferme, plus efficace n'a été donnée avec plus d'autorité
ni plus de compétence. Jamais le but à atteindre n'a été
mieux défini, la voie à parcourir mieux éclairée. Et s'il est
un fait qui doive surprendre, c'est que le plan d'études qui
devait remplacer celui de 1865 et qui fut promulgué en 1874

n'ait porté, pour ainsi dire, aucune trace de ces lumineuses indications.

« Défendez-vous pour rester, avait dit Thiers à M. Jules Simon, au moment où il se rendait à la Chambre pour répondre à l'évêque d'Orléans, et non pas pour vous satisfaire. » En entrant en séance, M. Jules Simon recevait un billet du Président où ce conseil était encore répété; le ministre le suivit, il se défendit si bien que la Chambre approuva, par 334 voix contre 294, l'ordre du jour pur et simple qu'il avait accepté et il resta... deux mois de plus, le collaborateur de M. Thiers.

La loi du 4 Avril 1873 qui assimilait l'organisation municipale de Lyon à celle de Paris doit être rappelée, à cause des incidents qui accompagnèrent ou qui suivirent la discussion. C'est le 2 Avril que M. Jules Grévy, l'impeccable Président, se démit de ses fonctions. M. Jules Grévy n'avait pas jugé que cette expression, « le bagage du rapport, » constituât une impertinence, comme le prétendait l'un des membres les plus obscurs de la Droite, et il avait refusé, malgré les injonctions furieuses de la majorité, de rappeler à l'ordre l'orateur très maître de sa parole qui l'avait employée, M. Le Royer, le futur Président du Sénat.

Dans cette même discussion le ministre de l'Intérieur, M. de Goulard, avait, sans prendre l'avis de ses collègues ni celui du Président de la République, abandonné le projet préparé par le Gouvernement pour se rallier à celui du baron Chaurand, membre de la Droite, qui supprimait à la fois le maire et la mairie centrale de la grande cité industrielle. Le maire de Lyon, maire nommé par M. Thiers, le 23 Avril 1872, qui disparaissait avec la mairie centrale de cette ville, était M. Désiré Barodet.

Tout ce travail législatif est loin d'équivaloir, comme durée et comme importance, à celui que l'Assemblée consacra à la

discussion des nouveaux impôts et aux lois de finances de
1872 et de 1873.

Le très habile ministre des Finances de M. Thiers, M. Pouyer-
Quertier, avait évalué d'abord à 488 millions, puis à 550, puis à
650, les dépenses nouvelles résultant de la guerre étrangère et
de la guerre civile ; en réalité elles montèrent à plus de 750 millions. Nous nous en tiendrons, pour la clarté du récit, au chiffre
de 650, puisque nous nous plaçons au moment où l'Assemblée
et le Gouvernement croyaient que ce chiffre ne serait pas
dépassé. Des ressources s'élevant à 366 millions, impôts
nouveaux ou impôts anciens surélevés, avaient été créées dans
la session de 1871 et, dès le mois de Novembre 1871, le Gouvernement avait proposé un impôt sur les matières premières
qui devait, dans ses prévisions, donner un rendement de
150 ou 160 millions.

Le 19 Janvier 1872, dans la célèbre séance après laquelle
M. Thiers avait donné sa démission, l'Assemblée avait sursis
à statuer jusqu'à ce que les nouveaux tarifs eussent été soumis à l'examen d'une Commission spéciale de 15 membres.
En même temps, la Commission du budget de 1872 votait
des droits nouveaux sur les sucres, l'enregistrement, les
alcools, les allumettes et, dès le mois de Juin 1872, le total des
ressources créées par ces votes montait de 366 millions à 495.
Dès lors, l'insuffisance des ressources n'était plus que de
155 millions et la Commission du budget, où la Droite était
pourtant en majorité, proposait d'y subvenir par un impôt
sur le revenu, un impôt sur les valeurs mobilières, un impôt
sur les créances hypothécaires et un impôt sur le chiffre des
affaires. De ce jour, tous les efforts de M. Thiers allaient être
dirigés contre ce qu'il appelait un impôt démoralisateur, un
impôt de guerre civile, contre l'impôt sur le revenu. Ici
encore il faut peut-être regretter que l'éloquence, que l'expérience des affaires et surtout que les préventions de M. Thiers

aient produit assez d'impression sur la majorité pour lui faire
écarter l'impôt sur le revenu qui était peut-être possible à ce
moment, qui devait entrer dans nos mœurs et qui ne serait
plus, comme aujourd'hui, une arme entre les mains des partis. Un impôt proportionnel sur tous les revenus, petits ou
grands, auxquels personne n'eût échappé, comme personne
n'échappa à la multiplicité des taxes qui furent établies à
cette époque, eût été considéré comme la rançon de la guerre
et accepté avec un patriotisme résigné en 1872.

Lorsque commença, le 24 Juin, la discussion des propositions de la Commission du budget, sur les quatre impôts
que nous venons de nommer, l'Assemblée était saisie d'un
rapport de la Commission des tarifs qui n'admettait comme
rendement probable de l'impôt sur les matières premières
qu'une somme de 93 millions et qui stipulait qu'il n'y aurait
lieu d'y recourir qu'en cas d'impossibilité absolue de boucler
autrement le budget. Le nouveau ministre des Finances, M. de
Goulard, montra que l'insuffisance des ressources n'était pas
de 155 millions, mais bien de 200, et combattit, comme insuf-
fisantes, les propositions de la Commission du budget relatives
aux quatre impôts. Il proposait, pour remplacer cette ressource, d'augmenter de 15 centimes les contributions directes,
d'un décime l'impôt sur le sel et de rendre plus efficace la
répression de la fraude sur les alcools. Selon lui, ces mesures
devaient produire environ 98 millions qui, s'ajoutant aux
93 millions des matières premières, combleraient à peu près
le déficit de 200 millions.

L'Assemblée renvoya les propositions du ministre à la
Commission du budget et déclara qu'elle examinerait d'abord
les quatre impôts. En effet, le 28 Juin elle adopta l'impôt sur
les créances hypothécaires qui devait donner 6 millions ; elle
s'entendit ensuite avec le Gouvernement, pour la rédaction
d'un projet devant frapper les valeurs mobilières d'une taxe

de 25 millions et enfin elle aborda, le 2 Juillet, le projet
d'impôt sur le chiffre des affaires, c'est-à-dire des ventes,
faites annuellement par les négociants, fabricants et autres
patentés. Les entreprises publiques, municipales ou privées,
les sociétés d'assurances devaient également payer 1 p. 1000
de leurs recettes brutes; les sociétés de banque ou de crédit,
les banquiers et agents de change 20 p. 100 du capital social.
Cet impôt devait produire 76 millions. Appuyé par le rapporteur de la commission, M. Deseilligny, combattu par
M. Thiers avec la dernière énergie le 2, le 3 et le 10 Juillet,
comme devant entraver le commerce et l'industrie, l'impôt
fut enfin rejeté, le 11 Juillet, à la majorité de 56 voix (355
contre 299).

L'Assemblée discuta ensuite l'établissement d'un impôt
au principal des patentes (60 centimes additionnels), des
portes et fenêtres et de la contribution personnelle mobi-
lière. Le premier seul, celui qui portait sur les patentes, fut
adopté. Comme il ne devait produire que 39 millions, il fallut
bien en arriver à l'impôt sur les matières premières: après
quatre nouvelles journées de discussion, le 17, le 18, le 19 et
le 26 Juillet, il fut enfin adopté sans scrutin. Cette ressource, si
marchandée par l'Assemblée, se trouva encore insuffisante
et il fallut subir, en dehors d'elle, ce que M. Jules Simon a
appelé « un déluge de petits impôts ».

Le mois de Juillet, presque absorbé, on le voit, par les discussions financières, se termina le 28 par le grand succès de
l'emprunt de 3 milliards et demi, couvert près de 12 fois. Le
Times et le *Courrier des Etats-Unis* purent dire avec raison
que la France avait le premier crédit du monde et M. Thiers
put écrire, dans des pages encore inédites : « Il me semblait
être sur un lieu élevé, d'où l'on voit, le jour d'une fête, arriver
les habitants et les étrangers en tout costume, en tout équi-
page et tous en grande hâte, pour avoir place à la fête. » La

fête, c'était la libération du territoire, avancée par la victoire financière du 28 Juillet.

La facilité avec laquelle rentraient les impôts anciens ou nouveaux et le succès de l'emprunt hâtèrent, en effet, la libération du territoire. La convention du 29 Juin 1872, approuvée par l'Assemblée le 6 Juillet et promulguée le 9, avait fixé l'évacuation totale au 1er Mars 1875. Cinq cents millions devaient être payés à l'Allemagne dans les deux mois qui suivraient l'échange des ratifications, cinq cents autres millions le 1er Février 1873, un milliard le 1er Mars 1874. Des facilités de versements anticipés étaient accordées à la France, mais ces versements ne pouvaient être inférieurs à cent millions. Quant à l'évacuation des départements occupés elle devait s'opérer aux dates suivantes : celle de la Marne et de la Haute-Marne après le paiement du premier demi-milliard ; celle des Ardennes et des Vosges après le paiement du quatrième milliard ; celle de la Meuse, de la Meurthe-et-Moselle et de Belfort après le paiement du cinquième. Ainsi l'on considérait comme un succès, à la fin de Juin 1872, l'éventualité de la libération qui ne devait s'accomplir que trois années plus tard. MM. Thiers et de Rémusat se donnent tout entiers à la tâche patriotique d'avancer ce terme et, le 15 Mars 1873, le Président de la République entre en coup de vent dans la salle où délibéraient ses ministres, à Versailles, agitant joyeusement un papier au-dessus de sa tête : c'était la dépêche de notre ambassadeur à Berlin annonçant la signature de la convention qui rapprochait de dix-huit mois l'heure de la délivrance. Le dernier milliard, au lieu d'être payé en une fois, le 1er mars 1875, pouvait l'être en quatre fois, par fractions de 250 millions, dans le courant de 1873, les 5 Juin, 5 Juillet, 5 Août et 5 Septembre. Les Ardennes, les Vosges, la Meuse, la Meurthe-et-Moselle, Belfort seraient évacués dans le mois qui suivrait le 5 Juillet, Verdun dans

les quinze jours qui suivaient le 5 Septembre. Les Allemands
ne devaient plus occuper notre sol que six mois[1]. C'est le 17
Mars que l'Assemblée nationale apprit officiellement cette
bonne nouvelle; elle s'en attribua le principal mérite et ne
vota que contrainte et forcée la proposition du Centre Gauche
déclarant que M. Thiers avait bien mérité de la Patrie. Il faut
relire cette séance, la plus triste de toutes celles qu'a tenues
l'Assemblée de Versailles : toutes les haines, toutes les rancunes de la majorité éclatèrent dans le cri du cœur échappé
à l'un de ses membres.

Pour comprendre dans quel état d'esprit se trouvaient la
majorité et le Président de la République le 24 mai 1873, il
faut remonter à près d'un an en arrière, il faut signaler
toutes les occasions où les deux adversaires s'étaient ren-
contrés et rappeler tous les propos aigres ou féroces qu'ils
avaient échangés. Mainte passe d'armes précéda l'engagement
final.

Après la session d'hiver de 1871-1872 le Centre Gauche
s'était divisé; un tiers de ses membres, suivant M. Deseilligny,
avait quitté le gros du groupe qui plaçait à sa tête le
général Chanzy et qui prenait le mot d'ordre à la Présidence, où MM. de Marcère, Ricard, Christophle, Bardoux,
de Malleville étaient accueillis journellement, autant comme
les amis de M. Thiers que comme les soutiens de sa politique.
Le Centre Droit, fortifié par cet appoint, l'avait été encore
plus par la présence du duc de Broglie qui avait quitté son
ambassade de Londres pour venir prendre la direction du
parti.

A son instigation les chefs de la Droite et du Centre Droit
firent une démarche pour attirer dans leur orbite les chefs du

---

(1) Voir à l'Appendice XIX, Conclusion du rapport de M. Léon Say.

Centre Gauche qui semblaient encore incertains entre la Monarchie et la République. La réponse peu encourageante qui leur fut faite arracha cet aveu à M. Saint-Marc Girardin : « Allons, le fruit n'est pas encore mûr. » Les élections du 9 Juin eurent lieu sur ces entrefaites et les coalisés, repoussés par le Centre Gauche, repoussés plus énergiquement encore par le pays, essayèrent de mettre dans leur jeu le Président de la République. Le 20 juin eut lieu à la Préfecture de Versailles la démarche qui conservera dans l'histoire le nom qu'un rédacteur des *Débats*, M. John Lemoinne, lui a donné : « La Manifestation des bonnets à poil. »

Battus sur le terrain qu'ils avaient choisi, tournés en ridicule par surcroît, les « bonnets à poil » reprirent le chemin de l'Assemblée avec la ferme intention de renverser M. Thiers. Désormais c'est au théâtre du Château, que vont se porter les coups, c'est dans ses coulisses que vont se nouer les intrigues.

Dès le 24 Juin, dans la discussion de l'impôt sur le chiffre des affaires, M. Thiers échange quelques répliques assez vives avec M. Buffet, dont le séparaient des divergences politiques profondes, bien plus que des dissentiments économiques. Le même jour le Président affirmait son esprit de déférence envers l'Assemblée qui répondait à cet hommage, suivant le compte rendu, par de légères rumeurs.

Le 3 Juillet M. Thiers ayant dit ces simples mots : « L'Assemblée fera ce qu'elle voudra », un membre de la Droite répond : « Bien entendu ! » Le 10 Juillet les interruptions de la Droite sont si fréquentes que M. Thiers s'écrie : « S'il y a une question politique là-dessous, qu'on la pose et nous la traiterons par elle-même. » Deux jours après, le 12 Juillet, c'est encore un membre de la Droite qui rappelle M. Thiers « à la question » ; c'est de la Droite que part cette riposte à M. Thiers, qui parlait de son ancien et regretté collègue, M. Pouyer-Quertier. « Reprenez-le alors. » C'est toute la

Droite en masse qui adresse de furieuses interruptions au Président de la République, parce qu'il a constaté que la forme de Gouvernement qu'on lui a donné à garder c'est la République ; ce sont MM. de Belcastel, de Carayon-Latour, Princeteau, de Rességuier, Chaurand, d'Aboville, de Lorgeril, de Franclieu, Dahirel, Depeyre, de Dampierre, de Mornay, Baragnon qui coupent ses paroles à chaque mot, qui repoussent ses appels au calme, qui lui adressent coup sur coup des interruptions violentes et qui prolongent, pendant une demi-heure, le plus pénible des incidents, le plus indigne d'une Assemblée qui se possède.

Le 13 et le 18 Juillet M. Thiers reprend la parole et est écouté avec assez de calme ; mais le 17 son premier discours, où il blâme en passant l'Empire et justifie le 4 Septembre, soulève des rumeurs à Droite ; et sa réplique à M. de Meaux, où il déclare à ses contradicteurs qu'il entend ses devoirs autrement qu'eux et qu'il ne cherche pas la popularité, soulève de violents murmures. Le 18 Juillet M. Thiers reproche à ses adversaires « des exagérations insoutenables et qui pourraient être qualifiées très sévèrement » ; le 19, il leur dit durement et dédaigneusement : « Je n'ai pas besoin qu'on vienne au secours de ma mémoire ; elle y suffira, croyez-le. »

Il était temps que les vacances vinssent interrompre ces regrettables scènes. Ces vacances durèrent plus de trois mois en 1872, du 3 Août au 11 Novembre, et M. Thiers les passa en partie à Trouville où il assista à des expériences de tir au canon, suivies par lui avec l'intérêt passionné qu'il apportait aux choses militaires. Pendant son séjour à Trouville, il fit, le 13 Septembre, un voyage au Havre. La flotte anglaise avait quitté Spithhead pour venir rendre, en rade du Havre, les honneurs souverains à celui que les Légitimistes et les Bonapartistes appelaient couramment « le sinistre vieillard ».

Deux jours après la reprise de la session, le 13 Novembre,

M. Thiers lisait son Message, véritable programme de République conservatrice, et cette lecture provoquait exactement la même scène que le discours du 13 Juillet : mêmes exclamations indignées, mêmes poings tendus vers la tribune, mêmes interruptions et mêmes murmures. Un peu plus tard, le 18 Novembre, le duc de Broglie et la Droite entière veulent attirer le Président de la République à la tribune, pour y reproduire la condamnation qu'il a portée, dans la Commission de permanence, contre Gambetta et contre les partisans de la dissolution. Cette fois, la mesure était comble ; le petit bourgeois se redresse de toute sa hauteur, et pendant une demi-heure, il cingle la majorité frémissante de ces virulentes apostrophes.

« Je suis douloureusement affecté de me voir ici, à cette tribune, après deux ans d'un dévouement absolu et complet (rumeurs à Droite)... ils n'ont pas le droit de me traîner à cette tribune, pour que je leur réponde (rumeurs à Droite)... Etais-je indécis, sous les murs de Paris ? (rumeurs à Droite)... Si vous le voulez, j'accepte le jugement du pays (Oh ! oh !), je ne le refuse pas, je le demande (rumeurs à Droite)... Ce n'est pas la question de l'incident de Grenoble qui produit cette agitation (Si, si, à Droite)... On a posé la question de confiance. Eh bien, ne perdons pas de temps (Oh ! oh ! à Droite)... Je ne reste sous ce poids que par pur dévouement (légères rumeurs à Droite)... Tant pis pour ceux qui ne le croient pas... Vous vous plaignez d'un Gouvernement provisoire, faites un Gouvernement définitif... Qu'est-ce qui a provoqué cette situation ? (Plusieurs membres à Droite : Vous ! vous !)... On proteste aujourd'hui, parce qu'on aperçoit toute la gravité de ce qu'on a fait (murmures à Droite). Et ces conservateurs attaquent un homme plus conservateur qu'eux tous ; un homme qui a fait son devoir, « dans un moment où « l'on aurait osé à peine écrire pour la défense de

l'ordre social » (allusion à 1848 et au livre *De la propriété*).
(Oh! oh! rumeurs à Droite)... On vient nous demander de
faire encore une profession de foi (réclamations à Droite)...
Je suis blessé, et j'ai droit de l'être. Après ce que j'ai fait
depuis deux ans, le doute même est un acte d'ingratitude
(rumeurs à Droite)... Je ne m'attendais pas qu'on viendrait
me mettre sur la sellette (interruptions à Droite)... Savez-
vous ce qui n'est pas parlementaire ? C'est de vouloir garder
le pouvoir malgré son pays... L'ordre moral ne dépend pas
de moi (rumeurs à Droite). » Cette séance si mouvementée se
termina par l'adoption, à 263 voix contre 115, d'un ordre du
jour portant que l'Assemblée avait confiance dans l'énergie
du Gouvernement et réprouvait les doctrines professées au
banquet de Grenoble.

C'était là une triste victoire pour le Gouvernement. Le duc
de Broglie avait atteint son but, en séparant le Centre Gauche
du reste de la Gauche. Il suivit cette très habile politique
avec le même succès, au lendemain de la séance du 29 Novembre, qui n'avait valu qu'une victoire très disputée au gouvernement. L'amendement Dufaure, qui posait la question
de confiance, n'avait réuni que 372 voix contre 335. C'est
dans la séance du 29 Novembre que M. Thiers, devinant sans
doute les intrigues qui préparaient son renversement, avait
dit audacieusement à la majorité : « Voulez-vous un esclave
ici, un commis qui vous plaise, qui, pour conserver le pouvoir quelques jours de plus, soit toujours votre courtisan ?
Eh, mon Dieu ! choisissez-le... Il n'en manque pas ! » Et il
avait terminé son discours par ce serment, prononcé avec
une émotion qu'une grande partie de l'Assemblée avait partagée : « Je jure devant vous, devant Dieu, que j'ai servi deux
ans mon pays avec un dévouement sans bornes. »

M. Thiers ne remontera que trois mois plus tard à la tribune, le 4 Mars 1873, pour y prononcer un discours sur les

attributions des pouvoirs publics. On vient de voir quelle faute
M. Dufaure avait commise, en cherchant à réaliser la conjonc-
tion des Centres, à regagner au Centre droit et à Droite toutes
les voix qu'il perdait à Gauche. Il rendit à M. Thiers le plus
mauvais service, car la nouvelle majorité ne survécut pas au
vote de la pseudo-Constitution préparée par le duc de Broglie
et par la Commission des Trente. Le 3 Avril, la majorité de
Droite pure se reformait sur le nom de M. Buffet, qui réunissait, pour la Présidence, 305 voix contre 285 données au candidat des Gauches, M. Martel, et avant l'ouverture des vacances,
fixées au 7 avril, un Comité de six membres était constitué,
pour préparer le plan de campagne contre M. Thiers. MM. de
Broglie, Batbie, Changarnier, Baragnon, Pradié et Amédée
Lefèvre-Pontalis, membres de ce comité, et M. Buffet, le nouveau Président, n'attendirent pas, pour commencer la lutte,
le résultat des élections du 11 Mai. Après le discours prononcé par M. Jules Simon, à la distribution des prix aux
membres des Sociétés savantes des départements, le 19 Avril,
discours où le ministre avait reporté sur le Président de la
République tout le mérite de la libération du territoire,
M. Buffet déclara qu'il convoquerait immédiatement les
représentants, si réparation n'était pas accordée à l'Assemblée souveraine. Il fallut que le ministre de l'Intérieur,
M. de Goulard, vînt devant la Commission de permanence,
non pas pour justifier son collègue de l'Instruction Publique,
mais pour le désavouer, en déclarant que M. Jules Simon
était seul responsable de ses paroles. Cette mission, pénible
pour tout autre, ne dut pas coûter beaucoup à M. de Goulard :
dans le Cabinet de M. Thiers, il représentait la Droite, dont il
partageait les passions, comme M. Buffet la représentait du
haut du fauteuil.

Ni M. de Goulard ni M. Jules Simon, après ces incidents,
ne pouvaient rester en face l'un de l'autre au Conseil des

des ministres. Mais le Président se sépara d'eux avec des sentiments bien différents : M. de Goulard fut peu regretté ; M. Jules Simon reçut de M. Thiers, le 18 Mai, une lettre empreinte de la plus vive amitié, où le Président lui disait, sans se faire d'illusions : « Pour moi, je fais encore un dernier effort, sans savoir quel en sera le résultat, mais ce sera le dernier. »

Quand l'Assemblée reprit ses séances, le 19 Mai, elle se trouva en présence d'un ministère à peu près homogène où M. Casimir-Périer avait remplacé M. de Goulard; M. Waddington, M. Jules Simon; et M. Bérenger, M. de Fourtou, une autre erreur de M. Thiers, qui devenait ministre des Cultes. Les nouveaux ministres appartenaient au Centre Gauche, et ce dernier Cabinet de M. Thiers offrait, au point de vue de la politique de conservation, de si sérieuses garanties, que le Gouvernement de l'Ordre moral devait, un an plus tard, choisir parmi ses membres un vice-président du Conseil et un ministre de l'Intérieur. Mais c'était au Président, bien plus qu'à son Cabinet, que l'on en voulait et c'est à la tête que l'on allait frapper. Le bureau était à peine constitué par l'élection de M. Buffet à la Présidence, par 359 voix, et celle de M. de Goulard à la première vice-présidence, par 367 voix, que M. de Broglie, au nom de 320 de ses collègues, déposait une demande d'interpellation ainsi conçue : « Les soussignés, convaincus que la gravité de la situation exige, à la tête des affaires, un Cabinet dont la fermeté rassure le pays, demandent à interpeller le ministère sur les dernières modifications qui viennent de s'opérer dans son sein et sur la nécessité de faire prévaloir dans le Gouvernement une politique résolument conservatrice. » En même temps, M. Dufaure déposait sur le bureau un projet de loi d'organisation des pouvoirs publics. L'Assemblée, qui devait, deux ans plus tard, voter presque intégralement ce projet, devenu la Constitution de 1875, refusa d'entendre la lecture de l'exposé des motifs et même celle des dispositifs [1].

Le vendredi 23 Mai, la lutte s'engage entre le duc de Broglie, et le Garde des Sceaux. Le duc de Broglie, dans un discours fort habile, comme toujours, écarte soigneusement la question de forme de Gouvernement, se plaint des prétendues concessions faites au radicalisme et réclame des garanties sérieuses pour le parti conservateur. M. Dufaure, dans une réponse ferme, serrée, logique, affirme la solidarité de tous les membres du Cabinet et la nécessité de reconnaître et de constituer la République.

M. Thiers parla le lendemain matin à 9 heures : il occupa la tribune pendant deux heures, il rappela tous ses actes, il justifia sa politique avec une hauteur, une noblesse, une dignité qui éclatent dans ce passage, accueilli par les bravos et les applaudissements de la Gauche : « Non, je ne crains pas pour ma mémoire, car je n'entends pas paraître au tribunal des partis ; devant eux, je fais défaut ; je ne fais pas défaut devant l'histoire, et je mérite de comparaître devant elle. »

La séance fut levée, après le discours de M. Thiers, conformément au formalisme compliqué de la loi des Trente, et renvoyée à 2 heures. Après un bref et ferme discours de Casimir-Périer, proclamant, comme Dufaure l'avait fait la veille, la nécessité de constituer la République, on se compta sur l'ordre du jour pur et simple que le Gouvernement acceptait : il fut repoussé par 362 voix contre 348. M. Target et quinze de ses collègues, qui voulaient à la fois « un Gouvernement républicain conservateur et M. Thiers », avaient voté avec la majorité. Ils se rallièrent également à l'ordre du jour de M. Ernoul, qui réunit 360 voix contre 344. Cet ordre du jour s'exprimait ainsi : « L'Assemblée nationale, considérant

_____

(1) Voir à l'appendice XX, cet exposé des motifs qui est comme le testament constitutionnel de M. Thiers.

que la forme du Gouvernement n'est pas en discussion ; que
l'Assemblée est saisie des lois constitutionnelles présentées
en vertu d'une de ses décisions, et qu'elle doit examiner ;
mais que, dès aujourd'hui, il importe de rassurer le pays, en
faisant prévaloir dans le Gouvernement une politique résolument conservatrice, regrette que les récentes modifications
ministérielles n'aient pas donné aux intérêts conservateurs la
satisfaction qu'elle avait le droit d'attendre. »

M. Baragnon demanda qu'une troisième séance eût lieu le
soir à 8 heures. Dans cette séance, l'Assemblée accepta, par
362 voix contre 331, la démission de M. Thiers, que le Garde
des Sceaux avait remise au Président, et, sur la proposition
du général Changarnier, qui avait pu espérer un instant
(dernière illusion !) la succession de M. Thiers, procéda sans
désemparer au choix du nouveau Président de la République.
Le maréchal de Mac-Mahon, duc de Magenta, fut élu par
390 voix contre 1, sur 391 votants.

« ... Ce dernier, un peu troublé, s'était rendu dans l'après-
midi chez M. Thiers. On venait, disait-il, de lui offrir la Présidence, et il se demandait si, eu égard à ses relations antérieures avec le petit bourgeois, il lui était permis d'accepter
l'offre qui lui était faite.

« — Vous en êtes seul juge, répondit sèchement le démissionnaire.

« — Si vous promettez de revenir sur votre détermination
et de retirer votre démission, je refuserai.

« — Quant à cela, maréchal, c'est moi qui suis seul juge en
cette affaire. Je n'ai jamais joué la comédie ; je ne jouerai pas
celle-là [1]. »

Vingt-sept mois et quelques jours se sont écoulés depuis

---

(1) Hector Pessard. *Mes petits papiers*, 2ᵉ série, p. 325. Paris, Librairie
Moderne, 7, rue Saint-Benoît, 1888.

le moment où M. Thiers, élevé au pouvoir par la presque
unanimité de l'Assemblée nationale, a été renversé par une
majorité de seize voix. Jamais homme n'a porté un aussi lourd
fardeau, jamais Gouvernement n'a accompli une aussi prodigieuse besogne, dans un aussi court espace de temps. Deux
ans ! ce n'est rien dans la vie d'un individu, c'est moins que
rien dans la vie d'un Peuple. Que l'on prenne deux années
presque au hasard, de 1873 à 1896, que l'on recherche quels
événements se sont accomplis pendant ces deux années et
l'on sera frappé de leur inutilité, de leur vide, de leur néant.
Les Peuples heureux, a-t-on dit, n'ont pas d'histoire ; les
Peuples malheureux en ont une, et jamais nation plus éprou-
vée n'eut une histoire plus remplie, plus poignante que celle
de la France sous le proconsulat de M. Thiers.

L'Allemand, l'ennemi campé sur notre sol, fut le constant
objectif du chef de l'État : il fallut traiter avec lui tous les
jours, à Versailles d'abord, puis à Rouen, à Compiègne et à
Nancy, à Bruxelles en terre neutre, à Francfort et à Berlin
en terre germanique ; avec M. de Bismarck, avec le général
Fabrice, avec M. de Manteuffel, avec MM. de Waldersee et
d'Arnim ; il fallut traiter d'abord des préliminaires, ensuite
de la paix définitive, en dernier lieu du paiement de l'énorme
indemnité de la guerre et de l'évacuation du territoire. Conduite sous la haute direction de M. Thiers, en premier lieu
par un avocat éloquent qui ne fut que le liquidateur d'une
situation désespérée, en second lieu par des hommes qui
connaissaient les cours étrangères et les chancelleries, les
négociations eurent les succès que l'on en pouvait attendre et
l'évacuation fut avancée de plus d'une année, Dieu sait au
prix de quels labeurs et souvent de quelles angoisses pour
nos diplomates !

La réorganisation intérieure marcha parallèlement avec
les négociations ; on commença par celle de l'armée, parce

qu'il fallut d'abord réduire la Commune et l'on aborda successivement ou simultanément le rétablissement de tous les
services publics. On ne procéda pas d'une façon préconçue
et dogmatique, par une refonte générale, mais par amélio-
rations partielles et réformes pratiques. Le système de la
table rase était aussi éloigné des conceptions administratives
que des théories philosophiques de M. Thiers. On ne traita
pas la France comme un malade désespéré qu'une médication
énergique pouvait sauver, qu'elle pouvait tuer aussi, mais
comme un blessé, dont il fallait avant tout panser les plaies,
qu'il fallait remettre sur pied par un régime de précautions
et de soins constants.

La défense nationale une fois assurée, par la rapide reconstitution de l'armée, on put remettre un peu d'ordre dans
l'Administration, dans les Finances, dans la Justice, dans
l'Enseignement. De bons choix suffirent à rendre à l'administration préfectorale le prestige que des choix hâtifs ou
malheureux lui avaient fait perdre, et, comme dans notre pays,
si profondément centralisé, les préfets, grâce à une régle-
mentation excessive, étendent leur action sur les Travaux
Publics, sur l'Industrie, sur l'Agriculture, de bons préfets,
choisis pour leur intelligence et leur aptitude plutôt que
pour leurs opinions, firent beaucoup pour le déblaiement des
ruines, pour les restaurations ou pour les constructions nouvelles, pour la remise en mouvement de l'immense machine
gouvernementale. Tous les ressorts, convenablement graissés,
ne tardèrent pas à fonctionner avec leur ancienne régularité.

Notre administration financière si probe, si intelligente, si
expérimentée, subit également le contrôle des préfets, en
même temps que celui de ses inspecteurs spéciaux. On put
demander à ses employés, fidèles observateurs des règles
protectrices de la fortune publique, pour l'établissement des
nouveaux impôts, pour les emprunts, pour le paiement de

l'indemnité de guerre, un travail surhumain dont ils s'acquittèrent avec leur dévouement habituel. M. Léon Say, un de leurs ministres, leur a décerné des éloges mérités, dans le rapport où il a exposé, avec une clarté éloquente, les moyens aussi simples que pratiques auxquels on eut recours pour réunir et payer les cinq milliards.

Le rendement assuré des impôts, le succès des emprunts, le paiement de l'indemnité de guerre, tels furent les résultats que l'on voit. Les résultats que l'on ne voit pas, nous voulons dire, la réorganisation de nos institutions financières, furent encore plus importants. Pour les mesurer, il faut se rappeler dans quelle situation MM. Thiers et Pouyer-Quertier avaient trouvé nos Finances en Février 1871. « Aucun de nous, disait M. Thiers, ne savait comment nous pourrions sortir des embarras financiers où nous étions plongés, et moi qui, je crois pouvoir le dire, ai passé ma vie à m'occuper de la situation financière du pays, je vous déclare que, par patriotisme, je fermai les yeux. » La spirituelle boutade de M. Pouyer-Quertier n'exprime pas moins vivement ce que la situation avait de tragique. « Le jour de mon entrée au ministère des Finances, le chef de la comptabilité m'apporta, dans son chapeau, le dernier million qui restait au Trésor. »

C'est également le souci du bien public qui dicta les choix que firent MM. Dufaure et Jules Simon dans les deux ministères où l'action personnelle de M. Thiers se fit moins sentir, où son intervention ne fut qu'accidentelle. Le Gouvernement de la Défense nationale avait désorganisé quelques tribunaux et deux ou trois cours d'appel, en révoquant d'anciens membres des Commissions mixtes. M. Dufaure, lorsqu'on vota la loi du 25 Mars, annulant les décrets de la Délégation, se contenta de flétrir, du haut de la tribune, ceux des magistrats qui avaient figuré dans ces tribunaux d'exception. Il respecta le principe de l'inamovibilité, seule garantie de l'indépendance

du juge, étant donné le recrutement ; il apporta les scrupules
les plus formalistes et les plus honorables dans le choix des
magistrats et il évita par-dessus tout de mêler la Politique à
la Justice.

M. Jules Simon aurait voulu que les membres de l'Université restassent, comme les magistrats, étrangers à la Politique. En principe il avait raison ; dans la pratique il usa
d'une rigueur exagérée envers certains maîtres qui avaient
collaboré, pendant la guerre, à des journaux républicains.
Forcés de descendre de leur chaire, les professeurs disgraciés
se firent presque tous un nom dans la presse, où M. Jules
Simon les retrouva bientôt comme collaborateurs.

L'ordre et l'activité renaissaient peu à peu dans tous les
services, sous l'impulsion de M. Thiers et de tous ses ministres.
Tous, qu'ils sortissent du Centre Gauche ou du Centre Droit,
qu'ils appartinssent à la Droite ou à la Gauche, eurent leur
part dans l'œuvre commune ; chacun d'eux apporta dans son
département une compétence spéciale, soutenue et dirigée
par la compétence universelle du Président de la République.
L'Assemblée elle-même, l'Assemblée souveraine, eut la sagesse
de ne pas exercer cette souveraineté, en dehors du domaine
législatif et du domaine politique. Dans les détails comme
dans le mécanisme général de leur administration, les ministres furent plus libres, moins assiégés de sollicitations, de
recommandations et d'interventions que leurs successeurs,
de la part des députés et des sénateurs des assemblées ultérieures. De plus, les ministères non politiques, comme celui
de la Marine et celui de la Guerre, comme celui des Finances
et celui de l'Instruction Publique ayant conservé assez longtemps leurs titulaires, sous la Présidence de M. Thiers,
MM. Pothuau, de Cissey, Léon Say, Jules Simon, purent
exercer une influence personnelle et suivre les modifications
ou les réformes qu'ils avaient introduites dans le service :

ceci encore est un titre à l'actif de l'Assemblée nationale. Elle
comprit que des changements trop fréquents, du haut en
bas de l'échelle administrative, détruisent la sécurité en bas,
suppriment la responsabilité en haut, et que, si la continuité
dans les mêmes fonctions engendre la routine, la mobilité
perpétuelle ne peut conduire qu'au gâchis.

La collaboration de M. Thiers, de ses ministres et de l'Assemblée au point de vue administratif, au point de vue du
rétablissement de l'ordre intérieur, produisit donc les plus
heureux résultats. Ce sont les dissentiments politiques entre
les représentants et leur élu qui seuls empêchèrent la France
de se relever aussi vite qu'elle l'aurait pu, avec ses puis-
santes ressources et son extraordinaire vitalité, qui retardèrent malheureusement la pacification des esprits et la constitution d'un Gouvernement stable. Du jour où M. Thiers,
avec sa vive intelligence, eut compris que le rétablissement
de la Monarchie bourbonienne, malgré les circonstances
favorables et les apparences, était impossible, son parti fut
pris avec la décision qu'il apportait dans tous ses actes : par
conviction réfléchie, beaucoup plus que par intérêt personnel,
il se rallia à l'idée d'une République conservatrice, « profondément conservatrice », et il chercha à faire faire aux membres des deux Centres, partisans d'une Monarchie constitutionnelle, le chemin qu'il avait fait lui-même. La masse du
Centre droit refusa nettement de le suivre et, même après
que la branche cadette eut abdiqué toute prétention, même
après que le comte de Chambord eut été reconnu comme le
chef de la Maison de France, elle nourrit l'espoir chimérique
d'une restauration de la royauté constitutionnelle. Le Centre
Gauche, tout aussi partisan des institutions libres et du par-
lementarisme que pouvait l'être le Centre Droit, comprit
mieux que lui la situation, les difficultés insurmontables d'un
établissement monarchique et il s'engagea bravement dans la

voie que lui indiquait M. Thies. Les Dufaure, les Rémusat,
les Duvergier de Hauranne, les Chanzy, les Léon Say, les
Christophle, les de Marcère, apportèrent à la République,
quelques mois seulement avant le 24 Mai 1873, l'appui de
leur nom, de leur influence sociale, de leur fortune. Leur
adhésion est un fait de haute importance dans l'histoire
politique de notre pays. Ces ouvriers de la dernière heure
rassurèrent autant que ceux de la première effrayaient; ils
entraînèrent à leur suite la portion la plus éclairée de la
bourgeoisie. Des villes le mouvement gagna les campagnes
et, au fur et à mesure que la politique représentée par
M. Thiers et par ses amis rencontrait moins d'adhérents
dans l'Assemblée nationale, elle en rencontrait un plus
grand nombre dans le pays. L'inappréciable service, que
M. Thiers et que les membres du Centre Gauche ont rendu à
la République, a été de réconcilier avec le mot et avec la
chose la masse timide et flottante qui partout constitue la
majorité. Ils ont démontré qu'avec cette forme de Gouvernement, tout comme avec une autre, on pouvait rétablir
l'ordre, payer les frais de la guerre, vaincre la Commune,
faire bonne figure devant l'étranger et vivre en paix, sans
que l'orgueil national fût humilié, sans que la prospérité
matérielle fût compromise, sans que les croyances fussent
menacées. On n'a pas oublié la question que le général
Trochu avait posée, dès la première heure, à ses collègues
de la Défense nationale. Il leur avait demandé s'ils étaient
disposés à respecter Dieu, la famille et la propriété, et, sur leur
réponse affirmative, il leur avait promis son entier concours.
De même, quand la France eut reconnu que les républicains ne
menaçaient ni Dieu, ni la famille, ni la propriété, la cause
de la République fut gagnée dans l'opinion ; elle le fut au
moment précis où cette conviction se fit dans tous les esprits.

Ce mouvement d'adhésion qui, de proche en proche, comme

une lente inondation, se répandait sur toute la surface du
pays, les monarchistes qui ne péchaient pas, surtout dans le
Centre Droit, par manque de clairvoyances, ont vu sa naissance
et constaté son développement, mais ils n'en saisirent pas
les raisons profondes. L'aveuglement de ces doctrinaires de
Droite fut plus grand et plus persistant que celui des doctrinaires de Gauche qui ne comprenaient pas la nécessité d'une
République rassurante, mais que l'intérêt bien entendu grou-
pait toujours, disciplinés et compacts, sous les ordres de leur
brillant et habile général. Le 24 Mai, le jour de la grande
bataille, pas un d'eux ne fit défection. Ils savaient bien qu'en
votant pour un républicain du surlendemain et pour une
République possible, ils ajournaient l'avènement des républicains de l'avant-veille et de leur République idéale : ils n'en
donnèrent pas moins leurs suffrages à M. Thiers. Au contraire
les membres de la Droite, pour faire disparaître celui qu'ils
considéraient comme l'obstacle à la réalisation de leurs
desseins, votèrent, non moins disciplinés ni moins compacts,
contre l'homme d'État qui pouvait seul, l'étiquette mise à
part, réaliser leur idéal de Gouvernement, qui leur eût assuré
ce qu'ils considèrent comme le bien suprême, l'exercice du
pouvoir, qui fût revenu, en échange d'un peu de confiance,
à son goût naturel pour leurs principes et pour leurs
personnes, qui eût fait, avec eux et pour eux, l'éducation de
cette démocratie, avec laquelle il faut compter, bon gré
mal gré, et dont ils auraient pu devenir, pendant les premières
années, au lieu des adversaires impuissants, les guides respec-
tés. La joie du succès remporté le 24 Mai n'a pas dû survivre
longtemps à la victoire. Combien, parmi les vainqueurs, s'ils
ont été sincères avec eux-mêmes, ont dû se dire depuis, au
souvenir du chef incomparable qu'ils ont méconnu et
sacrifié : « Ah ! s'il était là ! »

Si M. Thiers avait été maintenu au pouvoir le 24 Mai, la

France aurait eu, dix-huit mois plus tôt, une Constitution qui
eût bien valu celle de 1875. Le Gouvernement de la République
française eût compris un Sénat, une Chambre des représen-
sentants et un Président de la République, Chef du pouvoir
exécutif. Les sénateurs, âgés de trente-cinq ans au moins,
auraient été au nombre de 265, les députés, âgés de vingt-cinq
au moins, au nombre de 537. Le Président de la République
aurait dû avoir quarante ans. Cette fixation de l'âge du Président est la seule clause bizarre et contestable de la Constitution Thiers-Dufaure, avec la fixation des catégories où
devaient être choisis les Sénateurs; elle fait penser involontairement à l'âge de Gambetta qui était né en 1838. Le Sénat
était élu pour dix ans et renouvelé par cinquième tous les
deux ans; la Chambre pour cinq ans et renouvelée intégralement; le Président de la République pour cinq ans et rééligible. Sénateurs et Représentants étaient élus au suffrage
direct, les Sénateurs au scrutin de liste, à raison de trois Sénateurs par département français; les Représentants, au scrutin
d'arrondissement; le Président de la République par un
Congrès composé des Sénateurs, des Représentants et de trois
délégués de chaque Conseil général. L'initiative des lois
appartient aux deux Chambres et au Président de la République; les lois d'impôts sont soumises d'abord à celle des
Représentants. Le Sénat peut être constitué en Cour de justice
pour juger les poursuites en responsabilité contre le Président, les ministres et les généraux en chef des armées de terre
et de mer. Le Président de la République promulgue les lois,
en surveille et en assure l'exécution, négocie et ratifie les
traités qui doivent être approuvés par les deux Chambres,
possède le droit de grâce, mais non celui d'amnistie, dispose
de la force armée, sans pouvoir la commander en personne,
et préside aux solennités nationales. Lui et ses ministres sont
responsables soit individuellement, soit collectivement des

actes du Gouvernement. Le Président a le droit de dissoudre
la Chambre avec l'autorisation du Sénat.

Telle était la Constitution de MM. Thiers et Dufaure, vraiment plus démocratique que celle de 1875 ; tel était l'édifice,
non luxueux ni grandiose, mais modeste et commode, que le
Président de la République voulait construire, avec la
collaboration de l'Assemblée, pour abriter la France, lasse
des Révolutions, des troubles civils et de la compétition des
partis. L'Assemblée changea d'architecte, essaya plusieurs
autres plans et revint à celui de M. Thiers, en y apportant
des retouches malheureuses.

APPENDICE

I

Déposition du général Trochu.

« La Révolution (du 4 Septembre) est évidemment la conséquence de l'invasion... On a cherché, dans un intérêt politique
très apparent, à donner à cette effroyable crise l'apparence d'une
combinaison préparée, d'une conspiration. Oui, il y avait une
conspiration, celle des événements produisant un effet absolument semblable à celui des eaux qui, en temps d'inondation,
s'élèvent subitement et envahissent la plaine, défiant toute puissance humaine de s'y opposer. La Révolution du 4 Septembre fut
de même un fait absolument invincible et imprévu dont, la veille,
on n'avait aucune idée. J'avais dit au Conseil des ministres :
« L'Empire est à la merci d'un désastre militaire ; » mais on
pouvait prévoir une nouvelle défaite, non pas une catastrophe
immense et sans précédent, comme celle de Sedan... C'est la
première Révolution qui se soit produite sans qu'on ait vu une
arme dans les rues... Sur le quai, dans cette immense réunion de
peuple que j'évalue à un demi-million d'hommes (très approxima-
tivement, bien entendu), il n'y avait pas une arme... Cette Révolution ne ressemble à aucune autre ; ce n'est pas une Révolution,
c'est un effondrement, sous le poids de l'angoisse et de la colère
publiques... La lutte du Gouvernement provisoire a commencé le
soir même avec la démagogie... Ma conviction profonde est que
l'événement du 4 Septembre est dû à un de ces mouvements

d'opinion qui sont absolument inévitables et absolument irrésistibles ; il a été l'effet d'un très naturel et très explicable entraînement des esprits, motivé par la succession des désastres de Wissembourg, Reischoffen, Forbach et finalement Sedan... Ce Gouvernement provisoire, aujourd'hui chargé de toutes les iniquités... a été pour le pays, le 4 Septembre, ce qu'a été le Gouvernement de Lamartine, le 25 février 1848. Il a sauvé la situation qui était perdue. Il a empêché la démagogie de prendre la défense de Paris et de produire, dans la France entière, un immense bouleversement social... Si le 4 Septembre le drapeau rouge n'a pas été arboré dans tout Paris, alors qu'il n'y avait nulle part un moyen de résistance, c'est que le Gouvernement provisoire s'est trouvé là et que, par fortune, il n'a pas été enlevé dans les 24 heures. S'il n'a pas été enlevé, c'est uniquement parce qu'il n'y avait aucune sorte de préparation, car si 20 Bellevillois armés de fusils s'étaient présentés, le soir du 4 Septembre, à l'Hôtel de Ville, nous étions sans aucune défense ; il n'y avait ni garde nationale, ni troupe pour nous protéger. »

Dans d'autres parties de cette déposition, le général Trochu atteste que pendant les « journées tumultueuses » MM. Jules Ferry, Gambetta et Rochefort eurent une attitude remarquablement ferme et courageuse.

(Actes du Gouvernement de la Défense nationale. Commission d'enquête. Paris Librairie Germer-Baillière et Cie.)

Lettre de M. Jules Favre à M. Gambetta.

« 21 janvier 1871.

Mon cher ami,

Je vous écrivais avant-hier 19, ne connaissant point encore les derniers résultats de la journée. Je les croyais fort bons, car, sauf le retard dans le mouvement de Ducrot, tout s'était passé avec plus de bonheur qu'on n'aurait osé l'espérer. Nous étions maîtres des hauteurs de Buzenval, d'une partie de celles de Garches et tout semblait faire présager que le lendemain on continuerait l'offensive. Il n'en a rien été, loin de là. Nous étions réunis chez le Gouverneur, à dix heures du soir, lorsque nous arrive un télégramme par lequel il nous annonce, du Mont Valérien où il a passé la journée, qu'à quatre heures sa gauche avait été attaquée, écrasée d'obus, forcée de se replier. Le centre, privé de droite, ne tenait plus contre la vive attaque dont il était lui-même l'objet et s'était également retiré.

J'ai couru au milieu de la nuit au Mont Valérien. J'ai vu par moi-même que le mal était sans remède ; il aurait pu être plus grand encore, si l'ennemi avait poursuivi son mouvement. Nous avions beaucoup d'artillerie embourbée qui aurait pu tomber entre ses mains ; il n'en a rien été ; la retraite s'est effectuée, mais cet effort a tout épuisé ; il est le dernier possible. La garde nationale a beaucoup souffert ; je ne connais pas le nombre de ses pertes.

La population est très irritée contre M. Trochu. Celui-ci ne veut se retirer que devant un général qui croira possible une dernière action, à laquelle il se refuse. Voici un mois que Picard et moi avons constamment demandé qu'il fût remplacé. Nous avons trouvé une opposition persistante et absolue de la part de nos collègues et les choses continuent ainsi, avec un danger réel pour la paix publique, car les esprits sont naturellement fort agités. Nous avons hier réuni les vingt maires de Paris. Nous les avons mis au courant de la situation tout entière. Nous leur avons montré que nous avions passé la limite extrême à laquelle nous avions résolu de nous arrêter. Ils n'en restent pas moins acquis à la cause de la prolongation de la résistance. Cette opinion généreuse, mais aveugle, est celle de Paris. Tout plutôt que de se rendre. Mon avis est qu'il n'y faut pas céder. Ceux qui tiennent ce langage mangent encore ; leur vie est misérable, mais elle se soutient ; le jour, et il est proche, où ils n'auront que de la viande de cheval sans pain, la mortalité, qui est déjà terrible, deviendra affreuse.

« Je ne veux pas prendre une pareille responsabilité. Nous n'aurions d'excuses que si nous attendions un secours du dehors. Depuis l'arrivée de votre pigeon portant les dépêches du 16 et qui nous est parvenu le 19, l'illusion n'est plus possible. M. Chanzy n'a pu lutter contre Frédéric-Charles ; il s'est héroïquement battu et la France lui sera toujours reconnaissante ; mais il s'est replié derrière la Mayenne et ne peut rien pour nous. Il voulait, le 11 Janvier, marcher sur Paris, c'est vous qui l'en avez détourné, comme le prouve votre lettre du 13. Je suis bien sûr que les motifs qui vous ont déterminé à cette grave résolution étaient excellents ; ils ne nous en ont pas moins privés de notre seule espérance, livrés à nos seules forces, et vous savez qu'elles ne nous ont jamais permis de nous dégager. Vous nous reprochez notre inaction, en termes que je ne veux pas relever. Vous parlez de Metz et de Sedan. Mon cher ami, je ne puis attribuer une si criante injustice qu'à votre douleur bien naturelle de nous voir succomber. Vous dites que nous nous contentons de gémir ; nous n'avons cessé de provoquer des actions, et la direction militaire, si elle n'a pas fait tout ce qu'elle aurait pu, a été unanime à reconnaître que notre armée ne pouvait rien faire d'efficace ; nous avons sans cesse combattu aux avant-postes ; nos forts sont démantelés, nos maisons bombardées, nos greniers vides. Sentant comme vous qu'un dernier effort était indispensable, nous l'avons ordonné, il a été fait. La majorité du Conseil n'a pas trouvé un général qui, dans sa pensée, valût M. Trochu. J'ai constamment été d'un avis contraire, mais devais-je, sur une question de cette nature, donner ma démission ?

« Je n'aurais pas hésité, si un général s'était présenté à moi et m'eût fait entendre une seule parole, capable de m'inspirer une confiance quelconque. N'ayant autour de moi que des hommes découragés, ayant néanmoins sans cesse opiné pour le remplacement de M. Trochu, je ne pouvais faire un éclat, provoquer peut-être une sédition, pour donner le commandement à un officier qui n'aurait amené aucun changement réel dans l'état des choses. C'est ainsi que nous nous sommes avancés jusqu'au bord de l'abîme, où nous penchons, et vous nous dites que nous avons perdu la République; vous ajoutez que si, le 25, vous n'avez pas reçu la nouvelle d'une action, vous publierez ma correspondance confidentielle ! Mon ami, vous n'y avez pas pensé, et c'est à vous-même que vous faites tort par de pareils procédés. Ma correspondance confidentielle ne contient pas une ligne que je désavoue. Je l'ai écrite avec cet abandon qui naît de la confiance du secret. S'il vous plaît de le violer, j'aurai le regret d'avoir mal placé cette confiance et de blesser ainsi quelques personnes dont je vous ai parlé librement. Quant au fond des choses, je n'ai nulle appréhension, et l'on verra, si ces documents parviennent à distraire l'attention, suffisamment absorbée par la grandeur de nos désastres, que j'ai voulu énergiquement, comme vous, moins bien sans doute, mais avec un cœur aussi résolu, la défense sans trêve contre l'étranger.

« Aujourd'hui la fortune trahit nos efforts communs et, soyez-en sûr, il n'y a de la faute à personne. J'ai souvent accusé la direction militaire du général Trochu. Je l'ai crue, je la crois encore insuffisante. Il a hésité, tâtonné; il a manqué de suite et de méthode; mais l'infériorité des moyens dont il disposait était telle, qu'il y avait, à chaque instant, d'énormes difficultés à surmonter. Peut-être, en faisant autrement, aurait-on fait mieux; peut-être aurait-on fait plus mal. Il n'a pu débloquer Paris, mais il l'a savamment défendu. Du reste, à quoi sert la récrimination ? Il faut tâcher de profiter du tronçon d'épée qui est dans nos mains. Paris se rendant, la France n'est pas perdue. Grâce à vous, elle est animée d'un esprit patriotique qui la sauvera.

« Quant à nous, nous sommes dans une situation terrible. Après l'échec d'avant-hier, la population voudrait une revanche, elle demande à grands cris à se battre. Mais cette animation apparaît plus dans la ville que devant l'ennemi. Ceux qui l'ont abordé reconnaissent l'impossibilité absolue d'une nouvelle grande action.

D'un autre côté, nous n'avons plus que dix jours de pain, et Dieu
veuille encore qu'il n'y ait pas quelque mécompte ! La population
l'ignore, les maires sont chargés de l'y préparer, mais ils ont
grand'peine à dominer son effervescence. Nous avons aujourd'hui
réuni des généraux pour leur poser la question de savoir si la
résistance est encore possible. Ils ont tous été d'avis qu'elle ne l'est
pas. Il faut donc traiter.

« Je ne sais quelles conditions on nous fera. J'ai peur qu'elles ne
soient fort cruelles. Dans tous les cas, ce que je n'ai pas besoin de
vous dire, nous ne signerons aucun préliminaire de paix. Si la
Prusse veut consentir à ne pas entrer dans Paris, je céderai un
fort et je demanderai que Paris, se soumettant, soit simplement
soumis à une contribution de guerre. Si ces propositions sont
rejetées, nous serons forcés de nous rendre à merci et la Prusse
réglera notre sort par un ordre du jour. Il est probable alors, si
nous ne sommes pas tués dans les séditions qui se préparent, que
nous irons dans une forteresse de Poméranie, encourager par
notre captivité la résistance du pays. J'accepte sans murmurer
le sort que Dieu me réserve, pourvu qu'il profite à mon pays.

« Ce soir il y a eu des mouvements dans Paris. On demande
notre déchéance et la Commune. J'accepte, de grand cœur, l'arrêt
populaire qui me mettra à l'écart. Aucun ne saurait m'être plus
agréable.

« Adieu, cher ami, cette dépêche est peut-être la dernière ; en
écrivant à M. Chanzy, dites-lui combien j'admire son courage, son
patriotisme, son talent militaire et sa constance. J'ai souvent rêvé
qu'il me serait donné de l'embrasser, sur la route de Versailles à
Rambouillet. Si cette glorieuse étape ne lui a point encore été
accordée, il a fait des prodiges pour la mériter et il en sera
récompensé : son nom restera justement populaire, sa campagne
du Loiret et du Perche restera un modèle. Envoyez aussi mes
félicitations à M. Bourbaki : il marche comme un héros et son mouvement peut sauver la France. Je suis tellement surchargé de
travail que je ne puis écrire à M. de Chaudordy. Adieu, encore,
mon cher ami ; je ne sais si je vous reverrai. Jusqu'à la fin je
demeurerai votre fidèle et reconnaissant de tout ce que vous
faites pour la France.   « JULES FAVRE. »

(Actes du Gouvernement de la Défense nationale. Commission
     d'enquête.)

III

Documents relatifs à la bataille de Châtillon.

La lettre suivante, écrite par le général Trochu au général Ducrot, la veille de la bataille de Châtillon, montre combien le Gouverneur de Paris avait un exact sentiment de la situation.

« Paris, le 18 Septembre 1870.

« Mon cher général,

« Vous savez qu'il ne m'a été possible de réaliser qu'en partie les différentes demandes que vous m'avez adressées hier au soir. Cependant vous avez dû voir arriver ce matin, entre Bicêtre et Ivry, la division de Maudhuy, que je mettais avec son canon à votre disposition et à laquelle vous avez dû donner direction. Je vous ai également expédié (route de Chevreuse, entre Montrouge et Vanves) un renfort important de munitions d'artillerie. Mais à votre droite, j'ai dû remplacer les six bataillons de mobiles que vous demandiez par un régiment de marche de 2.000 zouaves qui était à Montretout, où il ne reste plus conséquemment que 600 à 800 hommes. Enfin je n'ai pas pu vous envoyer non plus les deux bataillons de mobiles que vous souhaitiez, pour occuper le bois de Plessis-Piquet. Votre droite est faible, mais j'estime que pour aujourd'hui vous avez peu à craindre de ce côté. Tout le mouvement de l'ennemi, qui a passé la Seine à Villeneuve-Saint-Georges et à Choisy-le-Roi, le porte vers les hauteurs que vous occupez ou parallèlement à ces hauteurs, vers Versailles, qui sera un de ses principaux points de concentration.

« D'autres troupes prussiennes viennent à Versailles par le

Nord-Ouest, mais elles ne peuvent passer la Seine qu'à Mantes, et elles n'arriveront que plus tard au point de concentration.

« J'aurais donc souhaité que l'ennemi vous attaque aujourd'hui même. D'une part, je ne le crois pas en force supérieure, et dans la position où vous êtes (bien que nous ne puissions pas tirer parti du fort des Hautes-Bruyères et du Moulin-Saquet) avec 40.000 hommes d'infanterie environ, plus de 100 pièces et l'appui des forts, vous êtes en mesure.

« Si l'ennemi s'allongeait devant vos positions, cheminant vers Versailles, vous pourriez tâter son flanc, mais avec la plus grande circonspection, car en sortant de la position défensive où vous êtes et perdant l'appui des forts, vous perdriez du même coup une part notable de vos avantages. Vous jugerez, d'après cette donnée qui m'est fournie, que l'ennemi avait cette nuit le plus gros de sa masse porté à 2 ou 3 kilomètres en avant de Villejuif.

« Si vous n'êtes pas attaqué aujourd'hui et si vous ne pouvez pas attaquer, il faut penser à la journée de demain et aux jours suivants, car vous avez aujourd'hui un maximum de facilités et d'équilibre que le temps réduira infailliblement.

« Deux cas se présenteront alors : ou nous nous entêterons à garder la position que vous tenez, mais alors je devrai penser à assurer votre droite et j'aurai l'obligation de faire passer le reste du 13ᵉ corps à Meudon et Montretout, abandonnant à sa destinée Vincennes que je regarde comme très hasardé. Nous aurions alors près de 60.000 hommes en ligne, de Bagneux à Montretout, et tous nos œufs, comme on dit, seraient dans le même panier. En outre, notre position de Clamart à Montretout serait infailliblement percée, à un jour donné, par des colonnes cheminant dans les bois et par les routes de Chaville à Saint-Cloud. Il ne me paraît donc pas que nous puissions prétendre à tenir indéfiniment dans une position contre laquelle l'ennemi, quand il lui conviendrait, pourrait conduire, après sa concentration à Versailles, des masses considérables. Ou nous nous déciderons à céder les hauteurs, et alors nous devrons convenir des termes dans lesquelles il faudra effectuer sur Paris cette retraite qui devra être étudiée à l'avance avec précision, en raison des difficultés que présente l'étroitesse des issues. J'ai voulu mettre ces réflexions sous vos yeux, pour appeler les vôtres sur la situation d'avenir que nous ferait l'ennemi, s'il ne veut pas vous attaquer ou se laisser attaquer aujourd'hui. Je vous prie d'en dire votre sentiment à l'officier très sûr qui vous portera cette lettre.

« Votre bien affectionné.

« Général TROCHU. »

« *P.-S.* — Je dois ajouter à cet exposé que la route de Choisy-le-Roi à Versailles, n° 185, et les routes qui y aboutissent, ainsi que toutes les voies de quelque importance qui traversent le bois de Meudon, ont été dépavées et obstruées.

« Aujourd'hui et demain, on va procéder de la même manière pour les routes qui vont de Versailles à Sèvres, à Saint-Cloud, Montretout, etc. Cela ne pourra empêcher l'ennemi de menacer d'atteindre notre droite, mais son entreprise sera retardée. »

(Actes du Gouvernement de la Défense nationale. Commission d'enquête.)

IV

Lettre du général Ducrol au général Trochu.

7 décembre 1866.

« Puisque tu es en train de faire entendre entendre de bonnes vérités aux illlustres personnages qui t'entourent, ajoute donc ceci : pendant que nous délibérons pompeusement et longuement sur ce qu'il conviendrait de faire pour avoir une armée, la Prusse se propose tout simplement et très activement d'envahir notre territoire. Elle sera en mesure de mettre en ligne 600.000 hommes et 1.200 bouches à feu, avant que nous ayons songé à organiser les cadres indispensables pour mettre au feu 300.000 hommes et 600 bouches à feu.

« De l'autre côté du Rhin, il n'est pas un Allemand qui ne croie à la guerre dans un avenir prochain. Les plus pacifiques, qui, par leurs relations de famille ou par leurs intérêts, sont plus Français, considèrent la lutte comme inévitable et ne comprennent rien à notre inaction. Comme il faut chercher une cause à toutes choses, ils prétendent que notre Empereur est tombé en enfance.

« A moins d'être aveugle, il n'est pas permis de douter que la guerre éclatera au premier jour. Avec notre stupide vanité, notre folle présomption, nous pouvons croire qu'il nous sera permis de choisir notre jour et notre heure, c'est-à-dire la fin de l'Exposition universelle, pour l'achèvement de notre organisation et de notre armement.

« En vérité, je suis de ton avis et je commence à croire que notre Gouvernement est frappé de démence. Mais si Jupiter a décidé de le perdre, n'oublions pas que les destinées de notre patrie et que notre propre sort à tous est lié à ses destinées, et, puisque nous ne sommes pas encore atteints par cette funeste démence, faisons tous nos efforts pour arrêter cette pente fatale qui conduit tout droit à des précipices.

« Voici un nouveau détail sur lequel j'appelle ton attention, parce qu'il est de nature à faire ouvrir les yeux les moins clairvoyants.

« Depuis quelque temps, de nombreux agents prussiens parcourent nos départements de la frontière, particulièrement la partie comprise entre la Moselle et les Vosges; ils sondent l'esprit des populations, agissent sur les protestants, qui sont nombreux dans ces contrées et sont beaucoup moins Français qu'on ne le croit généralement. Ce sont bien les fils et les petits-fils dé ces mêmes hommes qui, en 1815, envoyaient de nombreuses députations au quartier général ennemi pour demander que l'Alsace fît retour à la patrie allemande. C'est un fait bon à noter, car il peut être, avec raison, considéré comme ayant pour but d'éclairer les plans et la campagne de l'ennemi.

« Les Prussiens ont procédé de la même façon en Bohême et en Silésie, trois mois avant l'ouverture des hostilités contre l'Autriche... »

(Papiers et Correspondance de la famille impériale. Paris, Imprimerie Nationale, 1870.)

V

Le général Trochu considérait le retour de l'armée sous les murs de Paris comme si nécessaire au salut de la France que, dès nos premières défaites, malgré la réserve que lui commandait sa disgrâce et le faible crédit qu'elle laissait à ses conseils, il voulut faire parvenir son avis à Napoléon III, alors chef des armées. Il écrivit à un ami, le général de Waubert, aide de camp de l'Empereur, la lettre suivante, pour être mise sous les yeux du souverain :

« Paris, le 10 août 1870.

« Si haute que soit l'importance des événements qui paraissent devoir se passer entre Metz et Nancy, celle des événements complémentaires qui pourront se passer à Paris, au double point de vue politique et militaire, n'est pas moindre. Il y a là, vous le croirez sans peine, des périls spéciaux qui peuvent faire explosion d'un jour à l'autre, par suite de la tension infinie de la situation, quand l'ennemi viendra déployer ses masses autour de la Capitale. Il faut la défendre à tout prix, avec le concours de l'esprit public, qu'il s'agira d'entraîner dans le sens du patriotisme et des grands efforts.

« Si cette défense est active et vigilante, si l'esprit public tient ferme, l'ennemi se repentira de s'être engagé si loin dans le cœur du pays.

« Dans cette idée, j'exprime l'opinion dont le développement suit : le siège de Paris peut-être longuement disputé, à la condition, nécessaire pour tous les sièges, impérieusement nécessaire pour celui-là, que la lutte soit appuyée par une armée de secours. Son objet serait d'appeler à elle tous les groupes qui seraient ultérieurement organisés dans le pays, d'agir par des attaques répétées contre l'armée prussienne qui serait, par suite, incapable d'un investissement complet et de protéger les chemins de fer et les grandes voies du sud, par lesquels se ferait l'approvisionnement de la ville.

« Cette armée de secours existe, dit-on au ministère ; mais ce sont là de futurs contingents, tout aussi incertains que ce qu'on a espéré des régiments de marche, que ce qu'on a espéré des régiments de mobiles, qui peuvent être et seront d'un grand secours plus tard, mais non pas dans le moment présent et immédiat.

« Je crois qu'il faut que l'armée de secours de Paris soit l'armée qui est réunie devant Metz et voici comme je l'entends : le répit que vous donne l'ennemi veut dire qu'il évacue ses blessés, fait reprendre leur équilibre à ses têtes de colonnes et qu'il opère sa concentration définitive. Elle comprendra trois armées dont l'une, au moins, aura la mission de vous tourner. L'effort lui coûtera cher, mais il sera soutenu par des forces considérables et incessamment renouvelées. Si vous tenez trop longtemps ferme devant Metz, il en sera de cette armée, qui est le dernier espoir de la France, comme il en a été du premier corps, qui a péri après de si magnifiques preuves. Je crois qu'il faut que cette armée de Metz étudie soigneusement et prépare la ligne d'une retraite échelonnée sur Paris, les têtes de colonnes livrant bataille sans s'engager à fond et arrivant à Paris avec des effectifs qui devront suffire, pour remplir l'objet de premier ordre que j'ai indiqué ; nous ferons ici le reste.

« Adieu, bon courage et bon espoir.

« A l'heure qu'il est, vous avez encore trois routes pour effectuer cette retraite. Dans quatre jours vous n'en aurez plus que deux. Dans huit jours, vous n'en aurez plus qu'une : celle de Verdun. Ce jour-là, l'armée sera perdue. »

Singulière puissance, qui élevait l'étude et l'intelligence de la guerre jusqu'à la prophétie, et, d'avance, fixait non seulement l'étendue des désastres, mais leur marche, mais l'heure où ils devaient s'accomplir !

(Extrait de l'ouvrage d'E. Lamy : *Etudes sur le second Empire.*
Paris, Calmann Lévy, 1895.)

VI

Ordre du jour du général Ducrot, avant les batailles de la Marne.

« Paris, le 28 novembre 1870.

« Soldats de la 2ᵉ armée de Paris.

« Le moment est venu de rompre le cercle de fer qui nous enserre depuis trop longtemps et menace de nous étouffer dans une lente et douloureuse agonie ! A vous est dévolu l'honneur de tenter cette grande entreprise : vous vous en montrerez dignes, j'en ai la certitude. Sans doute, nos débuts seront difficiles : nous aurons à surmonter de sérieux obstacles; il faut les envisager avec calme et résolution, sans exagération comme sans faiblesse. La vérité, la voici : dès nos premiers pas, touchant nos avant-postes, nous trouverons d'implacables ennemis, rendus audacieux et confiants par de trop nombreux succès.

« Il y aura donc là à faire un vigoureux effort, mais il n'est pas au-dessus de vos forces. Pour préparer votre action, la prévoyance de celui qui nous commande en chef a accumulé plus de 400 bouches à feu, dont deux tiers au moins du plus gros calibre; aucun obstacle matériel ne saurait y résister, et, pour vous élancer dans cette trouée, vous serez plus de 150.000, tous bien armés, bien équipés, abondamment pourvus de munitions, et, j'en ai l'espoir, tous animés d'une ardeur irrésistible. Vainqueurs dans cette première période de la lutte, votre succès est assuré, car l'ennemi a envoyé sur les bords de la Loire ses plus nombreux et ses meilleurs soldats; les efforts héroïques et heureux de nos frères les y retiennent.

« Courage donc et confiance ! Songez que, dans cette lutte suprême, nous combattrons pour notre liberté, pour le salut de

notre chère et malheureuse patrie, et, si ce mobile n'est pas suffisant pour enflammer vos cœurs, pensez à vos champs dévastés, à
vos familles ruinées, à vos sœurs, à vos femmes, à vos mères désolées !

« Puisse cette pensée vous faire partager la soif de vengeance,
la sourde rage qui m'animent, et vous inspirer le mépris du danger.

« Pour moi, j'y suis bien résolu, j'en fais le serment devant vous,
devant la nation tout entière : je ne rentrerai dans Paris que mort
ou victorieux; vous pourrez me voir tomber, mais vous ne me
verrez pas reculer.

« Alors, ne vous arrêtez pas, mais vengez-moi !

« En avant donc ! en avant, et que Dieu nous protège !

« Le général en chef de la 2ᵉ armée de Paris,

Signé : « A. DUCROT. »

(Actes du Gouvernement de la Défense nationale. Commission
d'enquête.)

VII

Général Trochu à Gambetta.

« 10 janvier 1871.

« Mon cher collègue,

« Je suis aux prises avec de grandes difficultés ; je fais de grands
efforts pour lutter contre la crise suprême où nous sommes. Le
temps me manque pour répondre, avec toute la suite que je voudrais, à vos lettres si intéressantes, et particulièrement à celle qui
m'était commune avec Jules Favre. C'est lui qui est chargé de ce
soin.

« Le sombre tableau de la fin de nos approvisionnements domine
naturellement la situation. Nos troupes, après trois batailles énergiquement disputées, ont éprouvé d'énormes fatigues. Elles ont
encore plus souffert, par un froid terrible et par la neige, sans
abris. De nombreux cas de congélation, des anémies, des affections de poitrine, la variole, enfin l'insuffisance de la nourriture
ont considérablement réduit nos effectifs, et abaissé tout à la fois
leur ressort physique et moral.

« Vos bonnes nouvelles, la victoire de Faidherbe à Bapaume,
l'ensemble des efforts que fait le pays sous votre énergique impulsion, vont remonter, je l'espère, notre machine. La population de
Paris n'en a pas besoin. Elle est restée pleine d'une animation
qui se reflète dans l'esprit de la garde nationale, et tous voudraient
marcher, sans tenir compte de l'état des troupes et des triples
fortifications dont la ville est enveloppée, au risque de mettre fin
tout à coup à la résistance de Paris, dont les proportions, sur les
masses confuses que je mène, auraient d'incalculables suites.

« Résister aux passions violentes de l'opinion qui pousse à une
action généralisée, laquelle sera l'acte de désespoir du siège,

n'est ni facile ni populaire. Cet acte deviendra nécessaire à une heure prochaine, car le temps nous presse. Mais l'accomplir sans aucune entente avec nos armées du dehors, et courir la chance probable de tout perdre en un jour, alors qu'en tenant encore nous pouvons donner à Faidherbe, à Chanzy, surtout à Bourbaki le temps de frapper quelques grands coups, serait une folie gratuite. Ma situation est donc pleine de difficultés et de périls, surtout quand le bombardement sévit avec une fureur sauvage qui, jusqu'ici, surexcite la population au lieu de l'abattre. Je n'en demeure pas moins ferme dans mes résolutions de résistance à outrance, réservant l'acte de désespoir pour l'heure utile. Nos précédentes batailles ont assez montré que l'audace avait eu sa part dans nos efforts ; peut-être même avons-nous abusé des troupes, ce qu'on ne fait jamais impunément. Dans tous les cas, les vues qu'on critique aujourd'hui ont conduit Paris à son cent seizième jour de siège, résultat imprévu, peut-être étonnant, qui a donné à la France et à vous le temps de créer la résistance et de la féconder.

« Cela rassure ma conscience; mais comptez que ce grand effort ira tout au plus jusqu'aux environs de la fin du mois. Je pense d'ailleurs, avec vous, que, Paris succombant sous l'étreinte de la faim, la France et la République n'en doivent continuer que plus énergiquement la lutte à mort, où elles sont glorieusement engagées, avec les Césars de l'Allemagne. J'ai fait et j'ai dit tout ce que je devais, pour obliger le Gouvernement à sortir de toutes les voies économiques et financières connues, afin de pouvoir vous mettre à même de pourvoir à vos immenses et si légitimes besoins.

« Je considère que les milliards que nous dépenserons pour tâcher de sauver la patrie sont le plus magnifique placement que nous puissions faire. Les Césars nous en demanderont bien plus, s'ils triomphent, pour nous laisser dans l'asservissement et dans la ruine. »

(Actes du Gouvernement de la Défense nationale. Commission d'enquête.)

VIII

Réunion du 22 Janvier 1871 au ministère de l'Instruction Publique.

(Note de M. *Tirard*, député.)

« Après un exposé de M. Jules Simon, chacun de MM. les officiers est appelé à faire connaître son sentiment sur les opérations militaires qui pourraient être entreprises.

« M. le général *Lecomte* demande que les avis soient exprimés, ainsi qu'il est d'usage dans les Conseils de guerre, en commençant par les grades les moins élevés.

« M. *Bourgeois*, chef d'escadron, est absolument contraire à une grande action ; elle serait désastreuse et, dans tous les cas, stérile, non seulement au point de vue du déblocquement, mais même au point de vue de l'honneur militaire, auquel elle n'ajouterait rien. Il pense, au contraire, que l'on devrait harceler l'ennemi par des opérations simultanées et assez fréquemment répétées pour l'inquiéter sérieusement. Que l'on devrait chercher à profiter de ces attaques répétées, pour se maintenir dans les positions conquises, au lieu de battre chaque fois en retraite ; s'y retrancher et enfin tenter un dernier effort, au cas où une armée de secours nous arriverait de province. M. Bourgeois fait le plus grand éloge de la tenue de la garde nationale à Buzenval.

« M. le colonel *Warnet* s'associe à l'opinion du préopinant. Il repousse l'idée de livrer une grande bataille. Les officiers généraux n'inspirent pas une suffisante confiance à l'armée. Les chefs sont jeunes, nouveaux pour leurs soldats. L'armée manque de cohésion. Sans doute la garde nationale est pleine d'élan, mais elle manque d'expérience et on ne peut pas compter sur sa solidité.

« M. le colonel *Boulanger* n'est pas non plus d'avis de tenter une grande action. Les petites attaques dont il vient d'être parlé, et qui eussent été excellentes dès le début, lui paraissent tardives. Son régiment est excellent. « Je le tiens dans ma main, dit le colonel, et il est prêt à se faire tuer avec moi. Mais, comme le reste de l'armée, il est fatigué, découragé, et je doute que la garde nationale soit capable de supporter seule un grand choc. »

« M. le colonel *Colonnieu :* Les petites sorties ne feront que satisfaire les ambitions et les vanités personnelles. Elles seront sans résultat. Une opération gigantesque, bien conduite et sans rien livrer au hasard, aurait eu quelque chance de réussite. Mais il ne faut plus y songer aujourd'hui. Les Prussiens sont formidablement retranchés dans leurs positions. Ils occupent une double ligne qu'il faudrait franchir, et, en supposant que l'on pût faire une trouée, il faudrait soutenir le choc de leur cavalerie, qui ne manquerait pas de se jeter sur notre armée, exténuée par l'effort qu'elle aurait fait. « Je suis prêt, s'écrie le colonel, à me jeter avec mes hommes au-devant de l'armée ennemie, si l'on veut tenter de nouveaux efforts, mais je crains que ce ne soit un inutile sacrifice de l'armée et de la garde nationale, au profit des gredins qui n'attendent que notre écrasement pour se livrer au pillage et à la dévastation. »

« M. le colonel *de Brancion* fait l'historique de la journée de Buzenval-Montretout et se livre à d'amères critiques contre la direction des opérations de cette journée. Le général en chef n'avait pris aucune mesure sérieuse ; l'artillerie est restée hors de la portée de l'ennemi, sans que rien ait été tenté pour la mettre en position. L'on a inutilement sacrifié un grand nombre de gardes nationaux et de soldats, sans que jamais on ait eu la pensée de tirer un parti quelconque de cette attaque. « Aujourd'hui il n'y a plus qu'à se faire tuer pour l'honneur, » dit le colonel en terminant.

« M. le colonel *Germa* se livre, comme le précédent orateur, à de violentes récriminations contre la direction des opérations militaires de la journée de Buzenval. Jamais plus d'insouciance n'a été jointe à plus d'incapacité. Contrairement aux avis précédemment exprimés, M. Germa pense qu'il est impossible de songer à la capitulation, sans une nouvelle tentative de déblocquement, mais il faudrait retirer le commandement aux chefs incapables qui nous ont perdus : bien conduite, bien organisée, une dernière et héroïque tentative pourrait nous sauver.

« Le général *Lecomte* examine la situation de l'armée française, au delà de Paris, et constate que nous n'avons à espérer aucun secours en temps utile. « Je suis Lorrain, dit le général, mon pays est occupé par l'ennemi, et pour de longues années, peut-être ; nul plus que moi n'a donc intérêt à chasser cet ennemi de notre territoire ; mais que pouvons-nous en l'état actuel des choses ? Le manque de vivres nous impose une prompte capitulation. Les petites sorties seront sans utilité ; elles ne feront que nous affaiblir, et elles entretiendraient la population dans la pensée d'une prolongation de résistance possible, tandis qu'il faut l'habituer peu à peu à la résignation que commande notre douloureuse situation. »

« (L'émotion du général gagne l'auditoire.)

« Pas d'efforts inutiles, dit-il en terminant, et traitons avec l'ennemi, tandis que nous avons encore la main sur le pommeau de l'épée. » (*Textuel.*)

« Le colonel *Colonnieu* et divers autres officiers reprennent encore la parole et confirment leurs précédentes déclarations.

« Ce court procès-verbal ne donne qu'une imparfaite idée de la physionomie de cette réunion. La vie de ceux qui parlent ne compte pour rien, dans les opinions qu'ils expriment. Ils sont prêts à tous les sacrifices. Un souffle patriotique règne dans l'atmosphère mais ce n'est plus ce patriotisme irréfléchi des premiers jours du siège. C'est la réalité qui se dresse devant les yeux de chacun et qui impose aux plus résolus le rude devoir de la résignation et du sacrifice !

« Cette séance a été l'une des plus émouvantes auquel le soussigné ait assisté pendant le siège. »

Signé : « P. TIRARD. »

(Actes du Gouvernement de la Défense nationale. Commission d'enquête.)

IX

*Conversation de M. Jules Favre et de M. de Bismarck, le 23 Janvier,
à 8 heures du soir.*

(Récit dicté par M. Jules Favre à son secrétaire, le 24.)

« J'ai été tout de suite introduit dans un petit salon, au premier
étage de l'hôtel. Le comte est venu m'y trouver, au bout de quelques minutes et l'entretien a de suite commencé.

« J'ai dit que je venais le reprendre où je l'avais laissé à Ferrières; que si, en fait, la situation avait changé, en droit elle restait la même et nous imposait à l'un et à l'autre l'obligation de
faire tout ce qui était en notre pouvoir pour arrêter la guerre;
que je venais l'éclairer sur la véritable situation de Paris, n'ayant
de mandat que pour Paris et ne pouvant en rien engager la
France; qu'après plus de quatre mois de siège, de souffrances et
de privations, Paris, loin d'être abattu, était plus que jamais
exalté et décidé à une résistance à outrance. Je lui en donnais
pour preuve la retraite du général Trochu, forcé par l'opinion
d'abandonner son commandement, parce qu'il avait pensé qu'il
était maintenant difficile de livrer des actions offensives; que
cette opinion était si violente, si unanime que, pour avoir été
soupçonné de ne la point partager, le Gouvernement avait été
exposé à une sédition facilement réprimée, mais dont il fallait
tenir grand compte comme symptôme moral; que, dans une telle
situation, il était à craindre qu'une population, exaspérée par le
bombardement et par le sentiment patriotique, ne continuât
longtemps encore une lutte dans laquelle, des deux parts, étaient
sacrifiées de précieuses existences. Que je venais savoir de lui
quelles seraient ses conditions, dans le cas où Paris mettrait bas
les armes, car la connaissance de ces conditions, si elles étaient
acceptables, pourrait amener une solution moins sanglante.

« — Vous arrivez trop tard, m'a répondu vivement le comte,
nous avons traité avec votre Empereur; comme vous ne pouvez ni
ne voulez vous engager pour la France, vous comprendrez sans
peine que nous cherchions le moyen le plus efficace de terminer
la guerre. » Il ajouta :

« — Vous avez amené, par votre fait, un état de choses facile à
prévoir et qu'il eût été aussi simple que sage d'éviter. Votre erreur
a été de croire, après la capitulation de Sedan, qu'il vous était
possible de refaire des armées; les vôtres étaient complètement
détruites, et quel que soit le patriotisme d'une nation, elle ne
peut improviser des armées. Au commencement de la campagne,
nous avons trouvé le troupier français avec toute sa valeur; seulement il était commandé par des chefs incapables, et c'est pourquoi nous vous avons battus. Aujourd'hui, ceux que vous nous
opposez ne manquent ni de courage ni d'abnégation, mais ce sont
des paysans, et non pas des soldats; ils ne peuvent tenir contre
nos troupes, dès longtemps aguerries et façonnées au métier des
armes. S'il suffisait de donner un fusil à un citoyen, pour en faire
un soldat, ce serait une grande duperie que de dépenser le plus
clair de la richesse publique à former et à entretenir des armées
permanentes. Or, c'est encore là qu'est la vraie supériorité, et
c'est pour l'avoir méconnu que vous en êtes à la situation actuelle.
Vous vous êtes·honorés grandement par une résistance qu'à
l'avance je savais parfaitement inutile, et qui n'a été qu'un acte
d'amour-propre national. Maintenant, nous sommes bien décidés
à finir la guerre, et nous voulons, pour cela, chercher le moyen le
plus direct et le plus sûr. Ne trouvant point en vous un Gouvernement régulier, nous le cherchons ailleurs et nous sommes en
négociations assez avancées avec celui qui, à nos yeux, représente
la tradition et l'autorité. Nous n'avons, à cet égard, aucun parti
pris, et nous sommes en face de trois combinaisons : l'Empereur,
le Prince impérial avec une Régence, ou le Prince Napoléon qui
se présente aussi. Nous avons également la pensée de ramener le
Corps législatif, qui représente le Gouvernement parlementaire.
Après sa dispersion, une Commission a été formée à la tête de
laquelle se trouve M. de X..., qui, je crois, est un honnête
homme et un personnage considérable. Nous pourrions nous
entendre avec lui ; le Corps législatif traiterait directement la
question, on ferait nommer une Assemblée qui la traiterait elle

même. Elle choisirait ainsi son Gouvernement, et nous aurions un pouvoir avec lequel nous pourrions conclure.

« Je lui ai exprimé toute ma surprise qu'il pût songer encore à renouer avec la famille impériale ; l'impopularité qui la repousse est telle que je considère l'hypothèse de son retour comme une chimère. Ce retour amènerait infailliblement des déchirements intérieurs et le prompt renversement de la dynastie.

« — Ceci vous regarderait, m'a répondu le comte ; un Gouvernement, qui provoquerait chez vous la guerre civile, nous serait plus avantageux que préjudiciable.

« Je l'ai arrêté en lui faisant observer que, même en écartant tout sentiment d'humanité, une telle doctrine était inadmissible ; que la solidarité unissait les nations européennes ; qu'elles avaient toutes intérêt à ce que l'ordre, le travail et la richesse fussent maintenus parmi elles, et qu'on ne saurait accepter un système ayant pour conséquence d'entretenir un foyer d'agitation au centre de l'Europe. Au surplus, ai-je dit, puisque nous parlons de la possibilité de constituer un Gouvernement, je ne saurais comprendre pourquoi vous n'accepteriez pas les principes qui nous régissent, en laissant à la France le soin de prononcer sur elle-même, par une Assemblée librement élue. C'est là précisément la solution que j'ai toujours poursuivie, que je regrette amèrement de n'avoir pu faire prévaloir. Je viens aujourd'hui vous demander les moyens de l'appliquer.

« — Je n'y répugnerais pas autrement, a répliqué le comte, mais je la crois maintenant tout à fait impossible. Gambetta a partout fait dominer la terreur. A vrai dire, il n'est maître que du Midi ; dans le Nord, les populations sont plus près de nous que de lui. Mais, là où il commande, il n'est obéi que par la violence. Chaque commune est sous le joug d'un comité imposé par lui. Dans de telles conditions, les élections ne seraient pas sérieuses. D'ailleurs, plusieurs de vos départements sont devenus des solitudes. Un grand nombre de villages ont entièrement disparu ; dans cet état de ruine et de décomposition, il serait impossible de consulter des citoyens par les voies ordinaires. Ne pouvant faire une Assemblée, nous devons, si nous en voulons une, la prendre toute faite.

« Je me suis récrié, en lui disant qu'il traçait un tableau de fantaisie, que malheureusement je reconnaissais toute l'étendue des dévastations de la guerre, mais que je n'admettais à aucun

point de vue le régime de terreur établi par Gambetta. Il a, au
contraire, partout maintenu l'exécution des lois. Il a certainement
excité le sentiment patriotique; mais, en cela, il n'a fait que son
devoir, et ce devoir serait celui de l'Assemblée chargée de vider
toutes ces questions.

« Pressé par M. de Bismarck sur la combinaison de la réunion
du Corps législatif, j'ai dit que je ne pouvais, ni de près ni de loin,
m'y associer. Je la trouvais moins mauvaise que le retour d'un
Bonaparte au milieu de bataillons allemands, mais je croyais que
les membres de l'ancien Corps législatif, pour toutes sortes de
raisons évidentes, seraient absolument dépourvus d'autorité, à ce
point que je doutais qu'ils osassent siéger ; que le Gouvernement
actuel, disparaissant forcément, laisserait à la Prusse toute la
responsabilité de pareils expédients; que je ne pouvais donc
m'attacher à une idée autre que celle de la réunion d'une Assemblée, élue dans les conditions ordinaires. Ce point posé, je reve-
nais à la situation de Paris, et je désirais connaître, si on voulait
me les dire, les conditions qui lui seraient faites, s'il avait le
malheur de se rendre.

« — Il m'est difficile de les préciser toutes, m'a dit le comte,
parce qu'ici la question militaire domine la question politique.

« Je lui ai demandé de s'expliquer, s'il le voulait, sur le sort de
la garnison, de la garde nationale, et sur l'entrée de l'armée
prussienne à Paris.

« — Ce sont précisément des points sur lesquels nous ne sommes
pas encore fixés, le roi, M. de Moltke et moi, m'a-t-il répondu.
La garnison de Paris doit être prisonnière, d'après les lois de la
guerre, mais la transporter en Allemagne serait, dans l'état des
choses, un gros embarras. Nous consentirions à ce qu'elle restât
prisonnière à Paris. Quant à la garde nationale, elle doit être
désarmée, et ce ne sera qu'après son désarmement complet que
nous accorderons à Paris la faculté de se ravitailler. Quant à l'entrée des troupes allemandes dans Paris, je reconnais qu'elle n'est
pas sans inconvénient, et si j'étais seul à décider, je me contente-
rais de la possession des forts. Pour ces forts, nous prendrons des
otages : les maires, les rédacteurs de journaux, les membres du
Gouvernement; ils nous précéderont dans les forts, pour être
sûrs qu'ils ne sont pas minés.

« J'ai interrompu le comte en lui disant que nous ne méritions

pas une telle humiliation, et que si nous lui donnions notre
parole, il pouvait entrer partout sans crainte. Au surplus, ai-je
ajouté, je suis prêt, de ma personne, à vous précéder partout. Je
m'offre, et je suis sûr que mes collègues penseront comme
moi, pour otage de toutes les résolutions qui seront arrêtées en
commun.

« Le comte a repris : — Je vous concéderais la non-entrée dans
Paris ; mais le roi et le parti militaire y tiennent. C'est la récompense de notre armée. Quand, rentré chez moi, je rencontrerai
un pauvre diable marchant sur une seule jambe, il me dira : « La
jambe que j'ai laissée sous les murs de Paris me donnait le droit
de compléter ma conquête ; c'est ce diplomate, qui a tous ses
membres, qui m'en a empêché. » Nous ne pouvons nous exposer à
froisser à ce point le sentiment public. Nous entrerons à Paris,
mais nous ne dépasserons pas les Champs-Elysées, et nous y
attendrons les événements ; nous laisserons armés les soixante
bataillons de la garde nationale qui ont été primitivement constitués et qui sont animés de sentiments d'ordre.

« J'ai combattu chacune de ces idées, et notamment celle qui
concerne l'occupation de Paris ; j'ai dit au comte que c'était une
question qui n'admettait aucun tempérament. Paris devait être
non occupé, ou occupé entièrement. La Prusse ne trouverait pas
un pouvoir civil qui consentît à gouverner avec les canons et les
corps ennemis aux Champs-Elysées. Si j'insistais pour que l'armée
n'entrât pas dans Paris, c'était pour deux raisons : d'abord je
voulais éviter à Paris la douleur de voir l'armée allemande dans
ses murs, et je croyais que la concession qui l'en éloignerait
aurait dans l'avenir les conséquences les plus heureuses ; puis
j'étais épouvanté du contact des soldats allemands et de la population parisienne. Celle-ci était dans une telle irritation que ce
contact pouvait donner lieu aux incidents les plus terribles, dont,
pour ma part, je ne prendrais jamais la responsabilité.

« Je ne voyais donc aucune alternative entre l'un ou l'autre de
ces partis : occuper Paris en entier et le gouverner, l'administrer
comme une ville conquise, ou n'y pas entrer. Dans le premier
cas, le Gouvernement s'effaçait complètement, le vainqueur opé-
rait le désarmement, prenait possession de la cité et se chargeait
de sa police ainsi que des grands services publics. Dans le second
cas, les forts seuls étaient occupés, un Gouvernement nommé par

Paris se chargeait de le gouverner, on lui donnait toutes facilités pour le ravitaillement et la garde nationale conservait ses armes. Quant à la ville, elle payait une contribution de guerre, un armistice était conclu, des élections appelaient une Assemblée qui se réunirait à Bordeaux et qui trancherait la question de la paix ou de la guerre, ainsi que celle du Gouvernement. En dehors de ces conditions, je ne voyais aucune-conclusion possible. Paris continuerait à se battre, et, s'il n'était ni secouru ni assez fort pour repousser l'ennemi, il se rendrait à discrétion : la Prusse s'arrangerait comme bon lui semblerait.

« Le comte m'a prié de lui mettre ces idées par écrit. Je lui ai répondu que cela me paraissait tout à fait inutile.

« — C'est pour moi, a-t-il répliqué, pour me permettre d'en causer avec le roi et me fournir des arguments.

« Je vous donne ce que vous me demandez, lui ai-je répondu. Je le livre à votre honneur personnel, non que j'aie aucune répugnance à écrire ce que je dis, je voudrais que Paris tout entier assistât à notre entretien, il serait juge des sentiments que j'y apporte, mais comme nous sommes en conversation, et non encore en négociation, je ne puis en ma qualité officielle paraître livrer des bases qui plus tard peuvent ne pas être acceptées. Le comte l'a compris : « — Ce sera pour moi seul, m'a-t-il dit, c'est ma parole de gentilhomme qui le garantit. » J'ai pris un crayon, j'ai résumé en quelques lignes ce que je viens d'exposer et nous nous sommes quittés à onze heures. »

(Actes du Gouvernement de la Défense nationale. Commission d'enquête.)

X

Annexe à la déposition de M. le général de Valdan

(Note pour le ministre des Affaires Étrangères par intérim.)

« 13 Février 1871.

« LL. EE. le général comte de Moltke et le comte de Bismarck savent dans quelles conditions de bonne foi M. Jules Favre, assisté du général de Valdan, a traité devant eux de l'armistice. Il ignorait, par suite des rigueurs de l'investissement de Paris, ce que faisaient les troupes françaises du dehors, et où elles étaient. Le temps et les moyens manquaient absolument, pour prendre des informations à cet égard. Il en résulte que le tracé de délimitation des zones à occuper ou à neutraliser a été fait selon des vues dont l'armée allemande devait avoir le principal bénéfice. L'occupation d'Abbeville, de Dieppe, de Fécamp, etc., que le négociateur français aurait pu contester, a été la conséquence de cette situation.

Les mêmes raisons d'ignorance et d'impossibilité ont déterminé l'ajournement admis au sujet de l'armistice pour les départements de l'Est, comme pour les troupes qui s'y trouvent. Et ce fait singulier s'est produit, qu'un armistice qui devait être nécessairement généralisé, est devenu partiel, au grand préjudice des intérêts français qui étaient en cause.

Les troupes allemandes en ont profité pour s'étendre, à leur gré, dans tous les sens, occuper les positions où il leur a convenu de s'établir, interrompre par une sorte d'investissement les communications de la place de Besançon avec les dehors, menacer diretement Auxonne, interdire, après l'occupation de Dijon, l'usage de la portion du chemin de fer de Chagny à Etang (conduisant à Nevers) sur une longueur de 3 kilomètres environ qui appartiennent au département de la Côte-d'Or. Il en résulte, qu'outre le préjudice évident que souffrent les intérêts militaires français, les populations des départements du Doubs, du Jura et de la Côte-d'Or sont soumises, au régime le plus difficile et le plus gênant. Il y a là une question de justice que, sans nul doute, S. E. le comte de Moltke ne se refusera pas à prendre en considération ; mais, en admettant qu'il l'envisage avec toute la rigueur que permet la lettre de la convention du 28 janvier, il reconnaîtra que la reddition de Belfort, autorisée par le Gouvernement, doit être le point de départ de la solution de ces difficultés ; que l'armistice doit être immédiatement étendu aux trois départements précités ; qu'enfin la délimitation des zones et points à occuper ou à neutraliser doit être faite équitablement pour les intérêts en cause, par voie de concert entre les chefs des troupes allemandes et françaises, présents sur les lieux.

Une question encore plus considérable que celle qui précède, impose au Gouvernement le devoir étroit de demander justice pour les populations à M. le comte de Bismarck. Depuis que l'armistice a été promulgué, non seulement les réquisitions de l'armée prussienne ont eu leur cours, mais des contributions extraordinaires de guerre, dépassant pour les départements et les communes leurs revenus de plusieurs années, leur ont été imposées, avec menaces d'exécutions militaires, s'il n'était déféré aux ordres y relatifs dans un délai défini. Outre que ces exigences violentes jetteront infailliblement les populations dans le désespoir et la guerre à outrance, elles sont absolument contraires au droit des gens, et, puisqu'elles ont pour sanction l'exécution militaire, elles maintiennent, en réalité, l'état de guerre en plein armistice.

« Le Président,

Signé : « Général Trochu. »

(Actes du Gouvernement de la Défense nationale. Commission d'enquête.)

XI

Lettre du général Chanzy au commandant prussien, à Vendôme.

« Le Mans, 26 Décembre 1870.

« J'apprends que des violences inqualifiables ont été exercées, par des troupes sous vos ordres, sur la population inoffensive de Saint-Calais, malgré ses bons traitements pour vos malades et vos blessés. Vos officiers ont exigé de l'argent et autorisé le pillage : c'est un abus de la force qui pèsera sur vos consciences et que le patriotisme de nos populations saura supporter ; mais, ce que je ne puis admettre, c'est que vous ajoutiez à cela l'injure, alors que vous savez qu'elle est gratuite.

« Vous avez prétendu que nous étions les vaincus : cela est faux. Nous vous avons battus et tenus en échec, depuis le 4 de ce mois. Vous avez osé traiter de lâches des gens qui ne pouvaient vous répondre, prétendant qu'ils subissaient la volonté du Gouvernement de la Défense nationale, les obligeant à résister alors qu'ils voulaient la paix, et que vous la leur offriez. Je proteste, avec le droit que me donnent de vous parler ainsi la résistance de la France entière et celle que l'armée vous oppose et que vous n'avez pu vaincre jusqu'ici.

« Cette communication a pour but d'affirmer de nouveau ce que cette résistance vous a déjà appris. Nous lutterons, avec la conscience du droit et la volonté de triompher, quels que soient les sacrifices qu'il nous reste à faire. Nous lutterons à outrance, sans trêve ni merci ; il s'agit aujourd'hui de combattre non plus des ennemis loyaux, mais des hordes de dévastateurs qui ne veulent que la ruine et la honte d'une nation qui prétend conserver son honneur, son indépendance et son rang.

« A la générosité avec laquelle nos traitons vos prisonniers et vos blessés, vous répondez par l'insolence, l'incendie et le pillage.

« Je proteste avec indignation, au nom de l'humanité et du droit des gens que vous foulez aux pieds. »

Voici la réponse prussienne à cette communication si ferme et si digne :

« Reçu une lettre du général Chanzy. Un général prussien, ne sachant pas écrire une lettre d'un tel genre, ne saurait y faire une réponse par écrit. »

(Cette lettre et la réponse du commandant prussien ont été publiées pâr tous les journaux du temps.)

XII

La « guerre de terreur ».

On lit dans *la Guerre de France*, de M. de Mazade, tome II,
page 14 :

« Les Allemands ont eu le mérite d'inventer ou de perfectionner
ce qu'un écrivain étranger, qui ne leur est pas défavorable, le
colonel Rüstow, appelle « *la guerre de terreur*». Ils ont notamment employé deux procédés au moins étranges : l'un de ces procédés est le ystème des otages, qui a été pratiqué dans la plus large
mesure, et dont le dernier mot a été l'envoi d'un membre de l'Institut de France, M. le baron Thénard, en Allemagne, sans doute
par suite du respect connu des Allemands pour la science ! Cet
abus de la force généralisé, appliqué à propos de tout, par prévention ou comme garantie, est-ce un droit légitime de la guerre ?
C'est une question d'équité et d'honneur entre les peuples civilisés.

Un autre procédé consistait à rendre les villes entières, les villages responsables de la moindre mésaventure d'un soldat allemand, à considérer comme des bandits de simples gardes nationaux, à traiter la moindre résistance par le fer et le feu, par la
fusillade et le pétrole, à promener partout enfin une loi du talion
aveugle. C'était l'esprit de la guerre de Trente ans, se réveillant en
plein xixe siècle, et, mieux encore, c'était, selon le mot du colonel
Rüstow, la destruction ordonnée de sang-froid, dans le plus
grand calme.

« Au même instant, dès le mois d'Octobre, ce système éclatait
dans toute sa violence, partout où passait l'invasion. Je ne parle
pas des villes ouvertes, bombardées et brûlées après le combat,
comme Châteaudun. Dans le pays chartrain, le petit village d'Albis
était livré aux flammes avec des raffinements cruels, en expiation du désastre d'un escadron de hussards surpris par une bande
française. Dans les Ardennes, s'accomplissait un drame qui s'est
dévoilé depuis devant les tribunaux. Un sous-officier allemand
avait été tué, dans un engagment avec des francs-tireurs, non loin
du village de Vaux. Le lendemain, une colonne ennemie arrivait;
on s'empara de tous les hommes qu'on put saisir, ils étaient qua-

rante, et on les enferma dans l'église, en les prévenant qu'ils allaient être décimés. Le chef du détachement allemand, c'était un colonel de landwehr prussienne, tint une façon de Conseil de guerre au presbytère ; il pressait le curé, pour en finir, de désigner les trois plus mauvais sujets de l'endroit qui seraient punis pour les autres. Le curé se refusait énergiquement à cette complicité ; il répondait que dans son village, comme partout, il y avait du bon, du médiocre et du mauvais, mais qu'il n'y avait aucun coupable, que personne n'avait fait le coup de feu, et le brave prêtre s'offrait lui-même en sacrifice pour ses paroissiens. Touché de l'émotion et du dévouement de l'honnête ecclésiastique, le colonel s'écriait : « Pensez-vous, monsieur le curé, que c'est avec plaisir que j'exécute cet ordre venu de haut ? » Dans l'embarras, les Allemands prirent un casque où ils mirent des billets, et ils le firent passer aux prisonniers en leur disant de tirer au sort. Que se passa-t-il entre ces malheureux, enfermés dans l'église pendant soixante-seize heures ? Toujours est-il que trois victimes furent désignées, non par le sort, mais à la majorité des voix, et un peu sans doute par un abus d'influence de quelques-uns des prisonniers. Les trois sacrifiés, malgré leurs supplications et leurs protestations, furent conduits auprès du cimetière, où ils furent fusillés, en présence du curé, qui les accompagnait au supplice, et du colonel prussien, qui était auprès du curé, le soutenant au moment de la détonation.

« Ce qui se passait à Vaux était à peu près justement ce qui arrivait à Bazincourt, après le combat de l'Epte. On avait réussi à préserver le village de l'incendie, mais huit habitants furent saisis comme bandits. On parvint encore, à force de démarches, à sauver trois des prisonniers, qui reçurent la bastonnade. Les cinq autres furent impitoyablement fusillés. Il y avait parmi eux un vieillard septuagénaire qui n'avait fait que défendre sa maison. Peu après, les Prussiens, définitivement établis à Gisors, rayonnaient tout autour, allant à Vernon, aux Andelys, à Hébécourt, à Ecouis, et déployant partout sur leur passage les mêmes procédés de violence. Ainsi se manifestait cette invasion de la Normandie, conduite par un prince de taille effilée, de santé assez frêle, qui suivait en ce moment-là une cure de lait, en ordonnant des exécutions, des bombardements et des réquisitions ! »

(De Mazade, *la Guerre de France*, 1870-1871, Paris, Plon, 1875.)

XIII

Capitulation de Metz.

Le Conseil d'enquête, réuni sous la présidence du maréchal Baraguey-d'Hilliers, pour prononcer sur la capitulation de Metz comme sur toutes les autres capitulations, a émis son avis longuement motivé, qui est un exposé détaillé de toutes les opérations de l'armée du Rhin. En voici la conclusion :

« Considérant que le maréchal Bazaine, par ses dépêches des 19 et 20 Août, a fait décider la marche de l'armée du maréchal de Mac-Mahon de Reims sur la Meuse ; qu'il a été informé de l'opération tentée par le maréchal de Mac-Mahon pour se porter au secours de l'armée de Metz ; que les tentatives de sortie les 26 et 31 Août ne sauraient être considérées comme assez sérieuses pour opérer une diversion utile à l'armée de Châlons ; par ces motifs, le Conseil d'enquête pense que le maréchal Bazaine est en grande partie responsable des revers de cette armée.

« Le Conseil est d'avis que le maréchal Bazaine a causé la perte d'une armée de 150.000 hommes et de la place de Metz ; que la responsabilité lui en incombe tout entière et que, comme commandant en chef, il n'a pas fait ce que lui prescrivait le devoir militaire.

« Le Conseil blâme le maréchal d'avoir entretenu avec l'ennemi des relations qui n'ont abouti qu'à une capitulation sans exemple dans l'histoire.

« Si, dans les précédents avis sur les autres capitulations, le Conseil a toujours blâmé les commandants de place qui, forcés de se rendre, n'ont pas détruit leur matériel de guerre avant de signer la capitulation et ont ainsi livré à l'ennemi les ressources dont il a largement usé dans la suite de la guerre, à plus juste titre encore le maréchal Bazaine mérite-t-il e même blâme.

« Le Conseil le blâme d'avoir accepté la clause de la capitulation, qui permet aux officiers de rentrer dans leurs foyers, en donnant par écrit leur parole d'honneur de ne pas servir contre l'Allemagne pendant la guerre.

« Le Conseil le blâme de n'avoir pas, conformément à l'article 256 du décret du 13 Octobre 1863, veillé dans la capitulation à améliorer le sort de ses soldats et stipulé pour les blessés et les malades toutes les clauses d'exception et de faveur qu'il aurait pu obtenir.

« Le Conseil le blâme enfin d'avoir livré à l'ennemi les drapeaux qu'il pouvait et devait détruire, d'avoir mis ainsi le comble à l'humiliation de braves soldats dont son devoir était de sauvegarder l'honneur. »

C'est sur cet avis du Conseil d'enquête qu'a été réuni le Conseil de guerre de Trianon, par lequel le maréchal Bazaine a été définitivement condamné.

(*Journal officiel,* Janvier 1873.)

XIV

Rapports du général Clément Thomas.

ORDRE DU JOUR

6 Décembre 1870.

« Désirant satisfaire aux demandes réitérées du bataillon dit des Tirailleurs de Belleville d'être employé aux opérations extérieures et de se mesurer avec l'ennemi, le commandant supérieur avait donné l'ordre de faire équiper ce bataillon un des premiers, et l'a envoyé, le 25 Novembre, occuper à côté d'autres troupes, un poste d'honneur en avant de Créteil, à cent et quelques mètres des lignes prussiennes. Ce poste avait été occupé jusque-là avec le calme le plus parfait par une compagnie de ligne.

« Des rumeurs fâcheuses sur la conduite des Tirailleurs de Belleville étant parvenues, dans l'intervalle, au commandant supérieur, il a demandé, sur les faits, des rapports authentiques. Dans un premier rapport, en date du 28 Novembre, le chef de bataillon Lampérière déclare qu'étant sorti le soir, à huit heures et demie, accompagné de l'adjudant-major Lallemant, il a fait une ronde dans la tranchée et recommandé à ses hommes de ne pas tirer inutilement. La ronde terminée, il se retirait dans la direction de la ferme des Mèches, lorsqu'il entendit une vive fusillade et aperçut bientôt, fuyant à la débandade, une grande partie des 1re et 2e compagnies de son bataillon, de service à la tranchée. Ce ne fut qu'à grand'peine et à force d'énergie qu'il arrêta ses hommes et parvint à les ramener en partie à leur poste.

« Cette honteuse échauffourée provoquée, d'après certains rapports, par la fusillade intempestive des Tirailleurs, coûta la vie à trois d'entre eux, plus trois blessés. Les hommes rejetèrent la cause de leur panique sur le capitaine Ballandier, qui aurait fui le premier, en criant qu'ils étaient tournés.

« Le lendemain, les Tirailleurs de Belleville ont été ramenés en arrière des avant-postes et cantonnés sous le fort de Charenton. Ordre leur ayant été donné plus tard de reprendre leur poste à la tranchée, ils s'y sont refusés et ne se sont décidés à s'y rendre postérieurement que sur de nouvelles injonctions.

« Le 5, le lieutenant-colonel d'infanterie Le Mains, commandant la brigade, a adressé au commandant supérieur le rapport suivant :

« Paris, le 6 Décembre 1870, 8 heures du soir.

« Mon général,

« J'ai l'honneur de vous demander, d'urgence, le rappel à
« Paris des Tirailleurs de Belleville.

« Non seulement leur présence ici n'est d'aucune utilité, mais
« elle pourrait occasionner un grave conflit avec les gardes
« nationaux du 147e (bataillon de la Villette), placés à côté d'eux.

« La haine entre ces deux bataillons est telle, qu'ils ont établi
« dans la tranchée une espèce de barricade, qu'ils s'interdisent
« mutuellement de franchir. La présence de M. Flourens, dans
« ce bataillon, a amené de nouvelles difficultés, les officiers
« ne voulant pas le reconnaître pour chef.

« Ce matin, le rapport du commandant de l'aile droite m'in-
« forme qu'il a dû faire occuper et surveiller particulièrement la
« tranchée de droite, *les Tirailleurs de Belleville ayant aban-
« donné leur poste.*

« Dans les circonstances où nous nous trouvons, un conflit entre nos troupes serait désastreux.

« D'un autre côté, le mauvais exemple que donnent, à tous
« moments les Tirailleurs de Belleville est des plus fâcheux.

« Tels sont les motifs, mon général, qui me font vous demander
« *leur rappel immédiat à Paris.* »

Dans un rapport du 4 Décembre, le commandant Lampérière déclare que, parti avec un effectif de 457 hommes, son bataillon est réduit aujourd'hui de 61 gardes, rentrés à Paris avec armes et bagages, sans permission.

« Ce bataillon, ajoute le commandant, par son indiscipline et les éléments qui le composent est devenu complètement impossible. Indiscipline et incapacité dans une partie des officiers et des sous-officiers : voilà, mon général, les principales causes de notre désorganisation. Formé en dehors de toutes les lois qui régissent la garde nationale, ce bataillon s'est montré indigne des privilèges qu'il a obtenus, et n'est qu'un mauvais exemple pour les troupes qui l'environnent. Ces hommes, pour la plupart, se sont refusés à prendre le service de la défense. Je demande donc que ce bataillon soit rappelé à Paris et dissous.

« De plus, j'ai l'honneur de vous adresser ma démission de chef de ce bataillon, ne pouvant, honnête homme, ancien sous-officier de l'armée, rester plus longtemps à la tête d'une troupe pareille. Je reprendrai mon fusil et rentrerai dans les rangs de la garde nationale, pour me purifier du trop long séjour que j'ai fait dans le bataillon des Tirailleurs de Belleville.

« Une prompte résolution de votre part est nécessaire, mon général, car la moitié des hommes refusent de faire tout service. »

« D'autres rapports, qu'il serait trop long de reproduire ici, établissent que le citoyen Flourens, révoqué du grade de commandant qu'il occupait dans le bataillon des Tirailleurs de Belleville, est allé rejoindre ce bataillon dans ses cantonnements, a repris les insignes du grade qui lui a été retiré et tenté de reprendre ainsi le commandement.

« Il résulte des documents qui précèdent : que deux compagnies du bataillon des Tirailleurs de Belleville, de service dans les tranchées, ont pris lâchement la fuite devant le feu de l'ennemi; que le bataillon a refusé de se rendre à son poste, sur l'ordre qui lui a été donné, et que, s'y étant rendu plus tard, il l'a abandonné au milieu de la nuit.

Il résulte, de plus, que le citoyen Flourens s'est rendu coupable d'une usurpation d'insignes et de commandement militaires.

« En présence de pareils faits que la garde nationale tout entière répudie, le commandant supérieur propose :

1º La dissolution des Tirailleurs de Belleville ;

2º Les 61 gardes de ce corps qui ont disparu seront traduits devant les Conseils de guerre pour désertion en présence de l'ennemi, ainsi que l'aide-major Lemray (Alexis), parti le 28 pour conduire des blessés à l'ambulance et qui n'a plus reparu ;

« 2º Une enquête sera faite sur la conduite du capitaine Ballandier pour apprécier si la même mesure ne lui sera pas appliquée ;

« 4° Le citoyen Flourens sera immédiatement arrêté et traduit en Conseil de guerre pour les faits imputés à sa charge. Un certain nombre d'hommes du bataillon ayant mérité par leur conduite de ne pas être confondus avec ceux que frappe cet ordre du jour, ils formeront le noyau d'organisation d'un nouveau bataillon.

Le général commandant supérieur des gardes nationales de la Seine.

« CLÉMENT THOMAS. »

« *P.-S.* — Le commandement supérieur reçoit à l'instant même du commandant Lampérière un rapport lui déclarant que, le 5 au soir, il n'a pu réunir ses hommes pour le service de l'avancée, la plupart étant absents et le reste ayant refusé d'obéir. Parmi ceux-ci, quelques-uns donnent pour motif, « et ceux-là n'ont pas tort », dit le commandant, qu'ils ne peuvent aller à la tranchée avec des hommes dont les mœurs et l'honnêteté leur sont suspectes, et qu'ils demandent l'épuration du bataillon. Le commandant ajoute que lui et le lieutenant Launay ont été menacés de coups de fusil ; que les actes d'insubordination envers les officiers et les sous-officiers se renouvellent constamment, et que, malgré la plus grande surveillance, les vols de vivres se commettent d'homme à homme.

« Ce rapport est visé et transmis par le lieutenant-colonel Le Mains, commandant supérieur de Créteil. »

(*Actes du Gouvernement de la Défense nationale. Commission d'enquête.*)

XV

Déposition du colonel Lambert.

(2 Juillet 1871.)

« Quand la troupe de Duval a été prise, le général Vinoy a demandé : « Y a-t-il un chef ? » Il est sorti des rangs un homme qui a dit : « C'est moi, je suis Duval. » Le général a dit : « Faites-le fusiller. » Il est mort bravement. Il a dit : « Fusillez-moi. » Un autre homme est venu disant : « Je suis le chef d'état-major de Duval. » Il a été fusillé. Trois en tout à cette place.

Ordre du jour du général de Galliffet aux habitants de Chatou.

« 3 Avril 1871.

« La guerre a été déclarée par les bandes de Paris. Hier, avant-hier, aujourd'hui, elles ont assassiné mes soldats.

« C'est une guerre sans trêve ni pitié que je déclare à ces assassins. J'ai dû faire un exemple ce matin : qu'il soit salutaire. Je désire ne pas en être réduit de nouveau à une pareille extrémité. N'oubliez pas que le pays, que la loi, que le droit, par conséquent, sont à Versailles avec l'Assemblée nationale et non pas à Paris avec la grotesque assemblée qui s'intitule la Commune.

« Après la lecture de cet ordre du jour dans les rues de Chatou le crieur public ajoutait : « Le président de la Commission municipale de Chatou prévient les habitants, dans l'intérêt de leur sécurité, que ceux qui donneraient asile aux ennemis de l'Assemblée se rendraient passibles des lois de la guerre. »

(Le récit de la mort de Duval est extrait de la déposition du colonel Lambert, dans l'*Enquête sur l'insurrection du 18 mars.* — L'ordre du jour de Galliffet a paru dans tous les journaux du temps.)

XVI

Conclusion du rapport du maréchal de Mac-Mahon,
en date du 30 *Juin* 1871.

« Il était 3 heures de l'après-midi, toute résistance avait cessé, l'insurrection était vaincue.

« Le fort de Vincennes restait seul au pouvoir des insurgés qui, sommés de se rendre, dans la matinée du 29, se constituent prisonniers à 10 heures du matin.

« En résumé, l'armée réunie à Versailles avait, en un mois et demi, vaincu la plus formidable insurrection que la France ait jamais vue. Nous avions accompli des travaux considérables, exécuté près de 40 kilomètres de tranchée, élevé 80 batteries armées de 350 pièces de canon. Nous nous étions emparés de 5 forts armés d'une manière formidable et défendus avec opiniâtreté, ainsi que de nombreux ouvrages de campagne.

« L'enceinte de la place avait été forcée et l'armée avait constamment avancé dans Paris, enlevant tous les obstacles, et, après huit jours de combats incessants, les grandes forteresses de la Commune, tous ses réduits, toutes ses barricades étaient tombés en notre pouvoir.

« L'incendie des monuments avait été conjuré ou éteint et d'épouvantables explosions avaient été prévenues. L'insurrection avait subi des pertes énormes ; nous avions fait 25,000 prisonniers, pris 1 600 pièces de canon et plus de 400 000 fusils.

« Les guerres des rues sont généralement désastreuses et excessivement meurtrières pour l'assaillant, mais nous avions tourné toutes les positions, pris les barricades à revers et nos pertes, quoique sensibles, ont été relativement minimes, grâce à la sagesse et à la prudence de nos généraux, à l'élan, à l'intrépidité des soldats et de leurs officiers.

« Les pertes, pour toute la durée des opérations, s'élèvent : officiers tués 83, blessés 430; soldats tués 790, blessés 5,994, disparus 183.

« Dans ces diverses opérations, les troupes de toutes armes ont rivalisé de bravoure et de dévouement. Le génie, dans l'attaque des forts, a fait ce qui ne s'était pas vu jusqu'ici. Afin de bloquer les assiégés, il a dirigé ses tranchées de manière à envelopper complètement les ouvrages.

« L'artillerie, bien que le feu de la place ne fût point éteint, est venue établir ses batteries à quelques centaines de mètres des remparts.

« L'infanterie a partout attaqué les positions avec intelligence et sans hésitation.

« Les marins de la flotte ont montré une vigueur et un entrain remarquables.

« La cavalerie, par sa vigilance, a rejeté constamment les insurgés dans la place; en plusieurs circonstances, elle a mis pied à terre pour enlever des positions.

« L'intendance est parvenue à ravitailler largement les divisions, même dans Paris ; les troupes à sa disposition se sont fait remarquer dans le transport des blessés et par les soins donnés dans les ambulances.

« La télégraphie civile a été à la hauteur de ses fonctions et a constamment relié le grand quartier général avec les quartiers généraux des corps d'armées et des divisions.

« J'ai eu également à me louer du service du trésor et des postes, qui s'est fait régulièrement. »

(Extrait du *Journal officiel*.)

XVII

Manifeste du 5 Juillet 1871.

« Chambord, 5 Juillet 1871.

« Français !

« Je suis au milieu de vous.

« Vous m'avez ouvert les portes de la France, et je n'ai pu me refuser le bonheur de revoir ma patrie.

« Mais je ne veux pas donner, par ma présence prolongée, de nouveaux prétextes à l'agitation des esprits, si troublés en ce moment.

« Je quitte donc ce Chambord que vous m'avez donné et dont j'ai porté le nom avec fierté, depuis quarante ans, sur les chemins de l'exil.

« En m'éloignant, je tiens à vous le dire, je ne me sépare pas de vous : la France sait que je lui appartiens. Je ne puis oublier que le droit monarchique est le patrimoine de la nation, ni décliner les devoirs qu'il m'impose envers elle.

« Ces devoirs, je les remplirai, croyez-en ma parole d'honnête homme et de roi.

« Dieu aidant, nous fonderons ensemble, et quand vous le voudrez, sur les larges assises de la décentralisation administrative et des franchises locales, un Gouvernement conforme aux besoins du pays. Nous donnerons pour garanties à ces libertés publiques auxquelles tout peuple chrétien a droit, le suffrage universel honnêtement pratiqué et le contrôle des deux Chambres ; et nous reprendrons, en lui restituant son caractère véritable, le mouvement national de la fin du dernier siècle.

« Une minorité, révoltée contre les vœux du pays, en a fait le point de départ d'une période de démoralisation par le mensonge et de désorganisation par la violence. Ses criminels attentats ont imposé la Révolution à une nation qui ne demandait que des réformes, et l'ont dès lors poussée vers l'abîme où elle eût péri, sans l'héroïque effort de notre armée.

« Ce sont les classes laborieuses, ces ouvriers des champs et des villes, dont le sort a fait l'objet de mes plus vives préoccupations et de mes plus chères études, qui ont le plus souffert de ce désordre social.

« Mais la France, cruellement désabusée par des désastres sans exemple, comprendra qu'on ne revient pas à la vérité en changeant d'erreur ; qu'on n'échappe pas, par des expédients, à des nécessités éternelles.

« Elle m'appellera, et je viendrai à elle tout entier, avec mon dévouement, mon principe et mon drapeau. A l'occasion de ce drapeau, on a parlé de conditions que je ne dois pas subir.

« Français !

« Je suis prêt à tout, pour aider mon pays à se relever de ses ruines et à reprendre son rang dans le monde ; le seul sacrifice que je ne puisse lui faire, c'est celui de mon honneur.

« Je suis et je veux être de mon temps : je rends un sincère hommage à toutes ses grandeurs, et, quelle que fût la couleur du drapeau sous lequel marchaient nos soldats, j'ai admiré leur héroïsme et rendu grâce à Dieu de tout ce que leur bravoure ajoutait au trésor des gloires de la France.

« Entre vous et moi, il ne doit substituer ni malentendu ni arrière-pensée.

« Non, je ne laisserai pas, parce que l'ignorance ou la crédulité auront parlé de privilèges, d'absolutisme et d'intolérance, que sais-je encore ? de dîme, de droits féodaux, fantômes que la plus odieuse mauvaise foi essaye de ressusciter à vos yeux, je ne laisserai pas arracher de mes mains l'étendard d'Henri IV, de François Ier et de Jeanne d'Arc. C'est avec lui que s'est faite l'unité nationale, c'est avec lui que vos pères, conduits par les miens, ont conquis cette Alsace et cette Lorraine dont la fidélité sera la consolation de nos malheurs. Il a vaincu la barbarie, sur cette terre d'Afrique, témoin des premiers faits d'armes des princes de ma famille : c'est lui qui vaincra la barbarie nouvelle dont le monde est menacé.

« Je le confierai sans crainte à la vaillance de notre armée ; il n'a jamais suivi, elle le sait, que le chemin de l'honneur.

« Je l'ai reçu comme un dépôt sacré du vieux roi, mon aïeul, mourant en exil ; il a toujours été pour moi inséparable du souvenir de la patrie absente ; il a flotté sur mon berceau, je veux qu'il ombrage ma tombe. Dans les plis glorieux de cet étendard sans tache, je vous apporterai l'ordre et la liberté.

« Français !

« Henri V ne peut abandonner le drapeau blanc d'Henri IV.

« HENRI. »

(Extrait de *Le Comte de Chambord* (1820-1883), par G. de Nouvion et E. Landrodie. Paris, Jouvet et Cⁱᶜ, 1884.)

XVIII

Manifeste du 25 Janvier 1872.

« 25 Janvier 1872.

« La persistance des efforts qui s'attachent à dénaturer mes paroles, mes sentiments et mes actes, m'oblige à une protestation que la loyauté commande et que l'honneur m'impose.

« On s'étonne de m'avoir vu m'éloigner de Chambord, alors qu'il m'eût été si doux d'y prolonger mon séjour, et l'on attribue ma résolution à une secrète pensée d'abdication.

« Je n'ai pas à justifier la voie que je me suis tracée.

« Je plains ceux qui ne m'ont pas compris ; mais toutes les espérances, basées sur l'oubli de mes devoirs, sont vaines. Je n'abdiquerai jamais.

« Je ne laisserai pas porter atteinte, après l'avoir conservé intact pendant quarante années, au principe monarchique, patrimoine de la France, dernier espoir de sa grandeur et de ses libertés.

« Le césarisme et l'anarchie nous menacent encore, parce que l'on cherche dans des questions de personnes le salut du pays, au lieu de le chercher dans les principes.

« L'erreur de notre époque est de compter sur les expédients de la politique, pour échapper au péril d'une crise sociale. Et cependant la France, au lendemain de nos désastres, en affirmant, dans un véritable élan, sa foi monarchique, a prouvé qu'elle ne voulait pas mourir.

« Je ne devais pas, dit-on, demander à nos valeureux soldats de marcher sous un nouvel étendard.

« Je n'arbore pas un nouveau drapeau, je maintiens celui de la France, et j'ai la fierté de croire qu'il rendrait à nos armées leur antique prestige.

« Si le drapeau blanc a éprouvé des revers, il y a des humiliations qu'il n'a pas connues.

« J'ai dit que j'étais la réforme ; on a feint de comprendre que j'étais la réaction.

« Je n'ai pu assister aux épreuves de l'Eglise, sans me souvenir des traditions de ma patrie. Ce langage a soulevé les plus aveugles passions.

« Par mon inébranlable fidélité à ma foi et à mon drapeau, c'est l'honneur même de la France et son glorieux passé que je défends, c'est son avenir que je prépare.

« Chaque heure, perdue à la recherche de combinaisons stériles, profite à tous ceux qui triomphent de nos abaissements.

« En dehors du principe national de l'hérédité monarchique, sans lequel je ne suis rien, avec lequel je puis tout, où seront nos alliances ? qui donnera une forte organisation à notre armée ? qui rendra à notre diplomatie son autorité, à la France son crédit et son rang ?

« Qui assurera aux classes laborieuses le bienfait de la paix, à l'ouvrier la dignité de sa vie, les fruits de son travail, la sécurité de sa vieillesse ?

« Je l'ai répété souvent, je suis prêt à tous les sacrifices compatibles avec l'honneur, à toutes les concessions qui ne seraient pas des actes de faiblesse.

« Dieu m'en est témoin, je n'ai qu'une passion au cœur, le bonheur de la France ; je n'ai qu'une ambition, avoir ma part dans l'œuvre de reconstitution qui ne peut être l'œuvre exclusive d'un parti, mais qui réclame le loyal concours de tous les dévouements.

« Rien n'ébranlera mes résolutions, rien ne lassera ma patience, et personne, sous aucun prétexte, n'obtiendra de moi que je consente à devenir le roi légitime de la Révolution.

« HENRI. »

(Extrait de *Le Comte de Chambord* (1820-1883), par G. de Nouvion et E. Landrodie. Paris, Jouvet et Cie, 1884.)

XIX

Conclusion du Rapport fait, au nom de la Commission du budget de 1875, sur le paiement de l'indemnité de guerre et sur les opérations de change qui en ont été la conséquence, par M. Léon Say, membre de l'Assemblée nationale (séance du 5 Août 1874).

« Après avoir terminé l'exposition des faits, il est facile d'en tirer une conclusion générale.

« La France est un pays où il se fait des épargnes annuelles dans des proportions considérables ; elle n'a cessé d'en faire, au milieu de ses malheurs, que pendant un temps très court, et encore, pendant cet espace de temps, l'arrêt des épargnes n'a-t-il pas été général.

« Dès la fin de 1871, pendant toute l'année 1872, le cours antérieur des choses s'est reformé ; le flot des épargnes a recommencé à monter. Un emploi tout naturel de ces ressources nationales s'est offert dans les grands emprunts français qui ont joué le rôle que les émissions de valeurs étrangères avaient joué les années précédentes.

« C'est une grande consolation que d'assister à un pareil spectacle ; car on y trouve le secret de notre force vive. Il n'est pas douteux que, par la continuation de ce mouvement, les épargnes françaises ne rétablissent, s'il ne l'est déjà, notre stock métallique et qu'après l'avoir reconstitué, elles ne sollicitent un emploi dans des entreprises industrielles, à l'intérieur ou à l'étranger.

« L'opération des 5 milliards n'a réussi que parce qu'elle a pu être, pour ainsi dire, montée sur les facultés du pays, au fur et à mesure que ces facultés se sont relevées.

« Le succès de cette opération sans précédent tient à la prudence, mêlée à une sorte de témérité, avec laquelle elle a été conduite. Il fallait agir vite, pour arriver promptement à la libération du territoire, assez vite pour employer toutes les épargnes réelles et tout le change possible, assez prudemment pour ne pas dépasser une limite au delà de laquelle on aurait eu à se débattre contre une crise financière des plus graves et une crise monétaire qui aurait pu renouveler les désastres du papier monnaie, heureusement inconnus en France, depuis soixante-quinze ans.

« Tout a été combiné avec une grande sagesse et un rare bonheur. C'est un titre d'honneur de plus pour le grand citoyen qui avait reçu cette tâche de l'Assemblée nationale, tâche qu'il a accomplie, le 15 Mars 1873, lorsque son Gouvernement a cru pouvoir proposer à l'Assemblée de fixer au 5 Septembre suivant le terme du dernier payement de l'indemnité de guerre, et le 20 Mai 1873, lorsque les dernières mesures ont été arrêtées par lui avec la Banque de France.

« Il appartenait au Gouvernement nouveau, institué par l'Assemblée nationale, le 24 Mai 1873, d'achever la libération du territoire et de rendre définitivement la France à elle-même.

« Mais on ne saurait finir l'histoire de l'opération financière, dont nous achevons le compte rendu, sans rendre aux agents du Trésor et à l'administrateur éminent qui a dirigé le mouvement des fonds, la justice qui leur est due. Dans une situation unique, où tout était à créer, où il fallait improviser tous les jours, où les agents du Trésor devaient se transformer en banquiers, en cambistes, en acheteurs et vendeurs de métaux précieux et souvent ne pas reculer devant les plus grosses responsabilités, personne n'a été au-dessous de sa tâche. L'administration française en a reçu un nouvel éclat. »

(Extrait du *Journal officiel*.)

XX

Exposé des motifs de la Loi constitutive des pouvoirs publics présentée par MM. Thiers et Dufaure.

« Par la loi du 13 Mars dernier, le Gouvernement a été chargé de préparer des projets de loi sur l'organisation et le mode de transmission des pouvoirs législatif et exécutif, sur la création et les attributions d'une seconde Chambre, enfin sur les changements à apporter à la législation électorale.

« Depuis que l'Assemblée s'est séparée, nous nous sommes livrés avec assuidité au travail qui nous était prescrit, et nous venons soumettre à votre examen le résultat d'une sérieuse étude, en vous présentant l'ensemble d'une législation bien importante, puisqu'elle doit tenir lieu d'une Constitution pour le Gouvernement de la France.

« Messieurs, lorsque vous vous êtes réunis pour la première fois à Bordeaux, tout était ruine autour de vous. Les agitations inséparables d'une Révolution récente, surtout les efforts désespérés d'une affreuse guerre, avaient porté une perturbation profonde dans l'organisation de l'Etat tout entier. Aucun pouvoir n'était resté intact ; le vôtre seul s'éleva, au milieu de nos institutions écroulées, et l'on peut dire qu'en France, de toutes les autorités, il ne restait plus que la souveraineté nationale.

« Cette souveraineté, c'était la vôtre ; mais une Assemblée souveraine, de qui tout relève dans l'Etat, qui institue le pouvoir exécutif et le délègue à l'homme de son choix, c'était, au moins en fait, un Gouvernement de forme républicaine, et vous lui avez donné son véritable nom, quand vous avez nommé votre élu : « *Chef du pouvoir exécutif de la République Française,* » avec une seule réserve, qui d'ailleurs était de droit : celle des prérogatives de la souveraineté nationale, toujours libre, quand il lui conviendrait, de changer la forme du Gouvernement. Avec la même réserve,

mais en stipulant quelques conditions de durée, vous avez, par la
loi du 31 Août 1871, confirmé l'ordre établi et décerné au Chef du
pouvoir exécutif le titre de « *Président de la République Française* ».

« La République est donc, en ce moment, la forme légale de
notre Gouvernement ; mais le caractère provisoire qui, par maintes
déclarations, lui a été assigné jusqu'ici, plus encore l'état incomplet des institutions dont elle se compose, les lacunes que présente son organisation, lui refusent les conditions de force et de
solidité qui lui seraient nécessaires pour triompher des épreuves
qu'elle est destinée à traverser. Tôt ou tard les pouvoirs actuels
auront à subir un renouvellement. Dès à présent, l'incertitude
qui plane encore sur le régime que la France doit adopter, affaiblit et compromet le régime existant, et entretient, dans les esprits,
un doute et une inquiétude, aussi nuisibles aux intérêts du pays
qu'à l'action de l'autorité publique. Il semble, en effet, que toute
Révolution soit permise contre un ordre de choses déclaré officiellement provisoire ; et ce n'est pas, avec ce qu'on pourrait appeler
l'ébauche d'un Gouvernement, que nous pourrions affronter, dans
un pays profondément divisé, les nécessités de notre situation et
les éventualités de l'avenir.

« Sans doute, tout incomplet qu'il est encore, tout dépourvu
qu'il est des institutions préservatrices que réclame l'expérience
de tous les pays libres, ce Gouvernement a pu suffire aux premiers
besoins de la France en détresse. Il a réussi à réparer nos maux
les plus pressants. Sous vos auspices et avec votre concours, la
paix a été faite, l'ordre rétabli, l'administration réorganisée, la
tranquillité maintenue, le crédit public relevé et la libération du
territoire assurée. Voilà ce qu'une République provisoire a fait
pour la France. Mais ce qu'elle ne saurait faire, tant qu'elle reste
à l'état d'essai, d'expédient momentané, c'est calmer l'inquiétude
croissante des esprits, c'est décourager les partis et maîtriser l'audace de leurs prétentions, c'est procurer à chaque jour la sécurité du lendemain. Il nous reste à prouver au pays, comme à
l'Europe, que confiance est due à notre avenir. Or, comment un
Gouvernement, qui semble souvent protester contre sa propre
durée, à qui l'on interdit comme une usurpation de se croire
définitif, serait-il capable de rassurer la France et le monde sur
nos futures destinées et de donner à notre puissance renaissante
les garanties de la stabilité ?

« Telles sont les considérations décisives qui vous ont déterminés, Messieurs, à ordonner une réorganisation des pouvoirs publics et à nous charger ainsi de vous présenter tout un plan de Gouvernement.

« Aux termes mêmes de la loi qui nous donnait cette mission, ce Gouvernement pouvait-il être autre chose qu'un Gouvernement républicain ?

Le travail législatif que nous venons vous présenter en a donc, pour premier objet, l'établissement régulier. Les circonstances l'exigent ; la politique le commande également. Les avis peuvent être divisés, en principe, sur la forme de Gouvernement la meilleure. Cette question qui a longtemps préoccupé et qui occupera longtemps encore les publicistes, peut être, dans la pratique, différemment résolue, selon les lieux et les temps. Des esprits étroits ou passionnés pourraient seuls méconnaître les sérieuses raisons qui ont déterminé des nations éclairées à placer la Monarchie constitutionnelle au rang des conceptions les plus parfaites de la science politique ; mais ce n'est pas la science pure qui décide du choix d'un Gouvernement ; c'est la possibilité, c'est la nécessité, c'est la situation du pays obligé de se constituer.

« En comprenant les convictions et les regrets qui s'attachent à une forme politique qui n'est plus, nous tenons pour évident que l'état de la France ne comporte pas aujourd'hui d'autre régime que la République. Elle est, actuellement, le Gouvernement naturel et nécessaire.

« Chaque jour nous manifeste un mouvement général de l'opinion qui, pressée de sortir de l'indécision, lasse des efforts et des promesses contradictoires des partis, veut mettre un terme à cette libre concurrence qui nourrit leurs illusions, et réclame l'adoption positive du seul Gouvernement qu'elle regarde comme possible.

« N'en doutez pas, Messieurs, le jour où, à cet égard, toute incertitude sera levée, l'autorité achèvera de reprendre son empire. Une subordination nécessaire s'établira dans tous les degrés de l'administration, les liens de la discipline sociale se resserreront, et les factions perdront leur arme la plus redoutable, quand elles ne pourront plus propager la défiance entre les pouvoirs comme entre les citoyens, ni supposer des réticences dans les déclarations les plus franches, des arrière-pensées dans les plus fermes résolutions

« Quand on insiste, pour obliger le Gouvernement à se déclarer provisoire, on ne s'aperçoit pas que l'on affaiblit l'autorité à laquelle on prescrit en même temps d'être forte. On obscurcit le langage même des lois, impuissantes à protéger un pouvoir qu'elles n'osent plus nommer. On rend indécise et flottante la notion du devoir chez les fonctionnaires de tout ordre. Une sorte d'équivoque générale enveloppe toutes les situations, comme elle atteint le Gouvernement lui-même, et l'équivoque dans le Gouvernement est un encouragement à toutes les espérances révolutionnaires. C'est ainsi que l'ordre, bien qu'énergiquement maintenu, a pu paraître menacé au milieu de la tranquillité générale. Loin d'en être surpris, il faut s'étonner au contraire qu'une nation si vive, si prompte, ait pu supporter avec calme une expérience sans exemple dans l'histoire, celle d'une société qui se relève et se fortifie, en n'osant s'avouer à elle-même le Gouvernement qu'elle s'est donné.

« Ce sera donc, Messieurs, rendre au pouvoir et à l'ordre une garantie qui leur est nécessaire, que d'ôter au Gouvernement l'apparence d'un problème sans solution, en organisant résolument la République. Si des partis osent ensuite menacer la société, l'énergie que nous opposerons à leurs attaques ne sera plus soupçonnée de servir les vues suspectes d'une réaction, quand nous marcherons, enseignes déployées, pour la défense de la République conservatrice.

« La pensée générale de la législation que nous venons vous soumettre, c'est donc, en évitant toute proclamation fastueuse, l'organisation positive et pratique du Gouvernement républicain, comme découlant naturellement et nécessairement de l'état présent des choses.

« Les institutions fondamentales sur lesquelles doit reposer ce Gouvernement n'ont pu être, pour nous, l'objet d'une longue recherche. La loi du 13 Mars avait décrété d'avance qu'il y aurait deux Chambres, et une opinion presque unanime avait décidé que le pouvoir exécutif serait remis dans une seule main. C'était donc un article, écrit pour ainsi dire d'avance, que celui qui porte que notre Gouvernement se compose d'un Sénat, d'une Chambre des représentants et d'un Président de la République.

« Si l'existence de la première de ces deux Assemblées pouvait être encore remise en question, il serait facile de rappeler quels graves motifs en démontrent la nécessité. Dans tout État libre, surtout dans toute République, dans toute démocratie, le grand danger est l'entraînement, la précipitation. On s'y décide souvent par passion plus que par conseil. Aussi l'art de tous les fondateurs d'un régime populaire a-t-il été d'y introduire la maturité dans les délibérations, d'opposer au mouvement de l'opinion publique le contrôle permanent de l'expérience, et l'on trouverait difficilement dans l'histoire, même en remontant jusqu'à l'antiquité, une Constitution qui n'ait point placé, à côté ou au-dessus de l'opinion populaire, quelque corps destiné à la diriger ou du moins à la tempérer et à ralentir son action. Partout on a senti le danger d'un pouvoir unique et sans contrepoids. Quelle que soit sa forme et son origine, il dégénère en despotisme. Tous les pays libres de l'Europe ont deux Chambres. La Convention nationale, éclairée par une terrible expérience, introduisit la première en France cette dualité nécessaire, et tandis que la sagesse britannique couvre le monde de colonies admirablement libres, où cette double garantie est soigneusement consacrée, chacune des trente-six républiques de l'Amérique du Nord présente cette même division de la législature qui, au sommet de l'édifice fédéral, se reproduit par cette institution admirée de tous les publicistes : .

« Le Sénat des États-Unis.

« Une Assemblée, dont le nom de Sénat paraît déjà définir la nature, doit, au caractère représentatif sans lequel elle n'aurait nulle autorité, joindre celui d'un Conseil de Gouvernement. C'est-à-dire qu'elle doit être élective, comme l'autre Chambre, mais moins nombreuse qu'elle. Si donc celle-ci se compose d'environ cinq cents membres, celle-là n'en comptera guère plus de deux cent cinquante. De même, tandis que l'une s'ouvrira à la jeunesse, l'autre n'admettra que des hommes d'un âge plus voisin de la maturité. Nous vous proposons de fixer à trente-cinq ans l'âge où l'on commencera d'être éligible au Sénat.

« Nous venons de dire que le Sénat devait être élu. En France, la base de l'élection est aujourd'hui le suffrage universel. C'est donc du suffrage universel que le Sénat devra émaner. Mais il y deux manières de mettre en action le suffrage universel : l'élection directe ou l'élection à deux degrés. Il se présentait de fortes raisons pour essayer en faveur du Sénat ce dernier système. Il se recommande par la préférence qui lui a été donnée, la première fois que l'établissement régulier de la République a été tenté parmi nous, et ce sont également des Assemblées élues qui désignent, aux États-Unis, les membres du Sénat.

« Cette manière d'organiser le suffrage universel offrait l'avantage d'introduire entre les deux Chambres une différence qu'il paraît à la fois désirable et difficile de réaliser ; car une des objections les plus usitées contre le dédoublement de la représentation nationale, c'est qu'étant nommées l'une et l'autre par le Peuple, les deux Assemblées sont exposées à se ressentir de leur communauté d'origine, tout en étant destinées à être l'une la contrepartie de l'autre. On peut donc avancer que la théorie pure conseillait, pour le Sénat, l'élection à deux degrés, c'est-à-dire l'élection par un collège élu lui-même par le suffrage universel.

« Mais on a pensé que ce procédé, passagèrement essayé, et qui n'a pas pénétré dans nos mœurs, paraîtrait une nouveauté compliquée à laquelle le pays ne s'attacherait pas et refuserait même de s'associer, en donnant l'exemple si fâcheux d'abstentions nombreuses. A une nation que peut lasser le retour fréquent des opérations électorales, il serait imprudent d'en imposer une nouvelle qui, n'ayant pas de résultat immédiat, risquerait de l'intéresser faiblement, de ne point l'attirer vers les urnes électorales, de façon que l'Assemblée, issue d'une élection sans vie, douterait elle-même de sa force, et ne paraîtrait peut-être qu'un vain simulacre, aux yeux de la nation qui aurait tant de négligence à la former.

« Il est hors de doute que le suffrage direct prête à ses élus une tout autre autorité, une tout autre force d'impulsion qu'un procédé savant, mais artificiel, comme les deux degrés. Nous voulons assurer au Sénat un rang et une puissance qui ne permettent pas de voir en lui l'inférieur de l'autre Chambre. Aussi, nous nous sommes décidés à lui assigner la même origine : le Sénat sera élu directement par le suffrage universel.

« C'est ailleurs que dans la base électorale, que nous avons cherché les différences qui marqueront le rôle spécial auquel il est appelé. Déjà nous avons indiqué, pour l'éligibilité, un minimum d'âge supérieur de dix ans à celui qui serait exigé des représentants. Puis, tandis que l'élection de ces derniers paraît avoir pour principal objet la représentation du nombre, nous avons pensé que, pour l'élection sénatoriale, on devait beaucoup moins tenir compte du chiffre des populations. Nous voyons, dans le sénateur, le représentant de cette unité morale dont le temps a fait une unité historique : le département, sans tenir aucun compte de l'inégalité numérique des populations. C'est ainsi qu'aux Etats-Unis, tandis que le nombre des représentants est proportionné à la population, chaque Etat est représenté au Sénat par deux sénateurs. Nous vous proposons d'attribuer à chaque département le droit d'élire, par scrutin de liste, trois sénateurs. Ce qui porterait le nombre des membres de cette Assemblée à 258, élevé à 265 par l'adjonction du territoire de Belfort, de l'Algérie et des colonies.

« Mais, comme il importe de conserver à l'Assemblée dont il s'agit ce caractère vraiment sénatorial qui consiste dans l'autorité de l'expérience, il est indispensable qu'elle soit exclusivement choisie parmi ceux qui en offrent les signes au moins apparents, et que la durée des fonctions de ses membres assure au corps entier une sorte de permanence.

« Les sénateurs ne devront être choisis que dans certaines catégories de citoyens, dont la plus importante sera celle des anciens représentants ; et l'Assemblée devra durer dix ans, en se renouvelant par cinquième tous les deux ans.

« Elle aura d'ailleurs les mêmes attributions législatives que la Chambre des représentants, mais sans doute vous trouverez utile d'y ajouter quelques attributions judiciaires. Il semble que nul tribunal ne serait plus propre que le Sénat à juger les procès intentés contre les principaux dépositaires de la puissance publique, tels que le Président d'abord, puis les ministres et les généraux en chef des armées de terre et de mer.

« La constitution de la Chambre des représentants offre un problème beaucoup plus simple. Un nombre d'environ 500 membres sera élu directement par le suffrage universel. Le fonctionnement de ce système électoral, les conditions de la capacité d'élire et d'être élu donnent naissance à de nombreuses questions qui doivent être résolues par la loi des élections et ne sauraient trouver place ici. Une seule question nous a paru devoir être immédiatement tranchée par la loi qui pose les bases principales de nos prochaines institutions. En ouvrant l'entrée de la seconde Chambre à tout citoyen âgé de vingt-cinq ans, pourvu qu'il soit électeur, nous devons dire, dès à présent, la raison qui nous a

déterminés en fixant le nombre des représentants. Cette raison
la voici : Il y aura autant de députés que d'arrondissements électoraux. Ces arrondissements seront d'abord tous les arrondissements administratifs qui éliront chacun un représentant, ce qui
donnerait déjà un total de 362. Puis, tous ceux de ces arrondissements dont la population excède cent mille âmes, seraient divisés par la loi en circonscriptions électorales, à chacune desquelles
une élection serait attribuée, de manière que chaque arrondissement administratif aurait au moins un député, et que les plus
peuplés en auraient un ou plusieurs, selon l'importance de leur
population. Ce procédé, avec l'adjonction des députations françaises étrangères à l'Europe, porterait la Chambre des représentants au chiffre de 537.

« Ce système, qui paraîtra nouveau, a cependant en d'autres
temps été recommandé, après de mémorables discussions, par les
plus grandes autorités et une assez longue expérience en a montré tous les avantages. Ces avantages sont tels que nous n'avons
pas hésité à le préférer au système plus récemment admis du
scrutin de liste.

« Nous devons d'abord remarquer que, dans tous les pays célèbres par leur liberté, on se garde de donner à élire une députation nombreuse à chaque corps électoral. « La loi américaine,
dit un écrivain qui fait autorité, veut qu'on ne nomme jamais
qu'un député à la fois ; il n'y a pas de scrutin de liste... Il faut que
les électeurs ne choisissent qu'une personne et connaissent bien
la personne qu'ils choisissent. »

S'il est, en effet, en matière d'élection, une idée simple et incontestable, c'est qu'il importerait que l'électeur agît avec discerne-
ment. Si cette condition ne peut être complètement remplie, elle
sera plus près de l'être, quand on peut s'assurer qu'il connaîtra,
au moins de réputation, celui auquel il donne ou devrait donner
sa confiance avec sa voix. Or l'électeur et l'élu se connaîtront
d'autant mieux l'un l'autre qu'ils seront plus rapprochés, et ce
rapprochement est d'autant plus nécessaire que le corps électoral
est plus nombreux. Plus l'élection est populaire, plus il est à
craindre que ces conditions ne soient pas remplies, et c'est à la
loi d'y pourvoir. Elle n'y pourvoit nullement, en autorisant le scrutin de liste, lorsque les députés à élire sont nombreux. Il soumet
ou plutôt il impose à des masses qui les ignorent une suite infinie

de noms, désignés arbitrairement, tantôt par les partis, tantôt par l'autorité, et les masses sont obligées de les accepter sur parole, de les adopter avec une aveugle indifférence, à moins qu'à la voix d'un parti elles ne cèdent à ces passions politiques qui sont une autre espèce d'aveuglement. Dans un pareil système, la plupart des électeurs votent l'inconnu. Les candidats dont les noms parviennent souvent pour la première fois aux oreilles de la population, ne se recommandent plus par la réputation acquise, par la notoriété locale, par des antécédents qui aient eu le public pour témoin. Leur seul titre est l'adoption de leur nom par un comité central, qui ne tient nul compte des diversités d'opinions et d'intérêts que présente un département dans toute son étendue. Le vœu des minorités n'a aucune chance de se faire jour et l'esprit de parti domine sans résistances. Dans notre opinion, une grande partie des critiques dirigées contre notre système électoral doivent être adressées au scrutin de liste.

« Il n'en est pas de même de l'élection par arrondissement. Elle est favorable aux influences permanentes de la société. Elle leur fait une juste part dans la représentation, qu'elle rend plus complète et plus vraie. Elle sert le suffrage universel, en l'éclairant davantage sur ses choix. La volonté des électeurs est plus libre, leur choix est plus spontané ; et il se forme entre eux et leurs élus un lien plus étroit, plus intime. Le plus souvent ils se sont connus dès longtemps et ils ne deviendront pas étrangers les uns aux autres après l'expiration du mandat. Aussi les devoirs du mandataire envers ses commettants s'imposent-ils à lui d'une manière plus distincte. Il a besoin de conserver toujours ses droits à leur estime et l'honneur de son avenir dépend de la conduite qu'il aura tenue pendant la durée de sa mission. Lui aussi il ménage la popularité, mais la bonne, la vraie, la popularité durable.

« Le Gouvernement recommande donc avec instance à l'attention de l'Assemblée l'élection par arrondissement. Il y voit le moyen le plus efficace d'écarter les inconvénients que l'on a pu reprocher à la pratique ordinaire du suffrage universel et la meilleure digue à opposer à ces entraînements de l'opinion qui inspirent de si vives alarmes. Il ne fait aucune difficulté de déclarer que, si le système qu'il propose n'était pas adopté, il regarderait comme sérieusement compromis le succès de l'œuvre de réorganisation politique que vous alléz entreprendre. Telle est donc la constitution de la Chambre des représentants. Ses membres seront élus directement par le suffrage universel, chacun dans une circonscription spéciale. La Chambre sera renouvelée intégralement tous les cinq ans.

« Il nous reste à vous entretenir, Messieurs, du pouvoir exécutif. C'est la question qu'on a regardée longtemps comme la plus grave difficulté de l'institution d'une République dans les grands Etats. Heureusement de nombreux exemples, notre propre expérience, et surtout les nécessités qui pèsent sur un vieux et important pays, comme le nôtre, celles enfin qui dérivent de sa position géographique lèvent les principaux doutes qui ont rendu longtemps la science incertaine. Ainsi l'on ne conteste plus que le pouvoir exécutif tout entier, ce grand ressort du Gouvernement, doive être commis à un magistrat unique dont l'origine soit élective, la responsabilité réelle, la mission temporaire. Nous vous proposons de fixer à cinq ans la durée du pouvoir du Président de la République. Il devra avoir au moins quarante ans; il sera rééligible. Il nous semble que tous ces points sont hors de la discussion. Ses attributions ne donneront pas lieu à de beaucoup plus longs débats. Elles avaient été fixées d'une manière satisfaisante par la Constitution de 1848. Plus encore qu'aucun texte de loi, les habitudes et les besoins de la France obligent à concentrer, dans les mains du premier magistrat, des pouvoirs très étendus et très divers, qui sont localisés sans inconvénient en d'autres pays. Mais parmi nous l'unité d'action du Gouvernement est la condition absolue du salut public. C'est là encore un point sur lequel nous ne prévoyons pas de grandes contradictions.

« Cependant il est une attribution nouvelle, qu'il nous paraît indispensable de mettre au rang des droits du pouvoir exécutif, et qui a besoin d'être justifiée. On a pu voir que les conditions du régime parlementaire étaient entrées dans nos mœurs, à ce point que nous étions obligés de les transporter dans la République, plus complètement peut-être que ne la comporterait la théorie, bien plus assurément que ne l'admet l'Amérique.

« Ici nous sommes contraints de nous écarter de ce modèle des institutions républicaines dans les temps modernes. C'est que la France a besoin d'être gouvernée bien davantage. Le citoyen français ne se croirait pas en sûreté, si la puissance publique pratiquait sans restriction la maxime célèbre : « Laissez faire, laissez passer. » Il faut qu'elle porte partout la main et sa responsabilité s'accroît, dans la même proportion que son intervention nécessaire. Si la tranquillité est troublée dans un village, il en est demandé compte au pouvoir central. Aussi la présence des ministres, et quelquefois celle du Président de la République, sont-elles nécessaires dans les Chambres qui peuvent forcément devenir une arène où l'on se dispute le pouvoir. Si la liberté gagne quelque chose à cette perpétuelle mise en question de l'existence des Cabinets, la stabilité, la constance de direction, la suite des affaires peuvent y perdre et les ambitions incessamment excitées par la chance du succès peuvent entraîner à leur suite des Assemblées dont elles exploitent les passions. La proie offerte à l'esprit de parti en redouble d'ardeur et il est impossible de s'assurer que jamais la Chambre des représentants, soit par des résolutions téméraires, soit par une résistance systématique, soit par des agressions acharnées ne finira pas par égarer la politique, paralyser l'action du pouvoir, et mettre en question l'existence même du Gouvernement ; il faut un remède à ce mal, il faut une précaution contre ce danger possible. La Monarchie constitutionnelle l'a trouvé dans le droit de dissolution. Cette faculté suprême, exercée à propos, peut redresser les écarts de l'opinion, ralentir ses mouvements précipités, forcer enfin le pays à réfléchir, tout en lui laissant le dernier mot. Pourquoi n'emprunterions-nous pas à la Monarchie son remède, quand nous pouvons avoir à craindre les mêmes maux qu'elle ? Une dissolution n'est, après tout, qu'un appel au pays, une occasion nouvelle qui lui est donnée de manifester sa volonté. Rien donc n'empêche d'introduire ce droit, conservateur de tous les autres, dans un ordre de choses de fraîche date où ils courent le risque d'être parfois méconnus. Mais nous en convenons, le pouvoir exécutif qui sera le premier à souffrir de l'atteinte portée à la bonne direction des affaires, qui le premier s'apercevra de la nécessité de la rétablir, ne saurait être investi de la prérogative supérieure et vraiment royale de dissoudre à volonté la Chambre des représentants. C'est sans doute à lui de reconnaître la nécessité d'une telle mesure, à lui que doit en appartenir l'initiative. Mais, après qu'il l'a proposée, il ne reste que le Sénat qui puisse être revêtu du droit de la sanc-

tionner. Il en usera avec autorité parce qu'il n'en usera qu'avec
réserve. C'est un corps en quelque sorte permanent, du moins
incessamment renouvelable, supérieur aux émotions du moment,
et qui saura bien apprécier ce que les circonstances exigent ou
comportent, et distinguer le cas où le pouvoir exécutif, en entrant
en lutte avec la Chambre des représentants, obéit à un véritable
intérêt public, des cas où il cède à l'impatience du frein. Le droit
de dissolution confié au Sénat, sur l'initiative du Président, nous
paraît, dans un pays tel que le nôtre, une des conditions indispensables du salut de l'ordre constitutionnel, dans ces jours d'orage
qu'il faut prévoir, si l'on veut les éviter. Ne négligeons pas de
munir le vaisseau d'ancres de miséricorde, pour le soutenir
contre la tempête.

« On demandera si les précautions que nous proposons contre
les écarts de la Chambre des représentants ne pourraient pas
être prises également contre les erreurs du Sénat. Il faut considérer que cette Assemblée par sa composition, par l'esprit de
suite que son organisation lui assure, ne sera pas sujette aux
accès d'une fièvre populaire. D'ailleurs, et c'est la raison décisive,
une Assemblée, soumise tous les deux ans à un renouvellement
partiel, est destinée à se modifier graduellement et doit échapper
à ces changements brusques qui troublent inopinément le cours
tranquille de la vie des peuples.

« Mais, pour que le Président de la République pût être mis en
possession d'une aussi grande prérogative que le partage et l'initiative du droit de dissolution, il fallait que, par son origine, son
pouvoir eût une véritable indépendance. Il ne peut être le délégué
d'une seule Assemblée, ni même de deux Assemblées réunies. Il
descendrait ainsi au rang d'une autorité subordonnée.

« Trois modes d'élection à la Présidence de la République peuvent être proposés.

« Le premier est l'élection directe par le suffrage universel. Ce
mode, déjà éprouvé, n'a pas laissé un souvenir qui le recommande.
Il est évident qu'il confère à un pouvoir, responsable devant
les Chambres, une supériorité morale sur ces Chambres mêmes.
Le suffrage universel, concentré sur un seul homme, fait de lui
comme une personnification de la souveraineté nationale. Une
telle inégalité ne saurait être sans danger introduite dans les
pouvoirs publics.

« C'est ici qu'il faudrait au moins recourir aux deux degrés d'élection. Tel est le mode employé aux Etats-Unis, où des électeurs nommés dans chaque Etat, en nombre égal à celui de ses représentants et de ses sénateurs au Congrès, votent pour l'élection du Président. Si aucun des candidats n'a la majorité voulue, la Chambre des représentants, votant par Etats, choisit entre les trois noms qui ont eu le plus de voix. Nous avions d'abord penché pour une imitation de ce système et sans doute elle pouvait être justifiée par plus d'un spécieux argument. Mais nous avons considéré que, sous des apparences différentes, ce procédé n'était, à beaucoup d'égards, qu'une reproduction déguisée du suffrage direct. En choisissant l'électeur du Président futur, on ne peut s'empêcher de se poser une question unique : Quel Président élira-t-il? Le mandat impératif devient donc la conséquence forcée de ce mode d'élection, et alors, le suffrage universel désignerait indirectement, mais aussi impérativement que s'il était direct, celui qu'il appellerait à la suprême magistrature. En Amérique, on sait quel sera l'élu, avant que le collège pour l'élection présidentielle ne soit assemblé.

« Nous nous sommes donc décidés pour un troisième mode d'élection, qui admet deux degrés, mais qui, en assurant au Président une incontestable indépendance, ne le place à aucun égard au-dessus des deux Chambres et ne peut ni lui inspirer la tentation, ni lui donner les moyens de les dominer. Suivant nous, le Président sera élu par les deux Chambres réunies, auxquelles le choix de chacun des Conseils généraux ajoutera trois membres élus. Cette réunion devra s'appeler le Congrès présidentiel. On remarquera que c'est encore une élection à deux et même à trois degrés et qu'ainsi le suffrage de la nation entière reste la source commune de tous les pouvoirs électifs.

« Le Président, qui devra être âgé d'au moins quarante ans, sera élu pour cinq années, comme la Chambre des représentants. Ses pouvoirs expireront au début périodique de toute législature nouvelle, mais ils seront continués de droit pendant la période électorale, et jusqu'à ce que le Congrès présidentiel ait terminé ses opérations, qui devront commencer aussitôt que les deux Chambres seront constituées.

« Tel est en substance le projet de loi que nous soumettons, Messieurs, à vos délibérations. Nous nous sommes gardés de demander à la spéculation de hasardeuses nouveautés. Nous nous sommes arrêtés à des dispositions simples, qui rentrent dans les habitudes constitutionnelles de notre pays, et dont il nous semblait facile de prévoir les effets pratiques.

« Bien convaincus que l'état des partis, que l'éternel conflit des souvenirs, des prétentions, des espérances ne permettent pas de fonder dans notre France autre chose que la République, nous ne nous sommes pas cru cependant obligés de suivre l'esprit républicain dans ses dernières conséquences. C'eût été donner trop à l'inconnu et trop exiger de votre confiance.

« Nous avons cru mieux entrer dans votre pensée, en nous attachant à concentrer fortement le pouvoir et en constituant un Gouvernement qui pût résister à tous les chocs et triompher de tous les obstacles. A ces conditions seulement la République peut être conservatrice et tant qu'elle sera conservatrice, mais pas au delà, elle sera durable. »

(Extrait du *Journal Officiel*, Mai 1873.)

TABLE DES MATIÈRES

Havre. — Les séances du 18 et du 29 Novembre. — L'élection de
M. Buffet. — M. Jules Simon à la distribution des prix des Sociétés
savantes. — Modifications ministérielles. — L'ordre du jour Ernoul.
— L'élection du maréchal. — L'œuvre de M. Thiers. — Son projet de
Constitution.

APPENDICE

ANCIENNE LIBRAIRIE GERMER BAILLIÈRE ET Cie

FÉLIX ALCAN, Éditeur

PHILOSOPHIE — HISTOIRE

CATALOGUE

DES

Livres de Fonds

*On peut se procurer tous les ouvrages
qui se trouvent dans ce Catalogue par l'intermédiaire des libraires
de France et de l'Étranger.*

*On peut également les recevoir franco par la poste,
sans augmentation des prix désignés, en joignant à la demande
des* TIMBRES-POSTE FRANÇAIS *ou un* MANDAT *sur Paris.*

PARIS

108, BOULEVARD SAINT-GERMAIN, 108

Au coin de la rue Hautefeuille.

FÉVRIER 1895

Les titres précédés d'un *astérisque* sont recommandés par le Ministère de l'Instruction publique pour les Bibliothèques des élèves et des professeurs et pour les distributions de prix des lycées et collèges.

BIBLIOTHÈQUE DE PHILOSOPHIE CONTEMPORAINE
Volumes in-12, brochés, à 2 fr. 50.

Cartonnés toile, 3 francs. — En demi-reliure, plats papier, 4 francs.

(Quelques-uns de ces volumes sont épuisés, et il n'en reste que peu d'exemplaires imprimés sur papier vélin; ces volumes sont annoncés au prix de 5 francs.)

ALAUX, professeur à la Faculté des lettres d'Alger. **Philosophie de M. Cousin.**

ALLIER (R.). **La Philosophie d'Ernest Renan.**

ARRÉAT (L.). **La Morale dans le drame, l'épopée et le roman.** 2ᵉ édition.

— **Mémoire et imagination** (Peintres, Musiciens, Poètes, Orateurs). 1895.

AUBER (Ed.). **Philosophie de la médecine.**

BALLET (G.), professeur agrégé à la Faculté de médecine. **Le Langage intérieur** et les diverses formes de l'aphasie, avec figures dans le texte. 2ᵉ édit.

BARTHÉLEMY-SAINT-HILAIRE, de l'Institut. * **De la Métaphysique.**

BEAUSSIRE, de l'Institut. * **Antécédents de l'hégélianisme dans la philosophie française.**

BERSOT (Ernest), de l'Institut. * **Libre philosophie.**

BERTAULD, sénateur. ° **L'Ordre social et l'Ordre moral.**

— **De la Philosophie sociale.**

BERTRAND (A.), professeur à la Faculté des lettres de Lyon. **La Psychologie de l'effort et les doctrines contemporaines.**

BINET (A.), directeur du lab. de psych. physiol. de la Sorbonne. **La Psychologie du raisonnement,** expériences par l'hypnotisme.

— Avec la collaboration de MM. Philippe, Courtier et V. Henri. **Introduction à la psychologie expérimentale.** 1894.

BRIDEL (Louis), professeur à la Faculté de droit de Genève. **Le Droit des Femmes et le Mariage.**

BOST. **Le Protestantisme libéral.** Papier vélin.   5 fr.

BOUTMY (E.), de l'Institut. * **Philosophie de l'architecture en Grèce.**

CARUS (P.). * **Le Problème de la conscience du moi,** avec gravures, traduit de l'anglais par M. A. Monod.

COIGNET (Mᵐᵉ). **La Morale indépendante.**   5 fr.

CONTA (B.). * **Les Fondements de la métaphysique,** trad. du roumain par D. Tescanu.

COQUEREL FILS (Ath.). **Transformations histor. du christian.** Papier vélin. 5 fr.

— **Histoire du Credo.** Papier vélin.   5 fr.

— **La Conscience et la Foi.**

COSTE (Ad.). **Les Conditions sociales du bonheur et de la force.**

DELBŒUF (J.), prof. à l'Université de Liège. **La Matière brute et la Matière vivante.**

DANVILLE (Gaston). **Psychologie de l'amour.** 1894.

DUMAS (G.), agrégé de philosophie. **Les états intellectuels dans la Mélancolie.** 1894.

DUNAN, prof. au collège Stanislas. **La théorie psychologique de l'Espace.** 1895.

DURKHEIM (Émile), prof. à la Faculté des lettres de Bordeaux. **Les règles de la méthode sociologique.** 1895.

ESPINAS (A.), doyen de la Faculté des lettres de Bordeaux. * **La Philosophie expérimentale en Italie.**

FAIVRE (E.). **De la Variabilité des espèces.**

FÉRÉ (Ch.). **Sensation et Mouvement.** Étude de psycho-mécanique, avec figures.

— **Dégénérescence et Criminalité,** avec figures. 2ᵉ éd.

FONSÉGRIVE, professeur au lycée Buffon. **La Causalité efficiente.** 1893.

FONTANÈS. **Le Christianisme moderne.** Papier vélin.   5 fr.

FONVIELLE (W. de). **L'Astronomie moderne.**

FRANCK (Ad.), de l'Institut. * **Philosophie du droit pénal.** 4ᵉ édit.

— **Des Rapports de la Religion et de l'État.** 2ᵉ édit.

— **La Philosophie mystique en France au XVIIIᵉ siècle.**

GAUCKLER. **Le Beau et son histoire.**

GREEF (de). **Les Lois sociologiques.**

GUYAU. * **La Genèse de l'idée de temps.**

HARTMANN (E. de). **La Religion de l'avenir.** 4ᵉ édit.

— **Le Darwinisme,** ce qu'il y a de vrai et de faux dans cette doctrine. 5ᵉ édit.

HERBERT SPENCER. * **Classification des sciences.** 4ᵉ édit.

— **L'Individu contre l'État.** 4ᵉ édit.

JANET (Paul), de l'Institut. * **Le Matérialisme contemporain.** 5ᵉ édit.

— * **Philosophie de la Révolution française.** 5ᵉ édit.

— * **Saint-Simon et le Saint-Simonisme.**

Suite de la *Bibliothèque de philosophie contemporaine*, format in-12, à 2 fr. 50 le vol.

JANET (Paul), de l'Institut. **Les Origines du socialisme contemporain.** 2ᵉ édit. 1892.
— **La Philosophie de Lamennais.**
LAUGEL (Auguste). * **L'Optique et les Arts.**
— * **Les Problèmes de la nature.**
— * **Les Problèmes de la vie.**
— * **Les Problèmes de l'âme.**
— * **La Voix, l'Oreille et la Musique.** Papier vélin.   5 fr.
LEBLAIS. **Matérialisme et Spiritualisme.** Papier vélin.   5 fr.
LE BON (le Dʳ G.). **Les lois psychologiques de l'évolution des peuples.** 1894.
LEMOINE (Albert). * **Le Vitalisme et l'Animisme.**
LEOPARDI. **Opuscules et Pensées,** traduit de l'italien par M. Aug. Dapples.
LEVALLOIS (Jules). **Déisme et Christianisme.**
LEVEQUE (Charles), de l'Institut. * **Le Spiritualisme dans l'art.**
— * **La Science de l'invisible.**
LIARD, directeur de l'Enseignement supérieur. * **Les Logiciens anglais con-
    temporains.** 3ᵉ édit.
— **Des définitions géométriques et des définitions empiriques.** 2ᵉ édit.
LOMBROSO. **L'Anthropologie criminelle** et ses récents progrès. 2ᵉ édit. 1891.
— **Nouvelles recherches d'anthropologie criminelle et de psychiatrie,** 1892.
— **Les Applications de l'anthropologie criminelle.** 1892.
LUBBOCK (Sir John). * **Le Bonheur de vivre.** 2 volumes.
LYON (Georges), maître de conférences à l'École normale. * **La Philosophie de
    Hobbes.** 1893.
MARIANO. **La Philosophie contemporaine en Italie.**
MARION, professeur à la Sorbonne. * **J. Locke, sa vie, son œuvre.** 2ᵉ édit.
MAUS (I.), avocat à la Cour d'appel de Bruxelles. **De la Justice pénale.**
MOSSO. **La Peur.** Étude psycho-physiologique (avec figures).
— * **La fatigue intellectuelle et physique,** traduit de l'italien par P. LANGLOIS.
    1894, avec grav.
PAULHAN (Fr.). **Les Phénomènes affectifs et les lois de leur apparition.**
— * **Joseph de Maistre et sa philosophie.** 1893.
PILO (Mario), prof. au lycée de Bellune. **La psychologie du beau et de l'Art.** 1895.
PIOGER (Dʳ Julien). **Le Monde physique,** essai de conception expérimentale. 1893.
QUEYRAT (Fr.), professeur de l'Université. * **L'imagination et ses variétés chez
    l'enfant.** 1893.
— **L'abstraction,** son rôle dans l'éducation intellectuelle. 1894.
RÉMUSAT (Charles de), de l'Académie française. * **Philosophie religieuse.**
RIBOT (Th.), professeur au Collège de France, directeur de la *Revue philoso-
    phique.* **La Philosophie de Schopenhauer.** 6ᵉ édition.
— * **Les Maladies de la mémoire.** 9ᵉ édit.
— **Les Maladies de la volonté.** 9ᵉ édit.
— **Les Maladies de la personnalité.** 5ᵉ édit.
— **La Psychologie de l'attention.** 2ᵉ édit.
RICHET (Ch.), **Essai de psychologie générale** (avec figures). 2ᵉ édit.
ROBERTY (E. de). **L'Inconnaissable, sa métaphysique, sa psychologie.**
— **L'Agnosticisme.** Essai sur quelques théories pessimistes de la connaissance.
— **La Recherche de l'Unité.** 1 vol. 1893.
— **Auguste Comte et Herbert Spencer,** contribution à l'histoire des idées philo-
    sophiques au xıxᵉ siècle. 1894.
ROISEL. **De la Substance.**
SAIGEY. **La Physique moderne.**
SAISSET (Émile), de l'Institut. * **L'Ame et la Vie.**
— * **Critique et Histoire de la philosophie** (fragm. et disc.).
SCHMIDT (O.). **Les Sciences naturelles et la Philosophie de l'inconscient.**
SCHŒBEL. **Philosophie de la raison pure.**
SCHOPENHAUER. * **Le Libre arbitre,** traduit par M. Salomon Reinach. 6ᵉ édit.
— * **Le Fondement de la morale,** traduit par M. A. Burdeau. 5ᵉ édit.
— **Pensées et Fragments,** avec intr. par M. J. Bourdeau. 12ᵉ édit.
SELDEN (Camille). **La Musique en Allemagne,** étude sur Mendelssohn.
SICILIANI (P.). **La Psychogénie moderne.**
SIGHELE. **La Foule criminelle,** essai de psychologie collective.
STRICKER. **Le Langage et la Musique,** traduit de l'allemand par M. Schwiedland.
STUART MILL. * **Auguste Comte et la Philosophie positive.** 4ᵉ édit.
— **L'Utilitarisme.** 2ᵉ édit.
TAINE (H.), de l'Académie française. **L'Idéalisme anglais,** étude sur Carlyle.
— * **Philosophie de l'art dans les Pays-Bas.** 2ᵉ édit.
TARDE. **La Criminalité comparée.** 3ᵉ édition.

' Suite de la *Bibliothèque de philosophie contemporaine*, format in-12,
à 2 fr. 50 le volume.

TARDE. * **Les Transformations du Droit.** 2ᵉ édit. 1894.

THAMIN (R.), prof. à la Faculté des lettres de Lyon. * **Éducation et positivisme.**
2ᵉ éd. 1895. Ouvrage couronné par l'Académie des sciences morales et politiques.

THOMAS (P. Félix), prof. au lycée de Versailles. **La suggestion**, son rôle dans
l'éducation intellectuelle. 1895.

TISSIÉ. * **Les Rêves**, avec préface du professeur Azam.

VIANNA DE LIMA. **L'Homme selon le transformisme.**

WUNDT. **Hypnotisme et suggestion.** Étude critique, traduit par M. Keller.

ZELLER. **Christian Baur et l'École de Tubingue**, traduit par M. Ritter.

ZIEGLER. **La Question sociale est une Question morale**, traduit par M. Palante.
2ᵉ éd. 1894.

BIBLIOTHÈQUE DE PHILOSOPHIE CONTEMPORAINE
Volumes in-8.

Br. à 5 fr., 7 fr. 50 et 10 fr.; Cart. angl., 1 fr. en plus par vol.; Demi-rel. en plus 2 fr. par vol.

ADAM (Ch.), professeur à la Faculté des lettres de Dijon. **La Philosophie en
France** (première moitié du XIXᵉ siècle). 1 vol.   7 fr. 50

AGASSIZ.* **De l'Espèce et des Classifications.** 1 vol.   5 fr.

ARRÉAT. * **Psychologie du peintre.** 1 vol.   5 fr.

AUBRY (le Dʳ P.). **La contagion du meurtre.** 1894. 2ᵉ édit., préface de M. le
docteur CORRE.   5 fr.

BAIN (Alex.). * **La Logique inductive et déductive.** Traduit de l'anglais par
M. G. Compayré. 2 vol. 2ᵉ édition.   20 fr.

— * **Les Sens et l'Intelligence.** 1 vol. Traduit par M. Cazelles. 2ᵉ édit. 10 fr.

— **Les Émotions et la Volonté.** Trad. par M. Le Monnier. 1 vol.   10 fr.

BARNI (Jules). * **La Morale dans la démocratie.** 1 vol. 2ᵉ édit.   5 fr.

BARTHÉLEMY SAINT-HILAIRE, de l'Institut. **La Philosophie dans ses rapports
avec les sciences et la religion.** 1 vol.   5 fr.

BERGSON, docteur ès lettres, professeur au lycée Henri IV. **Essai sur les données
immédiates de la conscience.** 1 vol.   3 fr. 75

BLONDEL, docteur ès lettres. **L'Action.** Essai d'une critique de la vie et d'une
science de la pratique. 1 vol. 1893.   7 fr. 50

BOIRAC (Émile), docteur ès lettres. **L'idée du Phénomène.** 1894.   5 fr.

BOURDEAU (L.). **Le Problème de la mort**, ses solutions imaginaires, d'après
la science positive. 1 vol. 1893.   5 fr.

BOURDON, docteur ès lettres. * **L'expression des émotions et des tendances
dans le langage.** 1 vol. 1892.   7 fr. 50

BRUNSCHWICG (L.), agrégé de philosophie. **Spinoza.** 1894.   3 fr. 75

BUCHNER. **Nature et Science.** 1 vol. 2ᵉ édit. Trad. de l'allemand par M. Lauth. 7 fr. 50

CARRAU (Ludovic), professeur à la Sorbonne. **La Philosophie religieuse en
Angleterre**, depuis Locke jusqu'à nos jours. 1 vol.   5 fr.

CLAY (R.). * **L'Alternative**, *Contribution à la psychologie.* 2ᵉ édit. 10 fr.

COLLINS (Howard). **La Philosophie de Herbert Spencer.** 1 vol., avec préface
de M. Herbert Spencer, traduit par H. de Varigny. 2ᵉ éd. 1895.   10 fr.

CONTA (B.). **Théorie de l'ondulation universelle.** Traduction du roumain et
notice biographique par D. ROSETTI TESCANU, préface de Louis BUCHNER.
1894.   3 fr. 75

CRÉPIEUX-JAMIN, **L'Écriture et le Caractère.** 3ᵉ édit. 1895.   7 fr. 50

DELBOS, professeur de philosophie au lycée Michelet. * **Le Problème moral dans la
philosophie de Spinoza et dans l'histoire du spinozisme.** 1 vol. 1894. 10 fr.

DEWAULE, docteur ès lettres. * **Condillac et la Psychologie anglaise contemporaine.** 1 vol. 1892.   5 fr.

DURKHEIM, professeur à la faculté des lettres de Bordeaux. * **De la division du
travail social.** 1 vol. 1893.   7 fr. 50

EGGER (V.), professeur à la Faculté des lettres de Nancy. **La Parole intérieure.**
1 vol.   5 fr.

FERRERO (G.). **Les lois psychologiques du symbolisme.** 1895.   5 fr.

FERRI (Louis), professeur à l'Université de Rome. **La Psychologie de l'association**, depuis Hobbes jusqu'à nos jours. 1 vol.   7 fr. 50

FLINT, professeur à l'Université d'Edimbourg. **La Philosophie de l'histoire en
Allemagne.** 1 vol.   7 fr. 50

FONSEGRIVE, professeur au lycée Buffon. * **Essai sur le libre arbitre.** Ouvrage couronné par l'Académie des sciences morales et politiques. 1 vol. 2ᵉ éd. 1895. 10 fr.

FOUILLÉE (Alf.). * **La Liberté et le Déterminisme.** 1 vol. 2ᵉ édit. 7 fr. 50

— **Critique des systèmes de morale contemporains.** 1 vol. 2ᵉ éd.   7 fr. 50

— * **La Morale, l'Art, la Religion, d'après Guyau.** 1 vol. 2ᵉ édit. 3 fr. 75

Suite de la *Bibliothèque de philosophie contemporaine,* format in-8.

FOUILLÉE (Alf.). L'Avenir de la Métaphysique fondée sur l'expérience. 1 vol. 5 fr.
— * L'Évolutionnisme des idées-forces. 1 vol.   7 fr. 50
— * La Psychologie des idées-forces. 2 vol. 1893.   15 fr.
FRANCK (A.), de l'Institut. Philosophie du droit civil. 1 vol.   5 fr.
GAROFALO, agrégé de l'Université de Naples. La Criminologie. 1 vol. 3ᵉ édit. 7 fr. 50
GREEF (de), prof. à la nouvelle Université libre de Bruxelles. Le transformisme
  social. Essai sur le progrès et le regrès des sociétés. 1895.   7 fr. 50
GODFERNAUX (A.), docteur ès lettres. Le sentiment et la pensée et leurs princi-
  paux aspects physiologiques. 1894.   5 fr.
GURNEY, MYERS et PODMORE. Les Hallucinations télépathiques, traduit et abrégé des
  « *Phantasms of The Living* » par L. MARILLIER, préf. de CH. RICHET. 1 vol. 2ᵉ éd. 7 fr. 50
GUYAU (M.). * La Morale anglaise contemporaine. 1 vol. 4ᵉ édit.   7 fr. 50
— Les Problèmes de l'esthétique contemporaine. 1 vol.   5 fr.
— Esquisse d'une morale sans obligation ni sanction. 1 vol. 2ᵉ édit. 1893. 5 fr.
— L'Irréligion de l'avenir, étude de sociologie. 1 vol. 3ᵉ édit.   7 fr. 50
— * L'Art au point de vue sociologique. 1 vol.   7 fr. 50
— * Hérédité et Education, étude sociologique. 1 vol. 2ᵉ édit.   5 fr.
HERBERT SPENCER. * Les Premiers principes. Traduit par M. Cazelles. 1 vol. 10 fr.
— Principes de biologie. Traduit par M. Cazelles. 2 vol.   20 fr.
— * Principes de psychologie. Trad. par MM. Ribot et Espinas. 2 vol.   20 fr.
— * Principes de sociologie. 4 vol., traduits par MM. Cazelles et Gerschel :
  Tome I. 10 fr. — Tome II. 7 fr. 50. — Tome III. 15 fr. — Tome IV.   3 fr. 75
— * Essais sur le progrès. Traduit par M. A. Burdeau. 1 vol. 5ᵉ édit.   7 fr. 50
— Essais de politique. Traduit par M. A. Burdeau. 1 vol. 3ᵉ édit.   7 fr. 50
— Essais scientifiques. Traduit par M. A. Burdeau. 1 vol. 2ᵉ édit.   7 fr. 50
— * De l'Education physique, intellectuelle et morale. 1 vol. 9ᵉ édit.   5 fr.
  (Voy. p. 2, 18 et 19.)
HIRTH (G.). * Physiologie de l'Art. Trad. et introd. de M. L. ARRÉAT. 1 vol.   5 fr.
HUXLEY, de la Société royale de Londres. * Hume, sa vie, sa philosophie. Traduit
  de l'anglais et précédé d'une introduction par M. G. COMPAYRÉ. 1 vol.   5 fr.
IZOULET (J.). La Cité moderne, métaphysique de la sociologie. 1895.   10 fr.
JANET (Paul), de l'Institut. * Les Causes finales. 1 vol. 3ᵉ édit.   10 fr.
— * Histoire de la science politique dans ses rapports avec la morale. 2 forts
  vol. 3ᵉ édit., revue, remaniée et considérablement augmentée.   20 fr.
— * Victor Cousin et son œuvre. 1 vol. 3ᵉ édition.   7 fr. 50
JANET (Pierre), professeur au collège Rollin. L'Automatisme psychologique,
  essai sur les formes inférieures de l'activité mentale. 1 vol. 2ᵉ édit. 1894. 7 fr. 50
JAURÈS (J.). De la réalité du Monde sensible. 1 vol. 1892.   7 fr. 50
LAUGEL (Auguste). Les Problèmes (Problèmes de la nature, problèmes de la vie,
  problèmes de l'âme). 1 vol.   7 fr. 50
LAVELEYE (de), correspondant de l'Institut. * De la Propriété et de ses formes
  primitives. 1 vol. 4ᵉ édit. revue et augmentée.   10 fr.
— * Le Gouvernement dans la démocratie. 2 vol. 2ᵉ édit.   15 fr.
LÉVY-BRUHL. La Philosophie de Jacobi. 1894.   5 fr.
LIARD, directeur de l'enseignement supérieur. Descartes. 1 vol.   5 fr.
— * La Science positive et la Métaphysique. 1 vol. 2ᵉ édit.   7 fr. 50
LOMBROSO. L'Homme criminel (criminel-né, fou-moral, épileptique), précédé
  d'une préface de M. le docteur LETOURNEAU. 2ᵉ éd. 2 vol. (sous presse).
— L'Homme de génie, traduit de la 8ᵉ édition italienne par FR. COLONNA D'ISTRIA,
  et précédé d'une préface de M. CH. RICHET. 1 vol. avec 11 pl. hors texte. 10 fr.
LOMBROSO et LASCHI. Le Crime politique et les Révolutions. 2 vol. avec
  planches hors texte.   15 fr.
LYON (Georges), maître de conférences à l'École normale supérieure. * L'Idéalisme
  en Angleterre au XVIIIᵉ siècle. 1 vol.   7 fr. 50
MARION (H.), professeur à la Sorbonne. * De la Solidarité morale. Essai de
  psychologie appliquée. 1 vol. 3ᵉ édit.   5 fr.
MARTIN (Fr.), docteur ès lettres. La perception extérieure et la science positive,
  essai de philosophie des sciences. 1894.   5 fr.
MATTHEW ARNOLD. La Crise religieuse. 1 vol.   7 fr. 50
MAUDSLEY. La Pathologie de l'esprit. 1 vol. Trad. de l'ang. par M. Germont. 10 fr.
MILHAUD (G.), docteur ès lettres. Essai sur les conditions et les limites de la
  certitude logique. 1894.   3 fr. 75
NAVILLE (E.), correspond. de l'Institut. La physique moderne. 1 vol. 2ᵉ édit. 5 fr.
— La Logique de l'hypothèse. 2ᵉ édit.   5 fr.
— La définition de la philosophie. 1894.   5 fr.
NORDAU (Max). * Dégénérescence, traduit de l'allemand par Aug. Dietrich.
  3ᵉ éd. 1895. Tome I. 7 fr. 50. Tome II.   10 fr.

Suite de la *Bibliothèque de philosophie contemporaine,* format in-8.

NOVICOW. * Les Luttes entre Sociétés humaines et leurs phases successives. 1 vol. 1893. 10 fr.
— Les gaspillages des sociétés modernes. 1894. 5 fr.
OLDENBERG, professeur à l'Université de Kiel. *Le Bouddha, sa Vie, sa Doctrine, sa Communauté, trad. par P. Foucher. Préf. de Lucien Lévy. 1 vol. 1894. 7 fr. 50
PAULHAN (Fr.). L'Activité mentale et les Éléments de l'esprit. 1 vol. 10 fr.
— * Les Caractères, 1 vol. 1894. 5 fr.
PAYOT (J.), agrégé de philosophie. * L'Éducation de la volonté. 1 vol. 3e édit. 1895. 5 fr.
PÉREZ (Bernard). Les Trois premières années de l'enfant. 1 vol. 5e édit. 5 fr.
— L'Enfant de trois à sept ans. 1 vol. 3e édit. 5 fr.
— L'Éducation morale dès le berceau. 1 vol. 2e édit. 5 fr.
— L'Art et la Poésie chez l'enfant. 1 vol. 5 fr.
— Le Caractère, de l'enfant à l'homme. 1 vol. 5 fr.
PICAVET (E.), maître de conférences à l'École des hautes études. * Les Idéologues, essai sur l'histoire des idées, des théories scientifiques, philosophiques, religieuses, etc., en France, depuis 1789. 1 vol. (Ouvr. couronné par l'Académie française.) 10 fr.
PIDERIT. La Mimique et la Physiognomonie. Trad. de l'allemand par M. Girot. 1 vol., avec 95 figures dans le texte. 5 fr.
PILLON (F.), ancien réd. de la *Critique philosophique.* * L'Année philosophique, 1re, 2e, 3e, 4e et 5e années, 1890, 1891, 1892, 1893 et 1894. 5 vol. Chaque vol. séparément. 5 fr.
PIOGER (J.). La Vie et la Pensée, essai de conception expérimentale. 1894. 1 v. 5 fr.
— La vie sociale, la morale et le progrès. 1894. 5 fr.
PREYER, prof. à l'Université de Berlin. Éléments de physiologie. 5 fr.
— L'Ame de l'enfant. Observations sur le développement psychique des premières années. 1 vol., traduit de l'allemand par M. H. C. de Varigny. 10 fr.
PROAL. * Le Crime et la Peine. 1 vol. 2e édit. 1894. Ouvrage couronné par l'Académie des sciences morales et politiques. 10 fr.
— La criminalité politique. 1895. 5 fr.
RAUH (F.), professeur à la Faculté des lettres de Toulouse. Essai sur le fondement métaphysique de la morale. 1 vol. 5 fr.
RIBOT (Th.), prof. au Collège de France, dir. de la *Revue philosophique.* L'Hérédité psychologique. 1 vol. 5e édit. 7 fr. 50
— * La Psychologie anglaise contemporaine. 1 vol. 3e édit. 7 fr. 50
— * La Psychologie allemande contemporaine. 1 vol. 2e éd. 7 fr. 50 (Voy. p: 3, 16.)
RICARDOU (A.), docteur ès lettres. De l'Idéal, étude philosophique. 1 vol. Ouvrage couronné par l'Académie des sciences morales et politiques. 5 fr.
RICHET (Ch.), professeur à la Faculté de médecine de Paris. L'Homme et l'Intelligence. Fragments de psychologie et de physiologie. 1 vol. 2e édit. 10 fr.
ROBERTY (E. de). L'Ancienne et la Nouvelle philosophie. 1 vol. 7 fr. 50
— * La Philosophie du siècle (positivisme, criticisme, évolutionnisme). 1 vol. 5 fr.
ROMANES. * L'Évolution mentale chez l'homme. 1 vol. 7 fr. 50
SAIGEY (E.). Les Sciences au XVIIIe siècle. La Physique de Voltaire. 1 vol. 5 fr.
SCHOPENHAUER. Aphorismes sur la sagesse dans la vie: 3e édit. Traduit par M. Cantacuzène. 1 vol. 5 fr.
— De la Quadruple racine du principe de la raison suffisante, suivi d'une *Histoire de la doctrine de l'idéal et du réel.* Trad. par M. Cantacuzène. 1 vol. 5 fr.
— * Le Monde comme volonté et comme représentation. Traduit par M. A. Burdeau. 3 vol. Chacun séparément. 7 fr. 50
SÉAILLES, maître de conf. à la Sorbonne. Essai sur le génie dans l'art. 1 v. 5 fr.
SERGI, professeur à l'Université de Rome. La Psychologie physiologique, traduit de l'italien par M. Mouton. 1 vol. avec figures. 7 fr. 50
SOLLIER (Dr P.). *Psychologie de l'idiot et de l'imbécile. 1 vol. 5 fr.
SOURIAU (Paul), professeur à la Faculté des lettres de Nancy. L'Esthétique du mouvement. 1 vol. 5 fr.
— * La suggestion dans l'art. 1 vol. 5 fr.
STUART MILL. * La Philosophie de Hamilton. 1 vol. 10 fr.
— * Mes Mémoires. Histoire de ma vie et de mes idées. 1 vol. 3e édit. 5 fr.
— * Système de logique déductive et inductive. 3e édit. 2 vol. 20 fr.
— * Essais sur la religion. 2e édit. 1 vol. 5 fr. (Voy. p. 3.)
SULLY (James). Le Pessimisme. Traduit de l'anglais par MM. Bertrand et Gérard. 1 vol. 2e édit. 7 fr. 50
TARDE (G.). La logique sociale. 1895. 7 fr. 50
VACHEROT (Et.), de l'Institut. Essais de philosophie critique. 1 vol. 7 fr. 50
— La Religion. 1 vol. 7 fr. 50
WUNDT. Éléments de psychologie physiologique. 2 vol. avec figures. 20 fr.

COLLECTION HISTORIQUE DES GRANDS PHILOSOPHES

PHILOSOPHIE ANCIENNE

ARISTOTE (Œuvres d'), traduction de J. BARTHÉLEMY-SAINT-HILAIRE, de l'Institut.

— **Psychologie** (Opuscules), avec notes. 1 vol. in-8 . . . . 10 fr.

— **Rhétorique**, avec notes. 2 vol. in-8 . . . . 16 fr.

— **Politique**. 1 v. in-8 . . . 10 fr.

— **La Métaphysique d'Aristote**. 3 vol. in-8 . . . . 30 fr.

— **Traité de la production et de la destruction des choses**, avec notes. 1 v. gr. in-8 . . . . . 10 fr.

— **De la Logique d'Aristote**, par M. BARTHÉLEMY-SAINT-HILAIRE. 2 vol. in-8 . . . . 10 fr.

— **Table alphabétique des matières de la traduction générale d'Aristote**, par M. BARTHELEMY-SAINT-HILAIRE, 2 forts vol. in-8. 1892 . . . . 30 fr.

— **L'Esthétique d'Aristote**, par M. BÉNARD. 1 vol. in-8. 1889. 5 fr.

SOCRATE. **La Philosophie de Socrate**, par Alf. FOUILLÉE. 2 vol. in-8 . . . . 16 fr.

— **Le Procès de Socrate.** Examen des thèses socratiques, par G. SOREL. 1 vol. in-8 . . . . 3 fr. 50

PLATON. **Études sur la Dialectique dans Platon et dans Hegel**, par Paul JANET. 1 vol. in-8. 6 fr.

— **Platon et Aristote**, par VAN DER REST. 1 vol. in-8 . . . . 10 fr.

PLATON. **Platon, sa philosophie**, précédé d'un aperçu de sa vie et de ses œuvres, par CH. BÉNARD. 1 vol. in-8. 1893 . . . . 10 fr.

ÉPICURE. **La Morale d'Épicure et ses rapports avec les doctrines contemporaines**, par M. GUYAU. 1 vo-

lume in-8. 3e édit. . . . . . . 7 fr. 50

ÉCOLE D'ALEXANDRIE. **Histoire de l'École d'Alexandrie**, par M. BARTHÉLEMY-ST-HILAIRE. 1 vol. in-8 . . . . 6 fr.

BÉNARD. **La Philosophie ancienne**, histoire de ses systèmes. 1re partie : La Philosophie et la Sagesse orientales. — La Philosophie grecque avant Socrate. — Socrate et les socratiques. — Etudes sur les sophistes grecs. 1 v. in-8 . . . . . 9 fr.

FABRE (Joseph). **Histoire de la philosophie, antiquité et moyen âge**. 1 vol. in-18 . . . . 3 fr. 50

FAVRE (Mme Jules), née VELTEN. **La Morale des stoïciens**. 1 volume in-18 . . . . 3 fr. 50

— **La Morale de Socrate**. 1 vol. in-18 . . . . 3 fr. 50

— **La Morale d'Aristote**. 1 vol. in-18 . . . . 3 fr. 50

OGEREAU. **Essai sur le système philosophique des stoïciens**. 1 vol. in-8 . . . . 5 fr.

RODIER (G.), docteur ès lettres. **La Physique de Straton de Lampsaque**. 1 vol. in-8 . . . . . 3 fr.

TANNERY (Paul), professeur suppléant au Collège de France. **Pour l'histoire de la science hellène** (de Thalès à Empédocle). 1 v. in-8. 1887 . . . . 7 fr. 50

BROCHARD (V.), professeur à la Sorbonne. **Les Sceptiques grecs** (couronné pour l'Académie des sciences morales et politiques). 1 vol. in-8 . . . . 8 fr.

MILHAUD (G.). **Les origines de la science grecque**. 1 vol. in-8. 1893 . . . . 5 fr.

PHILOSOPHIE MODERNE

LEIBNIZ. **Œuvres philosophiques**, avec introduction et notes par Paul JANET. 2 vol. in-8 . . . 16 fr.

— **Leibniz et Pierre le Grand**, par FOUCHER DE CAREIL. 1 v. in-8. 2 fr.

— **Leibniz et les deux Sophie**, par FOUCHER DE CAREIL. In-8. 2 fr.

DESCARTES, par L. LIARD. 1 v. in-8. 5 fr.

— **Essai sur l'Esthétique de Descartes**, par KRANTZ, doyen de la Faculté des lettres de Nancy. 1 v. in-8 . . . . 6 fr.

SPINOZA. **Benedicti de Spinoza opera**, quotquot reperta sunt, recognoverunt J. Van Vloten et J.-P.-N. Land. 2 forts vol. in-8 sur papier

de Hollande. . . . . 45 fr.

— **Inventaire des livres formant sa bibliothèque**, publié d'après un document inédit avec des notes biographiques et bibliographiques et une introduction par A.-J. SERVAAS VAN RVOIJEN. 1 v. in-4 sur papier de Hollande . . . . 15 fr.

GEULINCK (Arnoldi). Opera philosophica recognovit J.-P.-N. LAND, 3 volumes, sur papier de Hollande, gr. in-8. Chaque vol. . . 17 fr. 75

GASSENDI. **La Philosophie de Gassendi**, par P.-F. THOMAS, docteur ès lettres, professeur au lycée de Versailles. 1 vol. in-8. 1889. 6 fr.

LOCKE. * **Sa vie et ses œuvres**, par MARION, professeur à la Sorbonne. 1 vol. in-18. 3ᵉ édition.   2 fr. 50

MALEBRANCHE. * **La Philosophie de Malebranche**, par OLLÉ-LAPRUNE, maître de conférences à l'École normale supérieure. 2 vol. in-8 .... 16 fr.

PASCAL. **Études sur le scepticisme de Pascal**, par DROZ, professeur à la Faculté des lettres

à Besançon. 1 vol. in-8...   6 fr.

VOLTAIRE. **Les Sciences au XVIIIᵉ siècle**. Voltaire physicien, par Em. SAIGEY. 1 vol. in-8. 5 fr.

FRANCK (Ad.), de l'Institut. **La Philosophie mystique en France au XVIIIᵉ siècle**. 1 volume in-18 ....   2 fr. 50

DAMIRON. **Mémoires pour servir à l'histoire de la philosophie au XVIIIᵉ siècle**. 3 vol. in-8. 15 fr.

PHILOSOPHIE ÉCOSSAISE

DUGALD STEWART. * **Éléments de la philosophie de l'esprit humain**, traduits de l'anglais par L. PEISSE. 3 vol. in-12...   9 fr.

HAMILTON. * **La Philosophie de Hamilton**, par J. STUART MILL. 1 vol. in-8 .... 10 fr.

HUME. * **Sa vie et sa philosophie**, par Th. HUXLEY, trad. de l'angl. par G. COMPAYRÉ. 1 vol. in-8. 5 fr.

BACON. **Étude sur François Bacon**, par J. BARTHÉLEMY-SAINT-HILAIRE, de l'Institut. 1 vol.

in-18 ....   2 fr. 50

— * **Philosophie de François Bacon**, par CH. ADAM, professeur à la Faculté des lettres de Dijon (ouvrage couronné par l'Institut). 1 volume in-8..   7 fr. 50

BERKELEY. **Œuvres choisies.** *Essai d'une nouvelle théorie de la vision. Dialogues d'Hylas et de Philonoüs.* Traduit de l'anglais par MM. BEAULAVON (G.) et PARODI (D.), agrégés de l'Université. 1895. 1 vol. in-8° ....   5 fr.

PHILOSOPHIE ALLEMANDE

KANT. * **La Critique de la raison pratique**, traduction nouvelle avec introduction et notes, par M. PICAVET. 1 vol. in-8 .... 6 fr.

— **Critique de la raison pure**, trad. par M. TISSOT. 2 v. in-8. 16 fr.

— **Éclaircissements sur la Critique de la raison pure**, trad. par M. J. TISSOT. 1 vol. in-8. 6 fr.

— **Principes métaphysiques de la morale**, augmentés des *Fondements de la métaphysique des mœurs*, traduct. par M. TISSOT. 1 vol. in-8 .... 8 fr.

— Même ouvrage, traduction par M. Jules BARNI. 1 vol. in-8... 8 fr.

— * **La Logique**, traduction par M. TISSOT. 1 vol. in-8 ..... 8 fr.

— * **Mélanges de logique**, traduction par M. TISSOT. 1 v. in-8. 6 fr.

— * **Prolégomènes à toute métaphysique future** qui se présentera comme science, traduction de M. TISSOT. 1 vol. in-8... 6 fr.

— * **Anthropologie**, suivie de divers fragments relatifs aux rapports du physique et du moral de l'homme, et du commerce des esprits d'un monde à l'autre, traduction par M. TISSOT. 1 vol. in-8..... 6 fr.

— **Traité de pédagogie**, trad. J. BARNI; préface et notes par M. Raymond THAMIN. 1 vol. in-12.   2 fr.

KANT. **Principes métaphysiques de la science de la nature**, trad. pour la 1ʳᵉ fois en français et accompagnés d'une introduction sur la Philosophie de la nature dans Kant, par CH. ANDLER et Ed. CHAVANNES, anciens élèves de l'École normale supérieure, agrégés de l'Université. 1 vol. grand in-8. 1891. 4 fr. 50

FICHTE. * **Méthode pour arriver à la vie bienheureuse**, trad. par M. Fr. BOUILLIER. 1 vol. in-8. 8 fr.

— **Destination du savant et de l'homme de lettres**, traduit par M. NICOLAS. 1 vol. in-8. 3 fr.

— * **Doctrines de la science.** 1 vol. in-8 .... 9 fr.

SCHELLING. **Bruno, ou du principe divin**. 1 vol. in-8 ...... 3 fr. 50

HEGEL. * **Logique**. 2ᵉ édit. 2 vol. in-8 .... 14 fr.

— * **Philosophie de la nature.** 3 vol. in-8 .... 25 fr.

— * **Philosophie de l'esprit.** 2 vol. in-8 .... 18 fr.

— * **Philosophie de la religion.** 2 vol. in-8 .... 20 fr.

— **La Poétique**, trad. par M. Ch. BÉNARD. Extraits de Schiller, Gœthe, Jean-Paul, etc., 2 v. in-8. 12 fr.

— **Esthétique.** 2 vol. in-8, trad. par M. BÉNARD .... 16 fr.

HEGEL. **Antécédents de l'hégé-lianisme dans la philosophie française**, par E. BEAUSSIRE. 1 vol. in-18........ 2 fr. 50

— * **La Dialectique dans Hegel et dans Platon**, par M. Paul JANET. 1 vol. in-8........... 6 fr.

—*Introduction à la philosophie de Hegel**, par VÉRA. 1 vol. in-8. 2ᵉ édit.............. 6 fr. 50

HUMBOLDT (G. de). **Essai sur les limites de l'action de l'État.** in-8................ 10 fr.

PHILOSOPHIE ALLEMANDE CONTEMPORAINE

BUCHNER (L.). **Nature et Science.** 1 vol. in-8. 2ᵉ édit...... 7 fr. 50

— * **Le Matérialisme contemporain**, par M. Paul JANET. 4ᵉ édit. 1 vol. in-18........ 2 fr. 50

CHRISTIAN BAUR et l'École de Tubingue, par M. Ed. ZELLER. 1 vol. in-18.......... 2 fr. 50

HARTMANN (E. de). **La Religion de l'avenir.** 1 vol. in-18.. 2 fr. 50

— **Le Darwinisme**, ce qu'il y a de vrai et de faux dans cette doctrine. 1 vol. in-18. 3ᵉ édition.. 2 fr. 50

HERBART. **Principales œuvres pédagogiques**, trad. et fondues par A. PINLOCHE. 1 v. in-8. 1894. 7 fr. 50

O. SCHMIDT. **Les Sciences naturelles et la Philosophie de l'inconscient.** 1 v. in-18. 2 fr. 50

PIDERIT. **La Mimique et la Physiognomonie.** 1 v. in-8. 5 fr.

PREYER. **Éléments de physiologie.** 1 vol. in-8........ 5 fr.

— **L'Ame de l'enfant.** Observations sur le développement psychique des premières années. 1 vol. in-8. 10 fr.

SCHŒBEL. **Philosophie de la raison pure.** 1 vol. in-18. 2 fr. 50

SCHOPENHAUER. **Essai sur le libre**

HUMBOLDT (G. de) * **La Philosophie individualiste**, étude sur G. de HUMBOLDT, par M. CHALLEMEL-LACOUR. 1 v. in-18..... 2 fr. 50

RICHTER (Jean-Paul-Fr.). **Poétique ou Introduction à l'Esthétique**, trad. par ALEX. BUCHNER et LÉON DUMONT. 2 vol. in-8. 1862. 15 fr.

SCHILLER. **L'Esthétique de Schiller**, par FR. MONTARGIS. 1 v. in-8. 4 fr.

STAHL. * **Le Vitalisme et l'Animisme de Stahl**, par M. Albert LEMOINE. 1 vol. in-18.... 2 fr. 50

arbitre. 1 vol. in-18. 5ᵉ éd. 2 fr. 50

— **Le Fondement de la morale.** 1 vol. in-18........... 2 fr. 50

— **Essais et fragments**, trad. et précédé d'une Vie de Schopenhauer, par M. BOURDEAU. 1 v. in-18. 12ᵉ éd. 2 f. 50

— **Aphorismes sur la sagesse dans la vie.** 1 vol. in-8. 3ᵉ éd. 5 fr.

— **De la quadruple racine du principe de la raison suffisante.** 1 vol. in-8...... 5 fr.

— **Le Monde comme volonté et représentation.** 3 vol. in-8 ; chacun séparément...... 7 fr. 50

— **La Philosophie de Schopenhauer**, par M. Th. RIBOT. 1 vol. in-18. 5ᵉ édit........... 2 fr. 50

RIBOT (Th.). * **La Psychologie allemande contemporaine.** 1 vol. in-8. 2ᵉ édit........ 7 fr. 50

STRICKER. **Le Langage et la Musique.** 1 vol. in-18...... 2 fr. 50

WUNDT. **Psychologie physiologique.** 2 vol. in-8 avec fig. 20 fr.

— **Hypnotisme et Suggestion.** 1 vol. in-18........ 2 fr. 50

OLDENBERG. **Le Bouddha, sa vie, sa doctrine, sa communauté.** 1 vol. in-8.......... 7 fr. 50

PHILOSOPHIE ANGLAISE CONTEMPORAINE

STUART MILL. * **La Philosophie de Hamilton.** 1 fort vol. in-8. 10 fr.

— * **Mes Mémoires.** Histoire de ma vie et de mes idées. 1 v. in-8. 5 fr.

— * **Système de logique déductive et inductive.** 2 v. in-8. 20 fr.

— * **Auguste Comte et la philosophie positive.** 1 vol. in-18. 2 fr. 50

— **L'Utilitarisme.** 1 vol. in-18. 2 fr. 50

— **Essais sur la Religion.** 1 vol. in-8. 2ᵉ édit........... 5 fr.

— **La République de 1848 et ses détracteurs**, trad. et préface de M. SADI CARNOT. 1 v. in-18. 1 fr.

— **La Philosophie de Stuart**

Mill, par H. LAURET. 2 v. in-8. 6 fr.

HERBERT SPENCER. * **Les Premiers Principes.** In-8. 10 fr.

— **Principes de biologie.** 2 forts vol. in-8. 20 fr.

— * **Principes de psychologie.** 2 vol. in-8.......... 20 fr.

— * **Introduction à la science sociale.** 1 v. in-8, cart. 6ᵉ édit. 6 fr.

— * **Principes de sociologie.** 4 vol. in-8.......... 36 fr. 25

— * **Classification des sciences.** 1 vol. in-18. 2ᵉ édition. 2 fr. 50

— * **De l'éducation intellectuelle, morale et physique.** 1 vol. in-8. 5ᵉ édit................. 5 fr.

HERBERT SPENCER. *Essais sur le progrès. 1 vol. in-8. 2° éd. 7 fr. 50
— Essais de politique. 1 vol. in-8. 2° édit........ 7 fr. 50
— Essais scientifiques. 1 volume in-8.. 7 fr. 50
— Les Bases de la morale évolutionniste. 1 v. in-8. 5° édit. 6 fr.
— L'Individu contre l'État. 1 vol in-18. 4° édit........ 2 fr. 50
BAIN. *Des sens et de l'intelligence. 1 vol. in-8.... 10 fr.
— Les Émotions et la Volonté. 1 vol. in-8.............. 10 fr.
— *La Logique inductive et déductive. 2 v. in-8. 2° éd.. 20 fr.
— * L'Esprit et le Corps. 1 vol. in-8, cartonné. 4° édit .... 6 fr.
— *La Science de l'éducation. 1 v. in-8, cartonné. 6° édit. 6 fr.
COLLINS (Howard). La Philosophie de Herbert Spencer. 1 vol. in-8, 2° édit........... 10 fr.
DARWIN. * Descendance et Darwinisme, par Oscar SCHMIDT. 1 vol. in-8, cart. 5° édit.. 6 fr.
— Le Darwinisme, par E. DE HARTMANN. 1 vol. in-18... 2 fr. 50
FERRIER. Les Fonctions du Cerveau. 1 vol. in-8....... 3 fr.
CHARLTON BASTIAN. *Le Cerveau, organe de la pensée chez l'homme et les animaux. 2 vol. in-8. 12 fr.
CARLYLE. L'Idéalisme anglais, étude sur Carlyle, par H. TAINE. 1 vol. in-18.......... 2 fr. 50
BAGEHOT. * Lois scientifiques du développement des nations.

1 vol. in-8, cart. 4° édit.... 6 fr.
DRAPER. Les Conflits de la science et de la religion. In-8. 7° éd. 6 fr.
HOBBES. La Philosophie de Hobbes par G. LYON. 1 vol. in-18. 2 fr. 50
MATTHEW ARNOLD. La Crise religieuse. 1 vol. in-8.... 7 fr. 50
MAUDSLEY. *Le Crime et la Folie. 1 vol. in-8, cart. 5° édit... 6 fr.
MAUDSLEY. La Pathologie de l'esprit. 1 vol. in-8..... 10 fr.
FLINT. * La Philosophie de l'histoire en Allemagne. 1 vol in-8.............. 7 fr. 50
RIBOT (Th.). La Psychologie anglaise contemporaine. 3° édit. 1 vol. in-8........... 7 fr. 50
LIARD. * Les Logiciens anglais contemporains. 1 vol. in-18. 2° édit............. 2 fr. 50
GUYAU *. La Morale anglaise contemporaine. 1 vol. in-8. 4° édit. 7 fr. 50
HUXLEY. * Hume, sa vie, sa philosophie. 1 vol. in-8...... 5 fr.
JAMES SULLY. Le Pessimisme. 1 vol. in-8. 2° éd....... 7 fr. 50
— Les Illusions des sens et de l'esprit. 1 vol. in-8, cart.. 6 fr.
CARRAU (L.). La Philosophie religieuse en Angleterre, depuis Locke jusqu'à nos jours. 1 volume in-8............. 5 fr.
LYON (Georges). L'Idéalisme en Angleterre au XVIII° siècle. 1 vol. in-8............. 7 fr. 50
— La Philosophie de Hobbes. 1 vol. in-18.......... 2 fr. 50

PHILOSOPHIE ITALIENNE CONTEMPORAINE

SICILIANI. La Psychogénie moderne. 1 vol. in-18..... 2 fr. 50
ESPINAS. * La Philosophie expérimentale en Italie, origines, état actuel. 1 vol. in-18. 2 fr. 50
MARIANO. La Philosophie contemporaine en Italie, essais de philosophie hégélienne. 1 vol. in-18. 2 fr. 50
FERRI (Louis). La Philosophie de l'association depuis Hobbes jusqu'à nos jours. In-8. 7 fr. 50
LEOPARDI. Opuscules et pensées. 1 vol. in-18......... 2 fr. 50
MOSSO. La Peur. 1 vol. in-18. 2 fr. 50
— La fatigue intellectuelle et physique. 1 vol. in-18. 2 fr. 50
MARIO PILO. Psychologie du beau et de l'art. 1 vol. in-18. 2 fr. 50
LOMBROSO. L'Homme criminel. 2 vol. in-8. Sous presse.

LOMBROSO. L'Homme de génie, in-8.................. 10 fr.
— L'Anthropologie criminelle, ses récents progrès. 1 volume in-18. 2° édit............ 2 fr. 50
— Nouvelles observations d'anthropologie criminelle et de psychiatrie. 1 v. in-18. 2 fr. 50
— Les Applications de l'anthropologie criminelle. 1 vol. in-18. 2 fr. 50
LOMBROSO et LASCHI. Le Crime politique et les révolutions. 2 vol. in-8, avec pl. hors texte. 15 fr.
MANTEGAZZA. La Physionomie et l'expression des sentiments. 2° édit. 1 vol. in-8, cart... 6 fr.
SERGI. La Psychologie physiologique. 1 vol. in-8... 7 fr. 50
GAROFALO. La Criminologie. 1 volume in-8. 3° édit..... 7 fr. 50

OUVRAGES DE PHILOSOPHIE
PRESCRITS POUR L'ENSEIGNEMENT DES LYCÉES ET DES COLLÈGES

*COURS ÉLÉMENTAIRE DE PHILOSOPHIE
Suivi de Notions d'histoire de la Philosophie
et de Sujets de Dissertations donnés à la Faculté des lettres de Paris

Par Émile BOIRAC
Professeur de philosophie au lycée Condorcet.

1 vol. in-8, 8ᵉ édition, 1895. Broché, 6 fr. 50. Cartonné à l'anglaise, 7 fr. 50

*LA DISSERTATION PHILOSOPHIQUE
Choix de sujets — Plans — Développements
PRÉCÉDÉ D'UNE INTRODUCTION SUR LES RÈGLES DE LA DISSERTATION PHILOSOPHIQUE
PAR LE MÊME

1 vol. in-8. 4ᵉ édit. 1894. Broché, 6 fr. 50. Cartonné à l'anglaise, 7 fr. 50.

AUTEURS DEVANT ÊTRE EXPLIQUÉS DANS LA CLASSE DE PHILOSOPHIE

AUTEURS FRANÇAIS

*Ces auteurs français sont expliqués également dans la classe de première (lettres)
de l'enseignement moderne.*

CONDILLAC. — **Traité des Sensations**, livre I, avec notes, par Georges LYON, maître
de conférences à l'Ecole normale supérieure, docteur ès lettres. 1 vol. in-12...... 1 fr. 40
DESCARTES. — **Discours sur la Méthode**, avec notes, introduction et commentaires,
par V. BROCHARD, directeur des conférences de philosophie à la Sorbonne. 1 vol. in-12.
4ᵉ édition.. 1 fr. 25
DESCARTES. — **Les Principes de la philosophie**, livre I, avec notes, par LE MÊME.
1 vol. in-12, broché... 1 fr. 25
LEIBNIZ. — **La Monadologie**, avec notes, introduction et commentaires, par D. NOLEN,
recteur de l'académie de Besançon. 1 vol. in-12. 2ᵉ édit............................... 2 fr.
LEIBNIZ. — **Nouveaux essais sur l'entendement humain**. Avant-propos et livre I, avec
notes, par Paul JANET, de l'Institut, professeur à la Sorbonne. 1 vol. in-12........ 1 fr.
MALEBRANCHE. — **De la Recherche de la vérité**, livre II (*de l'Imagination*), avec
notes, par Pierre JANET, ancien élève de l'Ecole normale supérieure, professeur au collège
Rollin. 1 vol. in-12... 1 fr. 80
PASCAL. — **De l'Autorité en matière de philosophie**. — **De l'Esprit géométrique**. —
Entretien avec M. de Sacy, avec notes, par ROBERT, professeur à la Faculté des lettres de
Rennes. 1 vol. in-12. 2ᵉ édit.. 1 fr.

AUTEURS LATINS

CICÉRON. — **De natura Deorum**, livre II, avec notes, par PICAVET, agrégé de l'Université,
professeur au collège Rollin. 1 vol. in-12.. 2 fr.
CICÉRON. — **De officiis**, livre I, avec notes, par E. BOIRAC, professeur agrégé au lycée
Condorcet. 1 vol. in-12... 1 fr. 40
LUCRÈCE. — **De natura rerum**, livre V, avec notes, par G. LYON, maître de conférences
à l'Ecole normale supérieure. 1 vol. in-12... 1 fr. 50
SÉNÈQUE. — **Lettres à Lucilius** (les 16 premières), avec notes, par DAURIAC, ancien élève de
l'Ecole normale supérieure, professeur à la Faculté des lettres de Montpellier. 1 vol. in-12. 1 fr. 25

AUTEURS GRECS

ARISTOTE. — **Morale à Nicomaque**, livre X, avec notes, par L. CARRAU, professeur à
la Sorbonne. 1 vol. in-12... 1 fr. 25
ÉPICTÈTE. — **Manuel**, avec notes, par MONTARGIS, ancien élève de l'Ecole normale supérieure,
professeur de philosophie au lycée de Troyes. 1 vol. in-12............................ 1 fr.
PLATON. — **La République**, livre VI, avec notes, par ESPINAS, ancien élève de l'École normale supérieure, professeur à la Faculté des lettres de Bordeaux. 1 vol. in-12....... 2 fr.
XÉNOPHON. — **Mémorables**, livre I, avec notes, par PENJON, ancien élève de l'École normale
supérieure, professeur à la Faculté des lettres de Lille. 1 vol. in-12................. 1 fr. 25

ÉLÉMENTS DE PHILOSOPHIE SCIENTIFIQUE ET DE PHILOSOPHIE MORALE
Suivis de sujets de Dissertations
Mathématiques élémentaires et Première (Sciences)
Par P. F. THOMAS, professeur de Philosophie au lycée Hoche
1 vol. in-8. Broché 3 fr. 50 — Cartonné à l'anglaise, 4 fr. 50

BIBLIOTHÈQUE D'HISTOIRE CONTEMPORAINE

Volumes in-12 brochés à 3 fr. 50. — Volumes in-8 brochés de divers prix

Cartonnage anglais, 50 cent. par vol. in-12; 1 fr. par vol. in-8.
Demi-reliure, 1 fr. 50 par vol. in-12; 2 fr par vol. in-8.

EUROPE

SYBEL (H. de). * Histoire de l'Europe pendant la Révolution française, traduit de l'allemand par Mlle DOSQUET. Ouvrage complet en 6 vol. in-8. 42 fr.
DEBIDOUR, inspecteur général de l'Instruction publique. * Histoire diplomatique de l'Europe, de 1815 à 1878. 2 vol. in-8. (Ouvrage couronné par l'Institut.) 18 fr.

FRANCE

AULARD, professeur à la Sorbonne. * Le Culte de la Raison et le Culte de l'Être suprême, étude historique (1793-1794). 1 vol. in-12. 3 fr. 50
— * Études et leçons sur la Révolution française. 1 vol. in-12. 3 fr. 50
BLANC (Louis). Histoire de Dix ans (1830-1840). 5 vol. in-8. 25 fr.
— 25 pl. en taille-douce. Illustrations pour l'*Histoire de Dix ans*. 6 fr.
CARNOT (H.), sénateur. * La Révolution française, résumé historique. 1 volume in-12. Nouvelle édit. 3 fr. 50
ÉLIAS REGNAULT. Histoire de Huit ans (1840-1848). 3 vol. in-8. 15 fr.
— 14 planches en taille-douce. Illustrations pour l'*Histoire de Huit ans*. 4 fr.
GAFFAREL (P.), doyen de la Faculté des lettres de Dijon. * Les Colonies françaises. 1 vol. in-8. 5e édit. 5 fr.
LAUGEL (A.). * La France politique et sociale. 1 vol. in-8. 5 fr.
ROCHAU (de). Histoire de la Restauration. 1 vol. in-12. 3 fr. 50
TAXILE DELORD. * Histoire du second Empire (1848-1870). 6 v. in-8. 42 fr.
WAHL, inspecteur général de l'Instruction aux colonies. L'Algérie. 1 vol. in-8. 2e édit. (Ouvrage couronné par l'Académie des sciences morales et politiques.) 5 fr.
LANESSAN (de). L'Expansion coloniale de la France. Étude économique, politique et géographique sur les établissements français d'outre-mer. 1 fort vol. in-8, avec cartes. 1886. 12 fr.
— L'Indo-Chine française. Étude économique, politique et administrative sur la *Cochinchine, le Cambodge, l'Annam et le Tonkin*. (Ouvrage couronné par la Société de géographie commerciale de Paris, médaille Dupleix.) 1 vol. in-8, avec 5 cartes en couleurs hors texte. 15 fr.
SILVESTRE (J.). L'Empire d'Annam et les Annamites, publié sous les auspices de l'administration des colonies. 1 vol. in-12, avec 1 carte de l'Annam. 3 fr. 50.

ANGLETERRE

BAGEHOT (W.). * Lombard-street. Le Marché financier en Angleterre. 1 vol. in-12. 3 fr. 50
LAUGEL (Aug.). * Lord Palmerston et lord Russel. 1 vol. in-12. 3 fr. 50
SIR CORNEWAL LEWIS. * Histoire gouvernementale de l'Angleterre depuis 1770 jusqu'à 1830. Traduit de l'anglais. 1 vol. in-8. 7 fr.
REYNALD (H.), doyen de la Faculté des lettres d'Aix. * Histoire de l'Angleterre depuis la reine Anne jusqu'à nos jours. 1 volume in-12. 2e édit. 3 fr. 50
THACKERAY. * Les Quatre George. 1 vol. in-12. 3 fr. 50

ALLEMAGNE

SIMON (Ed.). * L'Allemagne et la Russie au XIXe siècle. 1 volume in-12. 3 fr. 50
VÉRON (Eug.). * Histoire de la Prusse, depuis la mort de Frédéric II jusqu'à la bataille de Sadowa. 1 vol. in-12. 6e édit., augmentée d'un chapitre nouveau contenant le résumé des événements jusqu'à nos jours, par P. BONDOIS, professeur agrégé d'histoire au lycée Buffon. 3 fr. 50
— * Histoire de l'Allemagne, depuis la bataille de Sadowa jusqu'à nos jours. 1 volume in-12. 3e édition, mise au courant des événements par P. BONDOIS. 3 fr. 50

BOURLOTON (Ed.). * L'Allemagne contemporaine. 1 vol. in-18. 3 fr. 50

AUTRICHE-HONGRIE

ASSELINE (L.). * Histoire de l'Autriche, depuis la mort de Marie-Thérèse jusqu'à nos jours. 1 vol. in-12. 3e édit. 3 fr. 50

SAYOUS (Ed.), professeur à la Faculté des lettres de Toulouse. Histoire des Hongrois et de leur littérature politique, de 1790 à 1815. 1 vol. in-18. 3 fr. 50

ITALIE

SORIN (Élie). Histoire de l'Italie, depuis 1815 jusqu'à la mort de Victor-Emmanuel. 1 vol. in-12. 1888. 3 fr. 50

GAFFAREL (P.), doyen de la Faculté des lettres de Dijon. Bonaparte et les Républiques italiennes (1796-1799). 1895. 1 vol. in-8°. 5 fr.

ESPAGNE

REYNALD (H.). * Histoire de l'Espagne, depuis la mort de Charles III jusqu'à nos jours. 1 vol. in-12. 3 fr. 50

RUSSIE

CRÉHANGE (M.), agrégé de l'Université. Histoire contemporaine de la Russie. 1 vol. in-12. 3 fr. 50

SUISSE

DAENDLIKER. * Histoire du peuple suisse. Trad. de l'allem. par Mme Jules FAVRE et précédé d'une Introduction de M. Jules FAVRE. 1 volume. in-8. 5 fr.

GRÈCE & TURQUIE

BÉRARD. * La Turquie et l'Hellénisme contemporain, 1 v. in-12. 3 fr. 50

AMÉRIQUE

DEBERLE (Alf.). Histoire de l'Amérique du Sud, depuis sa conquête jusqu'à nos jours. 1 vol. in-12. 2e édit. 3 fr. 50

LAUGEL (Aug.). * Les États-Unis pendant la guerre 1861-1864. Souvenirs personnels. 1 vol. in-12, cartonné. 4 fr.

BARNI (Jules). * Histoire des idées morales et politiques en France au dix-huitième siècle. 2 vol. in-12. Chaque volume. 3 fr. 50
— * Les Moralistes français au dix-huitième siècle. 1 vol. in-12 faisant suite aux deux précédents. 3 fr. 50

BEAUSSIRE (Émile), de l'Institut. La Guerre étrangère et la Guerre civile. 1 vol. in-12. 3 fr. 50

DESPOIS (Eug.). * Le Vandalisme révolutionnaire. Fondations littéraires, scientifiques et artistiques de la Convention. 4e édition, précédée d'une notice sur l'auteur par M. Charles BIGOT. 1 vol. in-12. 3 fr. 50

CLAMAGERAN (J.), sénateur. * La France républicaine. 1 volume in-12. 3 fr. 50

GUÉROULT (Georges). * Le Centenaire de 1789, évolution politique, philosophique, artistique et scientifique de l'Europe depuis cent ans. 1 vol. in-12. 1889. 3 fr. 50

LAVELEYE (E. de), correspondant de l'Institut. Le Socialisme contemporain. 1 vol. in-12. 9e édit. augmentée. 3 fr. 50

MARCELLIN PELLET, ancien député. Variétés révolutionnaires. 3 vol. in-12, précédés d'une préface de A. RANC. Chaque vol. séparém. 3 fr. 50

SPULLER (E.), sénateur, ministre de l'Instruction publique. * Figures disparues, portraits contemporains, littéraires et politiques. 3 vol. in-12. Chacun séparément. 3 fr. 50
— Histoire parlementaire de la deuxième République. 1 volume in-12. 2e édit. 3 fr. 50
— * Éducation de la démocratie. 1 vol. in-12. 1892. 3 fr. 50
— L'Évolution politique et sociale de l'Église. 1 vol. in-12. 1893. 3 fr. 50

BOURDEAU (J.). * Le Socialisme allemand et le Nihilisme russe. 1 vol. in-12. 2e édit. 1894. 3 fr. 50

DEPASSE (Hector). Transformations sociales. 1894. 1 vol. in-12. 3 fr. 50

REINACH (J.), député. Pages républicaines. 1894. 1 vol. in-12. 3 fr. 50

BIBLIOTHÈQUE INTERNATIONALE D'HISTOIRE MILITAIRE

VOLUMES PETIT IN-8 DE 250 A 400 PAGES

AVEC CROQUIS DANS LE TEXTE

Chaque volume cartonné à l'anglaise............ **5 francs.**

VOLUMES PUBLIÉS :

1. — **Précis des campagnes de Gustave-Adolphe en Allemagne (1630-1632)**, précédé d'une Bibliographie générale de l'histoire militaire des temps modernes.
2. — **Précis des campagnes de Turenne (1644-1675).**
3. — **Précis de la campagne de 1805 en Allemagne et en Italie.**
4. — **Précis de la campagne de 1815 dans les Pays-Bas.**
5. — **Précis de la campagne de 1859 en Italie.**
6. — **Précis de la guerre de 1866 en Allemagne et en Italie.**
7. — **Précis des campagnes de 1796 et 1797 en Italie et en Allemagne.**

(Recommandé pour les candidats à l'École spéciale militaire de Saint-Cyr.)

BIBLIOTHÈQUE HISTORIQUE ET POLITIQUE

DESCHANEL (E.), sénateur, professeur au Collège de France. * **Le Peuple et la Bourgeoisie.** 1 vol. in-8. 2ᵉ édit. **5 fr.**

DU CASSE. **Les Rois frères de Napoléon Iᵉʳ.** 1 vol. in-8. **10 fr.**

LOUIS BLANC. **Discours politiques (1848-1881).** 1 vol. in-8. **7 fr. 50**

PHILIPPSON. **La Contre-révolution religieuse au XVIᵉ siècle.** 1 vol. in-8. **10 fr.**

HENRARD (P.). **Henri IV et la princesse de Condé.** 1 vol. in-8. **6 fr.**

NOVICOW. **La Politique internationale.** 1 fort vol. in-8. **7 fr.**

REINACH (Joseph), député. * **La France et l'Italie devant l'histoire (1893).** 1 vol. in-8. **5 fr.**

LORIA (A.). **Les Bases économiques de la constitution sociale.** 1 vol. in-8. 1893. **7 fr. 50**

PUBLICATIONS HISTORIQUES ILLUSTRÉES

HISTOIRE ILLUSTRÉE DU SECOND EMPIRE, par Taxile DELORD. 6 vol. in-8 colombier avec 500 gravures de FERAT, Fr. REGAMEY, etc. Chaque vol. broché, 8 fr. — Cart. doré, tr. dorées. **11 fr. 50**

HISTOIRE POPULAIRE DE LA FRANCE, depuis les origines jusqu'en 1815. — Nouvelle édition. — 4 vol. in-8 colombier avec 1323 gravures sur bois dans le texte. Chaque vol. broché, 7 fr. 50. — Cart. toile, tranches dorées. **11 fr.**

HISTOIRE CONTEMPORAINE DE LA FRANCE, depuis 1815 jusqu'à la fin de la guerre du Mexique. — Nouvelle édition. — 4 vol. in-8 colombier avec 1033 gravures dans le texte. Chaque vol. broché, 7 fr. 50. — Cart. toile, tranches dorées. **11 fr.**

De Saint-Louis à Tripoli

Par le Lac Tchad

Par le Commandant MONTEIL

1 beau volume in-8 colombier, précédé d'une préface de M. de Vogüé, de l'Académie française, Illustrations de RIOU. 1895. **20 fr.**

RECUEIL DES INSTRUCTIONS

DONNÉES

AUX AMBASSADEURS ET MINISTRES DE FRANCE

DEPUIS LES TRAITÉS DE WESTPHALIE JUSQU'A LA RÉVOLUTION FRANÇAISE

Publié sous les auspices de la Commission des archives diplomatiques
au Ministère des Affaires étrangères.

Beaux volumes in-8 raisin, imprimés sur papier de Hollande.

INVENTAIRE ANALYTIQUE

DES

ARCHIVES DU MINISTÈRE DES AFFAIRES ÉTRANGÈRES

PUBLIÉ

Sous les auspices de la Commission des archives diplomatiques

REVUE PHILOSOPHIQUE
DE LA FRANCE ET DE L'ÉTRANGER
Dirigée par Th. RIBOT
Professeur au Collège de France.
(20ᵉ *année*, 1895.)

La Revue philosophique paraît tous les mois, par livraisons de 7 feuilles grand in-8, et forme ainsi à la fin de chaque année deux forts volumes d'environ 680 pages chacun.

CHAQUE NUMÉRO DE LA *REVUE* CONTIENT :

1° Plusieurs articles de fond; 2° des analyses et comptes rendus des nouveaux ouvrages philosophiques français et étrangers; 3° un compte rendu aussi complet que possible des *publications périodiques* de l'étranger pour tout ce qui concerne la philosophie; 4° des notes, documents, observations, pouvant servir de matériaux ou donner lieu à des vues nouvelles.

Prix d'abonnement :

Un an, pour Paris, 30 fr. — Pour les départements et l'étranger, 33 fr.
La livraison........................... 3 fr.

Les années écoulées se vendent séparément 30 francs, et par livraisons de 3 francs.

Table générale des matières contenues dans les 12 premières années (1876-1887), par M. BÉLUGOU. 1 vol. in-8.................. 3 fr.

REVUE HISTORIQUE
Dirigée par G. MONOD
Maître de conférences à l'École normale, directeur à l'École des hautes études.
(20ᵉ *année*, 1895.)

La Revue historique paraît tous les deux mois, par livraisons grand in-8 de 15 ou 16 feuilles, et forme à la fin de l'année trois beaux volumes de 500 pages chacun.

CHAQUE LIVRAISON CONTIENT :

I. Plusieurs *articles de fond*, comprenant chacun, s'il est possible, un travail complet. — II. Des *Mélanges et Variétés*, composés de documents inédits d'une étendue restreinte et de courtes notices sur des points d'histoire curieux ou mal connus. — III. Un *Bulletin historique* de la France et de l'étranger, fournissant des renseignements aussi complets que possible sur tout ce qui touche aux études historiques. — IV. Une *Analyse des publications périodiques* de la France et de l'étranger, au point de vue des études historiques. — V. Des *Comptes rendus critiques* des livres d'histoire nouveaux.

Prix d'abonnement :

Un an, pour Paris, 30 fr. — Pour les départements et l'étranger, 33 fr.
La livraison.................. 6 fr.

Les années écoulées se vendent séparément 30 francs, et par fascicules de 6 francs. Les fascicules de la 1ʳᵉ année se vendent 9 francs.

Tables générales des matières contenues dans les dix premières années de la Revue historique.

I. — Années 1876 à 1880, par M. CHARLES BÉMONT. 1 vol. in-8. 3 fr. »
Pour les abonnés. 1 fr. 50
II. — Années 1881 à 1885, par M. RENÉ COUDERC. 1 vol. in-8. 3 fr. »
Pour les abonnés. 1 fr. 50
III. — Années 1886 à 1890. 1 vol. in-8, 5 fr.; pour les abonnés. 2 fr. 50

ANNALES DE L'ÉCOLE LIBRE
DES
SCIENCES POLITIQUES
RECUEIL TRIMESTRIEL
Publié avec la collaboration des professeurs et des anciens élèves de l'École
(*Dixième année,* 1895)
COMITÉ DE RÉDACTION :

M. Émile BOUTMY, de l'Institut, directeur de l'École; M. Léon SAY, de l'Académie française, ancien ministre des Finances; M. ALF. DE FOVILLE, chef du bureau de statistique au ministère des Finances, professeur au Conservatoire des arts et métiers; M. R. STOURM, ancien inspecteur des Finances et administrateur des Contributions indirectes; M. Alexandre RIBOT, député; M. Gabriel ALIX; M. L. RENAULT, professeur à la Faculté de droit; M. André LEBON, député; M. Albert SOREL, de l'Académie française; M. A. VANDAL, auditeur de 1re classe au Conseil d'État; A. RAMBAUD, professeur à la Sorbonne; Directeurs des groupes de travail, professeurs à l'École.

Secrétaire de la rédaction : M. Aug. ARNAUNÉ, docteur en droit.

Les sujets traités dans les *Annales* embrassent tout le champ couvert par le programme d'enseignement de l'École : *Economie, politique, finances, statistique, histoire constitutionnelle, droit international, public et privé, droit administratif, législations civile et commerciale privées, histoire législative et parlementaire, histoire diplomatique, géographie économique, ethnographie, etc.*

MODE DE PUBLICATION ET CONDITIONS D'ABONNEMENT

Les *Annales de l'École libre des sciences politiques* paraissent tous les trois mois (15 janvier, 15 avril, 15 juillet et 15 octobre), par fascicules gr. in-8 de 186 pages chacun.

Un an (du 15 janvier) : Paris, 18 fr.; départements et étranger, 19 fr.
La livraison, 5 francs.

Les trois premières années (1886-1887-1888) *se vendent chacune 16 francs, la quatrième année* (1889) *et les suivantes se vendent chacune 18 francs.*

Revue mensuelle de l'École d'Anthropologie de Paris
(5e *année,* 1895)
PUBLIÉE PAR LES PROFESSEURS :

MM. A. BORDIER (Géographie médicale), Mathias DUVAL (Anthropogénie et Embryologie), Georges HERVÉ (Anthropologie zoologique), J.-V. LABORDE (Anthropologie biologique), André LEFÈVRE (Ethnographie et Linguistique), Ch. LETOURNEAU (Sociologie), MANOUVRIER (Anthropologie physiologique), MAHOUDEAU (Anthropologie histologique), Adr. de MORTILLET (Ethnographie comparée), Gabr. de MORTILLET (Anthropologie préhistorique), HOVELACQUE, Directeur du comité d'administration de l'École.

Cette revue paraît tous les mois depuis le 15 janvier 1891, chaque numéro formant une brochure in-8 raisin de 32 pages, et contenant une leçon d'un des professeurs de l'Ecole, avec figures intercalées dans le texte et des analyses et comptes rendus des faits, des livres et des revues périodiques qui doivent intéresser les personnes s'occupant d'anthropologie.

ABONNEMENT: France et Étranger, 10 fr. — Le Numéro, 1 fr.

ANNALES DES SCIENCES PSYCHIQUES
Dirigées par le Dr DARIEX
(5e *année,* 1895)

Les ANNALES DES SCIENCES PSYCHIQUES ont pour but de rapporter, avec force preuves à l'appui, toutes les observations sérieuses qui leur seront adressées, relatives aux faits soi-disant occultes : 1° de télépathie, de lucidité, de pressentiment; 2° de mouvements d'objets, d'apparitions objectives. En dehors de ces chapitres de faits sont publiées des théories se bornant à la discussion des bonnes conditions pour observer et expérimenter; des analyses, bibliographies, critiques, etc.

Les ANNALES DES SCIENCES PSYCHIQUES paraissent tous les deux mois par numéros de quatre feuilles in-8 carré (64 pages), *depuis le* 15 *janvier* 1891.

ABONNEMENT : Pour tous pays, 12 fr. — Le Numéro, 2 fr. 50.

BIBLIOTHÈQUE SCIENTIFIQUE
INTERNATIONALE
Publiée sous la direction de M. Émile ALGLAVE

La *Bibliothèque scientifique internationale* est une œuvre dirigée par les auteurs mêmes, en vue des intérêts de la science, pour la populariser sous toutes ses formes, et faire connaître immédiatement dans le monde entier les idées originales, les directions nouvelles, les découvertes importantes qui se font chaque jour dans tous les pays. Chaque savant expose les idées qu'il a introduites dans la science et condense pour ainsi dire ses doctrines les plus originales.

On peut ainsi, sans quitter la France, assister et participer au mouvement des esprits en Angleterre, en Allemagne, en Amérique, en Italie, tout aussi bien que les savants mêmes de chacun de ces pays.

La *Bibliothèque scientifique internationale* ne comprend pas seulement des ouvrages consacrés aux sciences physiques et naturelles ; elle aborde aussi les sciences morales, comme la philosophie, l'histoire, la politique et l'économie sociale, la haute législation, etc. ; mais les livres traitant des sujets de ce genre se rattachent encore aux sciences naturelles, en leur empruntant les méthodes d'observation et d'expérience qui les ont rendues si fécondes depuis deux siècles.

Cette collection paraît à la fois en français, en anglais, en allemand et en italien : à Paris, chez Félix Alcan ; à Londres, chez C. Kegan, Paul et Cie ; à New-York, chez Appleton ; à Leipzig, chez Brockhaus ; à Milan, chez Dumolard frères.

LISTE DES OUVRAGES PAR ORDRE D'APPARITION

81 VOLUMES IN-8, CARTONNÉS A L'ANGLAISE. CHAQUE VOLUME : 6 FRANCS.

1. J. TYNDALL. * Les Glaciers et les Transformations de l'eau, avec figures. 1 vol. in-8. 6e édition. 6 fr.
2. BAGEHOT * Lois scientifiques du développement des nations dans leurs rapports avec les principes de la sélection naturelle et de l'hérédité. 1 vol. in-8. 5e édition. 6 fr.
3. MAREY. * La Machine animale, locomotion terrestre et aérienne, avec de nombreuses fig. 1 vol. in-8. 5e édit. augmentée. 6 fr.
4. BAIN. * L'Esprit et le Corps. 1 vol. in-8. 5e édition. 6 fr.
5. PETTIGREW. * La Locomotion chez les animaux, marche, natation. 1 vol. in-8, avec figures. 2e édit. 6 fr.
6. HERBERT SPENCER. * La Science sociale. 1 v. in-8. 11e édit. 6 fr.
7. SCHMIDT (O.). * La Descendance de l'homme et le Darwinisme. 1 vol. in-8, avec fig. 6e édition. 6 fr.
8. MAUDSLEY. * Le Crime et la Folie. 1 vol. in-8. 6e édit. 6 fr.
9. VAN BENEDEN. * Les Commensaux et les Parasites dans le règne animal. 1 vol. in-8, avec figures. 3e édit. 6 fr.
10. BALFOUR STEWART. La Conservation de l'énergie, suivi d'une Étude sur la *nature de la force*, par M. P. de SAINT-ROBERT, avec figures. 1 vol. in-8. 5e édition. 6 fr.
11. DRAPER. Les Conflits de la science et de la religion. 1 vol. in-8. 8e édition. 6 fr.
12. L. DUMONT. * Théorie scientifique de la sensibilité. 1 vol. in-8. 4e édition. 6 fr.
13. SCHUTZENBERGER. Les Fermentations. 1 vol. in-8, avec fig. 5e édit. 6 fr.
14. WHITNEY. * La Vie du langage. 1 vol. in-8. 3e édit. 6 fr.

15. COOKE et BERKELEY. * **Les Champignons.** 1 vol. in-8, avec figures. 4e édition.   6 fr.

16. BERNSTEIN. * **Les Sens.** 1 vol. in-8, avec 91 fig. 5e édit.   6 fr.

17. BERTHELOT. * **La Synthèse chimique.** 1 vol. in-8. 6e édit.   6 fr.

18. VOGEL. * **La Photographie et la Chimie de la lumière**, avec 95 figures. 1 vol. in-8. 4e édition. *Épuisé.*

19. LUYS. * **Le Cerveau et ses fonctions**, avec figures. 1 vol. in-8. 7e édition.   6 fr.

20. STANLEY JEVONS. * **La Monnaie et le Mécanisme de l'échange.** 1 vol. in-8. 5e édition.   6 fr.

21. FUCHS. * **Les Volcans et les Tremblements de terre.** 1 vol. in-8, avec figures et une carte en couleur. 5e édition.   6 fr.

22. GÉNÉRAL BRIALMONT. * **Les Camps retranchés et leur rôle dans la défense des États**, avec fig. dans le texte et 2 planches hors texte. 4e édit. *Sous presse.*

23. DE QUATREFAGES. * **L'Espèce humaine.** 1 v. in-8. 11e édit.   6 fr.

24. BLASERNA et HELMHOLTZ. * **Le Son et la Musique.** 1 vol. in-8, avec figures. 5e édition.   6 fr.

25. ROSENTHAL. * **Les Nerfs et les Muscles.** 1 vol. in-8, avec 75 figures. 3e édition. *Épuisé.*

26. BRUCKE et HELMHOLTZ. * **Principes scientifiques des beaux-arts.** 1 vol. in-8, avec 39 figures. 4e édition.   6 fr.

27. WURTZ. * **La Théorie atomique.** 1 vol. in-8. 6e édition.   6 fr.

28-29. SECCHI (le père). * **Les Étoiles.** 2 vol. in-8, avec 63 figures dans le texte et 17 pl. en noir et en couleur hors texte. 2e édit.   12 fr.

30. JOLY. * **L'Homme avant les métaux.** 1 vol. in-8, avec figures. 4e édition.   6 fr.

31. A. BAIN. * **La Science de l'éducation.** 1 vol. in-8. 8e édit.   6 fr.

32-33. THURSTON (R.). * **Histoire de la machine à vapeur**, précédée d'une Introduction par M. HIRSCH. 2 vol. in-8, avec 140 figures dans le texte et 16 planches hors texte. 3e édition.   12 fr.

34. HARTMANN (R.). * **Les Peuples de l'Afrique.** 1 vol. in-8, avec figures. 2e édition.   6 fr.

35. HERBERT SPENCER. * **Les Bases de la morale évolutionniste.** 1 vol. in-8. 4e édition.   6 fr.

36. HUXLEY. * **L'Écrevisse**, introduction à l'étude de la zoologie. 1 vol. in-8, avec figures.   6 fr.

37. DE ROBERTY. * **De la Sociologie.** 1 vol. in-8. 3e édition.   6 fr.

38. ROOD. **Théorie scientifique des couleurs.** 1 vol. in-8, avec figures et une planche en couleur hors texte.   6 fr.

39. DE SAPORTA et MARION. **L'Évolution du règne végétal** (les Crypto-games). 1 vol. in-8 avec figures.   6 fr.

40-41. CHARLTON BASTIAN. * **Le Cerveau, organe de la pensée chez l'homme et chez les animaux.** 2 vol. in-8, avec figures. 2e éd. 12 fr.

42. JAMES SULLY. **Les Illusions des sens et de l'esprit.** 1 vol. in-8, avec figures. 2e édit.   6 fr.

43. YOUNG. * **Le Soleil.** 1 vol. in-8, avec figures.   6 fr.

44. DE CANDOLLE. * **L'Origine des plantes cultivées.** 3e édition. 1 vol. in-8.   6 fr.

45-46. SIR JOHN LUBBOCK. * **Fourmis, abeilles et guêpes.** Études expérimentales sur l'organisation et les mœurs des sociétés d'insectes hyménoptères. 2 vol. in-8, avec 65 figures dans le texte et 13 planches hors texte, dont 5 coloriées.   12 fr.

47. PERRIER (Edm.). **La Philosophie zoologique avant Darwin.** 1 vol. in-8. 2e édition.   6 fr.

48. STALLO. * **La Matière et la Physique moderne.** 1 vol. in-8, 2e éd., précédé d'une Introduction par CH. FRIEDEL.   6 fr.

49. MANTEGAZZA. **La Physionomie et l'Expression des sentiments.**
1 vol. in-8. 2ᵉ édit., avec huit planches hors texte. 6 fr.
50. DE MEYER. **Les Organes de la parole et leur emploi pour la formation des sons du langage.** 1 vol. in-8, avec 51 figures, précédé d'une Introd. par M. O. CLAVEAU. 6 fr.
51. DE LANESSAN. *Introduction à l'Étude de la botanique (le Sapin). 1 vol. in-8, 2ᵉ édit., avec 143 figures dans le texte. 6 fr.
52-53. DE SAPORTA et MARION. *L'Évolution du règne végétal (les Phanérogames). 2 vol. in-8, avec 136 figures. 12 fr.
54. TROUESSART. **Les Microbes, les Ferments et les Moisissures.** 1 vol. in-8, 2ᵉ édit., avec 107 figures dans le texte. 6 fr.
55. HARTMANN (R.) *Les Singes anthropoïdes, et leur organisation comparée à celle de l'homme. 1 vol. in-8, avec figures. 6 fr.
56. SCHMIDT (O.). **Les Mammifères dans leurs rapports avec leurs ancêtres géologiques.** 1 vol. in-8 avec 51 figures. 6 fr.
57. BINET et FÉRÉ. **Le Magnétisme animal.** 1 vol. in-8. 3ᵉ éd. 6 fr.
58-59. ROMANES. **L'Intelligence des animaux.** 2 v. in-8. 2ᵉ édit. 12 fr.
60. F. LAGRANGE. * **Physiologie des exercices du corps.** 1 vol. in-8. 6ᵉ édition. 6 fr.
61. DREYFUS.* **Évolution des mondes et des sociétés.** 1 vol. in-8. 3ᵉ édit. 6 fr.
62. DAUBRÉE. * **Les Régions invisibles du globe et des espaces célestes.** 1 vol. in-8 avec 85 fig. dans le texte. 2ᵉ éd. 6 fr.
63-64. SIR JOHN LUBBOCK. * **L'Homme préhistorique.** 2 vol. in-8, avec 228 figures dans le texte. 3ᵉ édit. 12 fr.
65. RICHET (CH.). **La Chaleur animale.** 1 vol. in-8, avec figures. 6 fr.
66. FALSAN (A.). *La Période glaciaire principalement en France et en Suisse. 1 vol. in-8, avec 105 figures et 2 cartes. 6 fr.
67. BEAUNIS (H.) **Les Sensations internes.** 1 vol. in-8. 6 fr.
68. CARTAILHAC (E.). **La France préhistorique,** d'après les sépultures et les monuments. 1 vol. in-8, avec 162 figures. 2ᵉ éd. 6 fr.
69. BERTHELOT.* **La Révolution chimique, Lavoisier.** 1 vol. in-8. 6 fr.
70. SIR JOHN LUBBOCK. * **Les Sens et l'instinct chez les animaux,** principalement chez les insectes. 1 vol. in-8, avec 150 figures. 6 fr.
71. STARCKE. *La Famille primitive. 1 vol. in-8. 6 fr.
72. ARLOING. * **Les Virus.** 1 vol. in-8, avec figures. 6 fr.
73. TOPINARD * L'Homme dans la Nature. 1 vol. in-8, avec fig. 6 fr.
74. BINET (Alf.). * Les Altérations de la personnalité. 1 vol. in-8 avec figures. 6 fr.
75. DE QUATREFAGES (A.). *Darwin et ses précurseurs français. 1 vol. in-8. 2ᵉ édition refondue. 6 fr.
76. LEFÈVRE (A.). * Les Races et les langues. 1 vol. in-8. 6 fr.
77-78. DE QUATREFAGES. * **Les Émules de Darwin.** 2 vol. in-8 avec préfaces de MM. E. PERRIER et HAMY. 12 fr.
79. BRUNACHE (P.). **Le Centre de l'Afrique. Autour du Tchad.** 1894. 1 vol. in-8, avec figures. 6 fr.
80. ANGOT (A.). **Les Aurores polaires.** 1 vol. in-8, avec figures. 6 fr.
81. JACCARD. **Le pétrole, le bitume et l'asphalte** au point de vue géologique. 1 vol. in-8 avec figures. 6 fr.

OUVRAGES SOUS PRESSE :

MEUNIER (Stan.). **La Géologie comparée.** 1 vol. in-8, avec figures.
DUMESNIL. **L'hygiène de la maison.** 1 vol. in-8, avec figures.
ROCHÉ. **La Culture des mers.**
CORNIL ET VIDAL. **La microbiologie.** 1 vol. in-8, avec figures.
GUIGNET. **Poteries, verres et émaux.** 1 vol. in-8, avec figures.

LISTE PAR ORDRE DE MATIÈRES

DES 82 VOLUMES PUBLIÉS

DE LA BIBLIOTHÈQUE SCIENTIFIQUE INTERNATIONALE

Chaque volume in-8, cartonné à l'anglaise..... 6 francs.

SCIENCES SOCIALES

* **Introduction à la science sociale**, par HERBERT SPENCER. 1 vol. in-8. 10ᵉ édit. 6 fr.
* **Les Bases de la morale évolutionniste**, par HERBERT SPENCER. 1 vol. in-8. 4ᵉ édit. 6 fr.

Les Conflits de la science et de la religion, par DRAPER, professeur à l'Université de New-York. 1 vol. in-8. 8ᵉ édit. 6 fr.

Le Crime et la Folie, par H. MAUDSLEY, professeur de médecine légale à l'Université de Londres. 1 vol. in-8. 5ᵉ édit. 6 fr.

* **La Monnaie et le Mécanisme de l'échange**, par W. STANLEY JEVONS, professeur à l'Université de Londres. 1 vol. in-8. 5ᵉ édit. 6 fr.
* **La Sociologie**, par DE ROBERTY. 1 vol. in-8. 3ᵉ édit. 6 fr.
* **La Science de l'éducation**, par Alex. BAIN, professeur à l'Université d'Aberdeen (Écosse). 1 vol. in-8. 7ᵉ édit. 6 fr.
* **Lois scientifiques du développement des nations** dans leurs rapports avec les principes de l'hérédité et de la sélection naturelle, par W. BAGEHOT. 1 vol. in-8. 5ᵉ édit. 6 fr.
* **La Vie du langage**, par D. WHITNEY, professeur de philologie comparée à Yale-College de Boston (États-Unis). 1 vol. in-8. 3ᵉ édit. 6 fr.
* **La Famille primitive**, par J. STARCKE, professeur à l'Université de Copenhague. 1 vol. in-8. 6 fr.

PHYSIOLOGIE

Les Illusions des sens et de l'esprit, par James SULLY. 1 vol. in-8. 2ᵉ édit. 6 fr.
* **La Locomotion chez les animaux** (marche, natation et vol), suivie d'une étude sur l'*Histoire de la navigation aérienne*, par J.-B. PETTIGREW, professeur au Collège royal de chirurgie d'Édimbourg (Écosse). 1 vol. in-8, avec 140 figures dans le texte. 2ᵉ édit. 6 fr.
* **La Machine animale**, par E.-J. MAREY, membre de l'Institut, prof. au Collège de France. 1 vol. in-8, avec 117 figures. 4ᵉ édit. 6 fr.
* **Les Sens**, par BERNSTEIN, professeur de physiologie à l'Université de Halle (Prusse). 1 vol. in-8, avec 91 figures dans le texte. 4ᵉ édit. 6 fr.

Les Organes de la parole, par H. DE MEYER, professeur à l'Université de Zurich, traduit de l'allemand et précédé d'une introduction sur l'*Enseignement de la parole aux sourds-muets*, par O. CLAVEAU, inspecteur général des établissements de bienfaisance. 1 vol. in-8, avec 51 grav. 6 fr.

La Physionomie et l'Expression des sentiments, par P. MANTEGAZZA, professeur au Muséum d'histoire naturelle de Florence. 1 vol. in-8, avec figures et 8 planches hors texte. 6 fr.
* **Physiologie des exercices du corps**, par le docteur F. LAGRANGE. 1 vol. in-8. 6ᵉ édit. Ouvrage couronné par l'Institut. 6 fr.

La Chaleur animale, par CH. RICHET professeur de physiologie à la Faculté de médecine de Paris. 1 vol. in-8, avec figures dans le texte. 6 fr.

Les Sensations internes, par H. BEAUNIS, directeur du laboratoire de psychologie physiologique à la Sorbonne. 1 vol. in-8. 6 fr.
* **Les Virus**, par M. ARLOING, professeur à la Faculté de médecine de Lyon, directeur de l'école vétérinaire. 1 vol. in-8, avec fig. 6 fr.

PHILOSOPHIE SCIENTIFIQUE

* **Le Cerveau et ses fonctions**, par J. LUYS, membre de l'Académie de médecine, médecin de la Charité. 1 vol. in-8, avec fig. 7ᵉ édit. 6 fr.
* **Le Cerveau et la Pensée chez l'homme et les animaux**, par CHARLTON BASTIAN, professeur à l'Université de Londres. 2 vol. in-b avec 184 fig. dans le texte. 2ᵉ édit. 12 fr.
* **Le Crime et la Folie**, par H. MAUDSLEY, professeur à l'Université de Londres. 1 vol. in-8. 6ᵉ édit. 6 fr.
* **L'Esprit et le Corps**, considérés au point de vue de leurs relations, suivi d'études sur les *Erreurs généralement répandues au sujet de l'esprit*, par Alex. BAIN, prof. à l'Université d'Aberdeen (Écosse). 1 v. in-8. 4ᵉ éd. 6 fr.

* **Théorie scientifique de la sensibilité** : *le Plaisir et la Peine*, par Léon DUMONT. 1 vol. in-8. 3ᵉ édit. 6 fr.

La Matière et la Physique moderne, par STALLO, précédé d'une préface par M. Ch. FRIEDEL, de l'Institut. 1 vol. in-8. 2ᵉ édit. 6 fr.

Le Magnétisme animal, par Alf. BINET et Ch. FÉRÉ. 1 vol. in-8, avec figures dans le texte. 3ᵉ édit. 6 fr.

L'Intelligence des animaux, par ROMANES. 2 v. in-8. 2ᵉ édit. précédée d'une préface de M. E. PERRIER, prof. au Muséum d'histoire naturelle. 12 fr.

* **L'Évolution des mondes et des sociétés**, par C. DREYFUS. 1 vol. in-8. 3ᵉ édit. 6 fr.

* **Les Altérations de la personnalité**, par Alf. BINET, directeur adjoint du laboratoire de psychologie à la Sorbonne (Hautes études). 1 vol. in-8, avec gravures. 6 fr.

ANTHROPOLOGIE

* **L'Espèce humaine**, par A. DE QUATREFAGES, de l'Institut, professeur au Muséum d'histoire naturelle de Paris. 1 vol. in-8. 10ᵉ édit. 6 fr.

Ch. Darwin et ses précurseurs français, par A. DE QUATREFAGES. 1 vol. in-8. 2ᵉ édition. 6 fr.

Les Émules de Darwin, par A. DE QUATREFAGES, avec une préface de M. EDM. PERRIER, de l'Institut, et une notice sur la vie et les travaux de l'auteur par E.-T. HAMY, de l'Institut. 2 vol. in-8. 12 fr.

* **L'Homme avant les métaux**, par N. JOLY, correspondant de l'Institut. 1 vol. in-8, avec 150 gravures. 4ᵉ édit. 6 fr.

* **Les Peuples de l'Afrique**, par R. HARTMANN, professeur à l'Université de Berlin. 1 vol. in-8, avec 93 figures dans le texte. 2ᵉ édit. 6 fr.

Les Singes anthropoïdes et leur organisation comparée à celle de l'homme, par R. HARTMANN, professeur à l'Université de Berlin. 1 vol. in-8, avec 63 figures gravées sur bois. 6 fr.

* **L'Homme préhistorique**, par SIR JOHN LUBBOCK, membre de la Société royale de Londres. 2 vol. in-8, avec 228 gravures dans le texte. 3ᵉ édit. 12 fr.

La France préhistorique, par E. CARTAILHAC. 1 vol. in-8, avec 150 gravures dans le texte. 2ᵉ édit. 6 fr.

* **L'Homme dans la Nature**, par TOPINARD, ancien secrétaire général de la Société d'Anthropologie de Paris. 1 vol. in-8, avec 101 gravures. 6 fr.

* **Les Races et les Langues**, par André LEFÈVRE, professeur à l'École d'Anthropologie de Paris. 1 vol. in-8. 6 fr.

Le centre de l'Afrique. Autour du Tchad, par P. BRUNACHE, administrateur à Aïn-Fezza. 1 vol. in-8 avec gravures. 6 fr.

ZOOLOGIE

La Descendance de l'homme et le Darwinisme, par O. SCHMIDT, professeur à l'Université de Strasbourg. 1 vol. in-8, avec figures. 6ᵉ édit. 6 fr.

Les Mammifères dans leurs rapports avec leurs ancêtres géologiques, par O. SCHMIDT. 1 vol. in-8, avec 51 figures dans le texte. 6 fr.

* **Fourmis, Abeilles et Guêpes**, par sir JOHN LUBBOCK, membre de la Société royale de Londres. 2 vol. in-8, avec figures dans le texte, et 13 planches hors texte dont 5 coloriées. 12 fr.

* **Les Sens et l'instinct chez les animaux**, et principalement chez les insectes, par Sir JOHN LUBBOCK. 1 vol. in-8 avec grav. 6 fr.

* **L'Écrevisse**, introduction à l'étude de la zoologie, par Th.-H. HUXLEY, membre de la Société royale de Londres et de l'Institut de France, professeur d'histoire naturelle à l'École royale des mines de Londres. 1 vol. in-8, avec 82 figures dans le texte. 6 fr.

* **Les Commensaux et les Parasites dans le règne animal**, par P.-J. VAN BENEDEN, professeur à l'Université de Louvain (Belgique). 1 vol. in-8, avec 82 figures dans le texte. 3ᵉ édit. 6 fr.

La Philosophie zoologique avant Darwin, par EDMOND PERRIER, de l'Institut, professeur au Muséum d'histoire naturelle de Paris. 1 vol. in-8. 2ᵉ édit. 6 fr.

Darwin et ses précurseurs français, par A. de QUATREFAGES, de l'Institut. 1 vol. in-8. 2ᵉ édit. 6 fr.

BOTANIQUE — GÉOLOGIE

* **Les Champignons**, par COOKE et BERKELEY. 1 v. in-8, avec 110 fig. 4ᵉ édit. 6 fr.

* **L'Évolution du règne végétal**, par G. DE SAPORTA, correspondant de l'Institut, et MARION, correspondant de l'Institut, professeur à la Faculté des sciences de Marseille :

* I. *Les Cryptogames*. 1 vol. in-8, avec 85 figures dans le texte. 6 fr.

* II. *Les Phanerogames.* 2 vol. in-8, avec 136 fig. dans le texte.   12 fr.
* **Les Volcans et les Tremblements de terre**, par Fuchs, professeur à l'Université de Heidelberg. 1 vol. in-8, avec 36 figures et une carte en couleur. 5° édition.   6 fr.
* **La Période glaciaire**, principalement en France et en Suisse, par A. Falsan, 1 vol. in-8, avec 105 gravures et 2 cartes hors texte.   6 fr.
* **Les Régions invisibles du globe et des espaces célestes**, par A. Daubrée. de l'Institut, professeur au Muséum d'histoire naturelle. 1 vol. in-8, 2° édit., avec 89 gravures dans le texte.   6 fr.

Le Pétrole, l'Asphalte et le Bitume, par M. Jaccard, professeur à l'Académie de Neuchâtel (Suisse). 1 vol. in-8 avec figures.   6 fr.

* **L'Origine des plantes cultivées**, par A. de Candolle, correspondant de l'Institut. 1 vol. in-8. 3° édit.   6 fr.
* **Introduction à l'étude de la botanique** (*le Sapin*), par J. de Lanessan, professeur agrégé à la Faculté de médecine de Paris. 1 vol. in-8. 2° édit., avec figures dans le texte.   6 fr.
* **Microbes, Ferments et Moisissures**, par le docteur L. Trouessart. 1 vol. in-8, avec 108 figures dans le texte. 2° éd.   6 fr.

CHIMIE

Les Fermentations, par P. Schutzenberger, membre de l'Académie de médecine, prof. de chimie au Collège de France. 1 v. in-8, avec fig. 5° édit. 6 fr.
* **La Synthèse chimique**, par M. Berthelot, secrétaire perpétuel de l'Académie des sciences, professeur de chimie organique au Collège de France. 1 vol. in-8. 6° édit.   6 fr.
* **La Théorie atomique**, par Ad. Wurtz, membre de l'Institut, professeur à la Faculté des sciences et à la Faculté de médecine de Paris. 1 vol. in-8. 6° édit., précédée d'une introduction sur *la Vie et les Travaux* de l'auteur, par M. Ch. Friedel, de l'Institut.   6 fr.
* **La Révolution chimique** (*Lavoisier*), par M. Berthelot. 1 vol. in-8. 6 fr.

ASTRONOMIE — MÉCANIQUE

* **Histoire de la Machine à vapeur, de la Locomotive et des Bateaux à vapeur**, par R. Thurston, professeur de mécanique à l'Institut technique de Hoboken, près de New-York, revue, annotée et augmentée d'une Introduction par M. Hirsch, professeur de machines à vapeur à l'École des ponts et chaussées de Paris. 2 vol. in-8, avec 160 figures dans le texte et 16 planches tirées à part. 3° édit.   12 fr.
* **Les Étoiles**, notions d'astronomie sidérale, par le P. A. Secchi, directeur de l'Observatoire du Collège Romain. 2 vol. in-8, avec 68 figures dans le texte et 16 planches en noir et en couleurs. 2° édit.   12 fr.
* **Le Soleil**, par C.-A. Young, professeur d'astronomie au Collège de New-Jersey. 1 vol. in-8, avec 87 figures.   6 fr.

Les Aurores polaires, par A. Angot, membre du Bureau central météorologique de France. 1 vol. in-8 avec figures.   6 fr.

PHYSIQUE

La Conservation de l'énergie, par Balfour Stewart, professeur de physique au collège Owens de Manchester (Angleterre), 1 vol. in-8 avec figures. 4° édit.   6 fr.
* **Les Glaciers et les Transformations de l'eau**, par J. Tyndall, suivi d'une étude sur le même sujet, par Helmholtz, professeur à l'Université de Berlin. 1 vol. in-8, avec figures dans le texte et 8 planches tirées à part. 5° édit.   6 fr.
* **La Matière et la Physique moderne**, par Stallo, précédé d'une préface par Ch. Friedel, membre de l'Institut. 1 vol. in-8. 2° édit.   6 fr.

THÉORIE DES BEAUX-ARTS

* **Le Son et la Musique**, par P. Blaserna, prof. à l'Université de Rome, suivi des *Causes physiologiques de l'harmonie musicale*, par H. Helmholtz, prof. à l'Université de Berlin. 1 vol. in-8, avec 41 fig. 4° édit.   6 fr.
* **Principes scientifiques des Beaux-Arts**, par E. Brucke, professeur à l'Université de Vienne, suivi de *l'Optique et les Arts*, par Helmholtz, prof. à l'Université de Berlin. 1 vol. in-8, avec fig. 4° édit.   6 fr.
* **Théorie scientifique des couleurs** et leurs applications aux arts et à l'industrie, par O. N. Rood, professeur à Colombia-College de New-York. 1 vol. in-8, avec 130 figures et une planche en couleurs.   6 fr.

PUBLICATIONS

HISTORIQUES, PHILOSOPHIQUES ET SCIENTIFIQUES

qui ne se trouvent pas dans les collections précédentes.

Actes du 1er Congrès international d'anthropologie criminelle de Rome. Biologie et sociologie. 1887. 1 vol. gr. in-8. 15 fr.

AGUILERA. L'Idée de droit en Allemagne depuis Kant jusqu'à nos jours. 1 vol. in-8. 1892. 5 fr.

ALAUX. Esquisse d'une philosophie de l'être. In-8. 4 fr.

— **Les Problèmes religieux au XIXe siècle.** 1 vol. in-8. 7 fr. 50

— **Philosophie morale et politique,** in-8. 1893. 7 fr. 50 (Voy. p. 2.)

ALGLAVE. Des Juridictions civiles chez les Romains. 1 vol. in-8. 2 fr. 50

ALTMEYER (J.-J.). Les Précurseurs de la réforme aux Pays-Bas. 2 forts volumes in-8. 12 fr.

ARNAUNÉ (A.). La monnaie, le crédit et le change. 1894. 1 vol. in-8. 7 fr.

ARRÉAT. Une Éducation intellectuelle. 1 vol. in-18. 2 fr. 50

— **Journal d'un philosophe.** 1 vol. in-18. 3 fr. 50 (Voy. p. 2 et 4.)

Autonomie et fédération. 1 vol. in-18. 4 fr.

AZAM. Entre la raison et la folie. Les Toqués. Gr. in-8. 1891. 4 fr.

— **Hypnotisme et double conscience,** avec préfaces et lettres de MM. PAUL BERT, CHARCOT et RIBOT. 1 vol. in-8. 1893. 9 fr.

BAETS (Abbé M. de). Les Bases de la morale et du droit. In-8. 6 fr.

BALFOUR STEWART et TAIT. L'Univers invisible. 1 vol. in-8. 7 fr.

BARBÉ (É.). Le nabab René Madec. Histoire diplomatique des projets de la France sur le Bengale et le Pendjab (1772-1808). 1894. 1 vol. in-8. 5 fr.

BARNI. Les Martyrs de la libre pensée. 1 vol. in-18. 2e édit. 3 fr. 50 (Voy. p. 4 ; KANT, p. 8 ; p. 13 et 31.)

BARTHÉLEMY SAINT-HILAIRE. (Voy. pages 2, 4 et 7, ARISTOTE.)

BAUTAIN (Abbé). La Philosophie morale. 2 vol. in-8. 12 fr.

BEAUNIS (H.). Impressions de campagne (1870-1871). In-18. 3 fr. 50

BÉNARD (Ch.). Philosophie dans l'éducation classique. In-8. 6 fr. (Voy. p. 7, ARISTOTE ; p. 8, SCHELLING et HEGEL.)

BERTAULD. De la Méthode. Méthode spinosiste et méthode hégélienne. 2e édition. 1891. 1 vol in-18. 3 fr. 50

— **Méthode spiritualiste.** Étude critique des preuves de l'existence de Dieu. 2e édition. 2 vol. in-18. 7 fr.

— **Esprit et liberté.** 1 vol. in-18. 1892. 3 fr. 50

BLANQUI. Critique sociale. 2 vol. in-18. 7 fr.

BOILLEY (P.). La Législation internationale du travail. In-12. 3 fr.

BONJEAN (A.). L'Hypnotisme, ses rapports avec le droit, la thérapeutique, la suggestion mentale. 1 vol. in-18. 1890. 3 fr.

BOUCHARDAT. Le Travail, son influence sur la santé. In-18. 2 fr. 50

BOUCHER (A.). Darwinisme et socialisme. 1890. In-8. 1 fr. 25

BOURBON DEL MONTE. L'Homme et les animaux. 1 vol. in-8. 5 fr.

BOURDEAU (Louis). Théorie des sciences. 2 vol. in-8. 20 fr.

— **Les Forces de l'industrie.** 1 vol. in-8. 5 fr.

— **La Conquête du monde animal.** In-8. 5 fr.

— **La Conquête du monde végétal.** 1893. In-8. 5 fr.

— **L'Histoire et les historiens.** 1 vol. in-8. 7 fr. 50

— **Histoire de l'alimentation.** 1894. 1 vol. in-8. 5 fr. (Voy. p. 4.)

BOURDET (Eug.). Principes d'éducation positive. In-18. 3 fr. 50

— **Vocabulaire de la philosophie positive.** 1 vol. in-18. 3 fr. 50

BOURLOTON (Edg.) et ROBERT (Edmond). **La Commune et ses idées à travers l'histoire.** 1 vol. in-18. 3 fr. 50 (Voy. p. 13.)

BUCHNER. **Essai biographique sur Léon Dumont.** In-18. 2 fr.

Bulletins de la Société de psychologie physiologique. 1re année. 1885. 1 broch. in-8, 1 fr. 50. — 2e année, 1886, 1 broch. in-8, 3 fr. — 3e année, 1887, 1 fr. 50. — 4e année, 1888, 1 fr. 50; — 5e année, 1889, 1 fr. 50; — 6e année, 1890. 1 fr. 50

CARDON (G.). **Les Fondateurs de l'Université de Douai.** In-8. 10 fr.

CELLARIER (F.). Études sur la raison. 1 vol. in-12. 3 fr.

— **Rapports du relatif et de l'absolu.** 1 vol. in-18. 4 fr.

CLAMAGERAN. *L'Algérie. 3e édit. 1 vol. in-18. 3 fr. 50

— **La Réaction économique et la démocratie.** 1 v. in-8. 1891. 1 fr. 25 (Voy. p. 13.)

CLAVEL (Dr). **La Morale positive.** 1 vol. in-8. 3 fr.

— **Critique et conséquences des principes de 1789.** In-18. 3 fr.

— **Les Principes au XIXe siècle.** In-18. 1 fr.

COMBARIEU (J.). **Les rapports de la musique et de la poésie** considérés au point de vue de l'expression. 1893. 1 vol. in-8. 7 fr. 50

CONTA. **Théorie du fatalisme.** 1 vol. in-18. 4 fr.

— **Introduction à la métaphysique.** 1 vol. in-18. 3 fr.

COQUEREL fils (Athanase). **Libres études.** 1 vol. in-8. 5 fr.

CORTAMBERT (Louis). **La Religion du progrès.** In-18. 3 fr. 50

COSTE (Ad.). **Hygiène sociale contre le paupérisme.** In-8. 6 fr.

— **Les Questions sociales contemporaines** (avec la collaboration de MM. A. BURDEAU et ARRÉAT). 1 fort vol. in-8. 10 fr.

— **Nouvel exposé d'économie politique et de physiologie sociale.** In-18. 3 fr. 50 (Voy. p. 2 et 32.)

DAURIAC. **Sens commun et raison pratique.** 1 br. in-8. 1 fr. 50

— **Croyance et réalité.** 1 vol. in-18. 1889. 3 fr. 50

— **Le Réalisme de Reid.** In-8. 1 fr.

— **Introduction à la psychologie du musicien.** 1891. 1 br. in-8. 1 fr.

DAVY. **Les Conventionnels de l'Eure.** 2 forts vol. in-8. 18 fr.

DELBŒUF. **Examen critique de la loi psychophysique.** In-18. 3 fr. 50

— **Le Sommeil et les rêves.** 1 vol. in-18. 3 fr. 50

— **De l'Étendue de l'action curative de l'hypnotisme. L'hypnotisme appliqué aux altérations de l'organe visuel.** In-8. 1 fr. 50

— **Le Magnétisme animal,** visite à l'École de Nancy. In-8. 2 fr. 50

— **Magnétiseurs et médecins.** 1 vol. in-8. 1890. 2 fr.

— **Les Fêtes de Montpellier.** In-8. 1891. 2 fr.

— **Megamicros.** 1 br. in-8. 1893. 1 fr. 50 (Voy. p. 2.)

DELMAS. **Libres pensées** (littérature et morale). 1 vol. in-8. 2 fr. 50

DENEUS (Cl.). **De la réserve héréditaire des enfants** (art. 913 du Code civil). Étude historique, philosophique et économique. 1893. 1 vol. in-8. 5 fr.

DESCHAMPS. **La Philosophie de l'écriture.** 1 vol. in-8. 1892. 3 fr.

DESDOUITS. **La philosophie de l'inconscient.** 1893. 1 vol. in-8. 3 fr.

DIDE. *Jules Barni, sa vie, son œuvre. 1 v. in-18, 1891. 2 fr. 50

DOLLFUS (Ch.). **Lettres philosophiques.** In-18. 3 fr.

— **Considérations sur l'histoire.** In-8. 7 fr. 50

— **L'Ame dans les phénomènes de conscience.** 1 vol. in-18. 3 fr. 50

DUBOST (Antonin). **Des conditions de gouvernement en France.** 1 vol. in-8. 7 fr. 50

DUBUC (P.). *Essai sur la méthode en métaphysique. 1 vol. in-8. 5 fr.

DUFAY. **Études sur la destinée.** 1 vol. in-18. 3 fr.

DUNAN. **Sur les formes à priori de la sensibilité.** 1 vol. in-8. 5 fr.

DUNAN. Les Arguments de Zénon d'Élée contre le mouvement.
1 br. in-8. 1 fr. 50
DURAND-DÉSORMEAUX. Réflexions et Pensées. In-8. 2 fr. 50
— Études philosophiques, l'action, la connaissance. 2 vol. in-8. 15 fr.
DU TASTA. Le Capitaine Vallé. 1 vol. in-18. 3 fr. 50
DUVAL-JOUVE. Traité de logique. 1 vol. in-8. 6 fr.
DUVERGIER DE HAURANNE.(Mme E.). Histoire populaire de la Révo-
lution française. 1 vol. in-18. 3e édit. 3 fr. 50
Éléments de science sociale. 1 vol. in-18. 4e édit. 3 fr. 50
ESCANDE. Hoche en Irlande (1795-1798). 1 vol. in-18. 3 fr. 50
FABRE (Joseph). Histoire de la philosophie. Première partie : Antiquité
et Moyen âge. 1 vol. in-12. 3 fr. 50
FAU. Anatomie des formes du corps humain, à l'usage des peintres et
des sculpteurs. 1 atlas de 25 planches avec texte. 2e édition. Prix, figu-
res noires, 15 fr. ; fig. coloriées. 30 fr.
FAUCONNIER. Protection et libre-échange. In-8. 2 fr. — La Morale
et la religion dans l'enseignement. 75 c. — L'Or et l'argent.
In-8. 2 fr. 50
FEDERICI. Les Lois du progrès. 2 vol. in-8. Chacun. 6 fr.
FERRIÈRE (Em.). Les Apôtres, essai d'histoire religieuse. 1 vol. in-12. 4 fr. 50
— L'Ame est la fonction du cerveau. 2 volumes in-18. 7 fr.
— Le Paganisme des Hébreux jusqu'à la captivité de Babylone.
1 vol. in-18. 3 fr 50.
— La Matière et l'énergie. 1 vol. in-18. 4 fr. 50
— L'Ame et la vie. 1 vol. in-18. 4 fr. 50
— Les Erreurs scientifiques de la Bible. 1 vol. in-18. 1891. 3 fr. 50
— Les Mythes de la Bible. 1 vol. in-18. 1893. 3 fr. 50 (Voy. p. 32.)
FERRON (de). Institutions municipales et provinciales dans les diffé-
rents États de l'Europe. Comparaison. Réformes. 1 vol. in-8. 8 fr.
— Théorie du progrès. 2 vol. in-18. 7 fr.
— De la Division du pouvoir législ. en deux Chambres. In-8. 8 fr.
FLOURNOY. Des phénomènes de synopsie. In-8. 1893. 6 fr.
FOX (W.-J.). Des idées religieuses. In-8. 3 fr.
GAYTE (Claude). Essai sur la croyance. 1 vol. in-8. 3 fr.
GOBLET D'ALVIELLA. L'Idée de Dieu, d'après l'anthr. et l'histoire. In-8. 6 f.
GOURD. Le Phénomène. 1 vol. in-8. 7 fr. 50
GRASSERIE (R. de la). De la classification objective et subjective des
arts, de la littérature et des sciences. 1 vol. in-8. 5 fr.
— Des moyens pratiques pour parvenir à la suppression de la
paix armée et de la guerre. 1 vol. in-8. 1894. 2 fr.
GREEF (Guillaume de). Introduction à la Sociologie. 2 vol. in-8.
Chacun. 6 fr. (Voy. p. 2.)
GRESLAND. Le Génie de l'homme, libre philosophie. Gr. in-8. 7 fr.
GRIMAUX (Ed.). *Lavoisier (1748-1794), d'après sa correspondance et
divers documents inédits. 1 vol. gr. in-8 avec gravures. 1888. 15 fr.
GRIVEAU (M.). Les Éléments du beau. Préface de M. SULLY-PRUDHOMME.
In-18, avec 60 fig. 1893. 4 fr. 50
GUILLAUME (de Moissey). Traité des sensations. 2 vol. in-8. 12 fr.
GUILLY. La Nature et la Morale. 1 vol. in-18. 2e édit. 2 fr. 50
GUYAU. Vers d'un philosophe. In-18. 3 fr. 50 (Voy. p. 2, 5, 7 et 10.)
HAYEM (Armand). L'Être social. 1 vol. in-18. 2e édit. 2 fr. 50
HENRY (Ch.). Lois générales des réactions psycho-motrices. In-8. 2 fr.
— Cercle chromatique, avec introduct.. sur la théorie générale de la
dynamogénie, grand in-folio cartonné. 40 fr.
HENRY (Ch.). Rapporteur esthétique avec notice sur ses applications à l'art
industriel, à l'histoire de l'art, à la méthode graphique. 20 fr.

HERZEN. **Récits et Nouvelles.** In-18. 3 fr. 50 — **De l'autre rive.** In-18. 3 fr. 50. — **Lettres de France et d'Italie.** In-18. 3 fr. 50

HIRTH (G.). **La Vue plastique, fonction de l'écorce cérébrale.** In-8. Trad. de l'allem. par L. ARRÉAT, avec grav. et 34 pl. 8 fr. (Voy. p. 5.)

— **Les localisations cérébrales en psychologie. Pourquoi sommes-nous distraits?** 1 vol. in-8. 1895. 2 fr.

HUXLEY.* **La Physiographie,** introduction à l'étude de la nature, traduit et adapté par M. G. LAMY. 1 vol. in-8. 2ᵉ éd., avec fig. 8 fr. (Voy. p. 5 et 32.)

ISSAURAT. **Moments perdus de Pierre-Jean.** 1 vol. in-18. 3 fr.

— **Les Alarmes d'un père de famille.** In-8. 1 fr.

JANET (Paul). **Le Médiateur plastique de Cudworth.** 1 vol. in-8. 1 fr. (Voy. p. 3, 5, 7, 8, 9 et 11.)

JEANMAIRE. **La Personnalité dans la psychologie moderne.** In-8. 5 fr.

JOIRE. **La Population, richesse nationale; le Travail, richesse du peuple.** 1 vol. in-8. 5 fr.

JOYAU. **De l'Invention dans les arts et dans les sciences.** 1 v. in-8. 5 fr.

— **Essai sur la liberté morale.** 1 vol. in-18. 3 fr. 50

— **La Théorie de la grâce et la liberté morale de l'homme.** 1 vol. in-8. 2 fr. 50

JOZON (Paul). **De l'Écriture phonétique.** In-18. 3 fr. 50

KINGSFORD (A.) et MAITLAND (E.). **La Voie parfaite ou le Christ ésotérique,** précédé d'une préface d'Edouard SCHURE. 1 vol. in-8. 1892. 6 fr.

KLEFFLER (H.). **Science et conscience ou théorie de la force progressive.** 1894. 2 vol. in-8. Chacun. 4 fr.

KOVALEVSKY. **L'Ivrognerie,** ses causes, son traitement. 1 v. in-18. 1 fr. 50

LABORDE. **Les Hommes et les Actes de l'insurrection de Paris** devant la psychologie morbide. 1 vol. in-18. 2 fr. 50

LAGGROND. **L'Univers, la force et la vie.** 1 vol. in-8. 2 fr. 50

LA LANDELLE (de). **Alphabet phonétique.** In-18. 2 fr. 50

LANGLOIS. **L'Homme et la Révolution.** 2 vol. in-18. 7 fr.

LAUSSEDAT. **La Suisse.** Études méd. et sociales. In-18. 3 fr. 50

LAVELEYE (Em. de). **De l'avenir des peuples catholiques.** In-8. 25 c.

— **Lettres sur l'Italie** (1878-1879). In-18. 3 fr. 50

— **L'Afrique centrale.** 1 vol. in-12. 3 fr.

— **La Péninsule des Balkans.** 2ᵉ édit. 2 vol. in-12. 1888. 10 fr.

— **La Monnaie et le bimétallisme international.** 1 vol. in-18. 2ᵉ édition. 1891. 3 fr. 50

— **Essais et Études.** Première série (1861-1875). 1 vol. in-8. 1894. 7 fr. 50 (Voy. p. 5 et 13.)

LEDRU-ROLLIN. **Discours politiques et écrits divers.** 2 vol. in-8. 12 fr.

LEGOYT. **Le Suicide.** 1 vol. in-8. 8 fr.

LETAINTURIER (J.). **Le socialisme devant le bon sens.** 1894. 1 vol. in-18. 1 fr. 50

LOURDEAU. **Le Sénat et la Magistrature.** 1 vol. in-18. 3 fr. 50

MAGY. **De la Science et de la nature.** 1 vol. in-8. 6 fr.

MANACÉINE (Marie de). **L'anarchie passive et le comte Léon Tolstoï.** 1 vol. in-18. 2 fr.

MAINDRON (Ernest). ***L'Académie des sciences** (Histoire de l'Académie; fondation de l'Institut national; Bonaparte, membre de l'Institut). 1 beau vol. in-8 cavalier, avec 53 gravures dans le texte, portraits, plans, etc. 8 planches hors texte et 2 autographes. 12 fr.

MALON (Benoît). **Le Socialisme intégral.** Première partie : *Histoire des théories et tendances générales.* 1 vol. grand in-8, avec portrait de l'auteur. 2ᵉ éd. 1892. 6 fr. — Deuxième partie : *Des réformes possibles et des moyens pratiques* 1 vol. grand in-8. 1892. 6 fr.

— **Précis théorique, historique et pratique de socialisme** (lundis socialistes). 1 vol. in-12. 1892. 3 fr. 50

Manuel d'hygiène athlétique (publ. de la Soc. des Sports athl.). 1895. 1 vol. in-32. 0 fr. 50

MARAIS. **Garibaldi et l'armée des Vosges.** In-18. 1 fr. 50

MARSAUCHE (L.). **La Confédération helvétique d'après la constitution**, préface de M. Frédéric Passy. 1 vol. in-18. 1891.   3 fr. 50
MASSERON (J.). **Danger et nécessité du socialisme.** In-18.   3 fr. 50
MATHIEU (H.). **Un peu de philosophie naturaliste.** In-18.   2 fr. 50
MENIÈRE. **Cicéron médecin.** 1 vol. in-18.   4 fr. 50
— **Les Consultations de Mme de Sévigné.** 1 vol. in-8.   3 fr.
MICHAUT (N.). **De l'Imagination.** 1 vol. in-8.   5 fr.
MILSAND. **Les Études classiques.** 1 vol. in-18.   3 fr. 50
— **Le Code et la Liberté.** In-8.   2 fr. (Voy. p. 3.)
MORIN (Miron). **Essais de critique religieuse.** 1 fort vol. in-8.   5 fr.
MORIN (Frédéric). **Politique et philosophie.** 1 v. in-18. 3 fr. 50 (V. p. 32.)
NAUDIER (Fernand). **Le socialisme et la révolution sociale.** 1894.
   1 vol. in-18.   3 fr. 50
NETTER (A.) **La Parole intérieure et l'Âme.** 1 vol. in-18.   2 fr. 50
NIVELET. **Loisirs de la vieillesse.** 1 vol. in-12.   3 fr.
— **Gall et sa doctrine.** 1 vol. in-8. 1890.   5 fr.
— **Miscellanées littéraires et scientifiques.** 1 vol. in-18. 1893. 2 fr.
NIZET. **L'Hypnotisme,** étude critique. 1 vol. in-12. 1892.   2 fr. 50
NOEL (E.). **Mémoires d'un imbécile,** préface de *Littré.* In-18. 3e éd. 3 fr. 50
NOTOVITCH. **La Liberté de la volonté.** In-18.   3 fr. 50
NOVICOW. *****La Politique internationale.** 1 vol. in-8. 7 fr. (Voy. p. 5.)
NYS (Ernest). **Les Théories politiques et le droit international.**
   1 vol. in-8. 1891.   4 fr.
OLECHNOWICZ. **Histoire de la civilisation de l'humanité,** d'après la
   méthode brahmanique. 1 vol. in-12.   3 fr. 50
PARIS (le colonel). **Le Feu à Paris et en Amérique.** 1 v. in-18. 3 fr. 50
PARIS (comte de). **Les Associations ouvrières en Angleterre (Trades-
   unions).** 1 vol. in-18. 7e édit. 1 fr. — Édition sur papier fort. 2 fr. 50
PAULHAN (Fr.). **Le Nouveau mysticisme.** 1 vol in-18. 1891.   2 fr. 50
   (Voy. p. 3, 5 et 32.)
PELLETAN (Eugène). **La Naissance d'une ville (Royan).** In-18. 1 fr. 40
— *****Jarousseau, le pasteur du désert.** 1 vol. in-18.   2 fr.
— *****Un Roi philosophe : Frédéric le Grand.** In-18.   3 fr. 50
— **Droits de l'homme.** 1 vol. in-12.   3 fr. 50
— **Profession de foi du XIXe siècle.** In-12.   3 fr. 50
PELLIS (F.). **La Philosophie de la mécanique.** 1 vol. in-8. 1888. 2 fr. 50
PÉNY (le major). **La France par rapport à l'Allemagne.** Étude de
   géographie militaire. 1 vol. in-8. 2e édit.   6 fr.
PÉRÈS (Jean). **Du Libre arbitre.** Grand in-8. 1891.   1 fr.
PEREZ (Bernard). **Thiery Tiedmann.** — **Mes deux chats.** In-12. 2 fr.
— **Jacotot et sa Méthode d'émancipation intellect.** In-18. 3 fr.
— **Dictionnaire abrégé de philosophie,** à l'usage des classes. 1893.
   1 vol. in-12.   1 fr. 50
PERGAMENI (H.). **Histoire de la littérature française.** In-8. 9 fr.
PÉTROZ (P.). **L'Art et la Critique en France depuis 1822.** In-18. 3 fr. 50
— **Un Critique d'art au XIXe siècle.** In-18.   1 fr. 50
— **Esquisse d'une histoire de la peinture au Musée du Louvre.**
   1 vol. in-8. 1890.   5 fr.
PHILBERT (Louis). **Le Rire.** In-8. (Cour. par l'Académie française.) 7 fr. 50
PIAT (Abbé C.). **L'Intellect actif ou Du rôle de l'activité mentale
   dans la formation des idées.** 1 vol. in-8.   4 fr.
PICARD (Ch.). **Sémites et Aryens (1893).** In-18.   1 fr. 50
PICAVET (F.). **L'Histoire de la philosophie, ce qu'elle a été, ce qu'elle
   peut être.** In-8.   2 fr.
— **La Mettrie et la critique allemande.** 1889. In-8. 1 fr. (Voy. p. 6,
   8 et 11.)
POEY. **Le Positivisme.** 1 fort vol. in-12.   4 fr. 50
— **M. Littré et Auguste Comte.** 1 vol. in-18.   3 fr. 50

PORT (Célestin), de l'Institut. **La Légende de Cathelineau**, avec nombreux documents inédits ou inconnus. 1 fort vol. in-8. 1893. 5 fr.

POULLET. **La Campagne de l'Est** (1870-1871). In-8, avec cartes. 7 fr.

Pour et contre l'enseignement philosophique, par MM. VANDEREM (Fernand), RIBOT (Th.), BOUTROUX (F.), MARION (H.), JANET (P.) et FOUILLÉE (A.) de l'Institut ; MONOD (G.), LYON (Georges), MARILLIER (L.), CLAMADIEU (abbé), BOURDEAU (J.), LACAZE (G.), TAINE (H.), de l'Académie française. 1894. 1 vol. in-18. 2 fr.

PUJO (Maurice). **Le règne de la grâce. L'idéalisme intégral.** 1894. 1 vol. in-18. 3 fr. 50

QUINET (Edgar). **Œuvres complètes.** 30 volumes in-18. Chaque volume, 3 fr. 50. Chaque ouvrage se vend séparément :

*1. Génie des religions. 6ᵉ édition.

*2. Les Jésuites. — L'Ultramontanisme. 11ᵉ édition.

*3. Le Christianisme et la Révolution française. 6ᵉ édition.

*4-5. Les Révolutions d'Italie. 5ᵉ édition. 2 vol.

*6. Marnix de Sainte-Aldegonde. — Philosophie de l'Histoire de France. 4ᵉ édition.

*7. Les Roumains. — Allemagne et Italie. 3ᵉ édition.

8. Premiers travaux : Introduction à la Philosophie de l'histoire. — Essai sur Herder. — Examen de la Vie de Jésus. — Origine des dieux. — L'Église de Brou. 3ᵉ édition.

9. La Grèce moderne. — Histoire de la poésie. 3ᵉ édition.

*10. Mes Vacances en Espagne. 5ᵉ édition.

11. Ahasverus. — Tablettes du Juif errant. 5ᵉ édition.

12. Prométhée. — Les Esclaves. 4ᵉ édition.

13. Napoléon (poème). (*Épuisé*.)

14. L'Enseignement du peuple. — Œuvres politiques avant l'exil. 8ᵉ édition.

*15. Histoire de mes idées (Autobiographie). 4ᵉ édition.

*16-17. Merlin l'Enchanteur. 2ᵉ édition. 2 vol.

*18-19-20. La Révolution. 10ᵉ édition. 3 vol.

*21. Campagne de 1815. 7ᵉ édition.

22-23. La Création. 3ᵉ édition. 2 vol.

24. Le Livre de l'exilé. — La Révolution religieuse au XIXᵉ siècle. — Œuvres politiques pendant l'exil. 2ᵉ édition.

25. Le Siège de Paris. — Œuvres politiques après l'exil. 2ᵉ édition.

26. La République. Conditions de régénération de la France. 2ᵉ édit.

*27. L'Esprit nouveau. 5ᵉ édition.

28. Le Génie grec. 1ʳᵉ édition.

*29-30. Correspondance. Lettres à sa mère. 1ʳᵉ édition. 2 vol.

RÉGAMEY (Guillaume). **Anatomie des formes du cheval**, 6 pl. en chromolithographie, publiées par FÉLIX RÉGAMEY, avec texte par le Dʳ KUHFF. 2 fr. 50

RENOUVIER (Ch.). * **Les Principes de la nature.** 2ᵉ édition, revue, corrigée et augmentée des *Essais de critique générale* (3ᵉ essai). 2 vol. in-12. 8 fr.

RIBERT (Léonce). * **Esprit de la Constitution** du 25 février 1875. 1 vol. in-18. 3 fr. 50

RIBOT (Paul). **Spiritualisme et Matérialisme.** 2ᵉ éd. 1 vol. in-8. 6 fr.

ROSNY (Ch. de). **La Méthode conscientielle.** 1 vol. in-8. 4 fr.

SALMON (Ph.). **Age de la pierre.** Division industr. de la période paléolith. quatern. et de la période néolith. In-8 avec 36 pl. 1892. 3 fr.

SANDERVAL (O. de). **De l'Absolu.** La loi de vie. 1 vol. in-8. 2ᵉ éd. 5 fr.

— **Kahel. Le Soudan français.** In-8 avec gravures et cartes. 8 fr.

SECRÉTAN (Ch.). **Études sociales.** 1889. 1 vol. in-18. 3 fr. 50

— **Les Droits de l'humanité.** 1 vol. in-18. 1891. 3 fr. 50

— **La Croyance et la civilisation.** 1 vol. in-18. 2ᵉ édit. 1891. 3 fr. 50

— **Mon Utopie.** 1 vol. in-18. 3 fr. 50

— **Le Principe de la morale.** 1 vol. in-8. 2ᵉ éd. 7 fr. 50

SERGUEYEFF. **Physiologie de la veille et du sommeil.** 2 volumes grand in-8. 1890. 20 fr.

SIÈREBOIS. **Psychologie réaliste.** 1876. 1 vol. in-18. 2 fr. 50

SILVA WHITE (Arthur). **Le développement de l'Afrique.** 1894. 1 fort vol. in-8 avec 15 cartes en couleurs hors texte, traduit de l'anglais par E. VERRIER et Mlle LINDSAY. 10 fr.

SOREL (Albert) **Le Traité de Paris du 20 novembre 1815.** In-8. 4 fr. 50

SOUFFRET (F.). **De la Disparité physique et mentale des races humaines et de ses principes.** 1 vol. gr. in-8. 5 fr.

SPIR (A.). **Esquisses de philosophie critique.** 1 vol. in-18. 2 fr. 50

STRADA (J.). **La loi de l'histoire.** 1 vol. in-8. 1894. 5 fr.

STRAUS. **Les Origines de la forme républicaine du gouvernement dans les États-Unis d'Amérique.** 1 vol. in-18. 4 fr. 50

STUART MILL (J.). **La République de 1848 et ses détracteurs.** Préface de M. SADI CARNOT. In-18. 2e éd. 1 fr. (Voy. p. 3 et 6.)

TARDE. **Les Lois de l'imitation.** Étude sociologique. 1 vol. in-8. 1890. 6 fr. (Voy. p. 3 et 6.)

TÉNOT (Eugène). **Paris et ses fortifications** (1870-1880). 1 vol. in-8. 5 fr.

— **Les Frontières de la France** (1870-82-92). In-8. 2e éd. 9 fr.

TERQUEM (A.). **Science romaine à l'époque d'Auguste.** in-8. 3 fr.

THOMAS (G.). **Michel-Ange poète et l'expression de l'amour platonique dans la poésie italienne du Moyen Âge et de la Renaissance.** 1 vol. in-8. 1891. 3 fr.

THULIÉ. **La Folie et la Loi.** 2° édit. 1 vol. in-8. 3 fr. 50

— **La Manie raisonnante du docteur Campagne.** In-8. 2 fr.

TIBERGHIEN. **Les Commandements de l'humanité.** 1 vol. in-18. 3 fr.

— **Enseignement et philosophie.** 1 vol. in-18. 4 fr.

— **Introduction à la philosophie.** 1 vol. in-18. 6 fr.

— **La Science de l'âme.** 1 vol. in-12. 3e édit. 6 fr.

— **Éléments de morale universelle.** In-12. 2 fr.

TISSANDIER. **Études de théodicée.** 1 vol. in-8. 4 fr.

TISSOT. **Principes de morale.** 1 vol. in-8. 6 fr. (Voy. KANT, p. 7.)

TRATCHEVSKY (E.). **France et Allemagne.** 1 vol. in-8. 3 fr.

VACHEROT. **La Science et la Métaphysique.** 3 vol. in-18. 10 fr. 50

— Voy. p. 4 et 6.

VALLIER. **De l'intention morale.** 1 vol. in-8. 3 fr. 50

VAN ENDE (U.). **Histoire naturelle de la croyance.** In-8. 5 fr.

VIGOUREUX (Ch.). **L'Avenir de l'Europe au double point de vue de la politique de sentiment et de la politique d'intérêt.** 1892. 1 vol. in-18. 3 fr. 50

VILLIAUMÉ. **La Politique moderne.** 1 vol. in-8. 6 fr.

VOITURON. **Le Libéralisme et les Idées religieuses.** In-12. 4 fr.

WEIL (Denis). **Le Droit d'association et le Droit de réunion devant les chambres et les tribunaux.** 1893. 1 vol. in-12. 3 fr. 50

— **Les Élections législatives.** Histoire de la législation et des mœurs. 1 vol. in-18. 1895. 3 fr. 50

WUARIN (L.). **Le Contribuable.** 1 vol. in-16. 3 fr. 50

WULF (M. de). **Histoire de la philosophie scolastique dans les Pays-Bas et la principauté de Liège jusqu'à la Révolution française.** 1895. In-8. 5 fr.

YUNG (Eugène). **Henri IV écrivain.** 1 vol. in-8. 5 fr.

ZIESING (Th.). **Érasme ou Salignac.** Étude sur la lettre de François Rabelais. 1 vol. gr. in-8. 4 fr.

ZOLLA (D.). **Les questions agricoles d'hier et d'aujourd'hui.** 1894. In-18. 3 fr. 50

BIBLIOTHÈQUE UTILE

113 VOLUMES PARUS.

Le volume de 192 pages, broché, 60 centimes.

Cartonné à l'anglaise ou en cartonnage toile dorée, 1 fr.

La plupart des titres de cette collection ont été adoptés par le *Ministère de l'Instruction publique* pour les Bibliothèques des Lycées et Collèges de garçons et de jeunes filles, celles des Ecoles normales, les Bibliothèques populaires et scolaires. Ils embrassent l'histoire, le droit, les sciences, l'économie politique, la philosophie, les arts, etc. Aussi cette collection, par son esprit vulgarisateur, son format commode et son prix modeste, justifie-t-elle son titre et rend-elle de grands services aux élèves des divers établissements et à l'instruction populaire.

Les titres adoptés par la Commission consultative des Bibliothèques des Lycées sont marqués d'un astérisque.

HISTOIRE DE FRANCE

*Les Mérovingiens, par BUCHEZ.

*Les Carlovingiens, par BUCHEZ.

Les Luttes religieuses des premiers siècles, par J. BASTIDE. 4e édit.

Les Guerres de la Réforme, par J. BASTIDE. 4e édit.

La France au moyen âge, par F. MORIN.

Jeanne d'Arc, par Fréd. LOCK.

Décadence de la monarchie française, par Eug. PELLETAN. 4e édit.

*La Révolution française, par H. CARNOT (2 volumes).

La Défense nationale en 1792, par P. GAFFAREL.

Napoléon 1er, par Jules BARNI.

*Histoire de la Restauration, par Fréd. LOCK. 3e édit.

*Histoire de Louis-Philippe, par Edgar ZEVORT. 2e édit.

Mœurs et Institutions de la France, par P. BONDOIS. 2 volumes.

Léon Gambetta, par J. REINACH.

*Histoire de l'armée française, par L. BÈRE.

*Histoire de la marine française, par Alfr. DONEAUD. 2e édit.

Histoire de la conquête de l'Algérie, par QUESNEL.

*Les Origines de la guerre de 1870, par Ch. DE LARIVIÈRE.

PAYS ÉTRANGERS

L'Espagne et le Portugal, par E. RAYMOND. 2e édition.

Histoire de l'Empire ottoman, par L. COLLAS. 2e édition.

*Les Révolutions d'Angleterre, par Eug. DESPOIS. 3e édition.

Histoire de la maison d'Autriche, par Ch. ROLLAND. 2e édition.

L'Europe contemporaine (1789-1879), par P. BONDOIS.

*Histoire contemporaine de la Prusse, par Alfr. DONEAUD.

Histoire contemporaine de l'Italie, par Félix HENNEGUY.

Histoire contemporaine de l'Angleterre, par A. REGNARD.

HISTOIRE ANCIENNE

*La Grèce ancienne, par L. COMBES. 2e édition.

L'Asie occidentale et l'Égypte, par A. OTT. 2e édition.

L'Inde et la Chine, par A. OTT.

Histoire romaine, par CREIGHTON.

L'Antiquité romaine, par WILKINS (avec gravures).

L'Antiquité grecque, par MAHAFFY (avec gravures).

GÉOGRAPHIE

*Torrents, fleuves et canaux de la France, par H. BLERZY.

Les Colonies anglaises, par H. BLERZY.

Les Îles du Pacifique, par le capitaine de vaisseau JOUAN (avec 1 carte).

*Les Peuples de l'Afrique et de l'Amérique, par GIRARD DE RIALLE.

Les Peuples de l'Asie et de l'Europe, par GIRARD DE RIALLE.

L'Indo-Chine française, par FAQUE.

*Géographie physique, par GEIKIE.

Continents et Océans, par GROVE (avec figures).

*Les Frontières de la France, par P. GAFFAREL.

L'Afrique française, par A. JOYEUX, avec une préface de M. DE LANESSAN.

— Madagascar, par A. MILHAUD.

— Les grands ports de commerce, par D. BELLET.

COSMOGRAPHIE

Les Entretiens de Fontenelle sur la pluralité des mondes, mis au courant de la science, par BOILLOT.

*Le Soleil et les Étoiles, par le P. SECCHI, BRIOT, WOLF et DELAUNAY. 2e édition (avec figures).

Les Phénomènes célestes, par ZURCHER et MARGOLLÉ.

A travers le ciel, par AMIGUES.

Origines et Fin des mondes, par Ch. RICHARD. 3e édition.

*Notions d'astronomie, par L. CATALAN. 4e édition (avec figures).

SCIENCES APPLIQUÉES

Le Génie de la science et de l'industrie, par B. GASTINEAU.

*Causeries sur la mécanique, par BROTHIER. 2º édit.

Médecine populaire, par TURCK.

La Médecine des accidents, par BROQUÈRE.

Les Maladies épidémiques (Hygiène et Prévention), par L. MONIN.

Hygiène générale, par L. CRUVEILHIER. 6ᵉ édit.

Petit Dictionnaire des falsifications, par DUFOUR.

Les Mines de la France et de ses colonies, par P. MAIGNE.

Les Matières premières et leur emploi, par H. GENEVOIX.

Les Procédés industriels, du même.

*La Photographie, par H. GOSSIN.

La Machine à vapeur, du même (avec fig.).

La Navigation aérienne, par G. DALLET (avec figures).

L'Agriculture française, par A. LARBALÉTRIER (avec figures).

*Les Chemins de fer, par G. MAYER (avec figures).

Les grands ports maritimes de commerce, par D. BELLET (avec figures).

La Culture des plantes d'appartements, par A. LARBALÉTRIER (avec figures).

SCIENCES PHYSIQUES ET NATURELLES

Télescope et Microscope, par ZURCHER et MARGOLLÉ.

*Les Phénomènes de l'atmosphère, par ZURCHER. 4ᵉ édit.

*Histoire de l'air, par ALBERT-LÉVY.

Histoire de la terre, par BROTHIER.

Principaux faits de la chimie, par SAMSON. 5ᵉ édit.

*Les Phénomènes de la mer, par E. MARGOLLÉ. 5ᵉ édit.

*L'Homme préhistorique, par ZABOROWSKI. 2º édit.

Les mondes disparus, du même.

Les Grands Singes, du même.

Histoire de l'eau, par BOUANT.

Introduction à l'étude des sciences physiques, par MORAND. 5ᵉ édit.

Le Darwinisme, par E. FERRIÈRE.

*Géologie, par GEIKIE (avec figures).

Les Migrations des animaux et le Pigeon voyageur, par ZABOROWSKI.

Premières Notions sur les sciences, par Th. HUXLEY.

La Chasse et la Pêche des animaux marins, par JOUAN.

Zoologie générale, par H. BEAUREGARD (avec figures).

Botanique générale, par E. GÉRARDIN (avec figures).

La vie dans les mers, par H. COUPIN (avec gravures).

La vie dans les mers, par H. COUPIN.

PHILOSOPHIE

La Vie éternelle, par ENFANTIN. 2ᵉ éd.

Voltaire et Rousseau, par E. NOEL. 3ᵉ éd.

Histoire populaire de la philosophie, par L. BROTHIER. 3ᵉ édit.

*La Philosophie zoologique, par Victor MEUNIER. 2º édit.

*L'Origine du langage, par ZABOROWSKI.

*Physiologie de l'esprit, par PAULHAN (avec figures).

L'Homme est-il libre? par RENARD.

La Philosophie positive, par le docteur ROBINET. 2ᵉ édit.

ENSEIGNEMENT. — ÉCONOMIE DOMESTIQUE

De l'Éducation, par H. SPENCER.

La Statistique humaine de la France, par Jacques BERTILLON.

Le Journal, par HATIN.

De l'Enseignement professionnel, par CORBON. 3ᵉ édit.

Les Délassements du travail, par Maurice CRISTAL. 2º édit.

Le Budget du foyer, par H. LENEVEUX.

Paris municipal, par H. LENEVEUX.

Histoire du travail manuel en France, par H. LENEVEUX.

L'Art et les Artistes en France, par Laurent PICHAT, sénateur. 4ᵉ édit.

Premiers principes des beaux-arts, par J. COLLIER (avec gravures).

*Économie politique, par STANLEY JEVONS. 3º édit.

Le Patriotisme à l'école, par JOURDY, lieutenant-colonel d'artillerie.

Histoire du libre-échange en Angleterre, par MONGREDIEN.

Économie rurale et agricole, par PETIT.

*La Richesse et le Bonheur, par Ad. COSTE.

Alcoolisme ou épargne, le dilemme social, par Ad. COSTE.

Les plantes d'appartement, de fenêtres et de balcons, soins à leur donner, par A. LARBALÉTRIER.

DROIT

*La Loi civile en France, par MORIN. 3º édit.

La Justice criminelle en France, par G. JOURDAN. 3ᵉ édit.

L.-Imprimeries réunies, rue Mignon, 2, Paris. — 19023.

Lightning Source UK Ltd.
Milton Keynes UK
UKHW020927150822
407319UK00007B/1285